Batallas
por la libertad

Aguilar es un sello editorial del Grupo Santillana

www. alfaguara.com

Argentina
Av. Leandro N. Alem 720
C 1001 AAP Buenos Aires
Tel. (54 114) 119 50 00

Bolivia
Avda. Arce 2333
La Paz
Tel. (591 2) 44 11 22
Fax (591 2) 44 22 08

Chile
Dr. Aníbal Ariztía 1444
Providencia
Santiago de Chile
Tel. (56 2) 236 85 60
Fax (56 2) 236 98 09

Colombia
Calle 80, nº10-23
Bogotá
Tel. (57 1) 635 12 00
Fax (57 1) 236 93 82

Costa Rica
La Uruca
100 m oeste de Migración y Extranjería
San José de Costa Rica
Tel. (506) 220 42 42 y 220 47 70 / 1 / 2 / 3
Fax (506) 220 13 20

Ecuador
Avda. Eloy Alfaro 2277 y 6 de Diciembre
Quito
Tel. (593 2) 244 52 58 / 244 66 56 /
    244 21 54 / 244 29 52 /244 22 83
Fax (593 2) 244 87 91

España
Torrelaguna, 60
28043 Madrid
Tel. (34 91) 744 90 60
Fax (34 91) 744 92 24

Estados Unidos
2105 N.W. 86th Avenue
Miami, F.L. 33122
Tel. (1 305) 591 95 22 / 591 22 32
Fax (1 305) 591 91 45

Guatemala
30 Avda. 16-41
Zona 12
Guatemala C.A.
Tel. (502) 475 25 89
Fax (502) 471 74 07

México
Avda. Universidad 767
Colonia del Valle
03100 México D.F.
Tel. (52 5) 688 75 66 / 688 82 77 / 688 89 66
Fax (52 5) 604 23 04

Paraguay
Avda. Venezuela, 276, entre Mariscal
López y España
Asunción
Tel./fax (595 21) 213 294 / 214 983 / 202 942

Perú
Avda. San Felipe 731
Jesús María
Lima
Tel. (51 1) 461 02 77 / 460 05 10
Fax. (51 1) 463 39 86

Puerto Rico
Centro Distribución Amelia
Calle F 34, esquina D
Buchanan – Guaynabo
San Juan P.R. 00968
Tel. (1 787) 781 98 00
Fax (1 787) 782 61 49

República Dominicana
César Nicolás Penson 26, esquina Galván
Edificio Syran 3º
Gazcue
Santo Domingo R.D.
Tel. (1809) 682 13 82 / 221 08 70 / 689 77 49
Fax (1809) 689 10 22

Uruguay
Constitución 1889
11800 Montevideo
Tel. (598 2) 402 73 42 / 402 72 71
Fax (598 2) 401 51 86

Venezuela
Avda. Rómulo Gallegos
Edificio Zulia, 1º
Boleita Norte
Caracas
Tel. (58 212) 235 30 33
Fax (58 212) 239 79 52

Batallas por la libertad

Todos los combates de la Guerra de la Independencia

Pablo Camogli
con Luciano de Privitellio

Prólogo: Miguel Ángel De Marco

AGUILAR

© Pablo Camogli, 2005
© de la introducción general y de las introducciones a las partes,
Luciano de Privitellio, 2005
© De esta edición:
Aguilar, Altea, Taurus, Alfaguara, S.A., 2005
Leandro N. Alem 720, (1001) Buenos Aires
www.alfaguara.com.ar

ISBN-10: 987-04-0105-8
ISBN-13: 978-987-04-0105-6
Hecho el depósito que indica la ley 11.723

Diseño de cubierta: byz
Ilustración de cubierta: *Batalla de Tucumán*, óleo de León Pagano,
Museo Regimiento de Infantería 1 Patricios.

Impreso en la Argentina. *Printed in Argentina*
Primera edición: mayo de 2005
Primera reimpresión: marzo de 2006

Camogli, Pablo
Batallas por la libertad – 1ª. ed. – Buenos Aires : Aguilar, Altea, Taurus,
Alfaguara, 2005.
392 p. ; 24 x 15 cm.

ISBN 987-04-0105-8
1. Ensayo Histórico. I. Título
CDD 844

Índice

La guerra en el agua

Los hermanos sean unidos

A mis padres, que me enseñaron
a amar el conocimiento.

A mi amada Cecilia, que día a día
me incentiva a buscarlo.

A los pardos y morenos de los ejércitos regulares
y a los indios y gauchos de las fuerzas irregulares
que lucharon, murieron y vencieron
durante nuestra Guerra de la Independencia.

Este libro es el resultado de más de dos años de trabajo, durante los cuales recibí la ayuda de ciertas personas a las que deseo recordar aquí.

En primer lugar debo agradecer a Julia Saltzmann, que adoptó este libro cuando no era más que un proyecto y lo transformó en realidad.

Agradezco la colaboración crucial que recibí de parte de Doña Inés, Amaro, Gercho y Juan, en momentos clave del proceso de realización del trabajo.

A Luis Esteras, que con suma generosidad me legó su *Historia de San Martín* escrita por Mitre.

Mi eterna gratitud a mi padre, que aportó numerosísimos datos e ideas para este libro, que también es suyo. Y a sus amigos de Córdoba, que han puesto sus bibliotecas a mi servicio.

Finalmente, mi reconocimiento a mi esposa Cecilia, que me impulsó a escribir este libro y que me brindó toda la solidaridad que sólo la mujer amada puede entregar.

A todos ellos, muchísimas gracias.

Prólogo

por Miguel Ángel De Marco

Durante mucho tiempo la historia militar fue concebida como una sucesión de campañas y batallas, estudiadas desde el punto de vista táctico operacional; como un fenómeno inmerso en el devenir de los acontecimientos políticos, pero no como la expresión de un universo mucho más amplio, vinculado con diversos aspectos de la vida social. Por cierto que aquella visión circunscripta no merece ser menoscabada, pues significó una especie de paso indispensable para el análisis de diversas y enriquecedoras facetas. Las obras clásicas publicadas en distintas partes del mundo, y particularmente en la Argentina, constituyen un vasto semillero de datos que ayudan al historiador a explicar el pasado.[1] Su empleo resulta, pues, útil, a condición de que sea integrado a otros enfoques.

Luego de ser considerada como un elemento principal para la explicación del ayer, se produjo una especie de rechazo por parte de los historiadores, que en buena medida desecharon la faz política y sus efectos en la esfera militar, para abocarse a la consideración de otras áreas. Pero los fenómenos económicos, sociales, culturales y científicos no pueden ser explicados sin incursionar en esos ámbitos, de la misma manera que su omisión en el tratamiento de lo militar provocaría una visión sesgada.

Hoy por hoy, se asiste en distintas partes del mundo a un florecimiento de la historia militar, y abundan los cursos de posgrado, maestrías, congresos, simposios y publicaciones especializadas,[2] del mismo modo que crece el espacio dedicado al tema en las revistas de divulgación.

En una guía de trabajo para el simposio organizado por la Academia Nacional de la Historia con el fin de considerar la situación de los estudios historiográficos en la materia, César A. García Belsunce y José Teófilo Goyret señalaron que la denominación historia militar debe entenderse no sólo como historia de la guerra, sino también de las condiciones políticas, nacionales e internacionales que, en tiempo de paz, preparan a los países para la acción armada o los conducen a ella. Y agregan que también comprende la creación y el desarrollo de las instituciones castrenses, el pensamiento militar, la tecnología bélica y de apoyo logístico, tanto en lo que se refiere a las fuerzas terrestres y navales como aéreas.[3]

Es muy cierto. Tales aspectos se vinculan estrechamente con las peculiaridades de cada país; con su organización político-institucional, sus costumbres, su idiosincrasia, sus recursos naturales, sus soportes económico-financieros, etcétera. Para corroborar esa afirmación, el experto inglés Michael Howard, mencionado por dichos autores, señala que tiempo atrás el historiador militar había examinado situaciones donde el destino de un pueblo, y aun la marcha de la historia mundial, parecía estar determinado durante generaciones por la decisión de un solo hombre, la fortaleza de un solo ejército, la eficiencia y maestría de un grupo particular de especialistas militares. "Sabemos ahora que estas situaciones no pueden ser consideradas aisladamente y que el éxito de las operaciones militares será poderosamente influido por consideraciones económicas y sociales que determinan la naturaleza del equipamiento militar, estado de la moral y el entrenamiento de las tropas, el profesionalismo y el 'status' de los líderes militares... Los ejércitos son un microcosmos de sus sociedades, a menudo, en verdad, su meollo."[4]

Puestos a analizar el complejo panorama que entraña todo esfuerzo bélico, se suman diferentes criterios con respecto a la denominación que debe llevar esta compleja disciplina. Algunos historiadores prefieren llamarla historia de la guerra, concepto que, para ellos, es mucho más abarcativo que el de "militar", el cual parece referirse sólo a lo que investigan y escriben los hombres de armas.

Si la influencia de la política es importante, determinados aspectos de ese vasto y complejo mundo resultan particularmente esclarecedores, como por ejemplo el consenso, la ideología, la acción de las elites locales, la economía, la ciencia y la tecnología, los problemas logísticos, la formación y el pensamiento militar, la geografía, la concepción estratégica nacional, las tareas de inteligencia, la psicología del combatiente, los medios de comunicaciones, la moral de las instituciones castrenses, la literatura militar, la repercusión periodística, etcétera.

Casi todos esos elementos se observan en relación con la guerra de la independencia argentina.

El consenso fue necesario para desarrollar tan denodado esfuerzo, y los primeros gobiernos patrios contaron con él mientras las acciones se desarrollaron en las proximidades de la capital o pusieron en peligro los lindes norteños, pero fue perdiendo vigencia a medida que la lucha se libraba más allá de las Provincias Unidas del Río de la Plata o surgieron nuevos conflictos como las luchas entre el Directorio y los caudillos del Litoral.

La ideología determinó el curso de las operaciones y logró, alternativamente, la aceptación o el rechazo de los pueblos. En cuanto a las elites locales, su presencia en los nombramientos de jefes y oficiales y su influencia en la adopción de determinadas medidas que podían favorecer o perjudicar sus intereses económicos resultan evidentes aunque no han merecido demasiados aportes de investigación.

El aspecto económico fue de notable importancia durante la guerra emancipadora y determinó en buena medida el progreso o estancamiento de las operaciones militares. A modo de ejemplo vale recordar la rápida venta de la escuadra patriota vencedora en Montevideo (1814), no sólo porque resultaba difícil sostenerla sino porque garantizaba pingües ganancias a ciertos funcionarios y comerciantes. Y también la escasez de medios al alcance del Estado para sostener la campaña sanmartiniana. En una célebre carta al Libertador José de San Martín, el director supremo Juan Martín de Pueyrredón le manifestó, "con humorística desesperación", según Mitre, la magnitud del esfuerzo que realizaba: "…Van todos los vestuarios pedidos y muchas más camisas. Van 400 recados. Van hoy por el correo los dos únicos clarines que se han encontrado. En enero de este año se remitirá 1.387 arrobas de charqui. Van los 20 sables de repuesto que me ha pedido. Van 200 tiendas de campaña o pabellones, y no hay más. Va el mundo —¡va el demonio!—, va la carne. Y no sé yo cómo me irá con las trampas en que quedo para pagarlo todo; a bien que, en quebrando, cancelo cuentas con todos y me voy yo también, para que usted me dé algo del charqui que le mando. ¡Y c…! no vuelva usted a pedir más, si no quiere recibir la noticia de que he amanecido ahorcado de un tirante de la Fortaleza".

Más que en ningún otro caso, en el Ejército de los Andes se advierte la influencia de los conocimientos científicos y tecnológicos de la época para el adecuado desarrollo de las operaciones: las fábricas que se montaron y las previsiones en favor de la salud de los combatientes constituyen una prueba del acierto con que se actuó en ese sentido. Esto se vincula con la logística, es decir, con el sostenimiento de las fuerzas en operaciones fuera de sus cuarteles y bases, aspecto que San Martín cuidó mucho pero que desatendieron otros comandantes.

La guerra de la independencia fue un adecuado terreno para la formación de oficiales en campaña, que respondían a las exigencias tácticas elementales pero rara vez estaban en condiciones de comprender las previsiones de los pocos jefes capacitados en escuelas militares extranjeras. Sólo décadas más tarde, después de múltiples fracasos, el presidente Domingo Faustino Sarmiento creó el Colegio Militar y la Escuela Naval.

Por lo dicho, el pensamiento militar, en sus aspectos específicos y en el modo de ver la sociedad de su tiempo, estaba viciado de tales carencias. Esa faceta merecería un estudio profundo basado en las memorias de los protagonistas y en la correspondencia que dejaron. La literatura y el periodismo de la época, como las obras de ficción escritas con posterioridad por civiles y militares, son abundantes y permiten en unos casos ampliar las referencias sobre determinada campaña o episodio, y en otros determinar hasta qué grado responden a criterios mínimos de veracidad con respecto a los actores y a las ideas y elementos que emplearon para las acciones bélicas.

La geografía determinó, en buena medida, el curso de las campañas emancipadoras, y orientó las decisiones de los conductores.

La errática conducta de los primeros gobiernos patrios impide hallar rasgos de una concepción estratégica llevada adelante desde el Estado. Sin embargo, la aceptación del plan continental de San Martín refleja, cuando menos, la lucidez de quienes supieron acompañar sus ideas: "Mi secreto: un ejército pequeño, pero bien disciplinado para pasar a Chile…, acabar con los realistas…, y luego ir a Lima por el mar", esto es, poner fin a la dominación española destruyendo su mismo corazón.

La "guerra de zapa" del Libertador es un modelo de adecuado empleo de lo que hoy se denominan inteligencia y contrainteligencia, y sus recursos para afianzar la disciplina y el espíritu de cuerpo, una expresión de empíricos conocimientos de la psicología de los combatientes. Manuel Belgrano, en su medida, desarrolló esfuerzos con el mismo objeto, en circunstancias tanto o más comprometidas, durante su comando del Ejército del Norte.

Las comunicaciones fueron un gran problema durante las luchas por la independencia. Se procuró resolverlo del único modo posible entonces: la existencia de jinetes de gran estoicismo y vigor físico que recorrían enormes distancias "a mata caballo" para pedir elementos, reclamar refuerzos, informar sobre penosos reveses o grandes victorias.

En síntesis, en un país como la Argentina, que vivió combatiendo a lo largo de su historia, el conocimiento de lo militar en sus diversas manifestaciones resulta esencial para comprender el devenir del país. Y en lo que atañe a las luchas por la independencia, no se podrían entender sus diversas facetas y etapas si no se conociera de qué modo se desarrolló tamaño esfuerzo y cuál fue la participación de los diversos sectores de la sociedad.

Por otro lado, desde el punto de vista épico, la mayoría de las acciones de la prolongada lucha emancipadora constituyen un venero inagotable de episodios que demuestran el valor y los sacrificios de quienes sintieron con ardor la causa de la patria naciente.

Diez años de política revolucionaria

por Luciano de Privitellio

DE LA PAZ AL TORBELLINO

Amanecer del 21 de octubre de 1805. En la corta ruta que separa la ciudad de Cádiz del estrecho de Gibraltar, frente al cabo de Trafalgar, dos grandes flotas ejecutan las últimas maniobras antes de dar principio a una batalla que, todos lo saben, será decisiva. La escuadra francohispana, que reúne treinta y tres barcos, está al mando del almirante Pierre Charles Villeneuve, un marino con escasa experiencia en combate. Presionado por el emperador Napoleón Bonaparte, que buscaba infligir una derrota definitiva a los británicos, Villeneuve había desconocido los prudentes consejos de los oficiales españoles, que recomendaban permanecer en las aguas seguras del puerto de Cádiz para evitar un combate directo, y se había internado en aguas abiertas dos días antes.

La escuadra francohispana espera a sus atacantes en una línea dividida en tres secciones: vanguardia, centro y retaguardia. Una maniobra de último momento, destinada a asegurarse vientos favorables por si era necesario retroceder hacia Cádiz, desorganiza la formación. En ese preciso momento, pocos minutos antes del mediodía, las veintisiete naves inglesas al mando del almirante Horatio Nelson, un marino tan experimentado como cada uno de sus oficiales, se lanzan al ataque. Divididos en dos columnas, los buques ingleses atacan la línea francohispana en forma transversal con objeto de dividir la formación, aislar el centro y dejar a la vanguardia a sotavento para obligarla así a hacer una larga maniobra antes de volver a entrar en combate. El plan de Nelson funcionó a la perfección: por la tarde, la escuadra británica era dueña de la jornada. En los días siguientes, los barcos ingleses, ya al mando de Cuthbert Collingwood por la muerte en combate del almirante Nelson, persiguen y destruyen los barcos enemigos que tratan de escapar.

Para la Corona española, arrastrada a la batalla por su aliado francés, la derrota significó una catástrofe que dejaba como saldo una abultada lista de preguntas sin respuestas: ¿cómo haría para comunicarse con sus colonias americanas?; ¿cómo transmitiría las órdenes reales?; ¿cómo obtendría los preciados recursos americanos, tan necesarios para financiar los gastos que demandaba el esfuerzo bélico europeo? A estos interrogantes se sumaba otro aun más inquietante: ¿cómo haría para evitar que los ingleses se lanzaran a la conquista de sus colonias americanas?

La drástica respuesta de Napoleón a la batalla marítima no se hizo esperar: decretó el cierre de todos los puertos continentales al comercio británico. La medida era muy grave y trascendente: por esos días, Inglaterra se encontraba embarcada en lo que se ha denominado Primera Revolución Industrial y necesitaba imperiosamente de los mercados extranjeros para colocar sus productos, en particular sus manufacturas textiles. Lanzarse sobre las colonias españolas en América para dominarlas y desarrollar rápidamente un núcleo de interés local que se vinculara con el comercio inglés se estaba convirtiendo en una alternativa posible. De todos modos, las económicas no eran las únicas consideraciones del gabinete inglés. En 1806 dominaba una política prudente, cuyo objetivo era no complicar aun más la relación con España: eran conocidas las reticencias de la Corona hispana para ingresar en la guerra e Inglaterra buscaba evitar que se arrojara definitivamente en brazos de los franceses. Por otra parte, el conflicto en Europa era lo suficientemente grave y costoso como para abrir un nuevo frente en América.

La invasión a la ciudad de Buenos Aires iniciada en 1806 y el consiguiente intento de conquista de las colonias españolas de

Sudamérica no surgió de un plan pergeñado en Londres, sino que fue el resultado de una iniciativa individual del comodoro de la Royal Navy, Sir Home Popham. Popham era el comandante de la flota que había tomado la Ciudad del Cabo, en Sudáfrica. Desde allí, decidió enviar parte de su fuerza para atacar Buenos Aires; Londres recibió la comunicación que informaba de la empresa cuando el brigadier William Carr Beresford ya era dueño del fuerte de Buenos Aires. La primera reacción fue muy crítica y se pensó en juzgar a Popham por grave indisciplina; pero la noticia de una tan fácil victoria modificó el humor del gabinete inglés que decidió apoyar la misión y enviar refuerzos hacia Buenos Aires para encarar la conquista del interior del virreinato y la de Chile. De este modo, la hasta ese momento tranquila capital virreinal se veía repentinamente involucrada en el sinuoso torbellino de la política internacional: las consecuencias serían tan intensas como profundas.

En 1806, Buenos Aires era la próspera capital del Virreinato del Río de la Plata fundado tres décadas atrás por el rey reformador e ilustrado Carlos III. La transformación en capital virreinal del que hasta ese momento había sido un rincón marginal del imperio era consecuencia del reconocimiento de la creciente importancia de la economía atlántica, lo que permite entender la crucial decisión de incorporar el cerro del Potosí en el Alto Perú —principal yacimiento de plata— dentro de su jurisdicción. Era, además, un modo de defender más eficazmente el imperio colonial frente al avance del poderío naval británico y su aliado portugués. Finalmente, las reformas tuvieron un objetivo político relacionado con el intento de imponer una administración absolutista en España y América, lo cual significaba si no eliminar, al menos restar importancia a los privilegios, fueros y autonomías de que gozaban corporaciones, grupos sociales, ciudades y regiones enteras. Al culminar el siglo XVIII, el intento de establecer un régimen absolutista había fracasado frente a las numerosas resistencias sociales que fue incapaz de superar, agravadas en el caso de América por la enorme distancia que separaba al rey de sus dominios. Este problema era irresoluble: si de lo que se trataba era de modificar la relación colonial para hacer de la metrópoli su principal beneficiaria, fue la incapacidad de esa misma metrópoli para asumir el lugar de poder que la reforma le atribuía lo que terminó por frustrar todas sus intenciones. Junto con las distancias, la guerra terminó de separar a España de sus colonias.

La tradicional autonomía americana, entonces, fue revertida escasamente por las políticas absolutistas y muy pronto se hizo evidente que los virreyes e intendentes perdían su contacto con los organismos metropolitanos y se sumergían en los juegos y los conflictos de los intereses locales. Impotente, la Corona volvió a la que había sido su táctica tradicional: nunca intervenir de modo definitivo en las innumerables disputas de bandos, jurisdicciones y autoridades americanas, sino más bien mantenerlas latentes para poder así cumplir un rol arbitral en última instancia. La consecuencia era una vida política no exenta de problemas pero caracterizada por un ritmo burocrático, toda vez que el arbitraje final dependía de una autoridad externa dispuesta a asumir su rol con especial prudencia.

Para Buenos Aires las reformas borbónicas implicaron un notable avance de su importancia y prosperidad. El viejo puerto vio aumentar significativamente el flujo de sus intercambios, mientras se consolidaba una elite conformada por una próspera clase mercantil de origen peninsular y por una renovada y más abundante burocracia virreinal. Entre 1791 y 1797 se ampliaron las libertades comerciales, habilitando los intercambios con otras colonias y estados neutrales, una nueva manifestación de la creciente debilidad del lazo colonial.

A pesar de la cada vez más evidente crisis de la unión con la metrópoli, nada hacía prever a fines de 1805 que estuviera a punto de iniciar su ruptura definitiva: el final de esta decadente relación no llegó como consecuencia de una lenta y tranquila muerte natural, sino que recibió una herida mortal proveniente de los acontecimientos europeos. En Buenos Aires, el intento de conquista inglesa fue el primero de esos golpes.

Incluso antes de la derrota de Trafalgar, en la joven capital virreinal se diseñaban planes para enfrentar un posible ataque británico. Básicamente, se reconocía la imposibilidad de defender una ciudad escasamente preparada para tal fin y por lo tanto se había acordado que el virrey debía retirarse hacia el interior llevando consigo el tesoro. Con esos fondos, debía organizar la resistencia. Cuando el 25 de junio las tropas de Beresford desembarcaron en Quilmes, el plan de defensa comenzó su ejecución. El virrey marqués de Sobremonte huyó hacia Luján, mientras que el regimiento de Blandengues y unas escasas milicias defendieron sin éxito la ciudad. Una vez que Beresford la ocupó, se produjo una inesperada reacción: todas las corporaciones que aglutinaban a la elite burocrática y comercial de la ciudad junto con la casi totalidad del clero prestaron inmediata adhesión al nuevo soberano. Incluso exigieron al virrey Sobremonte la devolución de los caudales, ante la amenaza de Beresford de recurrir como alternativa a la requisa de sus fortunas privadas; Sobremonte cedió y entregó el tesoro al invasor.

Tan amistoso recibimiento por parte de quienes más estrechamente dependían del lazo colonial español evitó que Beresford alentara el ascenso de aquellos grupos descontentos con la metrópoli: de esta manera, se privó de ganar apoyos menos oportunistas. El 4 de agosto, la aprobación de un reglamento de libre comercio le enajenó el respaldo de esa misma elite que tan bien lo había recibido, ya que este grupo veía en la nueva norma el abandono de las modalidades comerciales que le habían permitido amasar sus fortunas. En adelante, casi todos los miembros de la elite porteña participarían con mayor o menor disimulo de los proyectos de resistencia que se estaban organizando.

La empresa de la reconquista tuvo su epicentro en la propia Buenos Aires y fue motorizada por el capitán de navío y francés emigrado Santiago de Liniers y por Juan Martín de Pueyrredón. Mientras éste se dedicaba al reclutamiento de milicias en la zona rural cercana, Liniers marchó a la Banda Oriental para reunir allí sus propias tropas. El 3 de agosto, Liniers inició el cruce del río. El 10 tomó los Corrales de Miserere y el Retiro, accesos clave de la ciudad. El 12 ya se luchaba en el casco urbano: los ejércitos regulares eran escasos, los verdaderos protagonistas fueron las milicias y la acción general de muchos civiles que acosaron a las tropas británicas desde ventanas y azoteas. Incapaz de resistir, Beresford presentó la rendición.

La victoria y el modo en que fue lograda introdujeron cambios sustanciales en una ciudad que de pronto se llenó de agitaciones y tensiones. ¿Cómo se adaptarían los habitantes de Buenos Aires a las nuevas reglas de un juego político que apenas estaban empezando a conocer? Una de estas reglas, tal vez la más novedosa e inquietante, era que en adelante no bastaría la bendición de las autoridades metropolitanas para disponer de una base sólida de legitimidad y poder, toda vez que fuerzas locales estaban dispuestas a reclamar su parte.

En este nuevo escenario, había un perdedor evidente: el virrey Sobremonte, a quien se proclamó responsable de las flaquezas y defecciones propias y ajenas. El 10 de febrero de 1807 una pueblada exigió con éxito su desplazamiento del cargo. Muchos más eran los ganadores: algunos eran corporaciones tradicionales, particularmente el Cabildo, que hasta ese momento sólo había sido una institución destinada a los asuntos municipales; otros eran completamente nuevos, como los jefes de milicias —Liniers y Pueyrredón en primer lugar— junto con las propias tropas milicianas. Cada vez más, el control de estos cuerpos armados se fue convirtiendo en la clave para ejercer el poder: fueron las milicias las que habían impuesto a Sobremonte la designación de Liniers como comandante militar de la ciudad para organizar su defensa en previsión de la llegada de los refuerzos desde Inglaterra. De este modo, la profesión militar, que hasta ese momento no había asegurado más que un lugar marginal en una elite porteña esencialmente comercial y burocrática, comenzó a tener un peso social y político determinante que no perdería en los años por venir.

A comienzos de 1807, ya estaban en el Río de la Plata las tropas inglesas más numerosas y mejor equipadas al mando del brigadier Samuel Auchmuty. El 3 de febrero tomaron la ciudad de Montevideo. Desde allí, Auchmuty reclamó nuevos refuerzos, los que llegaron en mayo al mando del teniente general John Whitelocke. Las tropas británicas contaban ahora con casi diez mil efectivos, ocho mil de los cuales iniciaron la invasión los últimos días de junio. Entre el 2 y el 5 de julio rodearon Buenos Aires, pero las columnas que buscaron ingresar a la ciudad desde el sur fueron violentamente atacadas y diezmadas. El día 7 las tropas británicas se rindieron; el acuerdo les daba sesenta días para evacuar Montevideo.

Esta vez, el héroe de la defensa no había sido Liniers, sino Martín de Álzaga, un activo comerciante miembro del Cabildo; esto modificaba nuevamente el equilibrio de fuerzas locales ya que tanto Álzaga como el Cabildo en pleno no ahorraban muestras de desconfianza hacia el oficial francés, en quien veían un rival demasiado poderoso en la lucha por el poder. Si bien el nombramiento de Liniers como virrey interino debilitó la posición del Cabildo, el estallido de nuevas hostilidades fue alentado por un nuevo y radical giro en la guerra europea.

Desde 1806 Napoleón había decidido terminar con Portugal, el último aliado de Inglaterra en el continente, razón por la cual solicitó permiso a Carlos IV para situar sus tropas en el norte de España. En noviembre de 1807 los ejércitos franceses controlaban Lisboa, mientras que el príncipe regente Don Juan y su esposa Carlota Joaquina de Borbón huían hacia Río de Janeiro, donde se instalaron en febrero de 1808. La presencia de los monarcas enemigos en América volvió a alterar la situación en Buenos Aires, toda vez que se temía una nueva invasión que ahora llegaría por tierra y comandada por los portugueses. Mientras el Cabildo exigía apurar los preparativos para la guerra, Liniers prefirió dialogar, lo cual le valió la acusación de complicidad con el enemigo. En ese clima ya enrarecido, Napoleón ejecutó el golpe que modificó todo el escenario político. La presencia de tropas francesas en el norte español indignó a los muchos opositores que Carlos IV había sabido ganarse. En marzo de 1808 se produjo un motín en Aranjuez, que culminó con su abdicación forzada y la coronación de su hijo, Fernando VII. Carlos IV pidió ayuda a Napoleón: las tropas francesas marcharon sobre Madrid y la ocuparon. En Bayona (abril de 1808), la corona fue devuelta a Carlos IV sólo para que el monarca fuera nuevamente obligado a abdicar, esta vez en favor del hermano de Napoleón, José Bonaparte. Carlos y Fernando fueron detenidos. En menos de dos meses, la movilización popular antifrancesa en las ciudades se organizó en una serie de juntas, cuya misión debía ser afrontar la organización de la guerra. Al adjudicarse el calificativo de *supremas*, las juntas no sólo desconocían a las autoridades tradicionales, sino que rápidamente se atribuyeron el carácter de autoridades soberanas y legítimas en nombre de la *nación en guerra*. En agosto de 1808, se constituyó la Junta Central de Sevilla encargada de dirigir la guerra en nombre del rey cautivo, Fernando VII, único monarca considerado legítimo. De esta manera, la autoridad que reemplazó a la monarquía vacante instaló a España en un sistema de alianzas internacionales que invertía por completo a la que había regido hasta unas semanas antes: ahora el aliado era Inglaterra y Francia el enemigo. Semejantes cambios no podían sino tener graves consecuencias en la ya agitada Buenos Aires.

La llegada de la noticia de la asunción de Fernando VII desató una nueva serie de intrigas, en medio de las cuales los bandos se acusaban mutuamente de traición a la metrópoli y de favorecer una eventual independencia de España. La presencia en Río de Janeiro de la hermana de Fernando VII, Carlota Joaquina, que estaba dispuesta a asumir la regencia de las colonias americanas, complicaba todavía más la situación. El Cabildo de Buenos Aires no ahorraba acusaciones contra Liniers, sabiendo que la única posibilidad de ganar la pulseada estaba en manos de las nuevas autoridades metropolitanas. Mientras tanto, en Montevideo, el gobernador militar Francisco Javier de Elío desconocía abiertamente la autoridad del virrey. Alentado por esta situación, el Cabildo, que por esos días contaba con el apoyo de Mariano Moreno, preparaba su golpe: el 1º de enero de 1809 movilizó a las pocas milicias que le eran leales para exigir la renuncia del virrey y la formación de una junta a semejanza de las peninsulares. Pero los oficiales de las restantes milicias, en especial la de Patricios y Andaluces que obedecían a Cornelio Saavedra, dominaron la plaza, detuvieron a los rebeldes y los obligaron a exiliarse en Patagones, de donde serían rescatados por las fuerzas de Elío.

Liniers había demostrado que para ejercer el poder era necesario contar con el apoyo de las milicias, pero esa demostración de fuerza lo privó del respaldo de la Junta sevillana, para la cual se había convertido en un jefe peligrosamente poderoso. El 29 de junio de 1809 llegó a Montevideo un nuevo virrey nombrado por la Junta, un veterano de Trafalgar, Baltasar Hidalgo de Cisneros. Elío se apresuró a demostrarle su lealtad y un mes más tarde, Cisneros entraba en la capital del virreinato. Hábil militar y político, Cisneros pronto descubrió que el solo nombramiento de la Junta no alcanzaba para darle una autoridad incontrastable y lentamente logró volcar la situación de las milicias en su favor. Pero la relativa tranquilidad que Cisneros supo instalar en Buenos Aires no sobrevivió al vértigo de los acontecimientos europeos.

La resistencia española se mostraba incapaz de detener al invasor francés: pronto cayó toda la región de Andalucía, mientras que la Junta Central era disuelta y reemplazada por un Consejo de Regencia que buscó refugio tras los muros de la ciudad de Cádiz, eficazmente defendida desde el mar por la flota británica. A diferencia de lo que dos años antes había sucedido con la Junta, la nueva autoridad metropolitana no iba a contar con la obediencia general de las colonias: mientras que la crisis de 1808 se había visto rodeada por ampulosas demostraciones de lealtad al monarca Borbón, a lo largo de dos años se habían creado grupos políticos y situaciones locales que harían que esta vez las reacciones fueran más complejas y heterogéneas. Los periódicos que confirmaban lo sucedido en España llegaron a Montevideo el 13 de mayo; el 16 estaban en Buenos Aires. En adelante, los acontecimientos se precipitaron. El 18 Cisneros hizo publicar una proclama con la que buscaba alejar el temor sobre un posible ataque francés a la ciudad, pero al mismo tiempo admitía la gravedad de la crisis y la necesidad de emprender la búsqueda de soluciones locales. Toda vez que el poder metropolitano ya no existía, las autoridades que gobernaban en su nombre habían perdido su legitimidad. La primera iniciativa política partió del Cabildo que, luego de consultar a los jefes militares y de una pequeña agitación en la plaza, convocó a un cabildo abierto para el día 22.

De los 450 vecinos convocados sólo concurrieron 251, entre los cuales una mayoría era favorable a la imposición de cambios en el gobierno: el día 22 se proclamó la muerte del poder virreinal. El día 24 el Cabildo propuso una primera solución de equilibrio entre el virrey y quienes más habían trabajado en favor de dar fin al orden virreinal. Pero esta solución no reflejaba el equilibrio de poder local y ya por la noche contaba con el repudio de los miembros del que ya se llamaba partido patriota. Nuevamente fueron las milicias, en la voz Saavedra, las que volcaron la situación. El 25 el Cabildo proclamó una nueva junta más ajustada a la realidad del poder: no sólo Cisneros ya no apareció entre sus miembros, sino que su presidente era justamente el jefe de las fuerzas militares porteñas y entre sus componentes se encontraban varios militantes del partido patriota.

La solución del 25 también estaba llamada a ser provisional: reflejaba bien los equilibrios existentes en mayo de 1810, pero la propia política revolucionaria se encargaría de modificarlos. Dos problemas, en rigor dos dimensiones de un mismo problema, se revelaron como fundamentales en cuanto la Junta se instaló en Buenos Aires. El primero, era la forma en que se solucionaría la relación con el interior del virreinato. Hasta mayo de 1810, el movimiento había sido casi exclusivamente porteño y, como se había encargado de expresarlo Manuel Villota en la asamblea capitular del día 22, nada garantizaba que el pueblo de Buenos Aires pudiera hablar en nombre del resto de las ciudades del virreinato. La pregunta era: ¿cómo reaccionarían la burocracia virreinal y las familias poderosas del interior ante un poder que decía ser heredero legítimo del virrey, pero que no sólo no parecía ser demasiado sólido sino que, además, se negaba a precisar cuáles eran sus objetivos últimos? El segundo, consecuencia del anterior, sería la guerra, en adelante la contracara inseparable del proceso político desatado por la revolución y árbitro de las luchas entre las facciones dirigentes.

LA GUERRA REVOLUCIONARIA

La crisis política iniciada por el colapso metropolitano, la revolución porteña y la guerra, todas ellas signadas por una profunda indefinición, desataron un drama cuyas alternativas eran ya en 1810 por demás variadas y que, a medida que el proceso se desplegó en el tiempo, tal vez ganó en precisiones pero no por ello se tornó menos rico en alternativas. Los actores de este drama, por otra parte, no contaban con el aplomo que puede dar la experiencia, dado que la propia existencia de un escenario político tan agitado y complejo era en sí misma una novedad. Lo que parece evidente es que, en contra de las tantas versiones de esta historia que recorren con gusto caminos simplones o maniqueos, estas alternativas pocas veces se limitaron a la simple adhesión patriótica o al rechazo realista del poder instalado en Buenos Aires.

El 2 de junio de 1810 llegó a Buenos Aires la noticia de la existencia del Consejo de Regencia, la nueva autoridad peninsular en reemplazo de la disuelta Junta. Instituciones tan dispares como la Audiencia de Buenos Aires, el Cabildo de Montevideo y la Junta asunceña juraron inmediata fidelidad al Consejo. Así, a los pocos días de que esta autoridad hubiera sido declarada vacante, la Junta porteña estaba obligada a tomar su primera decisión relevante: como sucederá más tarde con las Cortes Constituyentes reunidas en Cádiz, la decisión fue desconocer su legitimidad. A su vez, la presencia del Consejo ofreció a quienes por diversas razones estaban dispuestos a rechazar las pretensiones de la Junta un argumento de peso: la lealtad al nuevo gobierno de la metrópoli.

Pero no sería ésta la única alternativa. Ya en los debates del día 22 de mayo había aparecido un problema sin duda fundamental: si se daba por aceptado que el soberano legítimo ya no estaba en condiciones de ejercer el poder y por lo tanto se reconocía la retroversión de la soberanía a sus poseedores originales, ¿a qué colectivo debía imputarse ese derecho? Se planteó así la pregunta acerca de quién debía gobernar, sobre qué conjunto de personas, en nombre de quién y sobre qué espacio político-administrativo.

La larga tradición jurídica española no concebía una única entidad colectiva bajo el poder de la corona, sino que éstas eran muchas y variadas, de allí que una vez que el monarca desapareció, la soberanía no revertía a un único pueblo, sino a muchos pueblos. Al igual que en España, en América cada ciudad capital de intendencia o gobernación, e incluso otras subordinadas a ellas, estaba en condiciones de considerarse a sí misma como una nueva entidad soberana e independiente. Así, desaparecido el rey, no sólo desaparecía la subordinación a su delegado, el virrey, sino que también quedaba suspendida la subordinación de las ciudades del interior a su anterior capital. Esta tradición política está en la base de las pretensiones de autonomía de las ciudades del disuelto virreinato, ciudades que luego se convertirían en provincias. Por esta razón, las preocupaciones políticas del núcleo revolucionario porteño no sólo estuvieron orientadas a resolver el problema de la relación con España y los realistas, igualmente acuciante como lo anterior fue resolver la cuestión de cuál sería la entidad política y territorial de un potencial nuevo Estado. En cuanto se observan los procesos desarrollados a lo largo de la década que va de 1810 a 1820 se advierte que las respuestas a estos problemas fueron al menos tres. La primera es la que tiene por sede a la propia ciudad de Buenos Aires, que pretendió heredar para la ciudad el antiguo dominio virreinal y, de ser posible, hasta el propio aparato administrativo que lo hacía funcionar. Esta posición centralista estuvo muchas veces dominada por una visión más moderna de la tesis de la retroversión de la soberanía que venía a romper con aquella tradicionalmente reconocida por la tradición monárquica española. Identificada con las ideas que provenían de la Revolución Francesa, esta tesis sostenía que quien reasumía la soberanía no eran muchos pueblos diferentes cada uno con su derecho soberano y autónomo, sino que lo hacía un único pueblo compuesto por todos los individuos del virreinato sin diferencia entre ellos. Esta tesis, que en términos ideológicos era mucho más radical que la anterior y, en definitiva, es la que sustenta a las democracias modernas, era la sostenida por los partidarios de Moreno, el grupo más extremo y a la vez más centralista dentro de los patriotas.

A esta primera versión de la sucesión del extinto virreinato, se le opuso la encabezada por José Gervasio Artigas que tuvo su origen en la Banda Oriental, que desde varios años atrás venía dando pruebas de su creciente rivalidad con Buenos Aires. Su modelo partía del reconocimiento de que la soberanía volvía a los pueblos —en plural—, cada uno de los cuales, por lo tanto, recobraba una total capacidad para decir autónomamente su destino. En adelante, cualquier organización debía realizarse sobre la base de un acuerdo confederal entre estados soberanos, donde cada pueblo sólo resignaría una parte específica de su soberanía pero mantendría para sí otra porción importante. El ensayo de organización artiguista fue, a lo largo de diez años de política revolucionaria, la principal alternativa al que surgió en Buenos Aires. Ambos se enfrentaron encarnizadamente (al tiempo que se combatía contra los realistas) en una lucha que ocasionó el fracaso de los dos: ni el Estado central con sede en Buenos Aires ni la confederación artiguista sobrevivieron luego de 1820. En su lugar, se impuso la tercera opción, contra la cual también chocaron tanto las pretensiones porteñas como las artiguistas: las fuertes tendencias autonómicas de las ciudades —luego provincias—, tendencias que también estaban apoyadas por las tesis de la retroversión de la soberanía a los pueblos.

En consecuencia, desde su origen la guerra de independencia tuvo dos componentes estrechamente vinculados entre sí. Por un lado, el conflicto que va afirmando la independencia general del ex virreinato del dominio colonial español, pero, al mismo tiempo, la disputa para definir la naturaleza del Estado que reemplazaría a ese virreinato. Para sus protagonistas no se trató de dos guerras sino de una sola y, además, junto con estas opciones más profundas, se presentaban cotidianamente alternativas más coyunturales pero no por eso menos definitorias para la situación política de quienes debían tomar las decisiones: de allí la notable complejidad y variedad de las opciones políticas y militares que un período tan conflictivo ofreció a esos protagonistas. Buenos Aires podía considerar a Artigas un traidor a la causa de la revolución; con igual razón Artigas podía decir lo mismo de Buenos Aires. Ninguno de los dos describía una situación totalmente real, pero tampoco sería legítimo decir que uno de los dos mentía o actuaba con hipocresía: cada uno imaginaba y trataba de ejecutar su propia versión de la revolución y, bueno es recordarlo, en cualquiera de los dos casos una derrota frente a los ejércitos realistas tenía como segura consecuencia un juicio sumarísimo y la muerte.

Una vez instalada en Buenos Aires, la Junta debía resolver entonces su relación con el resto del virreinato. La solución ensayada mostró hasta dónde los debates jurídicos no serían los únicos en definir la situación: a la vez que la Junta aceptaba que cada ciudad tenía similares derechos —en su circular del día 27 de mayo invitó a las ciudades a elegir diputados—, los heraldos de tan amable invitación eran acompañados por tropas armadas que tenían la orden expresa de eliminar cualquier posible resistencia. Los receptores de semejante invitación tuvieron que optar entre ver en esas fuerzas una expedición destinada a asegurar su libertad o una destinada a garantizar su conquista. En la mayor parte de los casos, las rivalidades y tensiones locales (que al igual que en Buenos Aires se habían visto acentuadas por la crisis abierta a partir de 1808) ofrecían una base inmejorable para las más variadas reacciones.

En julio de 1810 las autoridades de la Intendencia de Córdoba manifestaron su oposición a la Junta porteña: tanto el Cabildo como el gobernador intendente y el obispo juraron fidelidad al Consejo de Regencia. El resultado fue el envío desde Buenos Aires de una expedición al mando de Antonio González Balcarce. En los primeros días de agosto Balcarce tomó la ciudad y, luego de algunas dudas, los cabecillas de la resistencia fueron fusilados, entre ellos, el propio Liniers. Esta actitud, que reveló la forma en que la Junta de Buenos Aires estaba dispuesta a resolver sus problemas, bastó para volcar a las restantes ciudades de la Intendencia (Mendoza, San Luis, La Rioja y San Juan) en favor de la revolución. También en la Intendencia de Salta del Tucumán (ciudades de Salta, Tucumán, Jujuy, Catamarca y Santiago del Estero) fue la llegada de las tropas enviadas desde Buenos Aires lo que volcó la situación en favor de la revolución. En cambio, el Alto Perú se manifestó en contra de la Junta porteña, con excepción de algunas ciudades de Charcas.

Más grave y compleja era la situación en el Litoral. En Asunción un cabildo abierto decidió el 24 de julio jurar fidelidad al Consejo de Regencia. En la ciudad de Montevideo, la resistencia también se organizó rápidamente, primero encabezada por el gobernador Gaspar Vigodet, y desde los primeros días de 1811 por el nuevo virrey del Río de la Plata nombrado por el Consejo de Regencia, Francisco de Elío.

Estas reacciones, más la fortuna desigual de las armas, determinaron los límites hasta donde finalmente llegó la expansión del núcleo revolucionario porteño. Dado que el problema paraguayo tuvo una rápida solución, la guerra se desarrolló en dos frentes fundamentales: el norte, en una zona que va de la ciudad de Tucumán hasta el Alto Perú, y el este, que incluyó tanto combates terrestres como navales. Sólo en la segunda mitad de la década, luego de que la resistencia realista fuera sofocada en la Banda Oriental y en el norte la situación militar llegara a una especie de empate estratégico, San Martín estuvo en condiciones de abrir un nuevo frente en el oeste cruzando la cordillera.

Si es cierto que Buenos Aires había decidido hacer de la guerra el instrumento fundamental de su imposición en todo el extinto virreinato, muy rápidamente quedó claro que las prioridades serían diferentes según la importancia y el peligro que podía representar cada uno de los frentes. Por muchas razones, la guerra en el este fue la preocupación casi excluyente sobre cualquier otra acción militar. Tal vez la única excepción se registró a mediados de 1812 cuando el avance de las tropas de Pío Tristán desde el Alto Perú parecía imposible de detener. Las órdenes impartidas a Belgrano de retroceder hasta Córdoba para organizar allí una mejor defensa hicieron temer que, ante una posible derrota, el final de la revolución llegaría desde el norte. Sin embargo, este temor no alcanzó a modificar la actitud del gobierno y el general Belgrano tuvo que enfrentar este avance sin recibir recursos desde Buenos Aires. En septiembre de 1812 la victoria de Tucumán despejó ese temor.

La primera razón de esta preocupación por la situación en la

Banda Oriental es por demás evidente: la plaza fuerte realista de Montevideo estaba mucho más cerca del centro revolucionario que el Alto Perú. La segunda es que Elío estaba instalado en Montevideo desde comienzos de 1811 y contaba con una importante flota con la cual no sólo realizaba incursiones en las zonas costeras del Litoral, sino que también había puesto sitio al puerto de Buenos Aires. El espectáculo amenazante de los barcos realistas podía ser visto desde la costa por los porteños. Todo esto se agravaba porque, a diferencia de ese rincón remoto que era el Alto Perú, la Banda Oriental era el centro de múltiples intereses internacionales. Por eso, la guerra en el este no era una simple confrontación entre realistas y patriotas, ahí también se hacían sentir Portugal y Gran Bretaña cuyos intereses en la zona nadie ignoraba, aunque por el momento se dijeran aliados de la autoridad española. Por eso, junto con las armas, en este caso hablaron también los argumentos de la diplomacia.

La herramienta original para llevar adelante la guerra revolucionaria fue, previsiblemente, las milicias porteñas: no sólo eran los cuerpos armados más numerosos y eficaces, sino también los actores centrales de estos primeros meses de la revolución. Se trataba de cuerpos armados de reclutamiento voluntario, un reclutamiento muy numeroso que tenía su base principal entre los sectores populares de Buenos Aires. A diferencia del escaso ejército regular preexistente, sus oficiales eran elegidos por la propia tropa. Para quienes veían este ascenso de la movilización de los grupos populares con recelo, esta situación era particularmente grave: por un lado, suponía una alteración de las jerarquías sociales; por otro, alentaba a una constante indisciplina. Estas apreciaciones eran demasiado exageradas: a pesar de la elección popular, los cargos de oficiales recaían invariablemente en personajes de la elite social. Pero, y esto constituía un elemento por demás significativo, la elección solía favorecer a aquellas personas capaces de movilizar una clientela propia entre los grupos populares y, por lo general, éstos pertenecían a sectores de la elite que hasta ese momento habían ocupado un lugar secundario. La aparición de las milicias implicó, entonces, una fuerte movilización de la sociedad y de sus sectores populares, pero esta movilización se produjo sin afectar los marcos sociales básicos: no se trató de una movilización horizontal, sino vertical, controlada a partir de fuertes prestigios y lealtades personales. La alteración que produjo dentro de la propia elite, al darle a grupos antes marginales un poder del que habían carecido hasta el momento, no se reprodujo en una alteración similar de la sociedad entera. A la vez, dado que para la organización de las milicias se eligió un sistema basado en el lugar de origen de los milicianos, se produjo también un repentino ascenso del poder de las integradas por nativos americanos, mucho más numerosas que aquellas formadas por peninsulares.

Mayo de 1810 fue a la vez el momento del triunfo y el comienzo de la decadencia de esta forma de organización militar. La guerra contra los realistas, tan diferente de la resistencia urbana organizada contra los invasores ingleses, reclamaba también un tipo diferente de ejército. Reclamaba un verdadero ejército profesional, lo cual implicó modificaciones profundas en las formas de reclutamiento, en la selección de los oficiales y en las pautas de disciplina. La transformación se inició formalmente a los pocos días de instalada la Junta, el 29 de mayo, pero su concreción fue algo más lenta aunque no por eso menos profunda.

La caída de Saavedra fue, a la vez, la de todo el estilo de organización miliciano, consagrado definitivamente luego de que el Primer Triunvirato reprimiera con sangre el llamado "motín de las trenzas". En adelante, no sólo quedó claro que el estilo miliciano había llegado a su fin, sino también que el gobierno estaba dispuesto a imponer una condena sumaria a muerte a quienes no se adaptaran a los nuevos criterios de estricta disciplina.

Desapareció así la elección de oficiales por la tropa, en su lugar se impuso una estructura jerárquica vertical dominada en última instancia por el gobierno central. Frente a los antiguos caudillos de milicias, ganaron terreno rápidamente los oficiales de carrera, cuyos conocimientos específicos eran ahora un recurso invalorable. Esto explica la rápida inserción de todo el grupo de oficiales llegado en 1812 junto con José de San Martín y Carlos

María de Alvear no sólo entre el personal dirigente revolucionario, sino también dentro de la cima de la sociedad porteña. Aunque el lugar del segundo estaba de todos modos asegurado por su pertenencia a una familia de notables de la ciudad, la del primero —que estaba muy lejos de poder presentar similares pergaminos familiares— demuestra en cambio hasta dónde los criterios de acceso a la alta sociedad y a la política porteñas se habían modificado como consecuencia de la guerra y la militarización. La creciente importancia de los jefes militares se puso de manifiesto ante la desaparición del gobierno central revolucionario en 1820, cuando prácticamente fueron las únicas autoridades sobrevivientes.

También resultaron fundamentales los cambios en los criterios del reclutamiento de las tropas. Por un lado, dejó de ser voluntario, hasta llegar al extremo de los reclutamientos forzosos a punta de fusil. Fueron también habituales las donaciones de esclavos para luchar en los ejércitos revolucionarios. Pero, fundamentalmente, se modificaron las bases geográficas del reclutamiento: muy rápidamente el gobierno central comprendió que unas tropas compuestas exclusivamente por soldados porteños hacía ver a los ejércitos revolucionarios como verdaderos conquistadores. Además, cuanto más lejos pelearan de su lugar de origen, más caía la moral guerrera de los soldados y se generalizaban las deserciones. En consecuencia, se multiplicaron los reclutamientos en aquellos lugares donde operaban las tropas. A este primer desplazamiento espacial, se le agregó la importancia creciente del reclutamiento en zonas rurales, por sobre la base casi exclusivamente urbana de las primeras milicias porteñas.

¿Cómo financiar y pertrechar a unos ejércitos que no sólo han multiplicado su número sino que además estuvieron en operaciones casi sin interrupción a lo largo de los diez años que siguieron a la revolución de 1810? La apertura del comercio rioplatense a todas las potencias aliadas, lo cual equivalía a decir en primer lugar Inglaterra, decretada por Cisneros en 1809 tuvo una razón esencialmente fiscal. Ante la suspensión del envío de la plata desde el Potosí como consecuencia de los levantamientos de Chuquisaca y La Paz (una situación que la guerra revolucionaria prolongaría indefinidamente), el último virrey se vio obligado a abrir el puerto al comercio internacional para obtener recursos de los impuestos a los productos ingresados por la Aduana. Pero, durante los años revolucionarios, estos recursos fueron siempre insuficientes para sostener la guerra. Por eso se recurrió a los *préstamos* y *donaciones extraordinarios*, eufemismos legales que no sólo escondían mal su carácter forzado sino también el hecho de que cada vez se hacían más frecuentes y regulares. Los saqueos y las requisas estuvieron a la orden del día. Los sucesivos gobiernos —preocupados por no destruir una economía cuyos beneficios esperaban heredar en tiempos menos agitados— se encargaron de reconocer las deudas a través de bonos, pero igualmente no lograron salvar las economías de aquellas zonas más afectadas por el esfuerzo de guerra. Salta y Santa Fe, por ejemplo, fueron las provincias que más duramente sufrieron la destrucción sistemática de sus riquezas; como veremos, ambas fueron también escenario de constantes combates.

Los principales destinatarios de estas requisas eran por cierto los *enemigos*, en primer lugar los realistas y peninsulares en general. Pero, en una época en que las luchas facciosas entre la propia dirigencia revolucionaria eran habituales, la definición de quién era el enemigo era amplia, laxa y peligrosamente cambiante. Todos los intentos realizados por Pueyrredón, una vez que fue nombrado director supremo, para organizar las finanzas oficiales y poner fin a la repetida destrucción de las riquezas fracasaron estrepitosamente ante el aumento de los gastos de guerra generados por la expedición de San Martín y la guerra en el Litoral. Una parte importante del desprestigio de su gobierno fue provocado por el reinicio sistemático de las exacciones.

Buena parte de los pertrechos militares se elaboraban en establecimientos controlados por el gobierno. Las guerras revolucionarias fueron llevadas a cabo con armamentos muy toscos y elementales, por lo general de fabricación local. Esto fue así por la reticencia de los británicos a facilitar armamentos a las colonias rebeldes de una potencia aliada, una reticencia que también caracterizó la actitud de los norteamericanos, el otro proveedor posible. De todos modos, debe recordarse que durante la primera mitad de la década de 1810 la guerra asolaba no sólo a Europa sino también a los Estados Unidos (por entonces embarcado en un nuevo conflicto con Inglaterra), por lo cual no era lógico esperar que las potencias beligerantes se desprendieran fácilmente del preciado armamento. Por esta razón, la falta de armamentos afectó también al bando realista, que al igual que los patriotas tuvo que conformarse con un aprovisionamiento local de emergencia. En cambio, los comerciantes ingleses no retacearon el aprovisionamiento de las telas necesarias para la confección, también local, de los uniformes.

La guerra revolucionaria tuvo, finalmente, una consecuencia que marcará por muchos años el estilo de la política rioplatense. La imposición de la disciplina a punta de pistola y las formas violentas de reclutamiento y aprovisionamiento fueron sólo una expresión más del marcado salvajismo que ganó a toda la vida política de la región. Las muertes y ajusticiamientos estaban a la orden del día, los saqueos, golpizas y degüellos de las tropas enemigas y de la población civil eran habituales. Pero, además, este salvajismo era objeto de exhibición: en las plazas de todas las ciudades era común la exposición pública de los cuerpos o las cabezas empaladas de aquellos sometidos a la pena capital. Estas actitudes eran, finalmente, sólo una extensión más de un tradicional criterio judicial que hacía de la muerte o la tortura no sólo el pago individual por una determinada culpa, sino un ejemplo pedagógico para la totalidad de la población. Pero su multiplicación hasta alcanzar una escala casi desconocida hasta ese momento convirtió al horror en espectáculo cotidiano. El creciente salvajismo político no fue patrimonio de un bando o de un sector social (tal la visión que Domingo Faustino Sarmiento y otros miembros de su generación impusieron retrospectivamente) sino que atravesó sin excepciones a toda la sociedad rioplatense.

Construcción y derrumbe de un poder revolucionario

Una vez instalada la Junta en reemplazo de la autoridad virreinal, la guerra no sólo fue la principal preocupación de los sucesivos gobiernos, sino que en buena medida determinó los rumbos que seguiría en adelante la política revolucionaria. Hasta 1815 la guerra impuso dos condiciones fundamentales: una tendencia a la concentración del poder y una propensión hacia posiciones políticas cada vez más radicales. En sus primeros días, la mayor parte del plantel político revolucionario no esperaba tener que seguir este camino, por el contrario, esperaban heredar en su favor más que destruir el antiguo orden virreinal. La distancia entre este deseo inicial más bien conservador y las consecuencias de la política revolucionaria no podrían haber sido más grande: no sólo porque los gobiernos revolucionarios no hacían otra cosa sino destruir aquello que pretendían heredar, sino también porque entronizaban en el poder a aquellos grupos políticos que estaban más dispuestos a aceptar que ése era no un simple accidente involuntario, sino el destino mismo de la revolución.

El presidente de la Junta, Cornelio Saavedra, era el exponente de los consensos y de los equilibrios de poder que habían llevado a la definición del 25 de mayo: moderado, temeroso de cualquier cambio demasiado profundo, refractario a las ideas de igualdad social y democracia política que la Revolución Francesa había instalado en muchos espíritus, era además el jefe indiscutido de las milicias urbanas que habían asegurado la victoria de la oposición a Cisneros. Pero Saavedra es a la vez el mejor ejemplo para mostrar los límites estrechos de estas expectativas y condiciones iniciales de la revolución. En pocas semanas, ya era evidente que no era Saavedra quien guiaba las decisiones políticas de la Junta; en su lugar, el hábil secretario Moreno se había convertido en la figura descollante. Ninguna semejanza unía a ambos personajes: Moreno era un joven abogado admirador entusiasta de la Revolución Francesa —incluyendo los momentos más extremos y sanguinarios de la república jacobina—, dispuesto

a llevar a la revolución por caminos más afines con ese prece-
dente europeo. El sorprendente protagonismo de este personaje era visto por los oficiales de milicias como la usurpación de un
poder al que consideraban propio y muy pronto Moreno se convirtió para ellos —incluido Saavedra— en el principal enemigo
a vencer. Mientras esperaban la ocasión precisa para desplazar
al secretario, se consolaban pensando que la línea radical tomada por la Junta e identificada con Moreno era sólo una desvia-
ción ocasional resultado de la guerra y que sería tan breve como
ella. No fue éste un diagnóstico minoritario ya que la mayor parte de los miembros de la Junta apoyaron la política de Moreno
sin ninguna convicción, seguros de que eran los hechos los que
impulsaban esa pasajera actitud.

La aprobación de una serie de iniciativas de Moreno aceleró esta mutua desconfianza y sumó tensión a la situación. En octubre de 1810, un decreto reglamentó la carrera militar con el
objetivo de convertir a las milicias en un ejército regular y disciplinado. En diciembre, el famoso decreto de supresión de ho-
nores, que formalmente sólo eliminaba las formas monárquicas
en el trato a las autoridades, provocó un notable malestar en Saavedra, su destinatario explícito. El decreto ponía a todas las milicias bajo las órdenes de la Junta, lo cual equivalía a decir que
su presidente perdía el mando exclusivo. Ese mismo mes, en
ocasión del debate para definir qué hacer con los diputados del
interior que ya estaban instalados en Buenos Aires, los saavedristas creyeron llegado el momento de pasar a la ofensiva. Aunque
ya existía cierto consenso para que estos diputados se incorpo-
raran directamente al congreso que se reuniría para organizar
un gobierno permanente, comenzó a cobrar fuerza la posición
que pedía que fueran sumados inmediatamente a la Junta de gobierno. Moreno era defensor de la primera postura, lo cual llevó
a Saavedra y a sus aliados a la defensa de la segunda. Con esta
actitud esperaban contar con el apoyo de los diputados del interior y no se equivocaron: el tema fue finalmente sometido a la
votación de la Junta y Moreno fue ampliamente derrotado. Así
se formó la llamada Junta Grande, mientras Moreno presentaba
la renuncia y zarpaba rumbo a Europa en misión diplomática.

Aunque no existe prueba alguna sobre un eventual asesinato, su muerte en alta mar aún despierta muchas sospechas, unas sospechas que los visibles festejos de Saavedra y sus seguidores al conocer la noticia no ayudan a descartar.

Los diputados del interior, dispuestos a desplazar a los morenistas, no sentían mayor simpatía por la facción saavedrista y, una vez eliminado el secretario, fue el cordobés deán Gregorio Funes quien pronto dominó a la nueva Junta. Pero lo que provocaba una cada vez mayor preocupación entre los saavedristas era que aquellas políticas extremas que habían atribuido a las extravagancias de Moreno y que desgastaban sus bases de poder estaban muy lejos de haber terminado. En febrero y marzo de 1811, la agitación de los morenistas en contra de la Junta se hizo sentir con fuerza, apoyados por el Cabildo que veía en esta agitación la ocasión para recuperar poder político. La respuesta del saavedrismo culminó con una victoria pírrica: en la noche del 5 y 6 de abril varios alcaldes de barrio, con apoyo de las milicias, movilizaron a una multitud popular en los suburbios de la ciudad y ocuparon la plaza de la Victoria. La Junta cedió rápidamente ante los reclamos de la muchedumbre: Domingo French y Antonio Beruti fueron detenidos, mientras que Belgrano —también simpatizante de Moreno— fue llamado a rendir cuentas ante la justicia por su derrota en el Paraguay cuando estaba a punto de comandar la invasión a la Banda Oriental. Pero esta victoria fue la última para los saavedristas. A la crisis de su principal base de poder, las milicias, sumaban ahora la desconfianza de buena parte de la elite social y política porteña, que no estaba dispuesta a perdonarles el haber movilizado a grupos populares para definir una disputa facciosa. El notorio conservadurismo social de la elite porteña, del cual Saavedra había sido el principal pero no el único referente, se volvía ahora en contra del presidente de la Junta.

Lejos de terminar con la tensión política facciosa, el movimiento del 5 y 6 de abril sólo la exacerbó. En este clima enrarecido, en junio de 1811 llegó a Buenos Aires la noticia de la derrota en Huaqui en el Alto Perú. Saavedra se vio obligado a partir hacia el norte para hacerse cargo del ejército y, sobre todo, para hacer de Castelli (otro fervoroso morenista) responsable único por la derrota. Pero en Buenos Aires ésta no era la versión esgrimida por los opositores que, en cambio, acusaban al gobierno por lo sucedido. La ausencia de Saavedra alentaba su audacia: en septiembre imponían el reclamo para reunir un nuevo cabildo abierto. La Junta cedió y el 19 un nuevo cabildo abierto se disponía a poner fin a esta primera etapa de la revolución. Inicialmente el cabildo abierto tenía como objetivo elegir a los dos diputados por Buenos Aires para el futuro congreso; en la votación fueron elegidos Juan José Paso y Feliciano Chiclana. Pero la retirada de la Junta ante la presencia de este nuevo poder era irreversible: el 22 se vio obligada a ceder sus poderes ejecutivos a un Triunvirato compuesto, precisamente, por los dos diputados elegidos por el cabildo abierto y un tercero, Manuel de Sarratea, también elegido por la corporación municipal. Inicialmente la Junta fue depurada y siguió funcionando con el nombre de Junta Conservadora de la Soberanía del señor Don Fernando VII, pero el 7 de noviembre el Triunvirato decidió su disolución.

Eliminada la Junta, el Triunvirato marchó contra lo que quedaba del saavedrismo. Saavedra fue detenido y desterrado en San Juan, mientras que —en un evidente provocación— Belgrano fue nombrado comandante de los Patricios. El 6 de diciembre el regimiento se sublevó contra su nuevo jefe —el denominado "motín de las trenzas"— y exigió el regreso de Saavedra al poder. Las tropas de Rondeau, que acababan de llegar de la Banda Oriental, se encargaron de la sangrienta represión del motín: el saavedrismo estaba totalmente derrotado. Rápidamente el Triunvirato encaró una profunda reforma del ejército que endureció los códigos de disciplina y los castigos por su violación.

La desaparición del saavedrismo no implicó el fin de las luchas facciosas. Un nuevo tema dividía a los vencedores: la reunión del congreso que no sólo debía dar una organización definitiva al gobierno, sino que también, para quienes estaban a favor de su convocatoria, debía ser el encargado de declarar la independencia. Los propios triunviros estaban divididos: mientras Paso se mostraba favorable a su convocatoria, Chiclana y

Sarratea argumentaban que era necesario esperar el fin de la guerra para encarar cualquier tipo de organización definitiva. Pero para entonces nuevos actores políticos estaban apareciendo en el cada vez más agitado escenario porteño, dispuestos a reclamar su parte en las luchas. Si al comenzar 1812 las milicias ya habían dejado de ser un factor de poder en Buenos Aires, su lugar fue rápidamente ocupado por las sociedades y los clubes políticos.

Estas nuevas formas de organización política habían surgido junto con la Revolución. Los salones de la casa de Rodríguez Peña o el café de Marco se convirtieron en lugares de reunión regular donde se discutía y afianzaban posiciones y tendencias políticas. En el café de Marco, ubicado frente al Colegio de San Carlos, se reunían los jóvenes estudiantes partidarios de las ideas más extremas, luego identificados con el morenismo. La ubicación del café es también un índice del nivel social de sus concurrentes: la mayoría eran hijos de la elite que concurrían al prestigioso Colegio.

Alarmado por la presencia de estos jóvenes que respaldaban a su principal enemigo, Saavedra ordenó allanar el café y detener a sus concurrentes, pero sólo logró aglutinar aun más a su oposición. Luego de los hechos del 5 y 6 de abril, la vigilancia y la represión contra las reuniones realizadas en el café se hicieron mucho más duras. Sin embargo, a fines de 1811, Bernardo de Monteagudo asumió la reorganización del grupo, para lo cual contaba con la posibilidad de difundir su voz a través de diarios tan importantes como *La Gazeta* o *El Censor*. A comienzos de 1812, Monteagudo fundó la Sociedad Patriótica, cuyos objetivos explícitos eran la declaración de la independencia y el dictado de una constitución para el nuevo Estado. La presencia de la Sociedad significaba un nuevo desafío contra Saavedra y las milicias, pero el gobierno ya no estaba en condiciones de evitarlo. Con la caída de Saavedra, la Sociedad había llegado al cenit de su influencia.

Cuando llegaron desde Europa, los oficiales entre quienes estaban Alvear y San Martín inmediatamente tomaron contacto con la Sociedad; pronto Alvear fue nombrado como su vicepresidente. Pero estos oficiales traían consigo otras costumbres asociativas, ligadas con la masonería y con las logias militares secretas que eran comunes en España: muy rápidamente formaron en Buenos Aires la Logia Lautaro. A diferencia de la Sociedad, en la Logia los métodos eran mucho más rígidos, el ingreso mucho más restringido y las jerarquías y autoridades mucho más marcadas. La Logia era ya un importante actor político cuando las tensiones que se generaron alrededor de la convocatoria a un congreso estallaron a raíz de la elección de los nuevos triunviros que —según el Estatuto— debían ser reemplazados uno cada seis meses.

A mediados de 1812 la situación militar negativa, en la cual la oposición veía una consecuencia de la política escasamente audaz de los triunviros, aumentó la tensión. A un acuerdo con los realistas en la Banda Oriental provocado por el temor a una invasión portuguesa, se sumó el avance de las tropas de Pío Tristán en el norte, frente al cual el Triunvirato había ordenado a Belgrano una retirada que debía seguir al menos hasta Córdoba. Un clima de histeria y temor ganó a la opinión pública de Buenos Aires. En rigor, la política moderada del Triunvirato no era totalmente irracional y, lo que es más importante, no desentonaba con la actitud que hasta ese momento habían buscado seguir la mayoría de los gobiernos revolucionarios. El acuerdo en la Banda Oriental y la potencial aceptación de una invasión portuguesa parecía ser la única salida para destinar todas las fuerzas para detener el eventual ataque desde el norte. Los partes que enviaba Belgrano sobre el estado de sus tropas y la capacidad para resistir a lo que sólo era la vanguardia realista a mando de Tristán no alentaban precisamente al optimismo. A su vez, el mantenimiento de la indefinición acerca del destino futuro de la revolución tenía por objetivo primordial no privar a su gobierno del vital apoyo británico, dado que por esos días Inglaterra era el más firme aliado de la España que resistía a los franceses y nunca podría apoyar a una colonia en abierta rebeldía. Pero esta política, que en 1810 había contado con el respaldo de una mayoría frente a la cual Moreno era una exitosa excepción, en 1812 era el blanco fácil de todas las acusaciones.

Un breve acuerdo entre los grupos enfrentados se produjo cuando se descubrió una conspiración realista apoyada desde Montevideo y liderada por Martín de Álzaga que debía estallar el 5 de julio. El Triunvirato reaccionó con inusitada dureza: los cabecillas, incluido el propio Álzaga, fueron detenidos y ejecutados luego de un juicio sumario; sus cuerpos expuestos en la plaza de la Victoria durante varios días. Pero al fugaz acuerdo sucedió el choque definitivo. La noticia de la victoria de Belgrano en Tucumán (24 de septiembre) en contra de las órdenes de seguir con la retirada desprestigió todavía más al gobierno; para entonces el Triunvirato estaba prácticamente desintegrado. Chiclana, ganado por la Logia, presentó la renuncia, mientras Paso seguía haciendo oposición a la política oficial desde su cargo. El gobierno pasó así a ser dominado por el triunviro suplente, Bernardino Rivadavia, y por Pueyrredón, por el momento opuesto al creciente influjo de la Logia.

Mientras todos daban al Triunvirato por muerto, los comicios de renovación que debían realizarse en octubre revelaron que las cosas no eran tan simples: Rivadavia demostró una notable habilidad para dominar la asamblea electoral e imponer sus candidatos; éste fue el factor que precipitó el golpe. El día 8 de octubre una muchedumbre reclutada por Paso y la Sociedad Patriótica apareció en la plaza; el Cabildo manifestó inmediatamente su apoyo a los grupos movilizados. Varios regimientos convocados por la Logia, entre ellos el de Granaderos a Caballo con San Martín a la cabeza, se unieron a los peticionantes. El Triunvirato había dejado de existir y se propuso la votación popular de uno nuevo. En esa ocasión, San Martín reveló la que sería una de las características salientes de sus actitudes políticas: su disgusto frente a los tumultos populares. Alarmado por el excesivo desorden que rodeaba a una elección donde todos los presentes estaban dispuestos a participar, amenazó con poner fin al acto con sus tropas si no se organizaba una votación en la cual fuera el Cabildo el que eligiera a los candidatos y la multitud expresara su aprobación o rechazo por simple aclamación. Así fue como se hizo, siendo los elegidos Paso, Nicolás Rodríguez Peña y Antonio Álvarez Jonte. Pero la verdadera victoria correspondía a la Logia, que en adelante sería el verdadero poder detrás del trono. Incluso la Sociedad Patriótica perdió pronto su influjo, varios de sus miembros fueron captados por la Logia y finalmente dejó de existir a comienzos de 1813.

Con la victoria de la Logia las políticas moderadas fueron dejadas de lado. El decreto de convocatoria a la futura asamblea constituyente aprobada en el mismo mes de octubre no dejaba lugar a dudas sobre la dirección de los nuevos vientos: "El eterno cautiverio del señor Fernando VII ha hecho desaparecer sus últimos derechos". Las sesiones de la Asamblea abiertas el 31 de enero de 1813 fueron ganadas por dos temas fundamentales: por un lado, la cuestión de la declaración de independencia y la redacción de una constitución; por otro, el problema suscitado por la presencia de los diputados por la Banda Oriental que respondían a las directivas de Artigas. De esta manera, hacía su aparición en la agitada vida política de Buenos Aires un problema que, a la larga, terminaría con la propia existencia del gobierno revolucionario porteño.

Para el momento de la reunión de la Asamblea, Artigas ya era el principal referente de la revolución rural desatada en la Banda Oriental. Pocas cosas producían en Buenos Aires la mezcla de temor y desconfianza que generaba la situación oriental: no sólo porque suponía el surgimiento de un sólido rival en el propio bando insurgente, sino también porque a los ojos de la elite porteña ese rival encarnaba una intolerable ruptura de las jerarquías sociales.

El alzamiento rural respondía a dos factores algo diversos, uno específico de la Banda Oriental y el otro, en cambio, anticipatorio de uno de los cambios más notables que la revolución y la guerra introducirían en las bases de poder político en toda el área rioplatense. El primero es la ausencia de vinculaciones sólidas entre Montevideo y la campaña oriental. Montevideo había sido fundada en 1726 como puerto y plaza fuerte: lo primero la orientaba hacia las aguas del Río de la Plata; sus sólidas murallas la separaban de la campaña. Pero, además, debía rivalizar con la influencia que tanto la administración como los propietarios porteños ejercían sobre la campaña oriental (en especial las zonas cercanas al Uruguay) desde mucho antes de la fundación de Montevideo. El segundo factor es el modo en que la guerra revolucionaria provocó la aparición de poderes políticos cuyas bases eran estrictamente rurales. Las razones de esta traslación son sencillas: la guerra suponía la necesidad de hombres y recursos, gran parte de los cuales era extraídos de la inagotable cantera rural. Así, quien dispusiese de la capacidad para controlar la campaña se haría con una sólida base de poder propio. Esto constituía una de las novedades más sonadas que contrastaban con el estilo predominante durante el período colonial, cuando era en las ciudades donde se producía y ejercía el poder político. El solo hecho de que las ciudades tuvieran que compartir el poder con personajes surgidos de la campaña constituyó uno de los cambios políticos más relevantes provocados por la revolución y la guerra. En este sentido, la Banda Oriental fue sólo la primera manifestación de cambios que afectarían a toda el área rioplatense.

Es esta modificación de las bases espaciales del poder —que a su vez elevaba a un primer plano a una zona que había sido completamente marginal hasta ese momento— lo que resultaba intolerable para Buenos Aires y que era visto como una radical inversión de las jerarquías sociales. Esta última lectura era, sin embargo, algo exagerada. Era parcialmente cierta en la zona cercana al río Uruguay, que era la base principal del propio Artigas, donde la modalidad ausentista de los propietarios en general porteños había permitido el surgimiento como jefes militares de antiguos capataces, contrabandistas o tenedores ilegales de tierras. En las restantes regiones de la Banda Oriental, era la elite local la que comandaba la movilización política y militar, aunque esa elite nunca hubiese podido aspirar al lugar de importancia que pronto tuvieron en el anterior contexto virreinal.

Luego de la asunción del segundo Triunvirato, Sarratea, jefe de las tropas revolucionarias que sitiaban Montevideo y cuyas relaciones con Artigas no eran precisamente cordiales, fue desplazado y en su lugar fue enviado José Rondeau. Los objetivos de una política revolucionaria orientada a la independencia —el reinicio del sitio de Montevideo era la mejor prueba— podrían unir

ahora a la Logia con Artigas y, por lo tanto, no era extraño el intento de llegar a un acuerdo. Rondeau era la persona indicada,
no sólo porque era nativo de la Banda Oriental, sino también
porque cultivaba un estilo político que tenía en el acuerdo su
principal herramienta. Muy pronto, Rondeau había conseguido
que Artigas reincorporara sus fuerzas al sitio de la ciudad y que
aceptara participar de la elección de diputados para la Asamblea.

Sin embargo, sobre esa coincidencia general se destacaron
bien pronto desacuerdos que no eran menos profundos que la
cuestión de la independencia. En abril de 1813 un congreso reunido en Tres Cruces eligió a los diputados orientales para la
Asamblea, pero además les dio instrucciones absolutamente pre-
cisas sobre las condiciones a partir de las cuales la Banda Oriental se incorporaría a las Provincias Unidas. Poca relevancia tenían
aquellas que solicitaban la declaración de la independencia —que
por el momento también estaba en el ánimo de la Logia—, en
cambio eran cruciales la declaración de la Banda Oriental como
provincia autónoma y soberana y la organización del futuro Estado sobre la base de un sistema confederal. En Buenos Aires, la
Logia no podía aceptar estas condiciones que prácticamente
convertían a los enviados orientales en embajadores de un Estado extranjero. A pesar del rechazo de los diputados, la política
de acuerdos siguió funcionando y, en un nuevo congreso en Capilla de Maciel, en diciembre de 1813, Rondeau consiguió que
fueran elegidos nuevos diputados más dispuestos a negociar con
Buenos Aires. Pero esta solución tampoco sería aceptada por la
Logia: los diputados fueron nuevamente rechazados y, sobre todo, el gobierno convirtió a la Banda Oriental en una intenden-
cia-gobernación sin ninguna autonomía. Para entonces, Artigas
ya había abandonado nuevamente el sitio de Montevideo y había sido declarado fuera de la ley.

Mientras que en la Banda Oriental se gestaba la disidencia
que finalmente terminaría siendo el principal problema para el
gobierno revolucionario de Buenos Aires, la Asamblea inició
sus sesiones en un clima signado por un marcado radicalismo
político. Desde un comienzo la Asamblea se declaró soberana,
mientras que sus miembros se interpelaban como *ciudadanos*,

evocando el trato impuesto por la República Revolucionaria Francesa. Durante las primeras semanas de sesiones aprobó una serie de medidas claramente inspiradas en sus principios igualitaristas: la eliminación de las formas de servidumbre indígena (mita y yanaconazgo), la instauración de la libertad de vientres y la supresión de los títulos de nobleza. Asimismo, marchó contra los privilegios de la corporación eclesiástica, al subordinarla a la jurisdicción civil y declararla independiente de la Santa Sede. También eliminó al tribunal de la Santa Inquisición y la tortura judicial en general. La Asamblea tampoco retrocedió en lo referente a la cuestiones simbólicas, por entonces tan cargadas de significados: declaró fiesta cívica al 25 de mayo, aprobó un Himno Patrio de neto corte antiespañol y creó un escudo nacional entre cuyos componentes se encontraba el gorro frigio, un símbolo claramente identificado con la tradición revolucionaria y republicana francesa. Aunque no trató la aprobación de la bandera creada por Belgrano un año antes y descartada por el primer Triunvirato, esto no debe ser tomado como una muestra de temor. En nuestros días, la bandera es el símbolo principal de una nación, a punto tal que se la considera prácticamente una materialización de la misma; sin embargo, en aquellos tiempos era un símbolo más entre otros: sin duda, el uso del gorro frigio en un escudo que desplazaba al de los Borbones era considerado mucho más audaz que el uso de una bandera propia.

Curiosamente, luego de estas medidas iniciales cuya culminación natural era la declaración de la independencia y la instauración de una república, la Asamblea pareció agotar su impulso: para septiembre de 1813 había perdido toda iniciativa política y no se hablaba de la cuestión de la independencia. ¿Qué es lo que había sucedido? De nuevo son los acontecimientos en Europa los que van a modificar drásticamente las condiciones políticas con las cuales se abrieron las sesiones de la Asamblea y las que provocará nuevos alineamientos en el interior de la dirigencia revolucionaria y en especial en la poderosa Logia. En octubre de 1812 Napoleón ponía fin a su frustrado intento por derrotar a Rusia cuando ordenaba lo que sería una catastrófica retirada de sus tropas desde Moscú. El acoso de los rusos y, sobre todo, las condiciones de un invierno brutal diezmaron a los soldados franceses cuyas pérdidas fueron incalculables. Pocos meses antes, durante el verano de 1812, las fuerzas combinadas de españoles e ingleses, al mando del duque de Wellington, hacían retroceder a los franceses en España. El 17 de marzo de 1813 José I Bonaparte abandonó definitivamente Madrid junto con el grupo de españoles "afrancesados" que lo habían acompañado desde 1808. Un clima festivo se vivía en la península: los diputados de las Cortes que un año antes habían dado a España una Constitución festejaban no sólo la inminente liberación de su país, sino también lo que creían sería una nueva etapa de la monarquía española regida por una constitución y un rey liberales. En el resto de Europa, la hora de la revancha contra la Francia revolucionaria y napoleónica también estaba llegando con la organización de la sexta coalición. Entre el 16 y el 19 de octubre de 1813 Napoleón cayó derrotado en Leipzig; poco después Francia fue invadida desde varios puntos, incluso desde la propia España.

Apenas comenzado el año 1813 todo indicaba que el cautiverio de Fernando VII, que sólo unos meses antes había sido considerado como casi eterno por las autoridades porteñas, estaba llamado a terminar bien pronto. En diciembre de ese mismo año, Napoleón y Fernando VII firmaban un acuerdo por el cual finalizaban las hostilidades entre ambas naciones: la restauración del rey en cuyo nombre se había realizado la Revolución de Mayo de 1810 ya era un hecho. Entre marzo y abril de 1814 París fue ocupada y la monarquía borbónica restaurada en Francia.

Mientras tanto, en España todavía persistía el clima festivo a la espera de Fernando VII, el rey en el cual se había querido ver un campeón del liberalismo desde el motín de Aranjuez. Pero esta ilusión de los liberales no estaba basada en ningún argumento sólido. Nada más lejos de las intenciones de Fernando que aceptar una constitución que limitase lo que creía eran poderes absolutos delegados en él por Dios. En marzo de 1814 Fernando cruzaba la frontera española, mientras arreglaba los últimos detalles del golpe que le devolvería el poder absoluto.

En mayo de 1814 Fernando VII repudió la Constitución de Cádiz y mandó detener a los diputados liberales que lo esperaban en Madrid. El sueño del rey constitucional había llegado a su drástico fin. El 23 de mayo Fernando entraba en Madrid; pocos días más tarde reinstalaba el tribunal de la Inquisición y restablecía los señoríos territoriales.

El clima favorable a las monarquías, incluso a las monarquías absolutistas, y el repudio contra cualquier cosa que siquiera recordara a la Revolución Francesa y a los regímenes republicanos no era exclusivo de España. En noviembre de 1814 se inauguraron las sesiones del Congreso de Viena, cuyo objetivo era restablecer un equilibrio en la Europa posnapoleónica basado en los principios de la legitimidad monárquica. Es decir que, en los meses que siguieron a la apertura de la Asamblea que en Buenos Aires se mostraba dispuesta a encarar la independencia y la organización de un nuevo Estado siguiendo los postulados republicanos e igualitarios de la Revolución Francesa, todo el panorama mundial dio un giro drástico que hizo que esas intenciones iniciales no parecieran ser las más adecuadas para llevar la empresa a la victoria. Ante las incertidumbres que desde mediados de 1813 invadieron los espíritus de los insurgentes porteños, fueron destacadas varias misiones diplomáticas destinadas a abrir las puertas a una solución que, a la vez que mantuviese la autonomía del Río de la Plata, fuera aceptable para las potencias vencedoras de la larga pulseada europea. Una condición para llevar adelante una negociación de este tipo era abstenerse de provocar a los monarcas restaurados declarando la independencia o consagrando un régimen republicano. También aportó argumentos a favor de la prudencia la derrota de Belgrano en el Alto Perú entre octubre y noviembre de 1813: nuevamente la revolución parecía abierta a una invasión realista desde el norte.

La unidad de la Logia no pudo sobrevivir a estos cambios en la situación que se produjeron a lo largo de 1813. Muy pronto se destacaron al menos dos posiciones, ya que mientras San Martín sostuvo la necesidad de seguir con las ideas originales de la Logia, el más numeroso grupo encabezado por Alvear creyó llegada la hora de la prudencia. Además de ser más numeroso, el grupo alvearista contaba con contactos políticos que San Martín no estaba en condiciones de alinear detrás de sí. De este modo, San Martín prefirió retirarse de la escena porteña, mientras que Alvear se iba convirtiendo en el hombre fuerte de la Logia y, por lo tanto, de toda la política de Buenos Aires. En enero de 1814 Alvear hizo aprobar en la Asamblea la creación de un ejecutivo unipersonal, el Directorio, a la cabeza del cual colocó a su tío, Gervasio Antonio de Posadas. Unas semanas más tarde, Alvear coronaba su poder encabezando la toma del bastión realista de Montevideo, una victoria que venía a contrarrestar con creces las derrotas sufridas en el Alto Perú.

Pero la buena estrella de Alvear estaba destinada a no durar demasiado. A pesar de la toma de Montevideo, los problemas locales se agravaban aceleradamente, mientras que pronto quedó claro que Fernando VII no admitía otra posibilidad que la vuelta de las colonias a la sumisión absoluta que incluía, además, la condena a muerte para los responsables de la insurgencia. Si faltaban pruebas de la sinceridad de esta advertencia real, la brutal represión sufrida por los patriotas chilenos luego de su derrota en Rancagua y por los revolucionarios en el norte de Sudamérica —donde además operaban tropas recientemente llegadas desde España— no dejó ningún lugar para las dudas.

Mientras tanto, las misiones diplomáticas que negociaban en Europa se perdían en las tramas de laberintos e intrigas poco prudentes que no llegaban a ningún puerto. Las propuestas de los diplomáticos de la revolución —que iban desde ofrecer la corona de un nuevo Estado rioplatense a cuanto candidato fuera posible hasta negociar un eventual protectorado de los Estados Unidos bajo la forma republicana— no tenían buena acogida ni siquiera en Londres, donde en agosto de 1814 se declaró el embargo de armas para todos los insurgentes americanos. Tal vez uno de los pocos legados firmes de estas misiones fue convencer a Belgrano, uno de los diplomáticos, de que sólo un Estado monárquico podría ser reconocido como legítimo en el nuevo clima político europeo. De esta convicción nacería su propuesta, una vez declarada la independencia, de coronar a un príncipe inca.

Sin embargo, el golpe final contra el régimen de Alvear no vendría desde España. Tanto Fernando VII como los revolucionarios americanos iban a descubrir bien pronto que una cosa era querer sofocar a todos los insurgentes y otra poder organizar una expedición para llevarlo a la práctica. La situación política tampoco era fácil para Fernando VII en la península, donde el liberalismo había calado fuerte en una sociedad movilizada por la guerra. Para disgusto del monarca y de sus pretensiones absolutistas, era precisamente en el ejército real (sin el cual la situación americana no podía volcarse en favor de los realistas) donde los ideales liberales estaban más sólidamente arraigados. Así, Fernando VII tuvo que enfrentar sucesivos levantamientos y motines, hasta que finalmente la gran expedición militar puesta a las órdenes del comandante Rafael de Riego se sublevó en enero de 1820 y obligó a Fernando a jurar la Constitución liberal de 1812. Todo indica que el objetivo de la expedición de Riego era precisamente Buenos Aires.

El golpe final para Alvear y sus aliados provendría de la propia política revolucionaria, encarnada en la disidencia artiguista. El equilibrio favorable a Buenos Aires, que luego del incidente de los diputados había logrado Rondeau a fines de 1813 en la Banda Oriental, no duró demasiado tiempo. Esta solución tenía como base la política permisiva aplicada por Rondeau frente a las pretensiones autonómicas de los dirigentes orientales, una política que Buenos Aires no estaba dispuesta a avalar. Mientras las tropas de Alvear tomaban la plaza montevideana en junio de 1814, Artigas, declarado fuera de la ley por el gobierno porteño, no sólo se había dedicado a consolidar su influencia en la Banda Oriental, sino que también estaba comenzando a extenderla más allá del río Uruguay. En febrero de 1814, una expedición militar porteña al mando del barón Holmberg cayó derrotada por caudillos artiguistas en Entre Ríos. Mientras tanto, desde su campamento en las Misiones, Artigas incorporó Corrientes a su bloque. Así, el ya denominado Protector de los Pueblos Libres dominaba las tierras hasta el Paraná y sólo estaba dispuesto a aceptar la paz con Buenos Aires sobre la base de la organización de un estado independiente en la forma de una república confederada. Dadas estas condiciones, todos los intentos para llegar a un acuerdo fueron rechazados.

Buenos Aires envió tropas a la Banda Oriental al mando de Manuel Dorrego, quien, luego de derrotar a Fernando Otorgués, sometió a la campaña uruguaya a una sistemática acción de represión y saqueo. Tan atroz y sangriento fue el paso de las tropas porteñas, que fue considerado brutal incluso para los parámetros por demás brutales de una época caracterizada por la guerra a muerte. Si algún argumento era necesario para desligar definitivamente a los pobladores de la Banda Oriental de cualquier simpatía con los gobiernos porteños, Alvear y Dorrego se habían encargado de ofrecerlos por demás. La suerte de las armas porteñas en la Banda Oriental sufrió un drástico contraste el 10 de enero de 1815, cuando Dorrego fue completamente derrotado en la batalla de Guayabos; ese mismo día, Posadas presentó su renuncia y asumió Alvear como nuevo director. Puestas en retirada, una parte de las tropas a las órdenes del Directorio se encerró en Montevideo, mientras que otra fue expulsada no sólo de la Banda Oriental sino también de Entre Ríos. Ése fue el momento aprovechado por el artiguismo para cruzar el Paraná y extender su hegemonía a Santa Fe. El gobernador santafesino Eustaquio Díaz Vélez huyó de la ciudad, ésta se declaró provincia autónoma de la Intendencia de Buenos Aires y asumió su primer gobernador independiente, Francisco Antonio Candioti. A fines de marzo también Córdoba se declaraba autónoma y nombraba a José Javier Díaz como gobernador; inmediatamente, Díaz anunció el inicio de las negociaciones para unirse a los Pueblos Libres. Poco después el influjo artiguista llegaba hasta La Rioja. La pérdida de Córdoba y Santa Fe era particularmente grave para Buenos Aires, porque cortaba la ruta que la unía con las provincias del norte y el ejército que allí operaba.

Ante esta situación, la tensión política en Buenos Aires se hizo insostenible. Alvear estaba dispuesto a acallar a los opositores imponiendo un régimen autoritario en extremo: la sola crítica contra el gobierno podía implicar una condena a muerte. En el plano militar, nada podía esperarse del Ejército del Norte, que ya antes había mostrado su opinión sobre Alvear al rechazar su nombramiento como comandante. Tampoco podía esperarse nada de San Martín en Cuyo; incluso un intento de Alvear para desplazar a San Martín de su cargo de gobernador intendente había culminado con una efímera declaración de independencia de Cuyo declarada por el Cabildo de Mendoza. Por eso, Alvear se vio obligado a organizar una fuerza en Buenos Aires que fue puesta al mando de Álvarez Thomas. Mientras marchaba hacia Santa Fe, el 3 de abril, Álvarez Thomas sublevó a sus tropas en Fontezuelas y desconoció la autoridad de Alvear. Ya nada podía detener la agitación en Buenos Aires que consiguió finalmente la renuncia de Alvear. Luego de un intento para formar un nuevo triunvirato, del cual participaría San Martín, Álvarez Thomas se hizo cargo de los restos de un gobierno central por cuya continuidad nadie estaba dispuesto a apostar demasiado. Frente a este gobierno profundamente debilitado, se alzaba Artigas junto con un conjunto de intendentes gobernadores que eran los verdaderos dueños del poder cada uno en su región.

UNA NUEVA ETAPA

La medida más importante tomada luego de la caída de Alvear fue el llamado a un nuevo congreso. La elección de Tucumán como sede de la reunión era parte de una estrategia que tomaba en cuenta el flamante poder y los reclamos autonómicos de las intendencias del interior. En efecto, el gobierno central revolucionario estaba dispuesto a reconstruir su autoridad, esta vez no sólo sobre la base de la conquista militar, sino preferentemente a partir de acuerdos con los gobernadores intendentes del interior. Éstos, a su vez, advirtieron muy rápidamente que era muy poco lo que los unía con Artigas y sus propuestas confederales y que, ante la debilidad de Buenos Aires, la alternativa que debía evitarse era caer bajo otra hegemonía tan incómoda como la anterior. A partir de la asunción de Pueyrredón como director supremo en mayo de 1816, se conformó una sólida alianza entre Buenos Aires, Salta y Cuyo, estas últimas dominadas por Güemes y San Martín, respectivamente. A partir de esta alianza, en pocos meses prácticamente todo el interior había regresado a la órbita del gobierno porteño. A fines de 1816 y comienzos de 1817 parecía que el gobierno central había sido reconstruido.

Así, la revolución entraba en una nueva etapa que, en oposición a la anterior, estaría signada por un profundo conservadurismo político, no tanto por propia decisión, sino más bien para adecuarse a los tiempos abiertos por la Restauración. He aquí una de las grandes paradojas del ciclo revolucionario: mientras que la tan radical Asamblea de 1813 retrocedió ante la cuestión de la independencia, el Congreso de 1816 no dejó de enviar constantes pruebas de su conservadurismo (la Constitución de 1819 sería su mejor expresión) y, sin embargo, declaró la independencia de España. Es que, a diferencia de lo que sucedía en 1813 y 1814, en 1816 la independencia era la única alternativa posible, dado que Fernando VII —y no la revolución de Buenos Aires— había clausurado toda posibilidad para una salida negociada. Conservadores o no, el plantel político de la revolución ya sabía que, más allá de su voluntad, la alternativa de la hora era la victoria o la muerte.

Sin embargo, toda la habilidad estratégica y la moderación del gobierno no alcanzaron para asegurarle un futuro más promisorio. Mientras que el litoral artiguista siguió mostrándose irreductible, un nuevo problema se sumaría pronto a raíz del abultado costo económico de las campañas trasandinas de San Martín, que para 1819 colocaron al gobierno ante la posibilidad real de la bancarrota. Estas dos serían las razones fundamentales de la desaparición del Estado central revolucionario en 1820; en su caída, alcanzó sin embargo a arrastrar consigo a Artigas y los Pueblos Libres, su más odiado enemigo.

El Congreso convocado luego de la caída de Alvear inició sus sesiones en Tucumán el 24 de marzo de 1816. Ausentes los diputados de las provincias dominadas por Artigas desde Santa Fe hasta la Banda Oriental, el clima inicial no era demasiado propicio para los porteños. Sin embargo, este clima fue revertido lentamente y, más aún, el propio Congreso terminó siendo un actor fundamental para la reconstrucción del poder central. El primer paso en esta dirección se produjo cuando un porteño identificado como enemigo de Alvear, Pueyrredón, fue elegido como director supremo en lugar del candidato José Moldes, cuyo odio hacia Buenos Aires era ampliamente reconocido e igualmente retribuido. Para entonces, Pueyrredón había abandonado las sospechas que siempre había tenido en contra de la Logia y se había incorporado a ella. Así, la Logia recuperó buena parte del poder perdido con la caída de Alvear y, lo que no es menos significativo, también lo hicieron muchos antiguos alvearistas que habían caído en desgracia.

Camino a Buenos Aires, Pueyrredón había sellado con San Martín un acuerdo que sería fundamental para su gobierno: mientras que San Martín le garantizó el apoyo de la Logia, Pueyrredón le aseguró su apoyo irrestricto a la campaña que pensaba realizar contra Chile. Este acuerdo sería respetado por Pueyrredón a pesar de las terribles consecuencias que trajo para el tesoro oficial. Parte del plan acordado por ambos dirigentes era, además, el cambio de la estrategia militar y política en el norte: Rondeau fue desplazado de la jefatura del Ejército del Norte y en su lugar fue nombrado Belgrano con la orden de retirarse hasta Tucumán; Güemes, que había tenido serios problemas con Rondeau, fue a su vez rehabilitado y reconocido como gobernador legítimo de Salta. El caudillo salteño se encargaría de la defensa de la frontera norte sin utilizar tropas nacionales y, lo que era aún más relevante, sin necesidad de los escasos recursos del gobierno central. A cambio, el Directorio se convirtió en el principal aliado de Güemes, que había tenido que enfrentar una marcada oposición en su propia intendencia.

Mientras tanto, el Congreso comenzaba a cumplir las tareas para las cuales había sido convocado: el 9 de julio de 1816 declaraba la independencia de las Provincias Unidas de Sud-América. El consenso total que rodeó a esta declaración se quebró sin embargo en cuanto comenzaron a discutir la cuestión esencial de la organización política del nuevo Estado independiente. Múltiples propuestas fueron presentadas, incluida la ya citada monarquía incaica alentada por Belgrano que, de todos modos, no fue la única alternativa monárquica considerada. Por el contrario, una mayoría parecía estar de acuerdo en que ése era el régimen más aceptable para el concierto internacional; la dificultad principal era encontrar al candidato. Perdido cada vez más en debates que no conducían a ningún resultado preciso, a comienzos de 1817 el Congreso se trasladó a Buenos Aires, donde entre la autoridad de Pueyrredón y los manejos y presiones de la Logia muy pronto iba a perder su autonomía política. Finalmente, en abril de 1819 aprobó la Constitución que creaba un poder ejecutivo unipersonal y centralizado; sólo una pequeña enmienda podía transformar al director en rey. Pero esta carta pretendía organizar un poder que ya no existía: el gobierno central carecía de los instrumentos necesarios para imponer un régimen de gobierno que no tenía chances de ser aceptado por las provincias, incluyendo la propia Buenos Aires donde una fuerte oposición pretendía su organización como provincia autónoma bajo un régimen republicano. La negativa de San Martín frente a la orden de regresar con sus fuerzas para enfrentar a la disidencia litoral es el más claro símbolo del callejón sin salida del gobierno de Pueyrredón: una poderosa fuerza militar para cuya organización y mantenimiento se habían gastado muchos recursos oficiales se negaba a intervenir en defensa del gobierno jaqueado por sus opositores. Así, Pueyrredón se vio repentinamente sin dinero y sin los ejércitos necesarios para resistir.

EL COLAPSO FINAL

Entre 1816 y parte de 1817 la estrategia de Pueyrredón había logrado devolver La Rioja, Santiago del Estero y sobre todo Córdoba a las Provincias Unidas. Para lograr este objetivo, había sido fundamental el aporte de Güemes que, al liberar al Ejército del Norte de la preocupación por la guerra contra los realistas, permitió usar esa fuerza al mando de Belgrano en favor del gobierno central. De esta manera, el artiguismo fue nuevamente reducido a su base en el Litoral, a pesar de lo cual seguía siendo un rival temible.

Sin embargo, la serie de acontecimientos que terminaría con el poder de Artigas ya estaba en marcha: desde 1815, Portugal organizaba una nueva invasión a la Banda Oriental. A mando del general Carlos Federico Lecor una fuerza numerosa compuesta por veteranos de la guerra europea y muy bien armada inició una lenta marcha hacia el sur siguiendo la línea de la costa a mediados de 1816.

En Buenos Aires, la invasión portuguesa provocó una gran agitación ya que se acusaba al gobierno de permitir el avance sobre una zona a la que se consideraba propia. Sin embargo, era muy poco lo que Pueyrredón podía hacer: todos sus recursos militares estaban orientados a la expedición a Chile y a combatir al litoral artiguista, y lo poco que quedaba era necesario para sostener la autoridad interna del gobierno. Así las cosas, los gobernantes montevideanos iniciaron inmediatamente negociaciones con Lecor, que culminaron con el repudio a Artigas y el sometimiento voluntario al mandato portugués.

Mientras Artigas retrocedía ante los portugueses en la Banda Oriental, Buenos Aires se lanzó sobre las provincias del Litoral. Para ello contaba con la nueva situación de debilidad de Artigas, frente a la cual era posible no sólo resolver los problemas en el terreno militar sino también en el diplomático. En efecto, el Directorio comenzó a advertir que muchos caudillos litorales que habían militado en las filas del artiguismo veían en la invasión portuguesa la posibilidad de sacarse de encima a un jefe tan poderoso.

Para Buenos Aires el objetivo estratégico más importante era Santa Fe, donde las operaciones ya habían comenzado desde varios meses antes. Luego de sublevarse en Fontezuelas, Álvarez Thomas envió a Viamonte al mando de sus tropas para tomar la ciudad de Santa Fe. Pero en marzo de 1816 se reinició la guerra, encabezada esta vez por Mariano Vera, quien obligó a Viamonte a capitular. En adelante, Vera siguió una política que combinó acuerdos —más de una vez desautorizados por Artigas— y enfrentamientos. A fines de 1816 Vera había llegado a una especie de entendimiento con el Directorio, según el cual este último aceptaba de hecho la autonomía de Santa Fe y Vera se comprometía a no interrumpir las rutas que eran vitales para Buenos Aires.

La ocupación de la Banda Oriental reavivó las iniciativas guerreras de Buenos Aires. En Entre Ríos, durante 1817 operaron tropas directoriales que, finalmente, fueron completamente derrotadas en diciembre de 1817 por el caudillo artiguista Francisco Ramírez. En Santa Fe, la política contemporizadora de Vera sufrió un duro revés cuando en julio de 1818 fue elegido como su reemplazante Estanislao López, partidario de una línea dura contra Buenos Aires. En enero de 1820 la derrota en Tacuarembó selló definitivamente la suerte de la revolución artiguista en la Banda Oriental. Poco después Fructuoso Rivera, que había intentado organizar una guerrilla local contra los portugueses, rompía formalmente con Artigas y era nombrado oficial del ejército invasor.

Mientras tanto, Pueyrredón seguía su ofensiva, preocupado porque la presencia de López en Santa Fe complicaba sus comunicaciones. Durante 1818 Balcarce y Juan Bautista Bustos al mando de las tropas directoriales recorrieron la provincia sin lograr una definición militar, aunque provocando tremendas pérdidas económicas para la ganadería santafesina. Luego de la victoria de López sobre Viamonte en Barracas a comienzos de 1819, ambas partes llegaron a un nuevo acuerdo que fue rechazado tanto por Artigas como por Pueyrredón. Es justamente en ese momento cuando Pueyrredón convocó a los ejércitos del Norte y de San Martín para continuar la campaña; la negativa de San Martín precipitó la renuncia de Pueyrredón en junio de 1819. En su lugar el Congreso nombró a Rondeau, quien propuso negociar la paz. Sin embargo, Artigas ya no estaba dispuesto a creer en los gestos provenientes de Buenos Aires y puso como condición una imposible declaración de guerra contra Portugal. Éste era, de todos modos, un diálogo entre dos fantasmas: ni Artigas ni Rondeau estaban en condiciones de imponer nada a su rival y, lo que era mucho más grave, tampoco a sus propios aliados.

El Estado central que había sido reconstruido lentamente sobre la base de acuerdos con el interior se estaba desintegrando.

Mientras que en Tucumán Bernabé Aráoz proclamaba la independencia de la República del Tucumán, en Santa Fe López repudiaba el acuerdo con Buenos Aires y secuestraba armas en ruta hacia Córdoba. Muy pronto Ramírez unió sus fuerzas con las de López, y ambos iniciaron la marcha sobre Buenos Aires. En la propia Buenos Aires, la oposición al Directorio que ya era más que importante y contaba entre sus filas a Dorrego pretendía acabar con estos ensayos centralistas y convertir a Buenos Aires en una provincia autónoma más.

El Ejército del Norte, convocado en auxilio del Directorio para enfrentar a los caudillos litorales, se sublevó en Arequito el 8 de enero de 1820 y emprendió nuevamente la marcha hacia el norte para, al decir de los sublevados, seguir participando de la guerra gloriosa contra los realistas. Sin embargo, bien pronto se descubrió que las motivaciones eran bastante más pedestres: al pasar por Córdoba, una columna al mando de Bustos se apoderó del gobierno; más tarde otras dos, una al mando de Alejandro Heredia y otra al de Felipe Ibarra, se hicieron con el poder en Tucumán y en Santiago del Estero respectivamente. Sin fuerzas para resistir, el 1° de febrero de 1820 una feroz carga de la caballería entrerriana —que así comenzaba a convertirse en una leyenda militar— en los campos de Cepeda acabó con las tropas al mando de Balcarce en cuestión de minutos.

El 23 de febrero, Sarratea, convertido en gobernador de la provincia de Buenos Aires, firmó con López y Ramírez el tratado del Pilar, donde quedaba absolutamente claro que los caudillos del Litoral actuaban como mandatarios independientes y no en nombre de Artigas. Por esa razón, el caudillo oriental repudió el tratado y Ramírez marchó inmediatamente en su contra. Para mediados de 1820, Artigas era derrotado por su antiguo lugarteniente y se refugiaba en Paraguay. Nunca más volvería a involucrarse en la política rioplatense.

En 1820 habían dejado de existir los dos ensayos destinados a construir un Estado a partir de las ruinas del virreinato: tanto las Provincias Unidas como los Pueblos Libres habían pasado a la historia. La revolución que iniciada en Buenos Aires había tratado de heredar en su favor la autoridad del último virrey dejaba lugar a un conjunto de estados autónomos y soberanos que en nada hacían recordar a la estructura administrativa virreinal. La gran paradoja del caso es que este final era la consecuencia de la propia actividad revolucionaria, en especial de la guerra. Pero si en el plano político este contraste entre los deseos originales de la revolución y sus consecuencias era demasiado evidente como para pasar inadvertido, ésta era sólo la cara más visible de otras profundas transformaciones sociales y económicas que la revolución había realizado también a pesar suyo.

En octubre de 1820, mientras Buenos Aires vivía horas de confusión y anarquía, se produjo un hecho que comenzó a revelar la dirección que estaban tomando algunos de estos cambios, aunque para descubrir su significado era necesaria una frialdad de espíritu imposible de encontrar en esos tiempos tan tumultuosos. El día 5, una disciplinada columna que formaba parte de las tropas que custodiaban la frontera sur de Buenos Aires (una zona que hasta ese momento había sido del todo marginal en la vida política revolucionaria) ocupaba la ciudad de Buenos Aires. La tropa impresionaba por los prolijos uniformes rojos de sus soldados y por la altiva postura de su jefe, un hombre joven y robusto, comandante de milicias y administrador de estancias, llamado a ocupar el centro de la política rioplatense en los siguientes treinta años. Juan Manuel de Rosas, ése era su nombre, tenía unas pocas consignas sólidas y claras: había que terminar con el caos e imponer el orden a toda costa. Poco importaba si para lograr ese fin era necesario poner fin a las aventuras guerreras del siempre impetuoso Dorrego, que luego de expulsar a las tropas de López de Buenos Aires no había tenido mejor idea que invadir Santa Fe sin mayor éxito. Poco importaba tampoco romper todo compromiso con la guerra revolucionaria que aún continuaba en frentes lejanos. Tanto para Buenos Aires como para buena parte de las provincias que habían formado parte de las Provincias Unidas y de los Pueblos Libres, la revolución y las guerras de independencia que aún se desarrollaban en escenarios lejanos habían llegado a su fin.

La empresa
sanmartiniana

El camino
hacia Chile y Perú

Poco después de la derrota de Belgrano en el Alto Perú, en
enero de 1814 José de San Martín se hacía cargo del Ejército del
Norte. Las pocas semanas que se mantuvo al frente de esta tropa le alcanzaron para advertir que los vaivenes que se imponían
en el frente altoperuano no eran el resultado de una simple ca-
sualidad. Por el contrario, comprendió hasta dónde la intrinca-
da geografía del Alto Perú condenaba a las tropas de ambos bandos a una defensa de la zona de frontera sin mayores posibilidades
de avance: una situación de inacción que no alcanzaba para col-
mar el entusiasmo guerrero del joven oficial. En ese mismo lugar, llegó a la conclusión de que la única manera de derrotar a
los realistas en el norte era cruzar a Chile por la cordillera y atacar luego a su centro de poder en Lima. En un sentido inverso,
los realistas habían llegado a la misma conclusión: la cordillera
era el mejor camino hacia Buenos Aires, más aún luego de que la
victoria de Rancagua les había devuelto el control sobre Chile.

San Martín era un oficial de carrera que se había destacado
en la resistencia española contra el invasor francés. Estrechamente conectado con los americanos que desde Londres y liderados por Miranda imaginaban las formas de liberar a América
de España, decidió junto con Carlos María de Alvear marchar
hacia Buenos Aires para ponerse al servicio de su revolución. A
comienzos de 1812 ya estaban en Buenos Aires donde los oficiales de carrera no sobraban y fueron muy bien recibidos. Se le encomendó armar un cuerpo de caballería al que denominaron Re-

gimiento de Granaderos a Caballo. A comienzos de 1813 sus tropas operaban en la línea del río Paraná con la misión de detener las incursiones de la flota realista con asiento en Montevideo: el 3 de febrero, luego de una breve escaramuza, pusieron en fuga a una de estas expediciones en las cercanías del Convento de San Lorenzo.

En 1813 su carrera política, a la que San Martín dedicaba poco entusiasmo, sufrió un revés ante la victoria de la facción alvearista de la Logia. Sin embargo, el comando del Ejército del Norte, una de las grandes formaciones militares revolucionarias, era un reconocimiento a su indiscutible aptitud militar. Pensando en su plan, San Martín consiguió su relevo del mando y el nombramiento como gobernador intendente de Cuyo (ciudades de Mendoza, San Juan y San Luis). Ésta fue una medida que el alvearismo aceptó sin demasiados problemas, toda vez que se trataba de una región por demás marginal. Sin embargo, a comienzos de 1815 Alvear intentó desplazarlo del cargo. Demostrando el arraigo local que San Martín había sabido ganarse, un cabildo abierto realizado en Mendoza no sólo lo ratificó en el cargo sino que declaró una efímera independencia de Cuyo. Solucionado el problema político con la caída de Alvear, San Martín aprovechó el ascenso de Pueyrredón para impulsar sus planes. Luego de una reunión en Córdoba a mediados de 1816, San Martín le garantizó al flamante director el respaldo de la Logia, a cambio de financiamiento y apoyo político para su empresa en Chile y Perú. El sólido acuerdo que llevó a San Martín a la gloria póstuma arrastró a Pueyrredón a una crisis que finalmente acabó con el gobierno central revolucionario.

La intendencia que San Martín iba a transformar en base de lanzamiento de la empresa trasandina no había conocido hasta ese momento los avatares de la guerra. Tal vez por esa razón, a la que se sumaban las propias ideas políticas de San Martín, Cuyo fue uno de los lugares donde el conservadurismo social de la elite revolucionaria se expresó de modo más transparente. Otra razón de peso era la necesidad de no destruir la economía local, en parte porque de ella se esperaba obtener recursos para la campaña militar, en parte porque el respaldo de la población local era crucial en momentos en que los realistas habían triunfado del otro lado de la cordillera.

Sin embargo, si la revolución de Buenos Aires no había logrado alterar demasiado el ritmo de vida cuyano, sí lo hizo la chilena. Luego de la derrota de la Patria Vieja en Rancagua en 1814, arribaron a Cuyo varios refugiados que huían de la brutal represión realista, entre ellos Bernardo O'Higgins y los hermanos Juan José, Luis y José Miguel Carrera. Los Carrera y O'Higgins no eran precisamente aliados: mientras que los primeros propiciaban una revolución más cercana a las ideas extremas de la Revolución Francesa y no dudaban en reclutar clientelas populares para engrosar sus filas, O'Higgins era una personalidad mucho más moderada. Dado que estaban decididos a seguir sus luchas en Cuyo, San Martín arbitró rápidamente en favor de O'Higgins, el más cercano a sus ideas.

Así, a partir de 1816 se aceleró la formación del Ejército de los Andes que incluía a los exiliados chilenos partidarios de O'Higgins. Como era habitual en los ejércitos revolucionarios, fue mucho más fácil conseguir hombres que pertrechos y armas; como también era común, tanto la fabricación de armas como una parte de los recursos financieros se consiguieron dentro de los propios límites de Cuyo. Para el verano de 1816-1817 el Ejército de los Andes ya estaba listo para iniciar el cruce de esa cadena montañosa. Mientras tanto, una compleja red de inteligencia confundía a los realistas con informaciones falsas acerca de los posibles pasos que serían utilizados. También reclutaba apoyos en Chile, donde la brutal e indiscriminada represión realista había volcado muchos espíritus en favor de la revolución.

El cruce de los Andes fue la operación militar más compleja encarada por la revolución rioplatense. Fueron en rigor varios pasos al mismo tiempo desde La Rioja en el norte hasta el sur de Mendoza; varias columnas tenían por objetivo confundir a los realistas o garantizar las comunicaciones y la logística una vez llegados a Chile. Las dos columnas principales atravesaron las montañas por los pasos de Los Patos y Uspallata. En Chile, varias partidas de guerrilleros al mando de Manuel Rodríguez ya hostigaban a las tropas realistas.

El 12 de febrero de 1817 las tropas patriotas triunfaron en
Chacabuco; el 14 entraron en Santiago donde fueron recibidas
por expresiones de júbilo generalizado. Un año después, el 12
de febrero de 1818, se declaró solemnemente la independencia
de Chile. Tras la derrota de Chacabuco, las tropas realistas se
habían retirado hacia el sur, estableciendo su comando en la base naval fortificada de Talcahuano, puerta de ingreso para los
refuerzos que al mando de Mariano Osorio fueron enviados desde el Perú por el mariscal Joaquín de la Pezuela, nuevo virrey
del Perú desde 1816. Además, en el sur las tropas realistas podían contar con el apoyo de los araucanos. Ante la llegada de
estos refuerzos, las tropas patriotas que operaban en el sur iniciaron una retirada hacia el norte que incluyó el éxodo de la población de Concepción, una alternativa que ya se había vuelto
común en las guerras de independencia para evitar que hombres
y recursos pasaran a engrosar las tropas enemigas. Durante esa
retirada, se produjo la acción nocturna de Cancha Rayada (19 de
marzo de 1818); aunque la victoria realista aceleró la retirada, el
desastre resultó ser mucho menos grave de lo que se creyó en
un principio.

El plan de San Martín era detener a los realistas al sur de
Santiago, una ciudad que luego de Cancha Rayada había sido ga-
nada por el pánico ante lo que prometía ser una nueva revancha
realista, aun más violenta que aquella que había sucedido a Rancagua. El 5 de abril, la batalla de Maipú enfrentó a casi diez mil
hombres; la victoria patriota no sólo selló la reconquista de Chile, sino que persuadió a Pezuela de que no era conveniente seguir enviando refuerzos. La resistencia realista continuó por muchos años más, confinada en el sur, pero ya se trataba de un
problema local incapaz de desafiar al nuevo poder establecido
en Santiago. El 12 de febrero de 1818 se declaró solemnemente la independencia de Chile.

O'Higgins, quien ya había sido nombrado director del nuevo Estado, hizo aprobar una constitución moderada, centralista,
y fuertemente autoritaria, ya que el Director Supremo goberna-
ba prácticamente sin control. Esta situación no fe aceptada por
todos los chilenos, e inmediatamente se inició una fuerte oposi-

ción a su régimen. Como le estaba sucediendo a Pueyrredón en Buenos Aires, esta oposición se vio engrosada por aquellos que comenzaron a sufrir las exacciones destinadas a preparar la invasión del Perú. Sin embargo, por el momento, el poder de O'Higgins estaba garantizado por la presencia en Chile del Ejército de los Andes.

El problema del financiamiento de la nueva expedición no era menor. Desde 1818 el gobierno de Buenos Aires estaba al borde de la quiebra y jaqueado por la oposición litoral y porteña; nada podía esperarse de él. Menos aún podía esperarse luego de las dos negativas de San Martín a enviar sus tropas en auxilio del Directorio, lo cual equivalía a una explícita condena a muerte de ese gobierno. Esta resolución llegó a comienzos de 1820, lo cual puso a las tropas de San Martín ante una extraña situación: eran el ejército de un Estado que había dejado de existir. En Rancagua, San Martín puso su renuncia a disposición de sus oficiales, los que ratificaron su mando y la expedición al Perú el 2 de abril de 1820. A este acto más bien simbólico, se sumó el más concreto apoyo de O'Higgins, que asumió como propia la expedición: su lealtad a la causa de la guerra contra los realistas en el Perú terminaría con su gobierno, como poco antes había terminado con los de Pueyrredón y Rondeau en Buenos Aires. Es que ya para entonces la opinión pública chilena comenzaba a preguntarse si el Ejército de los Andes se había convertido de ejército libertador en tropa de ocupación. Cuando partió con rumbo al Perú, San Martín era muy consciente de que era poco y nada lo que en adelante podía esperar de Chile.

Así, la invasión al Perú nacía débil, demasiado débil como para arriesgar su suerte en una o dos batallas definitorias contra las mucho más numerosas fuerzas realistas. La única superioridad patriota era el dominio del mar, logrado por Lord Cochrane con una flota cuyos altos costos se financiaron con varias acciones corsarias. En agosto de 1820 la expedición partió de Valparaíso, el 10 de septiembre desembarcaba en Pisco. La preocupación de San Martín era evitar cualquier gran enfrentamiento directo; una de las razones de esta estrategia, ya mencionada, era la evidente superioridad de las tropas del virrey. Pero otra razón profunda era el modo en que San Martín pensaba ganarse el respaldo de las elites comerciales de la zona costera y de Lima. Este sector social, que junto con la burocracia virreinal ocupaba la cima de las jerarquías sociales peruanas, era conocido por su profundo conservadurismo político y social. San Martín pretendía no perturbar demasiado sus actividades y, aunque sabía que su presencia tendría que provocar alguna alteración, pensaba que era posible responsabilizar por esos problemas a un régimen que se negaba a aceptar la realidad evidente de la independencia americana. Así, sería la inútil resistencia realista y no el avance de la revolución la que cargaría con la culpa de los eventuales desastres provocados por la guerra. San Martín contaba en su favor con el disgusto que provocaban la intransigencia y el autoritarismo de Pezuela, un disgusto que se vio acentuado una vez que la flota revolucionaria puso sitio a las costas peruanas.

Había, todavía, otra razón para la estrategia sanmartiniana. En 1820 la situación en España había dado un giro total luego de que el pronunciamiento liberal del general Riego puso un fin momentáneo a los sueños absolutistas de Fernando VII y obligó al monarca a aceptar la Constitución de 1812. Pezuela, nombrado por Fernando VII como garante de su política absolutista en el Perú, tenía que enfrentar ahora la oposición de los muchos liberales y constitucionalistas peruanos. Luego de que el avance de las tropas de San Martín aisló a Lima, la oposición contra Pezuela se hizo sentir con más fuerza y, finalmente, en enero de 1821 un golpe lo desplazó y colocó en su lugar a José de la Serna, cuyas simpatías liberales nadie desconocía. Mientras tanto, varias ciudades como Guayaquil e intendencias como Trujillo se pronunciaban en favor de los ejércitos patriotas. En ese momento, varios negociadores llegaron desde España dispuestos a dialogar con San Martín, un hecho que complicó la situación de los realistas locales que veían desautorizadas sus acciones de resistencia y que sabían que podían transformarse en la prenda de pago de un posible acuerdo. Como si todo esto fuera poco, las tropas realistas se enfrentaron entre ellas luego de dividirse entre la minoría absolutista y la mayoría constitucionalista.

En Lima, el propio virrey y los negociadores alababan constantemente la actitud prudente de San Martín; una especie de preparación para lo que le siguió: el acuerdo y la entrega de Lima a San Martín. Poco más tarde caía la resistencia en el puerto de El Callao. Esto no determinó la victoria de San Martín: por el contrario, en adelante su administración sería el blanco de las mismas tensiones e inconformidades que hasta ese momento habían desgastado al virrey. De todos modos, el 28 de julio de 1821 se proclamaba la independencia del Perú y el 3 de agosto San Martín era nombrado Protector del Perú. Una vez en el poder, la administración cotidiana quedó en manos de su mano derecha, Bernardo de Monteagudo: este antiguo jacobino llevó adelante una política particularmente moderada y conservadora, siempre detrás de la idea de demostrar que era la Independencia y no la Corona quien garantizaría la estabilidad social y el bienestar económico del Perú. Pero, de todos modos, ésta era un ideal imposible, toda vez que la guerra alteraba las cosas más allá de la voluntad de San Martín. Como había sucedido en muchos otros casos, sólo eran las armas las que iban a dar la resolución definitiva a la situación, pero era justamente la indefinición de la situación militar la que erosionaba cotidianamente la autoridad de San Martín y Monteagudo.

Un año después de la declaración de la Independencia, la causa de la revolución peruana estaba completamente estancada, la economía agrícola de la costa destruida y la minera de las sierras y el Alto Perú en manos de los realistas. Nada podía esperarse de Chile, ni menos aún de las provincias de las desaparecidas Provincias Unidas, cuyas economías apenas estaban comenzando a escapar lentamente de la crisis a la que las había llevado la guerra. Aunque la coyuntura era prácticamente insostenible, la solución llegó del otro gran núcleo revolucionario expansivo de la América del Sur, aquel que desde Venezuela estaba llevando a Simón Bolívar a las cercanías del Perú. El contraste entre las situaciones de Bolívar y San Martín no podía ser mayor. Frente a la debilidad de San Martín, jefe de un Estado prácticamente colapsado donde la oposición ganaba terreno diariamente (aprovechando su ausencia, Monteagudo había sido

desplazado del gobierno), Bolívar era el jefe indiscutible de un
gran Estado unificado, la Gran Colombia, cuyos recursos estaban todos a disposición de su campaña, que contaba con tropas
numerosas y experimentadas.

En la ciudad de Guayaquil, los días 26 y 27 de julio de 1822,
ambos jefes se encontraron y dialogaron. Dado que los protagonistas se negaron a revelar los términos de esas conversaciones,
muchas fueron las dudas sobre los temas tratados, dudas que se
vieron acentuadas por las reconstrucciones de los historiadores
interesados en favorecer cada uno a su propio héroe nacional. Sin
embargo, la situación previa de ambos jefes y los resultados concretos del encuentro no justifican demasiado esas dudas retros-
pectivas. Luego de Guayaquil, San Martín presentó su renuncia
y dio por terminada su vida pública. Muchas de sus tropas, compuestas por peruanos, chilenos y rioplatenses, quedaron bajo las
órdenes de Bolívar. Durante un breve lapso los realistas tomaron
Lima, pero el mariscal José de Sucre pronto la recuperó. En septiembre, Bolívar era nombrado dictador del Perú y se disponía a
encarar el fin de las guerras revolucionarias en el subcontinente.

Las campañas sanmartinianas

SAN LORENZO
3 de febrero de 1813

La primera función

Combate

LUGAR: 400 km al nordeste de Buenos Aires y a 25 al norte de Rosario.

JEFE PATRIOTA: coronel José de San Martín.

JEFE REALISTA: capitán de artillería Juan Antonio Zabala.

FUERZA PATRIOTA: 140 granaderos a caballo y cerca de 70 milicianos.

FUERZA REALISTA: 250 infantes y 2 piezas de artillería.

RESULTADO: victoria patriota.

PÉRDIDAS PATRIOTAS: 16 muertos (14 directamente en combate y 2 muertos a causa de las heridas recibidas).

PÉRDIDAS REALISTAS: 40 muertos, 14 prisioneros, las 2 piezas y la bandera.

DURACIÓN: 15 minutos.

Esta batalla es una de las seis nombradas en nuestro primer Himno Nacional.

A los dos meses de instaurado, San Martín fue ascendido a coronel por el Segundo Triunvirato, y en enero de 1813 se le ordenó que "sin pérdida de momentos, dejase el cuartel del Retiro y, puesto a su cabeza, rompiese una marcha forzada en observación de los cruceros españoles, a los que debía atacar toda vez que intentasen desembarco alguno".[1] Es que las constantes incursiones realistas sobre la costa de Santa Fe ya se habían transformado en un problema para la revolución.

El novel regimiento salió a toda prisa y marchando de noche para no ser notado por el enemigo, se fue acercando al lugar del combate. En su paso por San Pedro y San Nicolás, el jefe patriota se informó de la posición del adversario y en Rosario se le sumaron unos setenta milicianos liderados por Celedonio Escalada. Esta tropa irregular ya había tenido algún encuentro parcial con los godos.[2] "La escuadrilla enemiga [estaba] compuesta de once embarcaciones armadas, con tres barcos de guerra como escolta."[3]

Ante la evidencia de que los realistas desembarcarían en San Lorenzo para retirar víveres del convento de San Carlos, San Martín decidió apurar aun más los movimientos y en la noche del 2 de febrero llegaron allí. Esta acelerada marcha desde el Retiro (los Granaderos salieron el 28 de enero) hasta San Lorenzo se pudo lograr gracias a la eficacia del joven cadete Ángel Pacheco en aprestar los caballos para sus compañeros anticipadamente en cada una de las postas del camino.

El plan de San Martín era sencillo y se basaba en el factor sorpresa y en las nuevas tácticas militares impuestas en Europa por Napoleón: un ataque envolvente en lugar de la tradicional carga frontal. Así, cuando en el amanecer del 3 de febrero las fuerzas al mando de Zabala ascendieron a la barranca de San Lorenzo y marcharon en dos columnas paralelas, con dos cañones al centro rumbo al convento, los Granaderos salieron de improviso de atrás del edificio y cargaron divididos en dos columnas. La división de la derecha lo hizo al mando del capitán Justo Bermúdez, mientras que la de la izquierda fue encabezada por el propio coronel.

Dicha columna izquierda fue la primera que quedó frente al enemigo, el que rápidamente intentó formar en cuadro, mientras descargaba su metralla contra la columna patriota. Allí se produjo la famosa caída de San Martín, que quedó atrapado por su caballo cuando éste fue alcanzado por una bala. La rápida acción de los soldados Juan Bautista Baigorria y Juan Bautista Cabral, este último correntino (varios historiadores ya han demostrado fehacientemente que no sólo no era sargento, sino que, además, se trataría de un negro esclavo perteneciente a la familia Cabral),

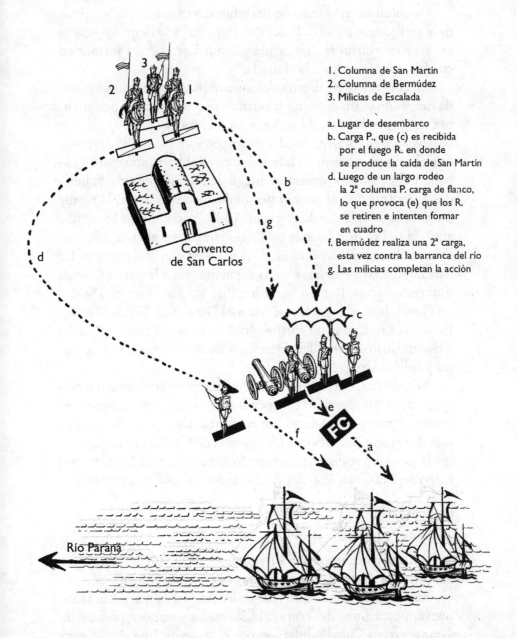

1. Columna de San Martín
2. Columna de Bermúdez
3. Milicias de Escalada

a. Lugar de desembarco
b. Carga P., que (c) es recibida
   por el fuego R. en donde
   se produce la caída de San Martín
d. Luego de un largo rodeo
   la 2ª columna P. carga de flanco,
   lo que provoca (e) que los R.
   se retiren e intenten formar
   en cuadro
f. Bermúdez realiza una 2ª carga,
   esta vez contra la barranca del río
g. Las milicias completan la acción

Convento
de San Carlos

Río Paraná

Véanse los significados de cada ícono en la página 377, Referencias.

salvó al jefe del regimiento de ser ultimado, presumiblemente, por el mismo Zabala.

La columna al mando de Bermúdez, a causa de un largo rodeo, arribó con atraso a la acción. Pero cuando llegó los realistas no soportaron la embestida y, sin haber podido formar en cuadro, su jefe ordenó la retirada.

En consecuencia, Bermúdez avanzó para realizar una segunda carga con el fin de evitar la retirada realista, aunque finalmente ésta se produjo en desorden y bajo el fuego de apoyo de los barcos apostados en el río. La carga patriota fue tan vehemente que el teniente Manuel Díaz Vélez cayó al barranco con su caballo y fue tomado prisionero luego de recibir numerosas heridas, mientras que al propio Bermúdez le destrozaron la rótula de un tiro, herida por la que murió a los pocos días. Momentos antes Hipólito Bouchard le había dado muerte al abanderado realista y había tomado posesión de la bandera que éste portaba. La lista de muertos patriotas fue la siguiente: Juan Bautista Cabral, Francisco Sylvas, Ramón Saavedra, Blas Vargas, Domingo Soriano Gurel, José Márquez, José Manuel Díaz, Juan Mateo Gélvez, Juanario Luna, Basilio Bustos, José Gregorio Franco, Ramón Amador, Justo Bermúdez, Domingo Porteau, Manuel Díaz Vélez y Julián Alzogaray.[4]

El combate, corto y de escasa relevancia en comparación con las grandes batallas de la Independencia, sirvió, más que para cerrarles el paso a los realistas por el Paraná (algo que sólo se logró más de un año después con las victorias de Guillermo Brown sobre la escuadra realista), para comenzar a cimentar la fama del que luego será el Gran Capitán y Libertador de medio continente.

JUNCALITO
10 de marzo de 1816

Entre las numerosas y diferentes tácticas utilizadas por San Martín para despistar a los realistas y conseguir información sobre sus movimientos al otro lado de los Andes, en marzo de 1816, nueve meses antes del cruce, el Libertador envió un piquete de Granaderos a Caballo liderado por el teniente José Aldao para reconocer el camino de Uspallata y constituirse en avanzada.

La intención era descubrir si éste había sido fortificado por los godos y para ello Aldao trasmontó la cumbre "donde se encontraba la primera avanzada realista, sorprendiéndola completamente por medio de un golpe de mano, capturando un sargento, un cabo y 15 soldados sin disparar un tiro".[5]

Con la información conseguida por Aldao, San Martín comenzó a divulgar la noticia de que su ejército atacaría por el sur, ya que los pasos frente a Mendoza estaban bien defendidos, dato que Aldao acababa de refutar.

PICHEUTA
24 de enero de 1817

La columna comandada por el coronel Juan Las Heras durante el épico cruce de los Andes todavía no había llegado a tierra chilena cuando debió enfrentarse a tropas realistas para continuar su camino.

A unos 50 km del campamento patrio en Uspallata "un destacamento realista al mando del mayor Miguel Marquelli, integrado por tres oficiales y cincuenta soldados, en la madrugada del día 24 sorprendió la posición de Picheuta",[6] que era defendida por cinco soldados y un cabo del batallón N° 11 y varios milicianos.[7] El jefe godo había recibido órdenes de que "avanzara por el camino de Uspallata, trasmontase la cumbre y practicara un reconocimiento, internándose en la cordillera hasta donde fuere posible".[8]

Los realistas realizaron un rodeo sobre la izquierda y luego cayeron sorpresivamente por la parte posterior del pequeño destacamento patrio. En definitiva, la mitad de los patriotas cayeron prisioneros y el resto regresó a Uspallata para dar aviso al grueso de las fuerzas de la cercana presencia del enemigo.

POTRERILLOS
25 de enero de 1817

Al momento de recibir la noticia de la sorpresa de Picheuta, el coronel Juan Las Heras decidió enviar de inmediato una columna hacia aquel punto, no sólo para vengar dicha acción, sino para despejar la cordillera de enemigos y así poder continuar su camino hacia la liberación de Chile.

Para comandar la misión fue designado el sargento mayor Enrique Martínez, quien ese mismo 24 de enero salió con ochenta y tres hombres de los batallones Nº 11 y 30 de Granaderos a Caballo "con víveres para cinco días, mulas y caballos de repuesto, con la orden de perseguirlos [a los realistas] hasta el pie de la cordillera".[9]

Gracias a las marchas forzadas con las que se movilizaron los patriotas, a las 16:30 del día 25 dieron con el enemigo, que, en número superior, era liderado por el mayor Miguel Marquelli. Éste había colocado a la compañía del batallón Chiloé sobre una altura hacia el norte, una guerrilla del Talavera sobre la derecha y en el centro el resto de la compañía del Talavera. La posición de los godos era excelente y de difícil conquista, pero los patriotas, una vez más, no se arredraron y fueron al ataque.

En su libro sobre la historia del batallón Nº 11, Andrés Rebechi describe detalladamente la acción. Según este autor, "los soldados del 11 desplegaron en guerrillas y se lanzaron al ataque [...]. La guerrilla que atacó por el norte, [...] consiguió flanquear a la compañía del Chiloé [...]. Marquelli ordenó que la guerrilla apostada de reserva detrás de ese flanco avanzara para sostener [a la compañía del Chiloé] lográndose neutralizar [...] el envolvimiento que se diseñaba" por el norte. Continúa Rebechi señalando que la partida que atacó "por el sur logró rebasar bordeando el río [de las Vacas]" y "comenzó un certero fuego [...], Marquelli ordenó a la guerrilla del Talavera que quedaba de reserva [que] pasara a la otra margen del río [Mendoza] para batir a los patriotas por su flanco izquierdo". Esto dio resultado y los revolucionarios se retiraron de la posición. Finalmente "la guerrilla central fue también paralizada" y "después de dos horas y media de encarnizada lucha [Martínez] ordenó la retirada".[10] Los realistas no sólo que no persiguieron al enemigo, sino que se volvieron para Chile, en la seguridad de que por allí avanzaba el grueso del Ejército libertador.

Marquelli reconoció cuatro bajas y siete heridos, mientras que Martínez informó de sólo doce heridos. Para los patriotas, la expresión "retirada" aquella mañana no significó derrota, ya que cumplieron con la misión de despejar el camino y la columna de Las Heras pudo continuar su paso para luchar dieciocho días después en Chacabuco.

ACHUPALLAS
4 de febrero de 1817

Para la columna del Ejército de los Andes que marchó por el paso de los Patos al mando del propio San Martín, ocupar y liberar de enemigos el valle de Putaendo, ya en suelo chileno, era de vital importancia estratégica. Desde que la columna salió el 19 de enero del campamento mendocino de El Plumerillo hasta el 2 de febrero en que se encontraban prácticamente en Chile, los realistas no se habían enterado del avance de las tropas revolucionarias.

Para aprovechar esta contingencia el jefe de la vanguardia, brigadier Miguel Soler, decidió acelerar la marcha y, luego de "pasar las cumbres por el Paso de las Llaretas (el día 3) y de alcanzar el campo de los Piuquenes",[11] envió al mayor de ingenieros Antonio Arcos con doscientos hombres, veinticinco de ellos Granaderos a Caballo al mando del teniente Juan Lavalle, para que no sólo ocuparan la garganta de Achupallas, punto clave para ingresar al valle de Putaendo, sino también para que se fortificaran allí, lo cual justifica la presencia de un ingeniero al comando del grupo.

Enterados los realistas de este avance, reforzaron el puesto con casi un centenar de hombres de la guardia de San Felipe y se emboscaron a la espera del enemigo.

A las cinco de la tarde del día 4 los patriotas desembocaron en Achupallas y, al observar la posición realista, Arcos decidió situarse en la casa "para ver si conseguía me creyesen débil y se decidiesen a atacarme",[12] según relata Arcos en el parte posterior. Los godos avanzaron y luego de un corto tiroteo de no más de diez minutos, el jefe patriota tomó la ofensiva cargando con los veinticinco Granaderos pese a encontrarse con la caballada tan estropeada que sólo podían avanzar a medio galope.

La dispersión realista fue total y si bien los patriotas pudieron tomar únicamente tres prisioneros, Arcos relata que "los cerros presentaban una excena [*sic*] ciertamente admirable y tres o cuatro hombres corriendo tras grupos de 25 o 30. Un granadero llegó hasta el punto de echar pie a tierra y cargar sable en mano sobre otro, que se le escapaba en una cuesta arriba".[13]

La persecución duró por más de dos leguas y a las doce de la noche Arcos le remitió el parte citado a Soler en el que le anunciaba que tanto la garganta de Achupallas como el valle de Putaendo ya eran territorio de las fuerzas patriotas.

CUMPEO
4 de febrero de 1817

Para concretar el cruce de los Andes, San Martín dispuso que su ejército se desplegara por seis pasos diferentes para distraer la atención de los realistas en un frente de 400 km de extensión y conquistar así simultáneamente los principales centros del poder realista en Chile.

Por el sur de los inmensos montes y utilizando el paso del Planchón, fue enviado el teniente coronel Ramón Freire, patriota chileno que poseía, además de un profundo conocimiento de su país, un importante ascendiente sobre los habitantes de aquella región. Éste salió el 14 de enero al mando de ochenta infantes de los batallones N° 7, 8 y 11 y veinticinco Granaderos a Caballo,[14] con la finalidad de tomar Talca y Curicó y, asimismo, hacer creer al enemigo que su columna era la avanzada del grueso del ejército revolucionario. Es por ello que sus hombres llevaban los uniformes de todos los cuerpos que componían el ejército sanmartiniano.[15]

Luego de atravesar la cordillera, presumiblemente el 1° de febrero, Freire recibió un informe según el cual una partida de cien dragones godos se encontraba en la hacienda de Cumpeo. Al clarear el día 4 la columna patriota —toda a pie—, con el apoyo de algunos milicianos, cayó sobre el enemigo, el que "corrió rápidamente a las armas y defendió su posición con tesón",[16] pero "después de más de dos horas de un vivo fuego y maniobras por los flancos, [Freire] logró derrotarlos y ponerlos en fuga, dejando en el campo dieciséis muertos de tropa y dos oficiales, tomándole además veinte prisioneros, algunos sables, tercerolas y monturas".[17]

Los patriotas, que no pudieron emprender una persecución por la falta de caballos en buen estado, sufrieron dos muertos y tres heridos.[18]

GUARDIA VIEJA
4 de febrero de 1817

Una vez franqueada la cordillera de los Andes (el día 2 de febrero), y luego de dos combates menores (Picheuta el 24 de enero y Potrerillos el 25, todavía en suelo mendocino), la vanguardia de la columna comandada por el coronel Juan Las Heras, que venía marchando por el paso de Uspallata, debió hacer frente al último escollo antes de sumarse al resto del ejército.

Gracias al envío de unos prisioneros capturados en Guardia Vieja por el capitán Félix Aldao, Las Heras supo que allí se encontraba una fuerza realista cercana a los cien hombres. Para derrotarla y limpiar el camino, marchó el segundo jefe de la columna, el sargento mayor Enrique Martínez, con ciento cincuenta hombres de la compañía de Cazadores y de la 5ª compañía del batallón N° 11,[19] a los que se sumaron los treinta granaderos que conducía Aldao.

A la puesta del sol los patriotas llegaron al punto de Guardia de Hornillos (más conocida como Guardia Vieja), ante lo cual los realistas retrocedieron y se replegaron sobre las casas de la guardia. Allí los revolucionarios atacaron a sable y bayoneta y en hora y media de lucha desalojaron al enemigo de la posición, después de vivo y sostenido fuego.

Según el parte de Martínez, citado por Nellar en la página 231 de su biografía sobre Las Heras, "de los 94 hombres de la guardia, cayeron prisioneros dos oficiales y 43 soldados de tropa. Muertos, 25. Se le tomaron 57 fusiles, 10 tercerolas, algún corretaje y bayonetas; 400 cartuchos y alguna carga de víveres".[20]

LAS COIMAS
7 de febrero de 1817

La columna comandada por San Martín durante el cruce de los Andes había tenido su primer encuentro con el enemigo en

Achupallas (el día 4); tres días después, en Las Coimas, ya en tierra chilena, los patriotas despejaron definitivamente de rivales el camino hacia Chacabuco.

En la madrugada del 7 una centena de granaderos de la propia escolta del general al mando del sargento mayor Mariano Necochea se encontró con la numerosa guardia realista liderada por el coronel Miguel María de Atero, que estaba compuesta por "más de trescientos de caballería y dejando en reserva otra [fuerza] de más de cuatrocientos infantes con dos piezas de artillería en la falda del cerro de Las Coimas".[21]

Ante la inferioridad numérica, Necochea "dispuso que el capitán (Manuel) Soler por un flanco y el ayudante (Ángel) Pacheco por otro, acercándose siempre al enemigo hiciesen una retirada al galope"[22] para alejar a la caballería goda de sus infantes. Esta estratagema dio resultado y cuando los realistas se encontraban a cerca de 400 metros de su reserva, "los Granaderos dieron vuelta caras sobre la marcha y cargaron de frente en perfecto orden, sable en mano, sin disparar un tiro, al toque de a degüello de los clarines".[23]

La carga fue demoledora y los patriotas corrieron al enemigo hasta la punta de las bayonetas de la infantería realista, luego de matar unos treinta godos, herir a otros veinte y tomar algunos prisioneros y buena cantidad de armas. Atero se retiró hacia Chacabuco sin ser perseguido por los Granaderos ya que éstos marchaban "en los únicos caballos que salvaron en buen estado el paso de la cordillera".[24]

BARRAZA
11 de febrero de 1817

Mientras el grueso del Ejército de los Andes cruzaba hacia Chile a la altura de Mendoza, por el paso de Guana, en San Juan, una columna al mando del teniente coronel Juan Cabot marchó para ocupar Coquimbo y La Serena. Ésta se hallaba compuesta por un oficial y veinte hombres del batallón Nº 1 (teniente Simón Santucho), veinte del Nº 8 (teniente Escolástico Magín) y otros tantos del regimiento de Granaderos a Caballo (teniente Eugenio Hidalgo).[25] A ellos se le incorporaron además ochenta milicianos organizados por el teniente gobernador de San Juan, José de la Roza.[26]

Ante el avance patriota las autoridades y algunos vecinos de Coquimbo y La Serena, en compañía de una guarnición de "ciento cincuenta hombres y dos piezas de artillería"[27] de calibre de a 4, abandonaron la región el día 10 de febrero con destino a Santiago de Chile. Al otro día los godos acamparon sobre la margen del río Barraza, sin saber que su fin estaba tan próximo.

En aquel momento las avanzadas revolucionarias compuestas por cien hombres al mando del capitán Patricio Ceballos y "algunos naturales a pie a quienes [Cevallos] había armado con lanzas"[28] cayeron sobre la retaguardia enemiga, lo que puso a toda la columna en precipitada fuga hacia Salala, localidad cercana. Allí, el 12 de febrero, continuó el combate con la definitiva victoria de los patriotas.

SALALA
12 de febrero de 1817

Después de derrotar el día 11 en Barraza a los realistas que habían intentado huir de La Serena al enterarse del inminente arribo de su vanguardia, el teniente coronel Juan Cabot recibió el "12 un parte en el que se le comunicaba que el enemigo se había replegado a Salala, a tres leguas"[29] del poblado de Barraza.

En consecuencia decidió reforzar al capitán Patricio Ceballos con otro contingente liderado por el teniente Eugenio Hidalgo y alcanzar al enemigo antes de que pudiera escapar hacia Santiago.

Finalmente los patriotas, ya reunidos, cayeron sobre los ciento ciencuenta hombres realistas y "después de un sostenido fuego de más de dos horas"[30] los vencieron por completo haciendo "cuarenta y seis muertos (entre ellos había tres mujeres), cuarenta prisioneros, las dos piezas volantes de a 4, todos los fusiles (se trataría de treinta y dos), seis espadas, dieciséis cajones de municiones, dos barriles de pólvora y treinta cargas de equipaje".[31] Todo esto a cambio "de la muerte de un soldado y [...] tres heridos".[32]

A todo esto Cabot se dirigió a La Serena y Coquimbo en donde halló un inmenso arsenal consistente en "treinta y seis barriles de pólvora útil, cuatro id. id. mojada, seis fusiles, cuatro cañones volantes de a 4 [en La Serena] y en el puerto de Coquimbo, doce cañones de a 12 y dos de a 24 en la batería".[33]

CHACABUCO
12 de febrero de 1817

El milagro sanmartiniano

Batalla

LUGAR: 100 km al norte de Santiago de Chile.
JEFE PATRIOTA: general José de San Martín.
JEFE REALISTA: coronel Rafael Maroto.
FUERZA PATRIOTA: 3600 hombres más 9 piezas.
FUERZA REALISTA: 2450 hombres más 5 piezas.
RESULTADO: victoria patriota.
PÉRDIDAS PATRIOTAS: 130 muertos y unos 180 heridos.
PÉRDIDAS REALISTAS: 600 muertos, más de 500 prisioneros, 1000 fusiles,
                    5 piezas, 1 bandera y municiones en cantidad.
DURACIÓN: unas 10 horas.

Luego de meses de trabajo y planificación, en los primeros días del año 1817 el ejército sanmartiniano estuvo listo para emprender la gran travesía que debía depositarlo del otro lado de la Cordillera de los Andes, para quedar frente a frente al ejército realista y así definir la suerte de una parte importante de la revolución americana en una trascendental batalla. El 18 de enero de 1817 partió desde Mendoza el batallón Nº 11 al mando del coronel Juan Las Heras por el paso de Uspallata, mientras que entre el 19 y el 25 lo hizo fraccionada la columna liderada por San Martín, la cual, luego de atravesar la cordillera por Los Patos, se debía encontrar con la otra en el Valle de Aconcagua, ya en tierra chilena. Por otros cuatro pasos en la montaña marcharon columnas menores con la finalidad de dispersar a las fuerzas realistas allende los Andes. El plan dio resultado y los patriotas lograron contar con ventaja numérica el día de la batalla.

El domingo 9 de febrero las dos divisiones principales del Ejército de los Andes se reunieron al pie de la Cuesta de Chacabuco. Entre el 9 y el 11 San Martín se dedicó a estudiar tanto el terreno, gracias a los informes que le presentaban los ingenieros Antonio Arcos y José Álvarez Condarco, como la posición del enemigo, el que recién el día 10 designó a Maroto para comandar las fuerzas que debían intentar frenar a los patriotas hasta que los refuerzos del sur les llegaran en número considerable.

Para evitar justamente que los godos pudieran acrecentar el número de sus combatientes y luego de escuchar las informaciones que le suministró el espía chileno Justo Estay, San Martín decidió adelantar cuarenta y ocho horas la batalla y ordenó que todo estuviese listo para las 2 de la madrugada del día 12, pese a que la artillería de batalla recién iba a llegar el 14 o el 15.[34]

En la certeza de que los godos ocupaban la altura de Chacabuco, San Martín concibió un avance nocturno hacia ese lugar para evitar ser visto por el enemigo. Los patriotas dividieron sus fuerzas en dos columnas: la de la izquierda, compuesta por mil quinientos hombres (batallones N° 7 y 8, escuadrones 1, 2 y 3 de Granaderos y dos piezas de artillería de montaña), marchó por la Cuesta Vieja al mando del brigadier Bernardo O'Higgins. Mientras que el también brigadier Miguel Soler, al comando de dos mil cien hombres (batallones N° 1 y 11, dos compañías de granaderos y cazadores de los batallones N° 7 y 8, el 4° regimiento de Granaderos a Caballo, la escolta de San Martín y siete piezas), debía hacerlo por la Cuesta Nueva para caer sobre el flanco izquierdo y la retaguardia rival.[35]

Al iniciar la marcha, O'Higgins desprendió del batallón N° 8 una guerrilla hacia flanco izquierdo para llamar la atención del enemigo hacia allá, ya que el Cerro de la Nipa era ocupado por las avanzadas realistas al mando del capitán Mijares. Luego de un primer choque entre la citada guerrilla y los godos "O'Higgins alcanzó la cumbre del Cerro de la Nipa y cayó sobre el flanco izquierdo de las compañías realistas, cargándolas a la bayoneta. Éstas se retiraron precipitadamente por la Quebrada de las Raíces […] perseguidas por el escuadrón [José] Melián"[36] (3er escuadrón de Granaderos). Según Mitre, "los tres escuadrones de

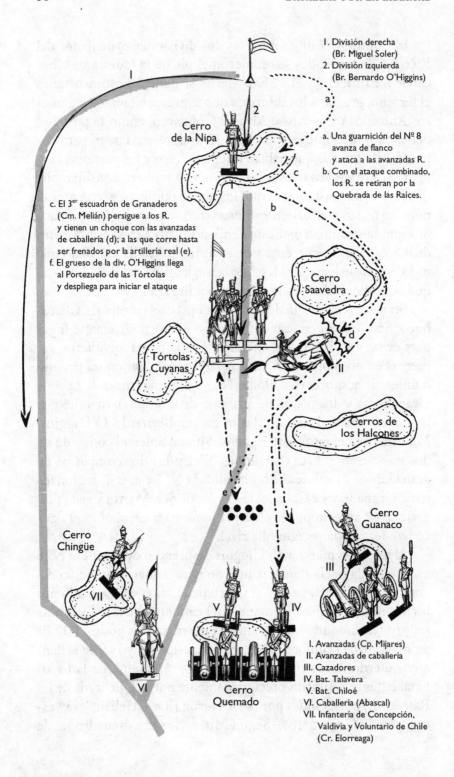

1. División derecha
   (Br. Miguel Soler)
2. División izquierda
   (Br. Bernardo O'Higgins)

a. Una guarnición del Nº 8
   avanza de flanco
   y ataca a las avanzadas R.
b. Con el ataque combinado,
   los R. se retiran por la
   Quebrada de las Raíces.

Cerro
de la Nipa

c. El 3er escuadrón de Granaderos
   (Cm. Melián) persigue a los R.
   y tienen un choque con las avanzadas
   de caballería (d); a las que corre hasta
   ser frenados por la artillería real (e).
f. El grueso de la div. O'Higgins llega
   al Portezuelo de las Tórtolas
   y despliega para iniciar el ataque

Cerro
Saavedra

Tórtolas
Cuyanas

Cerros de
los Halcones

Cerro
Guanaco

Cerro
Chingüe

Cerro
Quemado

I. Avanzadas (Cp. Mijares)
II. Avanzadas de caballería
III. Cazadores
IV. Bat. Talavera
V. Bat. Chiloé
VI. Caballería (Abascal)
VII. Infantería de Concepción,
     Valdivia y Voluntario de Chile
     (Cr. Elorreaga)

Granaderos mandados por el coronel [Matías] Zapiola tomaron la vanguardia y picaron la retirada de los realistas".[37] Todo indica que en aquel primer avance patriota, Melián y sus hombres habrían tenido un choque con un destacamento de caballería enemigo en proximidades del Cerro Saavedra, mientras que los otros escuadrones, liderados por Zapiola, habrían quedado un poco más a la retaguardia.

Mientras esto ocurría en un extremo de la Cuesta de Chacabuco, por el otro Maroto también se había puesto en marcha para ocupar la cima en el transcurso de la mañana. Al ser informado del avance de la columna de O'Higgins, el jefe realista detuvo su marcha y estableció su posición defensiva siguiendo la línea de los cerros Guanaco, Quemado y Chingüe, tal como se ve en el croquis.

Eran las once de la mañana cuando O'Higgins, que había recibido autorización de San Martín para avanzar sobre el enemigo, pero sin "comprometer acción" hasta la llegada del resto de la caballería (escuadrones 1 y 2 de Granaderos), "ocupa a paso de trote la boca de la quebrada y despliega en línea de masas sus batallones [...]. Enseguida se adelantó hasta el llano buscando campo para desplegar, y trabose inmediatamente un combate de fuegos de posición a posición dentro del tiro de fusil".[38] "En ese momento recibió un fuego tan nutrido, que se vio obligado a retroceder buscando reorganizarse en [...] el Portezuelo de las Tórtolas Cuyanas."[39]

Desoyendo en parte las órdenes del general en jefe, O'Higgins decidió realizar una segunda carga, para lo cual desplegó sus batallones (el 8 por la izquierda y el 7 por la derecha) y avanzó al frente de los pardos y morenos que componían su fuerza, en busca de las mil quinientas bayonetas que le oponía el enemigo. A la par que Zapiola, con los Granaderos, intentaba cortar la izquierda del centro de los godos, la infantería patriota era detenida por "el fuego de la infantería y de la artillería realista, que las bate con toda eficacia".[40]

Una vez más los patriotas debieron retroceder hacia el Portezuelo de las Tórtolas. Justo en ese momento llegó al campo de batalla San Martín, quien encontró al batallón N° 8 práctica-

1. Batallón Nº 7 (Pedro Conde)
2. Batallón Nº 8 (Crámer)
3. Los Granaderos a Caballo (Matías Zapiola)
   se suman al segundo ataque
4. San Martín llega al campo de batalla
   y encuentra a sus fuerzas dispersas

a. O'Higgins avanza buscando
   campo para desplegar
b. Retirada P.
c. Nuevo avance del ala izquierda P.
d. Otra vez deben replegarse,
   esta vez en dispersión
e. Avance de guerrillas de infantería
   y caballería R.

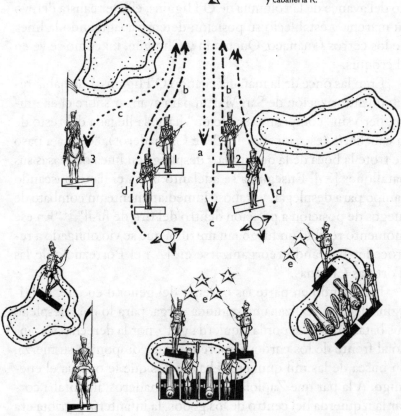

mente disperso y a los godos avanzando con varias partidas de infantería y caballería. Ante el nuevo panorama, el general en jefe envió a Álvarez Condarco para apurar el avance de Soler, a la vez que ordenó que los escuadrones de granaderos cargasen sobre el centro y la izquierda de Maroto.

Muchos historiadores (Best, Torres Queirel, Otero y Galasso) refieren que San Martín en persona condujo la carga, pero esto parece poco probable, ya que el general en jefe no tenía por qué arriesgar su vida ya que contaba con oficiales competentes para realizar este movimiento y su presencia era fundamental en la conducción general de la batalla que se estaba desarrollando.

A partir de aquel momento la lucha se comienza a definir en favor de los patriotas, que llevan un ataque demoledor sobre un enemigo al que le faltó, además de un plan de acción, un general en jefe decidido y con golpe de vista. Luego de casi doce horas de marcha el ejército revolucionario definió todo en sesenta minutos de carga feroz.

El sargento mayor Manuel Medina, con el 2° escuadrón de Granaderos pasó "atrevidamente por un claro de la línea de infantería en marcha (y) cayó sobre la izquierda del centro enemigo acuchillando a sus artilleros sobre sus cañones".[41] A su vez Zapiola, con el 1° y el 3er escuadrón, pasó por la derecha de Medina amenazando la retaguardia realista y O'Higgins, luego de reagrupar sus batallones, "forma columnas cerradas de ataque y con el [N°] 7 a la cabeza carga a la bayoneta",[42] según explicación de San Martín en el parte de la batalla.

Simultáneamente a estas cargas, y a eso de las 13:30, la columna de Soler asomó por el flanco derecho definiendo el desarrollo de las acciones.

De la vanguardia de Soler, comandada por el teniente coronel Rudecindo Alvarado, se desprendieron dos compañías de cazadores (capitán Lucio Salvadores), las que atacaron el Cerro de Chingüe, defendido por el coronel Elorreaga y doscientos hombres. "Arrollar al enemigo y pasarlos a bayonetazos fue obra de un momento"[43] fue el comentario de San Martín en el parte citado.

El sargento mayor Mariano Necochea, con la escolta que comandaba y el 4° escuadrón de Granaderos, pasó por detrás del

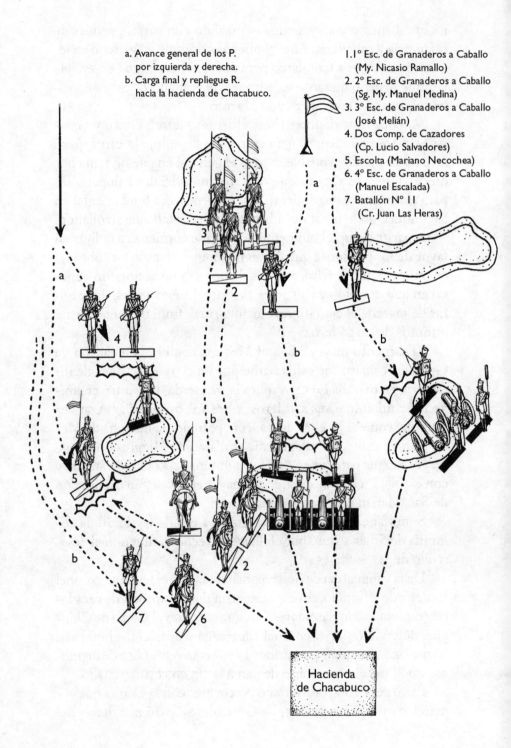

a. Avance general de los P.
   por izquierda y derecha.
b. Carga final y repliegue R.
   hacia la hacienda de Chacabuco.

1. 1° Esc. de Granaderos a Caballo
   (My. Nicasio Ramallo)
2. 2° Esc. de Granaderos a Caballo
   (Sg. My. Manuel Medina)
3. 3° Esc. de Granaderos a Caballo
   (José Melián)
4. Dos Comp. de Cazadores
   (Cp. Lucio Salvadores)
5. Escolta (Mariano Necochea)
6. 4° Esc. de Granaderos a Caballo
   (Manuel Escalada)
7. Batallón N° 11
   (Cr. Juan Las Heras)

Hacienda
de Chacabuco

Cerro Chingüe y cayó por "la retaguardia, arrollando a la caballería realista"[44] de la izquierda en combinación con Zapiola.

Atacados por todas direcciones los godos intentaron formar en cuadro en el centro de la posición, pero en menos de quince minutos fueron batidos por completo. El grueso de la división de Soler, que aún no había entrado en combate, cortó la retirada de los infantes realistas que buscaban la Hacienda de Chacabuco, a retaguardia del Cerro Quemado y los rindieron a discreción provocando una inmensa carnicería según se desprende del saldo final de muertos de la contienda. A todo esto la caballería patriota emprendió una persecución "hasta el portezuelo de la Colina, distante de Chacabuco unos 20 km".[45]

A las 2 de la tarde el ejército patriota acampó en la hacienda de Chacabuco con ciento treinta muertos y unos ciento ochenta heridos. El batallón N° 8 integrado por los pardos y morenos de Cuyo, que era dirigido por O'Higgins, sufrió sesenta y siete bajas entre muertos y heridos. Treinta oficiales y treinta y siete soldados cayeron ante las balas enemigas en el inicio del combate.[46] Hay que resaltar que se ha dado por cierto —y así lo han difundido la mayoría de los autores, entre ellos Bartolomé Mitre, Norberto Galasso y Félix Best— el número de doce muertos patriotas en esta batalla. Sólo Gerónimo Espejo, en su famoso libro *El paso de los Andes*, revela que las bajas fueron ciento treinta. Del mismo análisis del combate, durante el cual el batallón N° 8 de Pardos y Morenos fue empeñado con heroísmo en las acciones, se desprende que la cifra bien pudo acercarse a la difundida por Espejo. ¿Será que por tratarse de negros los muertos no se cuentan?

Por el lado de los realistas sus pérdidas alcanzaron, según el parte de San Martín enviado al gobernador de Cuyo, Toribio Luzuriaga, el 14 de febrero, "a seiscientos muertos, quinientos y tantos prisioneros, más de mil fusiles, dos piezas de artillería [finalmente se tomaron cinco piezas] y municiones de toda arma en número crecido".[47]

El 14 San Martín y sus fuerzas ingresaron triunfantes en Santiago de Chile liberado y el 22 el entonces presidente realista del hermano país, José Marcó del Pont, fue capturado. Ese mismo día, el general en jefe le escribió a Pueyrredón sintetizando su gesta: "En 24 días hemos hecho la campaña. Pasamos las cordilleras más elevadas del globo, concluimos con los tiranos y dimos libertad a Chile".[48]

CURAPALIGÜE
5 de abril de 1817

A diez días de la victoria de Chacabuco (12 de febrero de 1817) y con los patriotas organizando el nuevo orden político en Santiago de Chile, partió desde la capital una fuerte columna al mando del coronel Juan Las Heras con la misión de tomar la sureña ciudad de Concepción. Allí los restos realistas escapados de la derrota se habían replegado bajo la conducción del general José Ordóñez.

Recién a fines de marzo la columna integrada por el "batallón Nº 11, el 3er escuadrón de Granaderos a Caballo y cuatro piezas de montaña"[49] (se trataba de tres cañones y un obús), a la que se le habían agregado un grupo de milicianos en San Fernando y un piquete de Dragones en Talca,[50] pudo llegar al teatro de operaciones.

El 4 de abril al amanecer, los patriotas acamparon en Curapaligüe, a 26 km de Concepción. Con la finalidad de sorprender a las fuerzas revolucionarias, Ordóñez envió, en la misma noche del 4, al mayor José Campillo con seiscientos infantes, ciento nueve jinetes y dos cañones.

Como previsión frente a esto, Las Heras había colocado sus avanzadas en máxima alerta. Fueron éstas, en definitiva, las que abrieron el fuego al asomar la cabeza de la columna enemiga en medio de la noche. El atacante "desplegó rápidamente y se lanzó al ataque"[51] contra los "puestos avanzados, que se mantuvieron con la mayor energía",[52] "proporcionando tiempo suficiente al resto de la división para ocupar las alturas indicadas por Las Heras en previsión del ataque".[53] Luego, ante la orden del jefe patriota, las avanzadas "amagaron los flancos del enemigo, y se replegaron por derecha e izquierda sobre los retenes",[54] "a fin de despejar el frente y dejar campo de tiro libre a las tropas emplazadas en las alturas de la hacienda".[55]

Superada la sorpresa de los realistas, avanzaron éstos contra la línea patriota en la esperanza de encontrarla desorganizada, pero el previsor "Las Heras ya ocupaba con sus tropas una posición dominante cuyos extremos estaban cubiertos por las casas de la hacienda y por el molino de Curapaligüe".[56] Campillo ordenó el asalto, mas todos sus intentos fueron vanos ante las descargas cerradas de las cinco compañías del N° 11 que le hacían frente. Al amanecer, los realistas debieron desistir de su intento dejando en el campo diez muertos, un herido y siete prisioneros, contra cuatro muertos y siete heridos de los patriotas. En la tarde de ese mismo día las tropas revolucionarias entraron victoriosas en Concepción.

GAVILÁN
5 de mayo de 1817

Jugando al ajedrez con Las Heras

Combate

Lugar: en las afueras de Concepción, a casi 400 km al sur de Santiago de Chile.

Jefe patriota: coronel Juan Las Heras.

Jefe realista: general José Ordóñez.

Fuerza patriota: 1200 hombres más 4 piezas de artillería y 2 obuses.

Fuerza realista: entre 1200 y 1400 hombres más 6 piezas de artillería.

Resultado: victoria patriota.

Pérdidas patriotas: 6 muertos (3 de Granaderos y 3 del Batallón N° 11) y 62 heridos.

Pérdidas realistas: entre 112 y 118 muertos, 80 prisioneros, 3 cañones (2 de a 4 y 1 de a 3), 203 fusiles, 20 cajones de munición de artillería, 28.000 cartuchos de fusil y 9000 piedras de chispa.

Duración: 3:30 horas.

Si bien el coronel Juan Las Heras ocupaba la sureña ciudad de Concepción (Chile) desde el 5 de abril, después de haber vencido en Curapaligüe, su situación no era para nada tranquilizadora. Es que los realistas, encerrados en la fortaleza de Talcahuano y al mando del general José Ordóñez, habían recibido nuevos refuerzos y todo indicaba que se aprestaban a atacar una vez más el campamento patriota. La inminente llegada del Director Supremo de Chile, Bernardo O'Higgins, con numerosas fuerzas, motivó también el avance godo, que pretendía batir a los patriotas por separado.

Con su acostumbrada previsión y capacidad de análisis, Las Heras organizó la defensa ante lo que consideraba un inminente ataque realista. De esta forma dispuso que todas sus fuerzas (unos mil doscientos hombres) ocuparan el estratégico Cerro de Gavilán, sito a poca distancia de Concepción y desde donde cubría no sólo la ciudad, sino que también controlaba los tres caminos que conducían hacia la ella.

Gracias al sistema de patrullaje utilizado,* que consistía en fijar guardias en avanzada para que cubriesen el frente de ataque, a las cuatro de la mañana del 5 de mayo Las Heras fue informado del avance de dos fuertes columnas enemigas hacia Concepción. Recién casi tres horas después, "a las 6:45 (según Las Heras) se avistó la primera división enemiga por el camino del Cerro de Chepe".[57] Este valioso tiempo (tres horas) se debe haber utilizado para revisar los últimos detalles de la posición, así como también para servir a la tropa alguna infusión caliente (mate cocido, por ejemplo) y algo de comer para templar el cuerpo en el helado amanecer del incipiente invierno chileno.

"No bien estuvo Ordóñez a tiro de cañón, la batería (patriota) emplazada a la izquierda abrió un violento fuego sobre ella, desorganizando un tanto las filas enemigas."[58] "Rehaciéndose el enemigo, al momento volvió al ataque, echando cazadores a la cabeza de su columna, y una pieza al costado izquierdo del centro de ella. Las dos restantes [piezas] ocuparon la altura de Chepe desde donde nos batían a bala rasa",[59] con tal puntería que en poco tiempo fue desmontada la batería revolucionaria, que debió ser reemplazada por la del centro.

Como con su avance los godos comprometían el flanco izquierdo, Las Heras decidió tomar él mismo la ofensiva y mandó al batallón N° 11 que descendiera la ladera del Gavilán dan-

* Indudablemente, ésta fue la principal arma táctico-militar utilizada por Las Heras y de ello son ejemplos Membrillar, Gavilán y Cancha Rayada.

do caras al sudeste, en compañía de un piquete de infantería chilena por la izquierda. Al mismo tiempo, lanzó a los Granaderos al mando del mayor Manuel Medina para que "diesen una carga a fondo sable en mano sobre la línea realista de guerrillas, las que fueron arrolladas por dos veces hasta el pie de las cerrilladas de Chepe, sosteniendo la segunda carga la 4ª compañía del Nº 11 al mando del coronel Ramón Dehesa".[60]

Simultáneamente a este movimiento, a eso de las 8 de la mañana, asomó sobre la derecha patriota la segunda columna realista, integrada por unos seiscientos hombres con dos piezas calibre tres y cuatro al mando del coronel Antonio Morgado. Éste rompió el fuego con su artillería, pero poco pudo hacer ante el feroz contraataque a la bayoneta ordenado por el valeroso teniente coronel Ramón Freire, jefe del ala derecha revolucionaria. Así, en una hora de lucha, Freire, al frente del piquete de los batallones Nº 7 y 8 (los mismos que habían cruzado con el patriota chileno los Andes meses antes) más el apoyo de la 2ª compañía y los granaderos del Nº 11 al mando del capitán Nicolás Arriola, cargó "denodadamente a la bayoneta sobre la columna enemiga, la rompe, le arrebata sus cañones y la pone en poco rato en la más completa dispersión".[61]

Con parte de la columna realista inmovilizada sobre el Chepe "Las Heras destacó 50 hombres de la 3ª compañía del batallón Nº 11 con la misión de batir el flanco izquierdo de la línea enemiga y la posición de la primera pieza de artillería",[62] "lo que fue ejecutado con bizarría y denuedo. Entonces la caballería cambió de posición en su sostén y con este movimiento se vieron los enemigos en la necesidad de retirarse, o ser cortados, y al fin ejecutaron lo primero".[63]

"En ese mismo momento la vanguardia de la columna de O'Higgins, compuesta por dos compañías del batallón Nº 7 al mando del mayor Cirilo Correa, hacía su aparición en el campo de batalla."[64] El Director Supremo llegaba entonces para hacerse cargo de las operaciones sobre la fortaleza de Talcahuano. Justamente fueron estas avanzadas las "que rechazaron el último ataque de las fuerzas fronterizas sobre el Bío-Bío".[65] Este contingente, que se encontraba embarcado "en tres botes con igual número de balsas y un cañón"[66] había salido de la plaza de San Pedro para desembarcar en el momento indicado y tomar la ciudad.

El ataque realizado por los realistas le hace decir a Feud Nellar en la muy completa biografía de Las Heras que la de Gavilán "es la primera batalla de la Guerra de la Independencia en que uno de los adversarios realiza una acción combinada por tierra y por agua".[67] Discrepo con esto, ya que hubo otras acciones en las que se han utilizado fuerzas combinadas. Tanto la victoria de Martín García (10 al 15 de marzo de 1814), donde Guillermo Brown amenazó con sus naves a los realistas y conquistó la isla con dragones a caballo e infantería de marina, como la derrota de Guayaquil (8 al 13 de febrero de 1816), en la cual Brown avanzó por el río Guayas, a la par que el mismísimo Freire, con la infantería, se encargaba de destruir las baterías de la costa, son muestras de ello. Se podría agregar, además, que a Belgrano, en Tacuarí (9 de marzo de 1811), los paraguayos lo atacaron tanto por tierra como por agua en varias embarcaciones y canoas artilladas.

Los Granaderos completaron la victoria persiguiendo al enemigo hasta Manzano. Así Las Heras, con previsión y una rápida serie de movimientos casi ajedrecísticos, logró vencer, una vez más, a los godos y con ello dar tiempo a O'Higgins para que llegara.

NACIMIENTO
12 de mayo de 1817

Luego de la batalla de Gavilán (5 de mayo de 1817) y de que el brigadier Bernardo O'Higgins se hiciera cargo de la dirección de la campaña del sur de Chile, las acciones patriotas en la región de Arauco se intensificaron. Al frente de las operaciones quedó el teniente coronel Ramón Freire, quien "adelantó al capitán [José] Cienfuegos con una partida de sesenta hombres para que se apoderase del fuerte del Nacimiento"[68] localizado varios kilómetros río Bío-Bío abajo.

El fuerte, que era defendido por tres piezas de artillería y un mortero, fue atacado por el capitán Domingo Urrutia, que "avanzó por las calles del pueblo para apoderarse de la puerta principal del fuerte, fue recibido por una descarga de fusil y de cañón que le mató tres hombres y que le quebró un brazo, por lo cual quedó inválido. Cienfuegos, que avanzó enseguida y se parapetó en las paredes y edificios del pueblo, sostuvo desde allí el fuego hasta entrada la noche, con pérdida de veinte hombres entre muertos y heridos. En la mañana siguiente renovó el ataque con empeño",[69] hasta obligar a los defensores a rendirse y a entregarse como prisioneros.

CARAMPAGNE
27 de mayo de 1817

La campaña que el teniente coronel Ramón Freire inició a comienzos de mayo sobre la región de Arauco tenía, como objetivo primordial, conquistar el fuerte de Arauco, que servía a los realistas para suministrar recursos a los sitiados en Talcahuano. Luego de una rápida y efectiva marcha, el 26 de mayo la columna patriota llegó a las márgenes del río Carampagne, último escollo antes del fuerte. Del otro lado del curso de agua "los doscientos realistas estaban tendidos en guerrillas [...] y habían colocado además algunos cañones".[70]

Para vadearlos, en medio de una intensa tormenta, Freire dispuso como distracción una línea de tiradores al mando del capitán Francisco Espejo, mientras que los "Granaderos a Caballo cruzarían el río llevando sesenta libertos a la grupa".[71] Descubiertos los patriotas, fueron recibidos por un nutrido fuego de fusil y artillería, a la par que la infantería realista se alistaba para enfrentar a la bayoneta a los atacantes.

Gracias al eficaz fuego propio, la caballería revolucionaria logró hacer pie en la otra orilla y "desenvainando sus sables los jinetes y calando bayoneta los infantes, marchan al paso de carga sobre el flanco del enemigo y apoyados en su empresa por el fuego de las fuerzas patriotas que habían quedado en la orilla derecha del río, introducen una espantosa confusión, arrollan toda resistencia, se apoderan de los cañones y matan, dispersan o hacen prisioneros a los que defendían aquella línea".[72] Una vez rota esta defensa, los ocupantes del fuerte de Arauco lo abandonaron, y así los patriotas se apoderaron de él y de "cinco cañones de sitio, seis livianos, noventa fusiles y cerca de diez mil proyectiles. Freire perdió doce hombres".[73]

MANZANO
10 de septiembre de 1817

En virtud de las diarias salidas que los sitiados en Talcahuano realizaban para explorar el campamento patriota, es que en la noche del 9 de septiembre el teniente coronel Ramón Freire marchó al frente del 3er escuadrón de Granaderos a Caballo, liderado por el comandante Manuel Escalada para enfrentar a los realistas.

En la mañana del 10 y tal como era su costumbre, dos partidas de godos salieron a expedicionar por la zona. Una de ellas, compuesta por veinticinco hombres, fue seguida y alcanzada por el alférez Bogado y veinte jinetes, el "que cargó sobre la partida, dándole muerte a cuatro hombres y capturando tres prisioneros".[74]

Otra división, integrada por treinta hombres, sufrió un duro ataque combinado. Así, a la par que "Escalada trepaba por el cerro Manzano con la mitad del escuadrón y se arrojaba frontalmente [...], Freire con la tropa restante se desplazó hacia un flanco cargando simultáneamente por la retaguardia",[75] acción que destrozó a los realistas.

TALCAHUANO, Ataque a
6 de diciembre de 1817

Cuando en abril de 1817 el coronel Juan Las Heras llegó a Concepción, en el sur de Chile, muchos imaginaban que la toma de la fortaleza de Talcahuano y el final de la presencia realista en el hermano país eran cuestión de días. La realidad les demostró a los patriotas una situación diferente.

El 6 de mayo, Las Heras le pasó el mando de la división al Director Supremo de Chile Bernardo O'Higgins y la campaña ganó en intención ofensiva, pero no en resultados. El 2 de julio el jefe patrio decidió realizar un reconocimiento sobre la fortaleza y para ello designó al propio Las Heras. Al amanecer de aquel día, dos escuadrones de Granaderos (teniente coronel Manuel Escalada y teniente coronel Manuel Medina) y los Dragones de Chile (teniente coronel Ramón Freire) causaron la "destrucción de las guardias adversarias, acuchillando a sus hombres sobre los mismos fosos, mientras el ingeniero Antonio Arcos, rodilla en tierra y bajo el fuego enemigo, levanta el plano de las fortificaciones".[76]

Con este plano, los patriotas tuvieron todos los datos necesarios como para intentar un ataque. El 22 de julio todo estuvo listo, pero a último momento O'Higgins ordenó el repliegue y, con la llegada de la temporada de lluvias, todas las actividades quedaron suspendidas.

Así pasaron otros cuatro meses, hasta que O'Higgins decidió finalmente tentar la toma de la fortificada plaza. Ésta "se encontraba en el nacimiento de la Península de Tumbes, entre la Bahía de Concepción y la de San Vicente"[77] y contaba con tres líneas defensivas: la primera guarnecida con siete baterías y tropas de infantería intercaladas en el foso; la segunda con una batería en el Cerro Peral y la artillería del reducto del Cerro del Cura y la tercera poseía el reducto del Cerro Centinela.[78] En total defendían el fuerte mil setecientos hombres, setenta cañones y otras sesenta piezas de artillería más en las embarcaciones apostadas en cada bahía.

O'Higgins determinó atacar en la madrugada del 6 de diciembre. Para realizarlo optó por el plan de ataque diseñado por el general francés Miguel Brayer, que ubicaba el centro de gravedad de la acción sobre el morro. Según este plan, luego de la conquista del morro se debía tender el puente levadizo para que por allí entrara la caballería, de modo que, unidos la infantería y los jinetes, pasasen a tomar el Morro del Cura, punto final del ataque.

A las 2:45, las columnas patriotas se pusieron en marcha hacia el morro. Liderados por Las Heras marcharon cuatro compañías de cazadores y otras tantas de granaderos, seguidas por el batallón N° 11 y el N° 3 de Chile (comandante Juan Boedo, muerto en la acción). Esta división, que debía llevar el ataque principal, fue acompañada por un piquete de cuarenta hombres de guardia nacionales con hachas, picos y palas (que cumplían la función de zapadores) y veinte artilleros con un oficial, un sargento y dos cabos,[79] para que, una vez tomada la batería, utilizaran los cañones contra los godos.

Esta columna avanzó bizarramente sobre su objetivo. Los cazadores (mayor Jorge Beauchef) marcharon a la carrera contra el morro y fueron recibidos por una numerosa descarga que creó un momento de vacilación en la tropa. "El intrépido Beauchef, lanzándose al foso lleno de agua, ordenó que lo siguieran y el capitán Bernardo Videla, haciendo lo mismo, arrastró tras de sí a la compañía de cazadores Nº 11 que llevaba a la cabeza. Los dos valerosos oficiales treparon […] la muralla natural […] y consiguieron aportillar la estacada que lo coronaba. Cuando se disponían a penetrar en el recinto fortificado, una descarga […] derribó muerto al capitán Videla y le destrozó el brazo a Beauchef."[80] Inmediatamente "Las Heras hace su presencia en el lugar y franquea la muralla con los batallones Nº 11 y Nº 3 de Arauco [o de Chile], quienes ayudados por los zapadores, trepan la pared y caen sobre el reducto en una agresiva carga a la bayoneta sobre las baterías".[81] Un estentóreo grito de ¡Viva la patria!, tal como lo estipulaban las órdenes impartidas por O'Higgins, fue el anuncio de la toma del morro.

A todo esto, y simultáneamente a la carga por la derecha, hacia el flanco contrario avanzó el sargento mayor Pedro Conde con el Nº 7, el Nº 1 de Chile y el batallón de nacionales, con la orden de enviar "Dos compañías sobre las trincheras enemigas en la Bahía de San Vicente para hacer un falso ataque. Otras dos compañías atacarán al campo santo" (el centro de la posición enemiga), mientras "el resto de la segunda brigada quedará en posición hasta nueva orden y a cubierto".[82] Este ataque, sin objetivo claro, fue rechazado, y se sufrieron grandes pérdidas.

Para completar el dispositivo ofensivo patriota, cinco lanchones liderados por el coronel Ignacio Manning "abordaron y acuchillaron a casi todos los tripulantes"[83] de la cañonera Potrillo ubicada en la Bahía de San Vicente, la que luego debieron abandonar, ya que a causa de los numerosos heridos, Manning no tenía gente para hacerse cargo de ella.

Mientras tanto en el morro, una vez conquistada la posición, los patriotas debían superar una quebrada y atacar el rastrillo que bajaba el puente para el ingreso de la caballería. Pero esto no se pudo realizar porque los enemigos, al replegarse, alzaron el puente que se tendía sobre la quebrada y comunicaba al morro con el resto de la línea defensiva. De esta forma, Las Heras quedó dueño del morro, pero sin posibilidades de realizar otro progreso.

En tal situación lo encontró el amanecer, cuando los godos, con una mejor visión de lo que estaba ocurriendo a su frente, pudieron concentrar todo el poder de su fuego sobre la columna de Las Heras. Ésta se mantuvo impertérrita en su puesto, hasta que, luego de dos partes enviados por el jefe de la división en los que pedía instrucciones, llegó la lógica orden de retirada. A tambor batiente, y luego de dejar clavados los cañones, las maltrechas fuerzas patriotas dejaron gallardamente el morro.

La mortandad fue grande por ambos bandos: los realistas tuvieron unas doscientas cincuenta bajas (cerca de ciento ochenta muertos en el morro, cuarenta en la toma de la cañonera y dieciséis prisioneros tomados en el mismo morro), contra ciento cincuenta y seis muertos y doscientos ochenta heridos patriotas, cuya gran mayoría pertenecía a la división de Las Heras.

El embate fue un fracaso y por más que O'Higgins afirmó que "habría repetido el ataque el día siguiente, si hubiese tenido los doscientos mil cartuchos remitidos desde la capital",[84] la toma de Talcahuano no sería cosa fácil para los patriotas. Tan sólo mucho tiempo después y cuando buena parte de América ya era libre, la fortaleza cayó en poder revolucionario.

CANCHA RAYADA
19 de marzo de 1818

La noche oscura de la revolución

Batalla
LUGAR: Talca, a 255 km al sur de Santiago de Chile.
JEFE PATRIOTA: general José de San Martín.
JEFE REALISTA: general José Ordóñez.
FUERZA PATRIOTA: 8000 hombres (7661 soldados y 350 oficiales) más 33 piezas de artillería.
FUERZA REALISTA: 4600 hombres y 12 piezas. Participan del ataque: 2500 hombres y 6 piezas.
RESULTADO: victoria realista.

PÉRDIDAS PATRIOTAS: 120 muertos, más de 300 heridos y prisioneros, 2000 dispersos y 21 cañones.
PÉRDIDAS REALISTAS: 200 muertos y 200 heridos.
DURACIÓN: 4 horas.

En los cuatro meses que van desde el 6 de diciembre de 1817 al 5 de abril de 1818, la revolución americana vivió una vertiginosa serie de acontecimientos en su escenario chileno que finalizaron en la batalla de Maipú con una nueva victoria para el ejército sanmartiniano. Sin lugar a dudas, el punto más crítico de este breve lapso se dio en Cancha Rayada el 19 de marzo, cuando los realistas sorprendieron a los patriotas provocándoles un duro pero circunstancial contraste.

Luego del fracaso en su intento de tomar Talcahuano (6 de diciembre de 1817), Bernardo O'Higgins, Director Supremo de Chile, fue convocado por San Martín para que marchara hacia el norte y así se reunieran las fuerzas de ambos que se encontraban separadas por casi trescientos kilómetros. Esta previsión se tomó debido a que el virrey del Perú, Joaquín de la Pezuela, había enviado una numerosa expedición al mando del brigadier Mariano Osorio con la finalidad de reconquistar Chile para la causa del rey. Finalmente O'Higgins emprendió la retirada el 1° de enero, acompañado "de cincuenta mil chilenos que llevan consigo todo el ganado y el grano".[85]

El 10 de febrero los realistas salieron de Talcahuano con destino a Santiago y dos días después, al cumplirse el primer aniversario del triunfo de Chacabuco, Chile declaró solemnemente su Independencia.

El 8 de marzo, las columnas de San Martín y O'Higgins se reunieron en San Fernando tal como estaba previsto y desde allí marcharon en busca del enemigo. San Martín había logrado organizar una poderosísima fuerza militar que contaba con ocho mil hombres y treinta y tres piezas de artillería. Nunca antes, ni nunca después, San Martín tendría bajo sus órdenes un ejército tan poderoso como del que dispuso en Cancha Rayada.

El ejército del rey se concentró en Talca el día 4 y diez días después ya estaba en Camarico. Desde allí Osorio envió al Jefe del Estado Mayor, coronel Primo de Rivera, con "una fuerte columna de dos destacamentos de infantería y de dos escuadrones de caballería con artillería"[86] para reconocer las posiciones enemigas. Ese mismo día San Martín envió al teniente coronel "[Ramón] Freire con su escuadrón de guías a inquirir datos del adversario al otro lado del río"[87] (Lontué).

Se produjo entonces un choque entre ambas fuerzas en Quechereguas en el que los patriotas sufrieron algunas bajas, si bien sirvió para que los realistas conocieran el poderoso ejército que tenían enfrente.

A partir de aquel momento, los realistas sólo pensaron en desandar el camino tratando de llegar lo antes posible a Talca por el camino carretero. En cambio, "San Martín eligió el [camino] de Tres Montes, que corría entonces por los llanos al pie de la cordillera. Optó por éste, más largo, porque su propósito no era ir a chocar frontalmente contra el enemigo en Camarico, sino realizar un envolvimiento para cortarlo de la línea del Maule y caerle contra el flanco oriental y retaguardia".[88]

Finalmente los godos pudieron llegar antes a Talca, por lo que el jefe patriota tentó una riesgosa jugada para evitar que el enemigo se encerrara en la ciudad y que su plan envolvente se abortara: "alrededor de las 16 horas ordena a toda su caballería, a órdenes de [el brigadier] Antonio González Balcarce, que cargue a la española con el objeto de detener a las columnas de Osorio y dar tiempo a que los fatigados batallones patriotas alcancen a tomar parte en la acción".[89] Pero el movimiento no fue exitoso debido a las dificultades ofrecidas por el terreno (de allí el nombre Cancha Rayada), por lo que los patriotas, ya desorganizados, "fueron recibidos por la artillería española, bajo cuyo amparo pudo cargar la caballería realista y rechazar el ataque".[90] La oportuna aparición de O'Higgins con parte de la infantería y veinte cañones permitió que los jinetes revolucionarios se retiraran sin sufrir mayores pérdidas.

Con la caída del sol, el ejército patriota abandonó todo intento ofensivo; al decir de Miller, los soldados permanecieron sentados, pero "sin separarse de la formación, y sin dejarles hacer pabellones de armas".[91] La victoria era tan inminente como el amanecer del día siguiente.

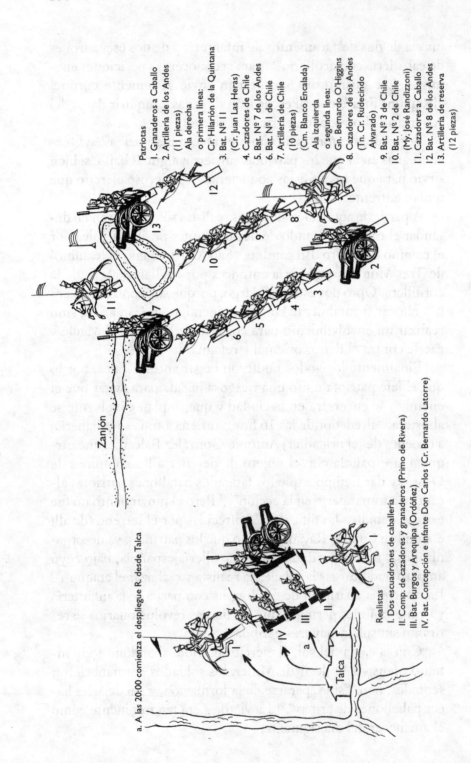

Patriotas

1. Granaderos a Caballo
2. Artillería de los Andes
   (11 piezas)
   Ala derecha
   o primera línea:
   Cr. Hilarión de la Quintana
3. Bat. Nº 11
   (Cr. Juan Las Heras)
4. Cazadores de Chile
5. Bat. Nº 7 de los Andes
6. Bat. Nº 1 de Chile
7. Artillería de Chile
   (10 piezas)
   (Cm. Blanco Encalada)
   Ala izquierda
   o segunda línea:
   Gn. Bernardo O'Higgins
8. Cazadores de los Andes
   (Tn. Cr. Rudecindo
   Alvarado)
9. Bat. Nº 3 de Chile
10. Bat. Nº 2 de Chile
    (My. José Randizzoni)
11. Cazadores a Caballo
12. Bat. Nº 8 de los Andes
13. Artillería de reserva
    (12 piezas)

Zanjón

a. A las 20:00 comienza el despliegue R. desde Talca

Talca

Realistas

I. Dos escuadrones de caballería
II. Comp. de cazadores y granaderos (Primo de Rivera)
III. Bat. Burgos y Arequipa (Ordóñez)
IV. Bat. Concepción e Infante Don Carlos (Cr. Bernardo Latorre)

Mientras esto ocurría en el campo patriota, en Talca, según la tradición histórica, Osorio permaneció en una capilla y fue Ordóñez, junto con otros oficiales, el que decidió efectuar un ataque nocturno y así destrabar una situación penosa en extremo para el ejército del rey. Con el caudaloso río Maule a sus espaldas y con una notoria superioridad del enemigo que tenían por delante, pocas eran las opciones para los godos.

A las 8 de la noche se produjeron movimientos en ambos campamentos. Por el lado de los realistas, se pusieron en marcha con el mayor sigilo las "tres divisiones centrales de dos batallones cada una y dos escuadrones de caballería en ambas alas", designados para dar la sorpresa. Ordóñez marchó por el centro con Burgos y el Arequipa; por la derecha fue Primo de Rivera y por la izquierda, al frente del Concepción y el Infante Don Carlos, fue el coronel Bernardo Latorre.[92]

A todo esto, a la misma hora San Martín recibió, por intermedio de un espía, el informe de que los godos intentaban sorprenderlo con un ataque nocturno. Ante la novedad, el general mandó realizar un cambio de posición con el fin de burlar la tentativa enemiga. Éste consistía en movilizar las tropas hacia la derecha, colocarlas detrás de un zanjón, amenazar el flanco izquierdo del enemigo y, según el desarrollo de la acción, cortar la línea realista entre Talca y la división de Ordóñez.

Luego de que la derecha efectuara el movimiento ordenado y cuando "algunos batallones y la artillería de Buenos Aires pasaban de la izquierda a la derecha de la línea",[93] los realistas cayeron sobre el campamento patriota atacando, primero, a la fracción de caballería que se encontraba a la vanguardia y que fue la que llevó la alarma a toda la línea.

Los godos avanzaron resueltamente y grande debe haber sido su sorpresa cuando, en vez de encontrar al enemigo, "fueron recibidos por sucesivas descargas cerradas que les derribaron más de cien soldados. […] Era O'Higgins que resistía con la segunda línea".[94] La izquierda realista también fue recibida a los balazos, esta vez desde las tropas que, al mando del coronel Juan Las Heras (el coronel Hilarión de la Quintana era el jefe de esta ala, pero se encontraba en aquel momen-

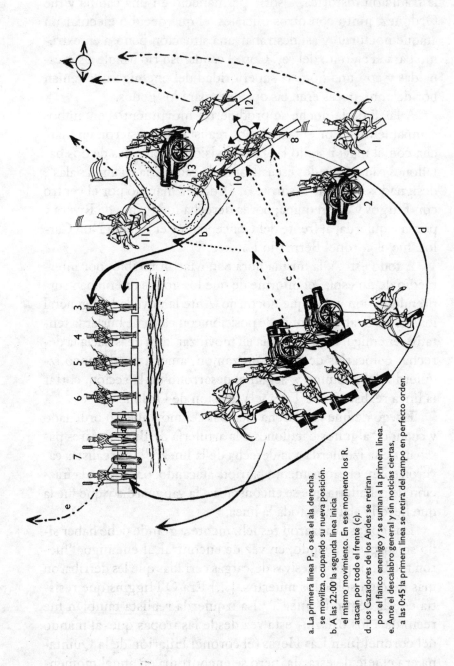

a. La primera línea P., o sea el ala derecha, se moviliza, ocupando su nueva posición.

b. A las 22:00 la segunda línea inicia el mismo movimiento. En ese momento los R. atacan por todo el frente (c).

d. Los Cazadores de los Andes se retiran por el flanco enemigo y se suman a la primera línea.

e. Ante el descalabro general y sin noticias ciertas, a las 0:45 la primera línea se retira del campo en perfecto orden.

to reunido con San Martín), habían podido colocarse en la nueva posición.

La resistencia patriota poco duró en medio de tamaña confusión. Cuando O'Higgins fue herido en un brazo por una bala, la segunda línea se desintegró por completo. La artillería cayó en poder del enemigo, que comenzó a disparar en todas direcciones y mató, en un lance, al teniente Juan Larraín, ayudante de San Martín, quien se encontraba a su lado.

Los restos de los batallones Nº 2 de Chile (mayor José Randizzoni) y los Cazadores de los Andes (teniente coronel Rudecindo Alvarado) se escurrieron por los flancos realistas y fueron a sumarse a la columna de Las Heras, con lo cual ésta quedó integrada por tres mil quinientos hombres y las diez piezas de la artillería chilena.

Mientras los realistas se dedicaban a tomar los bagajes, el hospital y el parque patriota, San Martín, sin noticias de la derecha, se retiró del campo con los pocos dispersos que había podido juntar. A todo esto, Las Heras, a las 0:45, también decidió emprender una silenciosa retirada. Con la artillería a la cabeza y formadas sus tropas en columna cerrada en masa, la división de Las Heras pasó a sólo doscientos metros del enemigo sin ser detectado y finalmente se escabulló por el camino real a Santiago.

Lo que en un principio pareció ser un desastre poco menos que irreparable, con la actitud de Las Heras y el valor y disciplina de sus tropas, se transformó en una anécdota triste para la revolución. Sólo dieciséis días después, en los llanos de Maipú, el poder realista fue vencido definitivamente en el hermano país de Chile, con lo que la revolución americana comenzaba a inclinar la balanza a su favor de forma incontrastable.

REQUINOA
30 de marzo de 1818

A los victoriosos realistas de Cancha Rayada (19 de marzo de 1818), el inconfundible sabor dulce del triunfo se les fue transformando rápidamente en un amargo presentimiento. Sin noticias ciertas sobre el enemigo al que habían sorprendido aquella noche y con numerosas bajas, los godos avanzaron con extrema cautela hacia Santiago de Chile. Durante el camino no encontraron más que abandono y desolación; el pueblo chileno, junto con el ejército que lo defendía, se encontraba preparando el golpe de gracia contra el realismo en el hermano país.

De esta forma, por el lado patriota se redoblaron los esfuerzos y el trabajo para poner en renovadas condiciones de pelea al ejército revolucionario. Una de las acertadas medidas defensivas fue colocar partidas sueltas de caballería en la dirección que podría seguir el enemigo. Fue justamente uno de estos destacamentos el que comenzó a cambiar el humor y las previsiones realistas.

Una avanzada realista de doscientos jinetes del escuadrón de Dragones de la Frontera llegó hasta Requinoa, descubriendo en el punto a una fuerza de sesenta Granaderos a Caballo liderada por el capitán Miguel Caxaraville. Los godos se retiraron, pero Caxaraville decidió perseguirlos hasta su reserva, "a la que cargó valientemente, acuchillándola y matándole treinta hombres, y entre ellos uno de sus jefes, cuya casaca fue remitida como trofeo al cuartel general".[95]

Seis días después los realistas fueron totalmente vencidos en Maipú, con lo que la revolución se erguía triunfal en suelo chileno.

MAIPÚ
5 de abril de 1818

El día de América había llegado

Batalla

LUGAR: 10 km al sur de Santiago de Chile.
JEFE PATRIOTA: general José de San Martín.
JEFE REALISTA: brigadier Mariano Osorio.
FUERZA PATRIOTA: 4900 hombres más 21 piezas de artillería.
FUERZA REALISTA: 5300 hombres más 12 piezas.
RESULTADO: victoria patriota.
PÉRDIDAS PATRIOTAS: 1000 bajas entre muertos y heridos.
PÉRDIDAS REALISTAS: 2000 muertos, más de 2400 prisioneros (véase cuadro en la página 118).
DURACIÓN: 6 horas.

Si cruzar la cordillera de los Andes fue una inmensa hazaña de parte de San Martín y sus hombres, la victoria de Maipú, a sólo diecisiete días del desastre de Cancha Rayada, bien puede ser considerada como una nueva proeza militar por parte de aquel ejército patriota.

Varias fueron las causas para que ésta se realizara. La sigilosa retirada del coronel Juan Las Heras en Cancha Rayada fue sólo el comienzo de una serie de acciones que permitieron el triunfo final. Por cierto que fue vital el trabajo realizado por los patriotas chilenos para mantener viva la idea revolucionaria y asegurar el apoyo para el ejército (Manuel Rodríguez es el caso emblemático de esto). Además, tanto San Martín, que al entrar en Santiago el 25 de marzo expresó que "la patria existe y triunfará y yo empeño mi palabra de honor de dar, en breve, un día de gloria a la América",[96] como Bernardo O'Higgins, que había sido herido en Cancha Rayada, desplegaron una incesante actividad para reconstruir el ejército y evitar una nueva sorpresa.

Mientras Fray Luis Beltrán obtenía un asombroso rendimiento de cincuenta mil cartuchos diarios en la fábrica de armas del ejército, San Martín estableció una avanzada de observación sobre Rancagua e "hizo preparar secretamente depósitos entre Santiago y La Serena, a fin de facilitar una retirada hacia Coquimbo, así como también en la ruta de Uspallata, por si llegaba a ser arrollado contra la cordillera".[97]

Así, en menos de dos semanas San Martín contaba con una fuerza de casi cinco mil hombres y veintiuna piezas de artillería. Con ellas el 2 de abril ocupó una posición defensiva sobre una loma con frente al sur, a 10 km de la capital chilena. Las fuerzas realistas al mando de Osorio, luego de Cancha Rayada, marcharon directo hacia la capital. Mientras tanto en Santiago "se habían colocado centinelas en todas las esquinas, se doblaron las patrullas y se cavaron trincheras profundas en las bocacalles"[98] que serían defendidas por cerca de cuatro mil milicianos liderados por O'Higgins.

A todo esto, los godos, que en un principio dieron gran importancia a la acción de Cancha Rayada, fueron cambiando su idea respecto al resultado conseguido aquel día y, si bien deci-

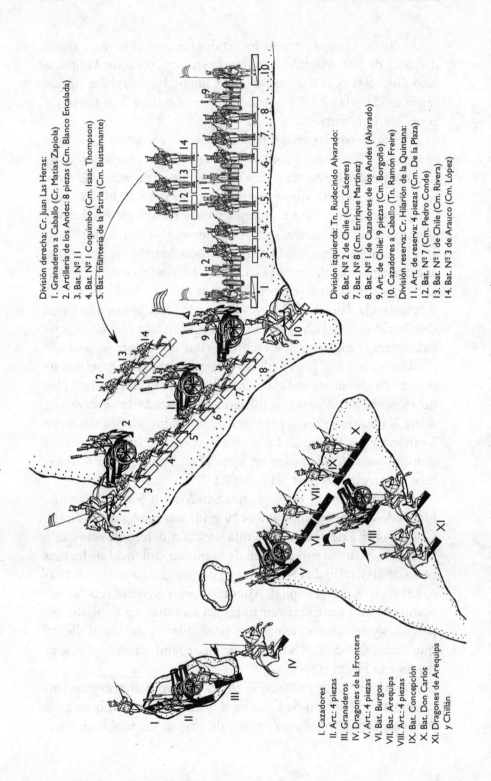

División derecha: Cr. Juan Las Heras:
1. Granaderos a Caballo (Cr. Matías Zapiola)
2. Artillería de los Andes: 8 piezas (Cm. Blanco Encalada)
3. Bat. Nº II
4. Bat. Nº I Coquimbo (Cm. Isaac Thompson)
5. Bat. Infantería de la Patria (Cm. Bustamante)

División izquierda: Tn. Rudecindo Alvarado:
6. Bat. Nº 2 de Chile (Cm. Cáceres)
7. Bat. Nº 8 (Cm. Enrique Martínez)
8. Bat. Nº I de Cazadores de los Andes (Alvarado)
9. Art. de Chile: 9 piezas (Cm. Borgoño)
10. Cazadores a Caballo (Tn. Ramón Freire)

División reserva: Cr. Hilarión de la Quintana:
11. Art. de reserva: 4 piezas (Cm. De la Plaza)
12. Bat. Nº 7 (Cm. Pedro Conde)
13. Bat. Nº I de Chile (Cm. Rivera)
14. Bat. Nº 3 de Arauco (Cm. López)

I. Cazadores
II. Art.: 4 piezas
III. Granaderos
IV. Dragones de la Frontera
V. Art.: 4 piezas
VI. Bat. Burgos
VII. Bat. Arequipa
VIII. Art.: 4 piezas
IX. Bat. Concepción
X. Bat. Don Carlos
XI. Dragones de Arequipa
    y Chillán

dieron avanzar sobre la capital de Chile, se encontraron con que "el país estaba desierto, los caminos inundados por el desborde de las acequias que los patriotas habían roto al retirarse y nadie les suministraba noticias de la posición del enemigo".[99]

Entre el 2 y el 4 de abril San Martín se posicionó según puede verse en el croquis, mientras una vanguardia volante comandada por el brigadier Antonio González Balcarce se mantenía observadora sobre la línea de Maipo. Las guerrillas patriotas, lideradas por el teniente coronel Ramón Freire y el teniente coronel José Melián, pasaron la noche del 4 luchando contra las guerrillas enemigas y los soldados permanecieron en estado de alerta.[100]

El 5 al amanecer los realistas se movilizaron desde la hacienda de Espejo, lugar que habían ocupado el día anterior, y tomando la dirección del camino a Santiago intentaron asegurarse de esta forma la ruta a Valparaíso, donde la escuadra del rey había bloqueado el puerto. Al observar esto, "San Martín hizo un movimiento a una o dos millas sobre su derecha" y "a las 11 de la mañana desplegaron los realistas casi paralelamente a los patriotas".[101] Tal como muestra el croquis ambos bandos quedaron cara a cara, "separados por un valle estrecho y adecuado para la lucha".[102]

Luego de un corto intercambio de fuegos de artillería, San Martín comprendió que los realistas habían tomado una actitud defensiva y que esperaban que fuera él quien realizara el primer movimiento. A las 12 del mediodía una bandera de las Provincias Unidas, otra de Chile y una tercera encarnada fueron la señal para que los patriotas iniciaran la acción.

Ésta desencadenó por ambos flancos. Por la derecha patriota, Las Heras "avanzó gallardamente sin disparar un tiro"[103] al frente de los batallones de infantes y, junto con los Granaderos a Caballo del coronel mayor José Matías Zapiola, amenazó un mamelón donde los godos tenían ubicada su extrema izquierda, con la intención de cortarla del resto de la línea realista. Desde allí los cuatro cañones liderados por Primo de Rivera comenzaron a disparar contra el batallón Nº 11, haciendo algunos estragos en sus filas. De todas formas éste pudo continuar su avance gracias al fuego sostenido y preciso de Blanco Encalada con par-

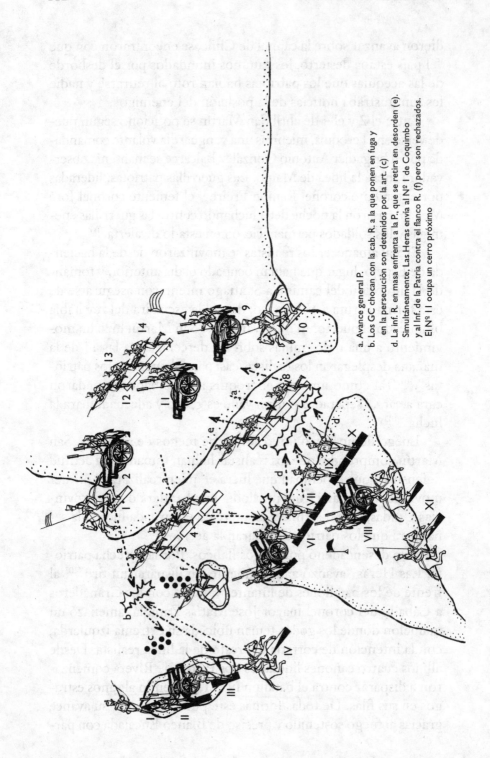

a. Avance general P.

b. Los GC chocan con la cab. R. a la que ponen en fuga y en la persecución son detenidos por la art. (c)

d. La inf. R. en masa enfrenta a la P., que se retira en desorden (e). Simultáneamente, Las Heras envía al Nº I de Coquimbo y al Inf. de la Patria contra el flanco R. (f) pero son rechazados. El Nº I I ocupa un cerro próximo te de la artillería de Chile. San Martín, en el parte elevado al Director Supremo de las Provincias Unidas el día 9 de abril, reseña que aquel ataque fue contestado por un "grueso trozo de caballería" —al mando de Morgado— y que, visto esto, los tenientes coroneles Manuel Escalada y Manuel Medina, con los dos primeros escuadrones de Granaderos y "sable en mano" se les fueron encima para obligarlos a volver "caras a veinte pasos y perseguirlos hasta el cerrito [mamelón], en donde fueron rechazados los nuestros por el fuego horrible de la infantería y metralla enemiga".[104] Luego de alguna lucha y ya superada la altura del mamelón, los Granaderos pusieron definitivamente en fuga a la caballería real, mientras que Las Heras ocupó un cerrillo intermedio cortando la izquierda enemiga y amenazando, a su vez, la izquierda del centro de la columna de Osorio con los Cazadores de Coquimbo y los Infantes de la Patria de Chile.

Simultáneamente con la carga de los Granaderos, por el flanco izquierdo patriota las columnas al mando del teniente coronel Rudecindo Alvarado se "descolgaron" y cargaron en busca del enemigo con la finalidad de envolverlo. El oportuno ataque de José Ordóñez y de Morla en columnas paralelas, con sus cuatro batallones más dos piezas, detuvo a los revolucionarios.

En ese momento los patriotas comenzaron a ser superados. El N° 8, conformado por los negros libertos de Cuyo, que había quedado cara a cara con el invicto y famosísimo regimiento de Burgos, se desordenó y perdió a la mitad de sus hombres. El N° 2 intentó cargar a la bayoneta, pero finalmente se dispersó. Alvarado, que logró desplegar en batalla al N° 4, también debió retroceder para no ser derrotado. En el campo quedaron cuatrocientos cadáveres patriotas, en su mayoría de negros libertos.[105]

De inmediato las "tres mil quinientas bayonetas" realistas "se lanzan en persecución del ala izquierda" y sus columnas descienden impetuosamente los declives de la lomada. En ese momento "la artillería chilena de Borgoño" (nueve piezas) rompió "un vivo fuego a bala rasa" que hizo vacilar al enemigo por un momento. Estos continuaron su avance y al "pisar el llano son recibidos por una lluvia de metralla que rompe sus columnas, haciéndolas retroceder".[106]

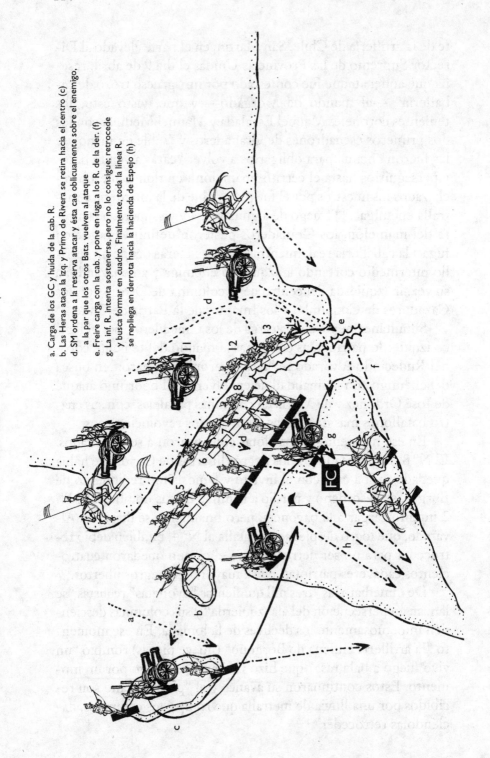

a. Carga de los GC y huida de la cab. R.
b. Las Heras ataca la izq. y Primo de Rivera se retira hacia el centro (c)
d. SM ordena a la reserva atacar y ésta cae oblicuamente sobre el enemigo, a la par que los otros Bats. vuelven al ataque
e. Freire carga con la cab. y pone en fuga a los R. de la der. (f)
g. La inf. R. intenta sostenerse, pero no lo consigue; retrocede y busca formar en cuadro. Finalmente, toda la línea R. se repliega en derrota hacia la hacienda de Espejo (h)

Con la intención de liberar de la incómoda posición a Alvarado, Las Heras cooperó ordenando que el batallón Infantes de la Patria atacase el flanco del movimiento de Morla, pero fueron rechazados y retrocedieron en forma desordenada.[107]

Ante este cuadro de situación, San Martín, que se hallaba con su escolta en una posición cercana a la columna de Las Heras, decidió jugar su reserva, que era liderada por el coronel Hilarión de la Quintana, y la envió contra la masa de infantería realista.

En un libro de reciente publicación, Alberto Maffey afirma que "esta acción de lanzar la reserva tal como se hizo […] salvó verdaderamente la campaña. […] Después de toda esa extensa etapa con la iniciativa en manos de los españoles, por primera vez se empleó un procedimiento ofensivo".[108] Cierto o no, a partir de allí los patriotas arrollaron y destrozaron cuanto había frente a ellos.

De esta forma, no bien Las Heras avanzó para tomar el cerrillo ocupado por Primo de Rivera, éste se retiró por la derecha patriota "dejando abandonados sus cañones" y su formación fue perseguida por los batallones Nº 11 y Cazadores de Coquimbo hasta la propia retaguardia del ejército real.[109]

Por el extremo izquierdo, los Cazadores a caballo de los Andes y los Lanceros de Chile se arrojaron contra la caballería enemiga con la que trabaron un combate sable en mano, en el que llevaron la mejor parte y pusieron en precipitada fuga a los godos. En esta carga cayó al frente de sus Cazadores "el valiente teniente coronel Santiago Bueras".

Finalmente por el centro, la reserva, luego de efectuar un movimiento oblicuo, surgió de frente ante las gruesas columnas de infantería rival y cargó apoyada por los parcialmente rehechos batallones de Alvarado. En el parte de San Martín citado anteriormente, éste le afirma a Pueyrredón que "con dificultad se ha visto un ataque más bravo, más rápido y más sostenido".[110] La reserva, con el Nº 7 más avanzado, disputó palmo a palmo el terreno; Alvarado había rehecho sus fuerzas y volvió a la carga; Borgoño se instaló en la punta este de la loma y cañoneó con dureza; Freire amenazó por la derecha, apo-

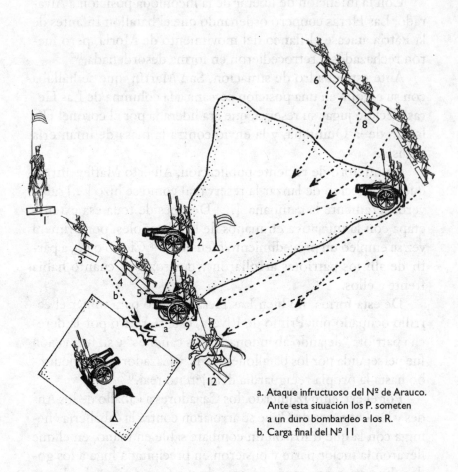

a. Ataque infructuoso del Nº de Arauco.
Ante esta situación los P. someten
a un duro bombardeo a los R.
b. Carga final del Nº 11

yado ahora por la Escolta del general en jefe al mando del capitán Ángel Pacheco, mientras la derecha patriota, con su artillería adelantada, asomó peligrosamente sobre la retaguardia enemiga. El círculo contra el ejército realista se iba cerrando indefectiblemente.

En medio de la desesperación de los realistas, el general Osorio se marchó del campo y Ordóñez, nuevo general en jefe, intentó "desplegar sus masas, pero el terreno le vino estrecho y se envuelve en sus propias maniobras. [...] El Burgos forma cuadro, y rechaza las cargas, aunque con grandes pérdidas". Luego de media hora de combate y sin caballería que los apoye, "Ordóñez, con sus filas raleadas, emprende con serenidad la retirada hacia la hacienda de Espejo, formado en masa compacta".[111]

Ya en la hacienda, Ordóñez pudo reagrupar a las compañías de caballería que habían huido casi intactas del campo de batalla y a los restos de sus batallones de infantería. Asimismo, adoptó diversas medidas de carácter defensivo con la finalidad de intentar un último esfuerzo en busca de un milagro que lo sacara de la delicada situación.

Relación del armamento y útiles de guerra tomados al enemigo

Cañones de a 4 de batalla	4	Cañones de a 4 de montaña	4
Fusiles	3844	Bayonetas	1200
Cartuchos de fusil a bala	24000	Cajas de guerra	23
Banderas	4	Redoblones	2
Tambores	2	Panderetas	2
Clarinetes	2	Media luna	1
Trompas	1	Cornetas	1
Fagot	1	Botiquines	1
Altares portátiles	1	Sables	190
Tercerolas	1200	Tercios con fusiles y cañones	14
Tercios con carpas	12	Tercios con palos para carpas	13
Tercios con estacas para carpas	2	Tercios de cuerda mecha	8
Tercios de tornos	2	Tercios de motones de vasco	2
Tercios de hilos	2	Tercios de jarcia surtida	13
Cajón de piedra de chispa	1	Barril de alquitrán	1
Cajones con bayonetas, llaves de fusil de carpas, grillos, cadenas, chapas de puertas y porción de hierros descompuestos de todas clases, y entre ellos uno de polvorines	22	Granadas de obús cargadas de 6 pulgadas	51
Granadas de mano cargadas de 6 pulgadas	144	Cartuchos a metralla, calibre de a 8	112
Cartuchos a bala cónicos de batalla calibre de a 4	112	Cartuchos a metralla de batalla calibre de a 4	96
Cartuchos a bala cilíndricos de batalla	80	Balas de cuatro ensaleradas	48
Tarros de metralla de batalla calibre de a 4	32	Cajones de metralla suelta	3

Relación del total de 2463 prisioneros

Brigadieres	1	Coroneles	4
Tenientes coroneles	7	Capitanes	28
Ayudantes mayores	5	Tenientes	50
Subtenientes	48	Cadetes	14
Capellanes	7	Cirujano	1
Auditor de guerra	1	Proveedores	2
Contador	1	Intendente del ejército	1
Primer oficial de Intendencia	1	Empleados de la Hacienda	2
Subdelegado	1	Tropa	2289

A todo esto, en el campo patriota las tropas estallaron de júbilo al presentarse allí O'Higgins, el Director Supremo de Chile, con su brazo herido en Cancha Rayada, quien se abrazó con San Martín. Esta escena luego sería inmortalizada en una bellísima pintura por Pedro Subercaseaux.

Volviendo a la acción, que ya estaba exclusivamente circunscripta a lo que ocurría en lo de Espejo, Las Heras, que fue el primero en llegar con sus fuerzas, tomó algunas medidas con la finalidad de conquistar el puesto. Al momento arribó a la zona Balcarce, quien ordenó al batallón de Cazadores de Coquimbo que atacase en columna el callejón que conduce a la hacienda. Esto se realizó, pero la carga fue infructuosa, por lo que debieron "retroceder, no sin antes dejar doscientos cincuenta cadáveres".[112] Finalmente se decidió retomar el plan de Las Heras, que consistía en someter a un intenso fuego de artillería —sumando los cañones de Borgoño y Blanco Encalada— a la defensa enemiga antes de cargar a la bayoneta.

Así se hizo y "el batallón N° 11, sostenido por dos piquetes del 7 y 8 de los Andes, carga por el flanco rompiendo tapias, y pasa a la bayoneta cuanto se le presenta".[113] Según Samuel Haig, actor presencial de la batalla, allí se produjo un gran hecho de sangre en el que murieron cerca de quinientos realistas.

A la hora de las oraciones, la batalla había terminado con una demoledora y sangrienta victoria para los revolucionarios. Este notable triunfo de San Martín y sus hombres fue de crucial importancia para el posterior desarrollo de la guerra. Maipú fue, en aquel entonces, el punto definitivo de inflexión en la Guerra de la Independencia; a partir de allí los realistas serían batidos una y otra vez hasta el fin de la contienda (en la batalla de Ayacucho, seis años después). Quizá por eso fue que Bolívar, al informar a otro patriota colombiano sobre esta batalla, le dijo utilizando casi las mismas palabras con las que San Martín había prometido una nueva victoria que "El día de América ha llegado".[114]

PARRAL
27 de mayo de 1818

Mientras el humo de los cañones aún ennegrecía el aire del campo de batalla de Maipú (5 de abril), el general San Martín envió al coronel mayor José Matías Zapiola a que persiguiera a los pocos realistas que habían logrado huir hacia el sur de Chile luego de la derrota. Zapiola estableció su línea sobre el río Maule, al frente de doscientos cincuenta granaderos y un considerable número de milicianos.

En parte repuestos del duro contraste, los realistas, liderados por el brigadier Mariano Osorio, comenzaron a operar más allá del río Itata, a unos 100 km de la posición patriota. Allí, el 21 de mayo el capitán chileno Manuel Bulnes, perteneciente al ejército del rey, "atacó por sorpresa a la villa del Parral al frente de trescientos hombres y pasó a cuchillo a su guarnición junto con varios pobladores".[115]

Enterado de esto, el jefe revolucionario decidió enviar una columna al lugar. Unos doscientos granaderos y milicianos montados, al mando del capitán Miguel Caxaraville, marcharon "durante cinco noches por caminos extraviados, ocultando su movimiento, y en la madrugada del 27 de mayo estaban sobre el pueblo".[116] Para llevar adelante el ataque Caxaraville dispuso dividir su fuerza en dos columnas. Él personalmente con los granaderos atacaría el cuartel, mientras que los milicianos liderados por el capitán Domingo Urrutia y el alférez José Gálvez cortarían la retirada ocupando todas las bocacalles.

El capitán Caxaraville relató la acción en el parte remitido a Zapiola de la siguiente forma: "Mandé avanzar, y resuelto a tomarme los cuarteles en un momento pisando con los caballos las guardias que tenían en las puertas; luego se pusieron en fuga por las paredes ganando las casas siguientes y contestando de ellas con fuego vivo por ventanas, puertas y lugares que se los permitía. Pero al fin pudo más el brazo de estos valientes, que tengo el honor de mandar, dejando víctimas a doscientos hombres",[117] entre ellos el mismo Bulnes.

Fue una victoria completa y avasallante, ya que además de las doscientas "víctimas", los patriotas tomaron setenta prisioneros y todo el armamento, a costa de unos pocos heridos.

QUIRIHUÉ
31 de mayo de 1818

El coronel mayor José Matías Zapiola decidió salir al frente de los godos cuando recibió noticias de que el enemigo había superado el río Itata y operaba a unos 100 km del campamento patriota. En ese momento, el coronel se encontraba sobre la línea del río Maule, al sur de Chile, al frente de unos doscientos cincuenta granaderos y una centena de milicianos.

Para ello envió dos columnas: una hacia Parral al mando del capitán Miguel Caxaraville, y otra hacia Quirihué, sitio que había sido ocupado por el comandante de milicias godas Valentín de la Parra, al mando del teniente Juan Rodríguez, con veinticinco granaderos.[118]

El 31 de mayo el destacamento revolucionario llegó al poblado y su jefe organizó a la fuerza para atacar conjuntamente por el frente y la retaguardia. Rodríguez en el parte oficial relata que este "movimiento les hizo [a los godos] meterse a una de las casas. [...] Los tiroteé por hora y media, les incendié la casa [...] y se rindieron".[119]

En total se entregaron treinta y seis hombres, entre ellos un teniente coronel. Además los realistas tuvieron cuatro muertos y perdieron diecisiete fusiles, mientras que el ejército revolucionario tuvo sólo un muerto y un herido.

CHILLÁN
31 de julio de 1818

Durante la segunda campaña al sur de Chile, el capitán Miguel Caxaraville, al mando de una fuerte columna de Granaderos a Caballo y Cazadores de Coquimbo, llegó hasta las inmediaciones de Chillán, donde el coronel realista Clemente Lantaño se había atrincherado y esperaba el combate.

Caxaraville, en el parte enviado al coronel mayor José Matías Zapiola, relató la acción de la siguiente forma: "Dispuse el ataque por todas las bocas calles, destinando a cada una de ellas una guerrilla de infantería y otra de Granaderos a retaguardia [...]; mandé a un tiempo romper el fuego, contestaban de la plaza con bastante actividad y al cabo de tres horas de fuego logramos pasar los fosos [...]; a eso de oraciones logramos reducirlos a una sola trinchera en cuadro que tienen al costado de la plaza [...], y no pude menos que mandar retirar la tropa pues la oscuridad de la noche, y la falta de municiones me impedían concluir la obra".[120]

Según el protagonista tomaron diez prisioneros e hicieron un "número considerable de cadáveres en el enemigo", mientras que por su lado, sólo sufrieron dos muertos y catorce heridos.[121]

BÍO-BÍO
19 de enero de 1819

Si bien el contundente triunfo en Maipú (5 de abril de 1818) aseguró la victoria de la revolución americana en su escenario chileno, a comienzos de 1819 aún quedaban —y de hecho quedaron por varios años más— tropas fieles a la causa del rey en el sur de Chile. Se trataba de parte de los peninsulares escapados en Maipú, algunos criollos y grupos de indios que seguían al ejército realista, todos liderados por el coronel Francisco Sánchez.

Para terminar con ellos, se nombró jefe del ejército de operaciones en el sur de Chile, en noviembre de 1818, al brigadier Antonio González Balcarce. Hacia aquellas frías regiones marcharon "los Granaderos a Caballo, los Cazadores de Infantería de los Andes, batallones N° 1 y N° 3 de Coquimbo y los Montados de Chile, con ocho piezas de artillería de montaña, que sumaban tres mil cuatrocientos hombres".[122]

En los primeros días del año 1819, Balcarce llegó al teatro de operaciones y se declaró formalmente abierta la campaña para la conquista del sur chileno.

A todo esto, Sánchez, que con sus ochocientos hombres ocupaba Los Ángeles, se retiró precipitadamente hacia la margen norte del río Bío-Bío con el firme propósito de vadearlo si persistía el avance de los revolucionarios. Para perseguir y batir a los godos Balcarce envió al batallón de Cazadores del teniente coronel Rudecindo Alvarado y a dos escuadrones de Granaderos al mando del teniente coronel Manuel Escalada. El 18 de enero Escalada recibió orden de avanzar hasta el Bío-Bío. En el parte enviado por él ese día a Balcarce, explica que: "[…] habiéndome sido de necesidad reconocer la montaña por donde se retiraron los enemigos destiné al Sr. mayor Benjamín Viel (ex oficial del ejército napoleónico) con sesenta Granaderos que a muy corta distancia se encontró con una partida de ochenta Cazadores a Caballo situada en una pequeña llanura que acuchilló completamente".[123]

Sólo cuando al mediodía del día 19 llegó Alvarado con la infantería, los patriotas pudieron atacar al enemigo, que ya había establecido "una batería de tres cañones"[124] sobre la margen opuesta.

Alvarado avanzó con la caballería por la derecha, mientras que por la izquierda (que era una zona boscosa) "marchó el batallón [de Cazadores] con una pieza de artillería [teniente Félix Olavaria]. En su vanguardia marchaba el Al. [Bautista] Fuensalida con treinta Granaderos y la 1ª compañía del batallón al mando del sargento mayor graduado Lucio Salvadores".[125] Al llegar al río tan sólo quedaban algunas partidas rezagadas, las que fueron sableadas y reducidas a discreción. El resto de los realistas intentaba cruzar el río en balsas, que prontamente comenzaron a ser cañoneadas por Olavaria, lo que dio origen, a su vez, a un combate de artillería de costa a costa.

Mientras tanto, muchos realistas se refugiaron en una isleta intermedia, que fue "cargada" por el abanderado de Granaderos "capitán Eustaquio Brueys" (hermano de Alejo Bruix, jefe de los Granaderos en la batalla de Ayacucho), quien se "lanzó al agua a caballo al frente de su compañía".[126] Los jinetes patriotas fueron recibidos por una cerrada descarga a causa de la cual cayó herido de muerte el mismo Bruix, si bien el triunfo final ya estaba sellado.

Según el parte oficial enviado el mismo día por Alvarado a Balcarce, los patriotas tomaron cinco piezas de artillería, dos de hierro de a 12, dos de bronce de a 4 y otra que los godos habían arrojado al agua. Además, anunciaba que remitía con el capitán Escribano ciento siete prisioneros y que calculaba en trescientos los muertos del enemigo, contra veinte bajas propias entre muertos y heridos.[127]

Las campañas en el Perú

NAZCA (o Changuillo)
15 de octubre de 1820

En cuanto San Martín llegó al Perú con su expedición libertadora, se dedicó a organizar una fuerza militar lo suficientemente fuerte como para operar y conquistar la región de la sierra peruana para la causa de la revolución. Para comandarla, eligió al coronel mayor Juan Arenales —español de nacimiento y americano por convicción— que ya tenía un marcado pasado de caudillo popular en el Alto Perú en épocas de Manuel Belgrano.

Arenales partió al frente de unos mil doscientos hombres y su primer objetivo era el pueblo de Ica. Así, el 4 de octubre, al expirar el armisticio de Miraflores acordado entre San Martín y los realistas, la columna patriota salió desde Pisco con rumbo a Ica, para dar inicio a la campaña en la sierra peruana. Ica estaba guarnecida por unos ochocientos hombres y dos piezas de artillería al mando del marqués coronel Manuel Quimper, quien no bien se enteró del avance enemigo y luego de perder algunas milicias que se pasaron a los patriotas, decidió retirarse hacia el sur por el camino a Nazca.

Al llegar a Ica se desprendió del grueso de la columna patriota un destacamento de caballería al mando del sargento mayor Rufino Guido, que alcanzó al enemigo cerca de Palpa y luego de un corto tiroteo se retiró junto con dos compañías de infantería con sus respectivos oficiales que se pasaron al bando de los patriotas.[128]

Con la finalidad de terminar con la columna realista y de hacerse de los numerosos materiales bélicos que ésta transportaba, Arenales envió una fuerza de doscientos cincuenta hombres al mando del segundo jefe de la expedición, el teniente coronel Manuel Rojas. Esta división estuvo compuesta por cincuenta hombres del regimiento de Cazadores (teniente Vicente Suárez), ochenta de la 3ª compañía del batallón N° 11 (capitán José Videla Castillo), treinta Granaderos a Caballo (sargento mayor Juan Lavalle) y una compañía del N° 2 de Chile.[129]

Para no ser vistos, los patriotas marcharon por las noches y llegaron en la madrugada del día 15 al campamento donde los realistas descansaban confiados y sin mayor vigilancia.

Rojas "dividió sus jinetes en tres pelotones a órdenes de Lavalle, [capitán Federico] Brandzen y Suárez y los hizo atacar por los flancos y retaguardia, mientras los infantes lo hacían frontalmente".[130]

La victoria patriota fue total y el desbande del enemigo, el más completo. Estos últimos sufrieron cuarenta y un muertos, cerca de ochenta prisioneros, además de perder trescientos fusiles, equipos, ganado y otros pertrechos. La derrota final de Quimper llegó al día siguiente en Acari.

ACARI
16 de octubre de 1820

Luego de ocupar Ica (6 de octubre) y de derrotar en Nazca (15 de octubre) al destacamento realista liderado por el marqués coronel Manuel Quimper, las fuerzas sanmartinianas pasaron a dominar prácticamente toda la zona ubicada al sur de Lima.

En Nazca, el teniente coronel Manuel Rojas, jefe revolucionario, se enteró de que Quimper había hecho adelantar unas cien cargas de municiones y otros pertrechos sacados de Ica. Esta valiosa información la recibió, según Carlos Dellepiane, de los prisioneros realistas hechos el día anterior[131] y, según Camilo Anschütz, a través de boca de la vecindad[132] que alertó al jefe patriota. Lo más probable es que Rojas haya recibido el dato de ambas fuentes.

Rápidamente, Rojas envió al teniente de origen paraguayo Vicente Suárez con treinta Cazadores a caballo en persecución de la partida realista. Suárez alcanzó al enemigo en Acari, a pocas leguas Sur de Nazca y, luego de matar algunos soldados y tomar prisioneros al resto, se adueñó de la totalidad de la carga enemiga.

Esta victoria "tuvo la trascendencia importante de anular completamente como fuerza militar a la columna"[133] de los godos en aquella región. Cuatro días después Ica proclamó su independencia[134] y el coronel Juan Arenales tuvo el camino despejado para continuar con su famosa campaña por la sierra peruana.

TORRE BLANCA (o Casa Blanca)
8 u 11 de noviembre de 1820

Cuando en noviembre de 1820 el general José de San Martín llegó a Ancón (al norte de Lima) continuó con la táctica que tanto resultado le había dado y le dará luego durante su campaña al Perú: dividir sus fuerzas en agrupaciones de diferente envergadura para ir venciendo por fracciones a los veintitrés mil ciento veintidós hombres[135] que los realistas tenían en toda la zona del Virreinato del Perú.

El 4 de noviembre desembarcó en Ancón el mayor peruano Andrés Reyes al frente de "doscientos hombres de infantería y cuarenta cazadores a caballo, mandados por el capitán Federico Brandzen",[136] "con la misión de requisición y para excitar el sentimiento por la independencia en dirección a Huacho".[137] Para enfrentarlos avanzó el coronel Gerónimo Valdez al frente de cuatrocientos jinetes (dragones de la Unión y del Perú) y doscientos infantes del batallón Numancia.

Ante este movimiento, Reyes emprendió la retirada, dejando a retaguardia a Brandzen y sus cazadores. En el camino tenía que pasar por la hacienda de Torre Blanca (Mitre la llama Casa Blanca), en la que había un estrecho callejón por el que sólo pasaban una docena de caballos de frente. Aprovechando este accidente, el jefe patrio decidió hacer un alto y esperar al enemigo.

"Valdez se adelantó con uno de los escuadrones para atacar el convoy [...] el resto de la fuerza realista permaneció en segundo escalón."[138] Con inteligencia, Brandzen había logrado equiparar la diferencia numérica del enemigo y "en el preciso momento en que los realistas se habían internado en el callejón [...] Brandzen mandó dar media vuelta a sus tropas y los cargó impetuosamente, y en combate singular, mató de un pistoletazo al comandante Bermejo, jefe de la caballería enemiga, acuchillando los cazadores con denuedo a los jinetes adversarios y sembrando en sus filas un pánico tal, que provocó su incontenible fuga".[139]

Las pérdidas de los godos fueron tres muertos y cinco prisioneros heridos,[140] mientras que por el lado patriota no se conocen bajas.

MAYOC
11 de noviembre de 1820

A medida que el coronel mayor Juan Arenales iba avanzando por el interior del Perú en su campaña por la sierra, los defensores del realismo intentaron en numerosas ocasiones detener su avance.

Con la llegada de los patriotas a la zona de Huanta el intendente realista de Huancavélica, brigadier José Montenegro, decidió interceptar a los revolucionarios a la altura del río Mantaro (o Grande) que era cruzado por dos puentes, uno sobre Izcuchaga y otro sobre Mayoc.

El jefe godo contaba con seiscientos hombres y dos piezas de artillería[141] y, extrañamente, se dirigió con el grueso de su fuerza hacia Izcuchaga "descuidando el puente de Mayoc, que sólo estaba ocupado por veinte soldados de a caballo".[142]

En vista de esto Arenales avanzó con su columna por un camino intermedio, con lo que puso en riesgo ambos puntos. Simultáneamente, envió como vanguardia hacia Mayoc una partida de doce granaderos al mando del teniente Francisco de Borja.[143] Éstos atacaron la débil posición y ocuparon el puente sin sobresaltos; tomaron siete prisioneros y dejaron un muerto. Al día siguiente el grueso de los patriotas atravesó el Mantaro y quedó casi a retaguardia de Montenegro, que no tuvo otra opción que huir hacia Jauja donde sería definitivamente vencido.

JAUJA
20 de noviembre de 1820

En el marco de la exitosa campaña que el coronel Juan Arenales venía desarrollando en la sierra peruana, el regimiento de Granaderos a Caballo creado por San Martín en 1812 tuvo una nueva oportunidad de demostrar por qué se lo considera uno de los cuerpos más valientes de toda la Guerra de la Independencia.

Esto sucedió cuando Arenales envió en persecución de una columna realista que huía por el camino a Tarma al sargento mayor Juan Lavalle al frente de cuarenta granaderos en compañía de quince oficiales montados que se habían presentado voluntariamente y de una fracción del batallón Nº 11.[144]

Los revolucionarios alcanzaron al enemigo "a las 9 de la noche del 20, cuando marchaban en una fragosa cuesta a la salida de Jauja"[145] y, "a pesar de que [los godos] disponían de un efectivo de seiscientos cincuenta hombres [podría tratarse de una cifra algo menor], distribuidos entre un batallón de infantería, un escuadrón de caballería y algunos piquetes de tropas que hacían un fuego nutrido en su retirada",[146] Lavalle ordenó cargar sable en mano, lo que provocó inmensa confusión en el enemigo, que sólo atinó a huir desesperadamente.

Además de dejar entre cuatro y ocho muertos y de tomar veinte prisioneros, los jinetes patrios se adueñaron de unos trescientos caballos.[147]

TARMA
23 de noviembre de 1820

Luego de la derrota de los godos en Mayoc (11 de noviembre) y en Jauja (20 de noviembre), el dominio de los patriotas en la sierra peruana quedó absolutamente consolidado. El 22 del mismo mes el teniente coronel Manuel Rojas, con el batallón Nº 2 de Chile y cincuenta granaderos a caballo, salió hacia Tarma en busca de los realistas que habían huido de Jauja. Entre éstos se encontraba el gobernador de Huancavélica, brigadier José Montenegro.

Al día siguiente Rojas llegó a Tarma en medio de la sorpresa general del enemigo, y venció a éste por completo. Además de tomar un gran número de prisioneros, entre ellos al propio Montenegro, la columna patriota se adueñó de un importantísimo botín compuesto por seis piezas de artillería, quinientos fusiles y cincuenta mil cartuchos.[148]

CHANCAY
27 de noviembre de 1820

El plan elaborado por San Martín para liberar al Perú contenía tanto aspectos ideológicos como militares. En cuanto a este último aspecto, su táctica estuvo más volcada a la realización de movimientos estratégicos que a la búsqueda de una confrontación directa con el enemigo; la notoria superioridad numérica de los godos así lo recomendaba.

Conocedor de que el batallón Numancia, "integrado por seiscientos cincuenta a setecientos hombres en su mayoría colombianos, comandados por [el capitán Tomás], Heres"[149] tenía la voluntad de pasarse de bando, San Martín "dispuso que toda la caballería [el regimiento de Granaderos a Caballo y los Cazadores a Caballo], a las órdenes del coronel [Rudecindo] Alvarado, marchase a Chancay, para apoyar la defección de aquella unidad".[150]

Desde aque lugar, Alvarado envió a un emisario para ponerse en contacto con Heres. El mensajero fue escoltado por un piquete de diecinueve granaderos al mando del teniente Juan Pringles, quien debía acompañarlo hasta la Calera de Pescadores, una playa ubicada a tres leguas de Chancay, y esperar allí su regreso.

En la mañana del 27 el centinela avistó dos columnas enemigas que avanzaban hacia la calera. Se trataba del coronel Gerónimo Valdez, que había dividido su escuadrón de Dragones del Perú en dos compañías y buscaba encerrar a los patriotas en la playa. Al observar esto, Pringles tomó la atrevida decisión de combatir, pese a que las instrucciones recibidas le aconsejaban retirarse si era atacado.

Así, cuando el capitán godo Fernández asomó en la playa al frente de setenta jinetes, los diecinueve patriotas se lanzaron sobre ellos, cortando en parte la línea enemiga. Con algunas bajas, Pringles intentó organizarse a retaguardia, pero "encontrose en su retroceso con otra compañía de dragones que le cortaba la retaguardia, a la que cargó también con resolución".[151] Luego de este segundo choque sólo quedaron sobre sus caballos Pringles y otros cuatro granaderos, los que en su desesperación decidieron arrojarse al agua antes que caer en manos enemigas.

Finalmente Valdez ordenó que se rescatara del mar a los revolucionarios y toda la partida quedó en poder de los realistas, que sufrieron "veintiséis bajas entre muertos y heridos".[152] Por el lado de los patriotas, las pérdidas fueron de "dos muertos y doce heridos"[153] a cinco muertos y el resto heridos, como se desprende de la narración de Camilo Anschütz en su *Historia del Regimiento de Granaderos a Caballo*.

PASCO
6 de diciembre de 1820

El dominio de la sierra: una parte del plan

Combate
Lugar: 245 km al nordeste de Lima.
Jefe patriota: coronel mayor Juan Álvarez de Arenales.
Jefe realista: general Diego O'Reilly.
Fuerzas patriotas: cerca de 900 hombres (740 infantes y 120 jinetes) más 4 piezas.
Fuerzas realistas: 1300 (unos mil infantes, 180 jinetes y alrededor de 100 artilleros) más 2 cañones.
Resultado: victoria patriota.
Pérdidas patriotas: unos 10 muertos y 30 heridos.
Pérdidas realistas: 58 muertos, 18 heridos, casi 360 prisioneros, sus cañones, unos 360 fusiles, municiones, el parque, la bandera del batallón Victoria y los estandartes de la caballería.
Duración: 3 horas.

Cuando la expedición libertadora al mando de San Martín llegó al Perú en septiembre de 1820, los pasos a seguir por el gran capitán eran dos: por un lado, operar estratégicamente sobre Lima con la escuadra y el grueso del ejército y, por el otro, organizar una fuerza que operase sobre la sierra peruana. En vista del terreno en que debería actuar esta última división, del tipo de guerra que se llevaría adelante y de ser ésta una región mayoritariamente poblada por naturales, es que San Martín designó a Arenales para comandar las acciones. Este jefe militar ya se había mostrado como un formidable caudillo popular en el Alto Perú. Así, al frente de mil doscientos hombres, Arenales fue internándose en la sierra libertando pueblos y sumando indios, esclavos y milicias a su fuerza.

Recién a mediados de noviembre los realistas decidieron salir a disputarle seriamente el terreno a los patriotas. Entonces el virrey Joaquín de la Pezuela envió al irlandés O'Reilly con mil trescientos hombres para medirse contra Arenales. El general Mariano Ricafort marchó desde el sur con el mismo fin de vencer a los revolucionarios.

O'Reilly llegó a Pasco en los primeros días de diciembre y se atrincheró allí, aprovechando convenientemente los accidentes del terreno. El 5 por la mañana, los patriotas acamparon al sur del Cerro Uliachin, que separaba a ambos bandos y al que el jefe enemigo había considerado inexpugnable. Luego de reconocer el terreno esa misma tarde en compañía de un piquete de Granaderos a Caballo, "Arenales […] se propuso sorprender a su adversario escalando dicho cerro [Uliachin] […] para caerle en una rápida acción frontal, que le evitara largos y complicados movimientos envolventes por la serranía".[154] En la madrugada del día 6 y bajo una intensa nevada, los patriotas se pusieron en marcha divididos en tres columnas: por la derecha marchó el batallón N° 2 (doscientos ochenta hombres) comandado por el coronel Santiago Aldunate y por la izquierda el N° 11 (con igual cantidad de tropa) al frente del coronel Ramón Dehesa; finalmente, la caballería del sargento mayor Juan Lavalle ubicada en la izquierda y las milicias al mando del teniente coronel Manuel Rojas por la derecha quedaron como reserva.

A media mañana, los patriotas, luego de cargar al hombro la artillería, llegaron a la cima del Cerro Uliachin, mientras que la caballería, siguiendo por el llano, se colocó frente a la caballería enemiga. Desde lo alto Arenales ordenó abrir el fuego a la artillería liderada por el teniente Hilario Cabrera con el fin de reconocer la posición enemiga. Como respuesta, los godos salieron del pueblo y desplegaron "en batalla detrás de un barranco profundo, apoyando su derecha en un terreno pantanoso y su izquierda en un lago pequeño".[155] Además, O'Reilly desplegó "algunas partidas de cazadores [para] disputar el descenso de la montaña".[156]

El jefe realista contaba con seiscientos hombres del batallón Victoria (o Talavera), unos ciento ochenta jinetes de los Dragones de Carabayo y los Lanceros de Lima, casi doscientas plazas del batallón Infante don Carlos, otro tanto de la compañía de la Concordia de Pasco y cerca de doscientos milicianos.

"El número dos de Chile [derecha patriota] atacó a paso de trote la izquierda realista; [...] rompió sus fuegos a medio tiro de fusil, y bajo el humo se lanzó al asalto sobre la posición enemiga."[157] Del mismo Nº 2 se desprendió "una compañía de cazadores que amenazó contornear la izquierda realista, [originando] tal pánico entre los defensores, que éstos abandonaron a la carrera el campo de la lucha".[158]

El Nº 11, por el centro, luego de pasar el barranco, se lanzó con violencia al ataque sobre el enemigo. La infantería patriota tan sólo le permitió a la infantería contraria realizar una descarga de fusil, para pasar luego al ataque a la bayoneta, lo que puso en apresurada fuga a los realistas. En medio de la carga furiosa de la infantería "el corneta del 11 de línea, José Pintos, arremete al abanderado y en lucha singular, lo mata y le arranca el pabellón" del célebre batallón Victoria.[159]

Mientras tanto, la caballería de Lavalle también avanzó a la par de la infantería "con tanta intrepidez y coraje, que hizo sobre el punto volver espaldas a la enemiga, contra la cual se lanzó despedazándola a sablazos".[160] Los patriotas atravesaron la población en la persecución y se reagruparon al norte de ella, ya con la certeza de haber obtenido un triunfo impecable. Durante el combate, los realistas sufrieron cincuenta y ocho muertos y dieciocho heridos, mientras que en los cien kilómetros[161] que alcanzó la persecución llevada a cabo por el teniente Vicente Suárez, se tomaron cerca de trescientos sesenta prisioneros, entre ellos el propio O'Reilly y el teniente coronel Andrés Santa

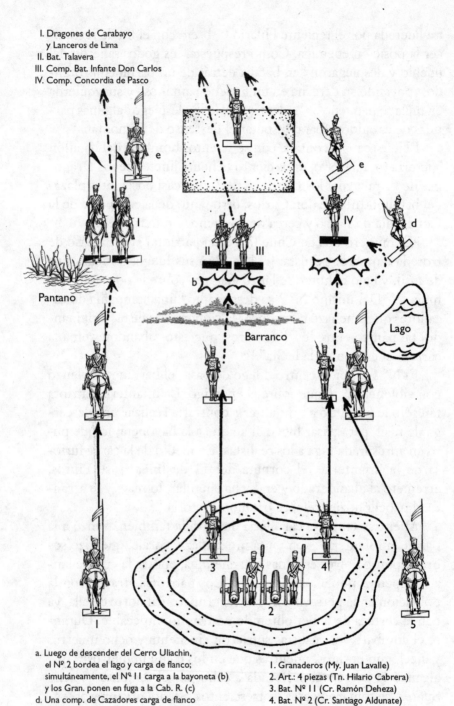

I. Dragones de Carabayo
   y Lanceros de Lima
II. Bat. Talavera
III. Comp. Bat. Infante Don Carlos
IV. Comp. Concordia de Pasco

Pantano

Barranco

Lago

a. Luego de descender del Cerro Uliachin,
   el Nº 2 bordea el lago y carga de flanco;
   simultáneamente, el Nº 11 carga a la bayoneta (b)
   y los Gran. ponen en fuga a la Cab. R. (c)
d. Una comp. de Cazadores carga de flanco
e. Los P. se reagrupan al otro lado del poblado

1. Granaderos (My. Juan Lavalle)
2. Art.: 4 piezas (Tn. Hilario Cabrera)
3. Bat. Nº 11 (Cr. Ramón Deheza)
4. Bat. Nº 2 (Cr. Santiago Aldunate)
5. Milicias (Tn. Cr. Manuel Rojas)

Cruz, peruano de nacimiento y jefe de la caballería goda, que se pasó al bando patriota y ocupó posteriormente un lugar destacado en la historia latinoamericana.

Por el lado de los revolucionarios, las bajas fueron escasas; se contabilizaron cerca de cuarenta entre muertos y heridos. Fue una victoria avasallante y rotunda que garantizaba a San Martín la realización de una parte de su plan libertador. Sólo cuando surgió una confusión en medio de notas cruzadas entre Rudecindo Alvarado, San Martín y Arenales, este último tomó la decisión de trasponer la cordillera y regresar a la costa junto con el grueso del ejército.

HUANCAYO
29 de diciembre de 1820

Mientras el grueso de las fuerzas expedicionarias a la sierra del Perú al mando del coronel Juan Arenales se reunía al norte de Lima con el resto del ejército sanmartiniano, el coronel Francisco Bermúdez y el mayor Félix Aldao, que habían sido dejados por Arenales en la sierra para sostener la sublevación indígena, fueron derrotados por los realistas.

El virrey del Perú había llamado a Lima al general Mariano Ricafort desde Arequipa, pero al enterarse de la excursión enemiga por la sierra, lo envió hacia ella para atacar a los patriotas. Ricafort fue acrecentando sus fuerzas hasta contar con unos mil quinientos hombres. Con ellos alcanzó a Bermúdez y Aldao entre el día 29 y el 30 en Huancayo. Los patriotas se encontraban "con un montón de cinco mil indígenas armados de hondas, macanas y rejones, un escuadrón de caballería organizado por Aldao y un piquete de fusileros con tres piezas de artillería".[162] Carlos Dellepiane afirma que los patriotas contaban con "cerca de quinientos fusiles y un cañón ligero".[163] "Una parte de las fuerzas patriotas se habían parapetado [en las casas del pueblo]; la otra parte [...], se formó afuera desafiando al combate."[164]

Los godos llevaron "un ataque combinado de infantería y caballería, al que apoyan los fuegos de sus piezas de artillería"[165] y "después de tres horas de combate, [...] obtuvieron la dispersión de los indios y de los soldados de milicia".[166] El combate acabó con una matanza de indios por parte de los realistas. Hubo quinientos muertos, contra veintiún heridos del ejército del rey.[167]

Aldao se retiró en procura de la columna de Arenales y posteriormente Bermúdez se pasó a las filas enemigas.

MIRAVE
22 de mayo de 1821

Mientras San Martín buscaba por el camino de las negociaciones que los realistas abandonaran Lima, por el sur del Perú el Libertador ejercía presión militar con una columna liderada por el teniente coronel Guillermo Miller, enviada hacia allí en marzo. La intención era ofrecer protección a las comunidades de aquella región y distraer esfuerzos de los godos.

Embarcado en las naves de la escuadra comandada por el inefable almirante Tomás Cochrane, Miller llegó a cercanías de Talca, y luego de ponerse al tanto de los planes enemigos, decidió avanzar rápida y bizarramente contra ellos al frente de trescientos cincuenta infantes, setenta jinetes, un piquete de marinos con dos coheteras y sesenta milicianos bien montados.

A la llegada de los patriotas, los realistas enviaron sobre ellos tres columnas convergentes. Desde Puno marchó el teniente coronel Felipe Ribero al frente de doscientos cincuenta hombres del batallón Gerona; de Oruro, otro tanto del batallón Centro (coronel Cayetano Ameller) y finalmente desde Arequipa el coronel José Santos La Hera partió con ciento noventa soldados.[168]

Frente a estas maniobras, la única chance para los revolucionarios era vencer a cada columna enemiga por separado, y para ello debieron realizar una asombrosa marcha de 75 km en tan sólo un día. De esa forma, en la noche del 21 de mayo Miller llegó a orillas del río Locumba. En la otra margen, La Hera, con aproximadamente doscientos ochenta hombres, se hallaba acampado al amparo de las cercas y los cerros de Mirave.

En cuanto se encontró con los godos, el jefe patriota determinó "atacarlos antes que tuviesen tiempo de reflexionar [...] los tambores batían calacuerda, las cornetas tocaban y la caballería al mando del mayor [Manuel] Soler se arrojó al frente [...] todos dando el grito de guerra indio".[169]

La Hera consiguió frenar a la caballería patriota, pero los marinos lograron instalar las coheteras en cada costado del valle, del otro lado del río, y desde allí comenzaron a ametrallar el campamento realista. Gracias a esto, y a que los godos concentraron su fuego contra las coheteras, "Miller pudo atravesar el torrente con su infantería, montada a la grupa de los voluntarios tacneños, cubriéndose con la boscosidad del terreno, y tendió su línea de combate en una meseta".[170] Durante toda la noche se intercambiaron disparos entre ambos bandos; los patriotas sufrieron dieciocho bajas.[171]

En el amanecer del día 22 "Miller ordenó el ataque y ejerció la mayor presión sobre el ala izquierda. El ataque llevado con empuje y vigor duró sólo quince minutos, al cabo de los cuales se consiguió acorralar a los realistas al borde del cerro".[172] Sin posibilidad de escape, los godos debieron rendirse, con una pérdida que incluía cuarenta y cuatro muertos, una centena entre heridos y prisioneros y cuatrocientas mulas. Los patriotas sufrieron veinticinco bajas en total.

MOQUEGUA (I)
24 de mayo de 1821

Si hay algo que el teniente coronel Guillermo Miller, veterano de los ejércitos de Su Majestad Británica, logró demostrar durante la campaña a los puertos intermedios en 1821 fue su vocación ofensiva y su gran ascendiente sobre la tropa que comandaba y sobre los pueblos que libertaba.

Un ejemplo de ello es que luego de desandar 75 km en un día y de vencer a los godos en Mirave (el 22 de mayo), Miller salió con su caballería en la misma tarde del 22 en persecución de los dispersos realistas, a los que dio alcance en el amanecer del día 24 en Moquegua, "después de una marcha continuada de 40 leguas".[173]

Unos sesenta jinetes enemigos, al mando del coronel Sierra, intentaban huir hacia Puno, "pero su retaguardia fue alcanzada por el teniente [Vicente] Suárez, entablándose un combate a fuego, seguido por la retirada de los realistas".[174]

Inmediatamente, los realistas "fueron cargados por el mayor

[Manuel] Soler, que los desbarató con sus fuerzas de caballería. Los realistas se alejaron de allí dejando trece muertos",[175] perdieron muchas armas y muchos de sus hombres fueron capturados por los mismos habitantes de la región.

CALLAO
14 de agosto de 1821

La toma de la poderosísima fortaleza de El Callao es una de las grandes incógnitas de la historia de la Guerra de la Independencia y en ella la figura del general José de San Martín aparece, una vez más, envuelta en el misterio.

San Martín había entrado en Lima el 10 de julio; había declarado la Independencia del Perú el 28 del mismo mes y asumido el gobierno el 2 de agosto como Protector del Perú; mientras esto sucedía, la fortaleza de El Callao seguía en poder del enemigo.

Lord Tomás Cochrane, con la escuadra, mantenía un estricto bloqueo sobre el puerto, y desde el 4 de agosto los patriotas venían bombardeando todas las noches la plaza: "El 4 [...] tiraron dos granadas, [...] el 7, 8 y 9 hicieron fuego de obús [...], tirando en la primera noche dieciocho granadas, en la segunda veinte y en la tercera veinticinco [...]. El 13 fue masivo, pues desde las 8:30 hasta cerca del amanecer tiraron más de cincuenta granadas".[176] Finalmente, el 14 las fuerzas libertadoras realizaron un ataque sobre el fuerte que fue dirigido por el mariscal de campo Juan Las Heras. Justamente ese día, San Martín, totalmente dedicado a la conducción política de la revolución, había nombrado a Las Heras para reemplazarlo en el comando del ejército libertador.[177] ¿Quién dio la orden de atacar? ¿Fue de San Martín o fue la primera decisión de Las Heras como nuevo comandante en jefe?

Las Heras había observado que la puerta principal de la fortaleza solía estar abierta y que la distancia por recorrer entre el puesto patriota y el fuerte —unos 2500 metros— "podía ser salvada en diez a doce minutos por la caballería al galope marchando a vanguardia y en menos de veinte por la infantería en reserva a paso de trote".[178] Ante esta evidencia el día 14 a las 11 de la mañana ciento cincuenta jinetes del regimiento de Granaderos y los Húsares de la escolta "partieron de Bellavista a toda brida hacia la puerta principal del Real Felipe",[179] seguidos por mil hombres de los batallones N° 11 de los Andes, el N° 4 y 5 de Chile y el Numancia, de origen colombiano.

"A pesar de la bizarría y la velocidad con que se llevó el ataque, los enemigos tuvieron tiempo para levantar el segundo puente que cerraba el recinto fortificado."[180] La caballería se internó en la población del Callao acuchillando a los dispersos y tomó algunos prisioneros, entre ellos al general Mariano Ricafort, que se encontraba convaleciente de una herida anterior. Simultáneamente, "la infantería había ya llegado al principio del glacis, pero recibida allí por la artillería de la plaza que se puso en disposición de hacer fuego con alguna fusilería que guarneció los parapetos, volvió la espalda y se puso en precipitada retirada, sufriendo un cañoneo vivo hasta que se ocultó en el pueblo de Bellavista".[181]

Mientras la caballería tomó cuarenta y un prisioneros, la infantería revolucionaria sufrió la pérdida de diez muertos y diecisiete heridos.[182] Se calcula en cerca de treinta y cinco las bajas realistas.

El Callao sólo se entregó el 21 de septiembre luego de que las fuerzas realistas al mando del general José Canterac ingresaron a la fortaleza el día 10 de aquel mes y la desocuparon seis días después, ante la pasividad del ejército revolucionario.

Norberto Galasso, en el capítulo 33 de su biografía de San Martín, aporta una versión de lo que allí pudo haber ocurrido, para justificar movimientos tan extraños y ajenos a toda lógica militar. Según este autor, la clave estaría en un acuerdo secreto sellado entre los "hermanos liberales" San Martín y La Serna por el cual los realistas aceptarían entregar la fortaleza del Real Felipe y los castillos de San Miguel y San Rafael, bastiones de El Callao, a cambio de que se retirasen doce piezas de artillería y otro armamento y se fijasen los límites territoriales que demarcarían los territorios en que quedaría cada uno de los ejércitos.[183] Esta hipótesis se funda en las tratativas del 4 de mayo, cuando delegados de ambos bandos habían planteado estos temas, sin que se lograse llegar a un entendimiento respecto de aquella cuestión específica.

MACACONA (o Ica o Macacaua)
7 de abril de 1822

Ya en enero de 1822 San Martín comprendía perfectamente que sin la pronta ayuda de los hombres del ejército bolivariano la lucha por la definitiva victoria patriota se podría demorar aun más. Este convencimiento no significaba, por cierto, que el gran capitán renunciaba a desarrollar acciones bélicas contra los godos; tan sólo que tenía claro que el fin de la larga contienda dependía de una acción mayor.

Con estos objetivos como horizonte, el 18 de enero San Martín envió hacia Ica, al sur de Lima, una importante fuerza integrada en su mayoría por tropas y jefes peruanos. Al día siguente, el Libertador se embarcó con destino a Guayaquil, donde esperaba entrevistarse con Simón Bolívar, encuentro que sólo se pudo concretar meses después.

La columna patriota había quedado integrada por "los batallones Nº 1 y Nº 3 del Perú y Nº 2 de Chile, con algunas compañías sueltas de infantería y de los escuadrones de Lanceros y Granaderos a Caballo del Perú, con seis cañones de a 4, sumando un total de dos mil ciento once hombres",[184] al mando del ignoto general peruano Domingo Tristán.

Recién en marzo los realistas decidieron ir en busca de los revolucionarios. El experimentado general José Canterac partió desde Jauja con unos dos mil hombres, mientras que el coronel Gerónimo Valdez se movilizó desde Arequipa con otros quinientos.

Canterac "basó su operación [...] en la sorpresa estratégica y táctica; para satisfacer la primera, la columna del coronel Valdez llama la atención de Tristán por el sur, mientras él baja de la sierra en secreto y rápidamente".[185]

Sin datos ciertos sobre el enemigo, Tristán decide emprender una errática retirada, mientras Canterac y Valdez comienzan a encerrar a los patriotas con hábiles movimientos. En la noche del día 6 el jefe realista se ocultó "en un estrecho desfiladero de la hacienda denominada la Macacona [con] la infantería situada tras de los cerros, emboscada y dueña de las alturas de la izquierda".[186]

A la una de la madrugada "tres compañías de cazadores [la vanguardia patriota] desembocaron sobre esta posición, hicieron alto y rompieron el fuego, que contestado por el primer batallón del Imperial Alejandro y una pronta carga del primer escuadrón de dragones de la Unión, las tres compañías desaparecieron".[187]

El desbande rápidamente se extendió al resto de la columna patriota, que en cuestión de minutos quedó deshecha. Tan sólo el Nº 2 de Chile sostuvo un tiempo la lucha. La derrota fue total y los patriotas se retiraron del campo cubierto de cadáveres y heridos propios. Además dejaron en manos enemigas "mil prisioneros, dos banderas, cincuenta jefes y oficiales, cuatro piezas de artillería, dos mil fusiles, todas las cajas de guerra y una imprenta completa".[188]

TORATA
19 de enero de 1823

La campaña que en octubre de 1822 había iniciado el general Rudecindo Alvarado sobre el sur del Perú estaba tristemente predestinada al fracaso desde tiempo antes y por decisiones tomadas a miles de kilómetros del centro de operaciones. El plan sanmartiniano era sencillo, pero su aplicación era prácticamente imposible dada la realidad política del momento. Pese a ello, el Libertador, acosado políticamente desde varios flancos, decidió jugar sus últimas cartas en el escenario de la revolución.

La idea era que una fuerza de cuatro mil quinientos hombres (la de Alvarado) operara directamente sobre el enemigo, mientras que otra columna de mil quinientos soldados, provenientes de las antiguas Provincias Unidas, debía avanzar sobre el Alto Perú. Para realizar esta última parte del plan San Martín buscó el apoyo en hombres de varias provincias mediterráneas de lo que luego sería la Argentina y en recursos financieros que tenía Buenos Aires. En mayo de 1822 el peruano Antonio Gutiérrez de la Fuente fue enviado por San Martín hacia las disueltas Provincias Unidas con la misión de organizar dicha fuerza.[189]

Luego de obtener el compromiso, cuanto menos formal, de parte de los gobernadores de Mendoza, San Juan, Córdoba (ésta era gobernada por Juan Bustos, a quien San Martín había escogido como comandante de las fuerzas que debían operar sobre el Alto Perú) y Santa Fe, De la Fuente llegó a Buenos Aires en agosto para sellar la gran alianza que le pondría fin al dominio español en América. El gobernador Martín Rodríguez no recibió al delegado sanmartiniano y, luego de pasar por las manos del ministro Bernardino Rivadavia, el plan fue rotundamente rechazado por la legislatura bonaerense ya que "al separarse las demás provincias de Buenos Aires habían abjurado los bienes de la antigua alianza […] que ni Buenos Aires tiene el deber de prestar auxilios, ni el Perú podía exigirlos […] y que Buenos Aires goza en el día, sin necesidad de expedición alguna, de la quietud, comercio y demás bienes de una absoluta independencia […] que sus rentas son para ella y no para sufragar otros gastos".[190] De esta forma, el plan de pinzas de San Martín se redujo a un simple avance frontal contra los godos.

A fines de noviembre los patriotas comenzaron a desembarcar en la zona sur del Perú, con la idea de vencer a los realistas por separado y así evitar que éstos pudieran reunirse para acrecentar su número. El primer objetivo era la columna dirigida por el general Gerónimo Valdez, que se encontraba en cercanías de Moquegua a la espera de las numerosas fuerzas (tres mil hombres) del general José Canterac.

En la noche del 18 de enero los patriotas ocuparon Moquegua, mientras el enemigo se replegaba hacia Torata. Justamente allí se desarrollaría al día siguiente el combate. El terreno favorecía a los godos, ya que éstos apostaron su línea "en una serie de alturas sucesivas y encajonadas, fáciles de defender contra fuerzas muy superiores, y que se prolongan hasta los altos de Valdivia, a espaldas del pueblo de Torata".[191] El lugar era de tan difícil acceso para un ejército atacante que se lo conoce como "Las Termópilas peruanas" en alusión a la famosa batalla en la que el espartano Leónidas, con sólo trescientos hombres, sostuvo una larga lucha contra el multitudinario ejército del persa Jerjes en 480 a. C.

Pese a estas desventajas los patriotas decidieron atacar en la mañana del 19. Aún hoy persiste la incógnita sobre quien fue el jefe que comandó a los revolucionarios, ya que, si bien la mayoría de los autores afirma que fue Alvarado, tanto Mitre como Frías, amparándose en un escrito de Alvarado, dicen que fue el general Enrique Martínez —a la sazón segundo en el mando— el que dirigió las acciones.

Lo cierto es que los patriotas avanzaron con la Legión Peruana por la derecha, el regimiento Río de la Plata (restos del N° 7 y 8 de los Andes) ocupó el centro y los batallones N° 4 y 11 constituyeron la izquierda. El N° 5 y la caballería formaban una masa de maniobra detrás de su izquierda.[192]

"Ufano Alvarado con la superioridad del número, adelantó […] los batallones N° 4 y N° 11 de su izquierda."[193] Ante este avance, Valdez envió tres compañías del Gerona hacia aquel sector, las que, "conducidas con bravura por [Cayetano] Ameller, lograron desordenar a los batallones, rechazándolos sobre el cinco, que estaba en segunda línea, y haciendo mezclar y arremolinar a los tres batallones patriotas".[194]

El Río de la Plata hizo retroceder a las restantes compañías del Gerona y de cazadores y contuvo, tomando de flanco, el avance de Ameller. De esta forma el combate se estabilizó, y la ventaja numérica patriota fue un factor clave para obtener el triunfo final.

Pero a las cinco de la tarde, con la aparición de Canterac y parte de sus fuerzas, todo cambió en el desarrollo de las acciones. Rápidamente, el jefe realista ordenó un ataque general, para el que empleó toda la fuerza disponible.

"Mientras Ameller impedía que el N° 4 y el N° 11 se rehicieran […] Valdez con el resto del Gerona, atacó los batallones del Río de la Plata y el coronel [Baldomero] Espartero, con su batallón del Centro cargó a la bayoneta a la Legión Peruana."[195] Los oficiales realistas atacaron, al frente de sus tropas, mientras los patriotas, ya casi sin municiones, desordenados por su izquierda y recelosos ante la aparición de Canterac y su numerosa tropa, no encontraron otro camino que emprender la retirada, sostenidos por el fuego de la artillería.[196]

El resultado fue una derrota total para las armas patriotas: cerca de quinientas bajas, además de un altísimo costo moral; los godos reconocieron más de doscientos cincuenta caídos. Dos días después, en Moquegua, la división que San Martín había organizado para ponerle fin al dominio español en nuestro continente fue definitivamente destrozada. Debieron pasar otros dos años para que, en Ayacucho, el mariscal Antonio José de Sucre terminara con los realistas.

MOQUEGUA (2)
21 de enero de 1823

A dos días de haber sufrido un duro contraste en Torata (el 19 de enero) y con pocas probabilidades de éxito, el general Rudecindo Alvarado, aconsejado por sus oficiales, decidió hacer nuevamente frente al poderoso ejército realista que comenzaba a cercarlo.

Pese a aquella derrota y a contar sólo con ocho cartuchos por soldado, el jefe patriota intentó aprovechar las ventajas tácticas del terreno para desarrollar una batalla defensiva; tendió su línea "en la prolongación de un barranco que cubría su frente, apoyando su izquierda sobre el cementerio"[197] ubicado en los suburbios del poblado y planeó enfrentar a los realistas a sable y bayoneta. Para ello, Alvarado dispuso sus cuatro batallones en línea, la artillería (tres piezas) sobre la izquierda y los Granaderos a Caballo al centro y en retaguardia.

En la tarde del día 20 los godos terminaron de reunir las fuerzas del general José Canterac con las victoriosas tropas del general Gerónimo Valdez y marcharon en busca del enemigo. A las diez de la mañana del día siguiente asomaron frente a la línea patriota, tan sólo separados por el río que corre al costado del barranco.

Luego de analizar el terreno, Canterac observó que por la derecha patriota se ubicaba una larga cuchilla que era el punto estratégico de la posición y que Alvarado no había atinado a ocupar convenientemente. El jefe realista envió hacia allí a Valdez con los "batallones del Centro y Gerona y el tercer escuadrón de dragones de la Unión, que mandaban [Baldomero] Espartero, [Cayetano] Ameller y Puyol",[198] respectivamente. Mientras tanto, el brigadier Monet debía cargar por el centro con el Burgos (coronel

Juan Pardo) y el Cantabria (teniente coronel Antonio Tur), más el apoyo de las cuatro piezas de artillería y de la caballería real.

Ante la aparición de Valdez por su flanco, Alvarado envió "ligeras guerrillas del [batallón] 'Río de la Plata' [...] para prolongar su frente, haciendo martillo, [pero] fueron vigorosamente rechazadas"[199] por los godos. Al mismo tiempo "rompió el general Canterac el ataque de frente, atravesando el barranco el Burgos y Cantabria en dos columnas paralelas y adelantando el primer escuadrón de granaderos de la Guardia [...]. Los enemigos [en este caso, los patriotas] rompieron un fuego de fusilería y artillería que causó destrozos muy sensibles".[200]

Luego de una valerosa resistencia, las fuerzas patriotas se vieron totalmente superadas, y tuvieron que retirarse a las 13 en absoluta derrota y en la mayor dispersión, "menos la caballería [los Granaderos a Caballo] que se retiraba en orden".[201]

Justamente recayó sobre este cuerpo el trabajo de cubrir la estrepitosa huida del ejército patriota. Al mando del sargento mayor Juan Lavalle (el teniente coronel Eugenio Necochea, jefe del cuerpo, había sido herido), unos trescientos jinetes se ubicaron a retaguardia de los restos del ejército y por "veinte veces y por espacio de tres horas en el trayecto de nueve leguas [los realistas] intentaron cargar y veinte veces fueron hechos pedazos".[202] Si bien los Granaderos lograron contener al enemigo, los que fueron deshechos en realidad fueron ellos mismos. Según Jorge Zicolillo, la última carga realista fue recibida por los ciento quince granaderos[203] que todavía quedaban montados y en actitud de pelea; los otros ciento ochenta y cinco estaban muertos o heridos. El historiador español García Camba hizo un merecido reconocimiento al afirmar "que los bizarros Granaderos a Caballo de Los Andes [...] [fueron] el regimiento más justamente afamado que hasta entonces habían tenido los independientes".[204]

Los patriotas tuvieron unos setecientos muertos y heridos y se les tomaron mil prisioneros. Además, cayeron en poder del enemigo las tres piezas, las banderas de los batallones y muchas armas y municiones. Tan sólo mil de los cuatro mil quinientos hombres de aquel ejército vencido en Torata y Moquegua se pudieron embarcar en Ilo y regresar a Lima.

La independencia paraguaya

El frente Este I:
Paraguay

Poco después de la formación en Buenos Aires de la Junta revolucionaria, en Asunción un cabildo abierto juró lealtad al Consejo de Regencia. El juramento no era demasiado sincero: la promesa de lealtad a un gobierno metropolitano encerrado en la remota ciudad de Cádiz y sin mayor posibilidad de transformar esa lealtad en hechos concretos disimulaba mal una fuerte tendencia a la autonomía que había caracterizado a Asunción desde los lejanos años de su dependencia del Virreinato del Perú. De tal forma, los asunceños se prepararon para una guerra contra Buenos Aires e iniciaron incursiones en Corrientes y las Misiones. Ante esta situación, la Junta encomendó a Manuel Belgrano la conducción de una expedición militar. Sus tropas, poco numerosas, reclutaron algunos hombres más en Santa Fe y Entre Ríos. Luego de atacar y vencer a unas pocas tropas paraguayas en la base de Campichuelo, sobre el Paraná, Belgrano siguió su marcha hasta que el 19 de enero de 1811 fue rechazado en Paraguary por una fuerza muy superior y mejor armada al mando del gobernador Bernardo Velazco. El 9 de marzo, el general Manuel Cabañas atacó y derrotó nuevamente a las tropas revolucionarias a orillas del río Tacuarí. Un posterior armisticio terminó con la retirada de las tropas de Buenos Aires.

La derrota de las fuerzas de Belgrano abrió las puertas, sin embargo, a una resolución que, si no era la esperada y deseada por la Junta, tampoco resultó ser demasiado inoportuna para ella. Dado que, como vimos, la adhesión expresada al Consejo gaditano era menos el resultado de la simpatía por lazo colonial que la manifestación de una resistencia a ser subordinados por Buenos Aires, un par de meses más tarde el Paraguay declaró su independencia. Ésta no era precisamente la solución querida por Buenos Aires, pero la independencia y el posterior aislamiento del Paraguay eliminaron un posible y poderoso rival. Los gobiernos revolucionarios de Buenos Aires, demasiado ocupados por problemas graves y acuciantes, pudieron olvidar pronto a la antigua gobernación virreinal.

CAMPICHUELO
19 de diciembre de 1810

A principios de diciembre de 1810 el general Manuel Belgrano, al mando de un minúsculo ejército de setecientos hombres, llegó a Candelaria, actual provincia de Misiones, y desde allí se puso en contacto con los jefes paraguayos y propuso "un armisticio e invitar al gobernador Velazco a someterse a la Junta"[205] (de Buenos Aires). El armisticio fue aprobado por las autoridades paraguayas, pero el portador de la comunicación, Ignacio Warnes, a la sazón secretario de Belgrano, fue tomado prisionero, enviado engrillado a Asunción y luego remitido a Montevideo.

La tregua pactada duró pocos días y el 18 de diciembre el futuro creador de la bandera decidió cruzar el río Paraná e invadir territorio guaraní. Allí lo esperaban unos quinientos hombres al mando del comandante Pablo Thompson.

Ese mismo día Belgrano hizo bajar al puerto sus tropas en columnas, para que el "enemigo las viese" y, principalmente, para "comprobar la capacidad de los botes"[206] construidos especialmente para la ocasión. A las once de la noche Antonio Martínez junto con diez voluntarios sorprendió a la guardia apostada del otro lado del río, e hizo correr la noticia de que todos los "porteños" estaban realizando el cruce, aunque en realidad esto se produjo recién a las tres de la madrugada.

Ya en tierra paraguaya, las dispersas fuerzas patriotas debían agruparse y atacar con urgencia el descampado de Campichuelo. Hacia allí fue "el impetuoso joven Manuel Artigas" (primo de José Gervasio) junto con nueve hombres y "avanzó denodadamente sobre los cañones enemigos, sufriendo siete disparos y poniendo en fuga a cincuenta y cuatro hombres que lo sostenían, [luego] los ametralló por la espalda con su propia artillería y apoderose de una bandera sin perder un solo hombre",[207] acción con la que conquistó el lugar. Además de una pieza de a 2, los patriotas se apropiaron de dos pedreros.[208]

Thompson y sus fuerzas se retiraron precipitadamente hacia Itapúa (cuatro leguas a retaguardia), para enseguida abandonar el poblado. Ese mismo día Belgrano entró en el pueblo y tomó sesenta canoas (elemento indispensable para atravesar los innumerables arroyos que cubren aquel país), un cañón pequeño y algunas armas y municiones. El cruce fue un éxito y con ello Belgrano obtuvo su primer triunfo en su nueva profesión de militar.

MARACANÁ
6 de enero de 1811

Pese a estar "viviendo entre agua", debido a que las lluvias "siguieron con un tesón indecible, inundándolo todo",[209] el perseverante Manuel Belgrano y sus hombres continuaban la marcha hacia su objetivo: Asunción del Paraguay.

Luego de haber vadeado el Tebicuarí el 5 de enero, el general patrio envió al coronel Gregorio Perdriel junto con una compañía con la misión de atacar una columna de cien paraguayos liderada por el comandante Rojas. A las seis de la mañana del día siguiente los revolucionarios hallaron al enemigo emboscado en el monte Maracaná; "descubiertos por las avanzadas, Perdriel hizo echar pie a tierra y los atacó; pero los insurgentes [los paraguayos] se contentaron con hacer su descarga bien cubiertos"[210] y luego se retiraron, dejando dos prisioneros. El avance patriota rumbo a la capital paraguaya parecía incontenible, aunque pocos días después éste se truncaría en Paraguary.

PARAGUARY
19 de enero de 1811

El combate imposible

Combate
LUGAR: a 100 km de Asunción del Paraguay.
JEFE PATRIOTA: general Manuel Belgrano.
JEFE REALISTA: general Bernardo Velazco.

FUERZA PATRIOTA: de 460 a 700 hombres y 6 piezas de artillería
(2 de a 2 y 4 de a 4).
FUERZA REALISTA: entre 7000 y 10.000 hombres y 16 piezas.
RESULTADO: victoria paraguaya
PÉRDIDAS PATRIOTAS: 10 muertos, 15 heridos y 120 prisioneros.
PÉRDIDAS REALISTAS: 30 muertos y 16 prisioneros.
DURACIÓN: 4 horas.

Una vez producida la Revolución de Mayo, los hombres que pasaron a ejercer el poder en Buenos Aires comprendieron que si no expandían su autoridad por el interior del virreinato corrían el serio riesgo de terminar siendo derrotados como los revolucionarios de Chuquisaca y La Paz un año antes.

Previendo esto es que fueron enviadas dos expediciones al interior del territorio; una fue al Alto Perú y la otra marchó al Paraguay. Para comandar esta última expedición fue elegido el vocal de la Primera Junta de gobierno, el abogado Manuel Belgrano, al que, además del título de general, se le entregó una pequeña fuerza militar para dirigirse hacia aquella región. Allí, según el cálculo de los porteños, la población se levantaría en masa para apoyarlos y es por ello que los recursos militares se volcaron hacia el Alto Perú.

Lo cierto es que Belgrano, luego de cruzar el río Paraná a la altura de Candelaria, en la actual provincia de Misiones y de un pequeño combate exitoso en Campichuelo (19 de diciembre de 1810), comenzó a internarse en suelo guaraní en los primeros días del año 1811.

Mientras tanto los paraguayos huían ante la presencia del ejército patriota y se sumaban a las fuerzas que aglutinaba el gobernador Velazco cerca del paso del río Yuquery. La idea de los paraguayos era dejar penetrar a los patriotas en la frondosa selva guaraní, para poder batirlos allí con la ventaja de su inmensa superioridad en número y en armamento.

El 16 de enero Belgrano y sus tropas llegaron a inmediaciones del campamento paraguayo, a tan sólo cien kilómetros de Asunción y decidieron acampar sobre un cerro que le permitía al jefe patriota observar los movimientos del enemigo. Curiosamente durante todo el trayecto no se había sumado un solo hombre a las fuerzas de la patria, por lo que Belgrano escribió con pesar a la Junta que la situación "le obliga al ejército de mi mando a decir que su título no debe ser de auxiliador sino de conquistador del Paraguay".[211]

Así pasaron dos días, hasta que el improvisado general decidió atacar al rival que era, por lo menos, diez veces superior en número. La confianza que tenía en la moral de sus tropas llevó a Belgrano a tomar esta determinación, ya que aquella se perdería irremediablemente si emprendía una retirada sin siquiera el intento de dar batalla ante un enemigo bisoño y sin experiencia militar de ningún tipo.

Sobre el número exacto de las fuerzas patrias hay discrepancia: mientras Belgrano en sus memorias revela que tenía sólo cuatrocientos soldados (Jorge Zicolillo en *Historias de sangre y fuego* aporta el mismo número), tanto Félix Best, que cita textualmente fragmentos de las memorias del prócer, como Mitre en su biografía de Belgrano, afirman que eran setecientos y más de seiscientos respectivamente. Es probable que Belgrano se estuviera refiriendo exclusivamente a las fuerzas regulares y que no contara a los voluntarios que se le habían sumado en su paso por Santa Fe, Paraná, Corrientes y Misiones. Además, tampoco estaría incluyendo a las dotaciones de "las dos piezas de a 2 y cuatro de a 4" que dice poseer.

Lo cierto es que Belgrano dividió sus fuerzas en dos columnas: la primera compuesta por doscientos veinte hombres y la segunda por doscientos cincuenta. Ambas fueron acompañadas por dos piezas de artillería cada una, mientras ciento treinta hombres de caballería cubrirían los flancos.[212] Toda la fuerza quedó al mando del sargento mayor José Machaín. Finalmente Belgrano, con sesenta hombres de la Caballería de la Patria, dieciocho de su escolta, dos piezas de a 4 y "los peones de las carretas, de los caballos y del ganado, que no tenían más arma que un palo en la mano para figurar a la distancia",[213] se quedó en el lugar que los paraguayos comenzaron a denominar como el "Cerrito de los Porteños".

A las tres de la madrugada del día 19 los patriotas iniciaron su marcha y una hora después tuvieron los primeros choques contra el enemigo. La sorpresa de los paraguayos fue tal que "antes de salir el sol ya había corrido el general Velazco nueve leguas [...] y toda la infantería abandonado el puesto".[214] Si bien en aquel primer momento de superioridad los patriotas tomaron la defensa norte del Yuquery y corrieron a los dos mil hombres del centro, que era comandado por el coronel García, las alas de la numerosa caballería paraguaya, al mando de Gamarra y Manuel Cabañas, se replegaron intactas y sin entrar en combate, y se mantuvieron, amenazadoras, sobre cada ala patriota.

La infantería paraguaya se reagrupó en la capilla de Paraguary, ubicada unos ochocientos metros a retaguardia y hacia allí fue enviada por Machaín una columna de ciento veinte hombres, la que se apoderó de los carros de víveres y municiones y luego se "entretuvo en el saqueo y en el placer, descuidando al enemigo".[215]

El grueso de las fuerzas patriotas, notoriamente disminuido por la división de sus hombres, comenzó a sentir la superioridad numérica de un enemigo que, repuesto de la sorpresa inicial, volvió caras y rodeó a la columna de Machaín. "El combate se hizo más recio y por el espacio de tres horas se mantuvo el fuego con actividad por una y otra parte, quemando los patriotas hasta el último cartucho de cañón".[216]

Inmediatamente, Belgrano le envió a Machaín municiones y otra pieza de a 4 escoltada por un destacamento de caballería desplegado en ala. Todo indica que los patriotas no habrían reconocido a sus compañeros que llegaban en auxilio, y al grito de "nos cortan" se retiraron con prisa. Belgrano, en sus memorias, relata el momento de la siguiente forma: "Esto solo bastó para que sin mayor examen el mayor general [se refiere a Machaín] tocase retirada, no se acordase de la gente que había mandado avanzar y se pusiese en marcha hacia nuestro campamento abandonando cuanto se había ganado".[217]

Mientras los paraguayos ocupaban con parte de sus tropas el centro de la línea que defendían, Belgrano ordenó a sus hombres que marcharan en socorro de las fuerzas que habían atacado la capilla, pero nada pudo hacerse, ya que éstos habían sido batidos y rendidos a discreción. Uno de los que se rindieron fue el joven sargento santafesino Estanislao López.[218]

Al final del día los patriotas contabilizaron unas ciento treinta bajas, entre ellos diez muertos; el resto eran los ciento veinte hombres que cayeron prisioneros en la capilla. Los paraguayos sufrieron treinta muertos, dieciséis prisioneros y algunos heridos.

TACUARÍ
9 de marzo de 1811

La constancia y la valentía de un genio

Combate

LUGAR: en la frontera entre Paraguay y Corrientes, a unos 1000 km de Buenos Aires.

JEFE PATRIOTA: general Manuel Belgrano.

JEFE REALISTA: general Manuel Cabañas.

FUERZA PATRIOTA: 400 hombres y 6 piezas de artillería.

FUERZA REALISTA: entre 2500 y 3000 hombres y 10 piezas de artillería.

RESULTADO: victoria paraguaya.

PÉRDIDAS PATRIOTAS: 11 muertos, 12 heridos, unos 150 prisioneros, 2 piezas y mucho armamento.

PÉRDIDAS REALISTAS: 14 muertos y 15 heridos, aunque es probable que estos números sean algo mayores.

DURACIÓN: 7 horas.

Belgrano tuvo la extraña particularidad como militar de que siempre que le tocó combatir en una posición de relativa ventaja, terminó perdiendo, mientras que, cuando lo hizo en condiciones de precariedad, supo sacar a relucir su genio militar y superar difíciles trances. La batalla de Tacuarí es el mejor ejemplo de ello. Si la situación del ejército patriota ya era compleja al invadir el Paraguay, luego del combate de Paraguary (19 de enero de 1811) ésta se tornó poco menos que insostenible. Con su fuerza reducida casi a la mitad, Belgrano comprendió que la única salida era desandar parte del camino buscando la costa del río Paraná y esperar allí los refuerzos que la Junta porteña le había prometido. Así, a mediados de febrero los patriotas acamparon

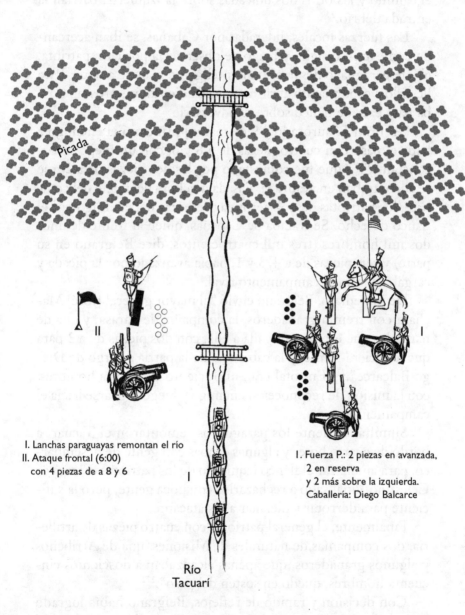

Picada

I. Lanchas paraguayas remontan el río
II. Ataque frontal (6:00)
    con 4 piezas de a 8 y 6

I. Fuerza P.: 2 piezas en avanzada,
   2 en reserva
   y 2 más sobre la izquierda.
   Caballería: Diego Balcarce

Río
Tacuarí

en la margen izquierda del río Tacuarí, en una fuerte posición con la derecha apoyada en un bosque casi impenetrable y extenso, mientras que cuatro piezas (dos en reserva) cubrían el paso y el camino y las otras dos ubicadas sobre la izquierda barrían la entrada del río.[219]

Las fuerzas locales, lideradas por Cabañas, se iban acercando con extremo sigilo y luego de observar la posición patriota, el jefe paraguayo desarrolló un inteligente plan de ataque. Para llevarlo a cabo mandó abrir una picada diez kilómetros río arriba para caer de flanco sobre su adversario.

"Al rayar la aurora [del 9 de marzo] principió el enemigo a batir el paso con cuatro piezas de a 8 y 6, con un fuego vivo y constante",[220] que fue contestado por las dos piezas de a 2 que se encontraban en avanzada. Pasada una hora del inicio del combate, los patriotas descubrieron la presencia del enemigo por el flanco derecho. Se trataba de Cabañas, quien al frente de unos dos mil hombres (tres mil cuatrocientos, dice Belgrano en su parte) y seis piezas de a 4, 3 y 1, había avanzado por la picada y cargaba contra el campamento rival.

De inmediato, Belgrano envió "al mayor general [José] Machaín con treinta granaderos, la compañía de Sarasa, y una de naturales que estaba agregada a ella, con dos piezas de a 2 para que le hiciera frente, y la caballería de la patria a cargo de Diego Balcarce".[221] En total eran unos ciento cincuenta hombres, con la misión de reconocer al enemigo y luego retirarse hacia el campamento.

Simultáneamente los paraguayos remontaron el Tacuarí a bordo de cuatro botes y algunas canoas con gente de desembarco, para amenazar el flanco izquierdo de los patriotas. El mayor Celestino Vidal salió a rechazarlos con poca gente, pero la suficiente para derrotar y diezmar a los atacantes.

Finalmente, el general patriota "con cuatro piezas de artillería, dos compañías de naturales de Misiones, una de Arribeños y algunos granaderos, que apenas alcanzaban a doscientos cincuenta hombres, quedó en sostén del paso".[222]

Con decisión y rápido de reflejos, Belgrano había logrado borrar el peligro por su izquierda, y dominar al enemigo por el

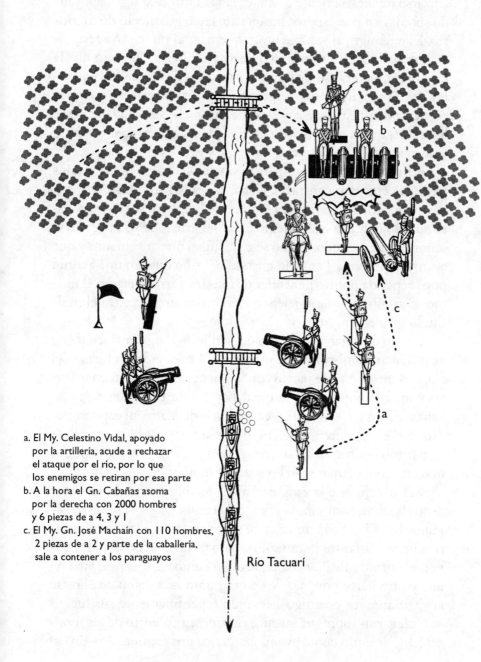

a. El My. Celestino Vidal, apoyado
   por la artillería, acude a rechazar
   el ataque por el río, por lo que
   los enemigos se retiran por esa parte
b. A la hora el Gn. Cabañas asoma
   por la derecha con 2000 hombres
   y 6 piezas de a 4, 3 y 1
c. El My. Gn. José Machaín con 110 hombres,
   2 piezas de a 2 y parte de la caballería,
   sale a contener a los paraguayos

Río Tacuarí

centro, mientras que Machaín, luego de cambiar una de sus piezas de a 2 que se había desmontado por una de a 4,[223] decidió lanzarse temerariamente al ataque. Para ello "desplegó, apoyando sus alas en dos espesos bosquecitos que guarneció de tiradores. El enemigo, al ver que un ataque frontal no tendría resultado, empleó en éste sólo la infantería y artillería, en tanto que la caballería, oculta, se dirigió a cortar la retirada de los patriotas".[224] El movimiento paraguayo fue del todo exitoso y en poco tiempo rodearon y rindieron a discreción a Machaín y sus hombres, quienes perdieron las dos piezas, un carro capuchino y una carretilla de municiones.

Aprovechando la desesperada situación en que quedaron los patriotas con este contraste, Cabañas, ya seguro de su victoria, envió un parlamentario para lograr que Belgrano se rindiera. Éste no sólo contestó valientemente a "las armas de su majestad el señor Don Fernando VII no se rendían en nuestras manos y que avanzase [Cabañas] cuando gustase",[225] sino que, en una actitud poco repetida por los generales de nuestra patria, decidió él mismo, al frente de su esquelético ejército, avanzar contra el multitudinario enemigo.

Luego de dejar al sargento de Artillería Raigada al frente de veinticinco hombres y una pieza de a 4 para cubrir el paso del río, el general en jefe partió con los ciento treinta y cinco infantes y los cien jinetes que le quedaban a cubrir el avance de Cabañas. En aquel momento, según relato de Mitre, el capitán Pedro Ibáñez se acercó a Belgrano que, a pie y sable en mano, se encontraba al frente de su tropa, para solicitar, como el oficial más antiguo, ocupar aquel puesto de honor.[226]

"Ya próximos a la vanguardia del enemigo, expresó un actor de los hechos, rompimos el fuego de cañón […] y después de algunos tiros hechos con acierto, marcharon rápidamente nuestros bravos infantes [¡eran sólo ciento treinta y cinco!] hasta ponerse a tiro de fusil, y trabándose un combate bastante vivo de una y otra parte por más de veinte minutos; al cabo de ellos se advirtió que los enemigos, cesando repentinamente sus fuegos se replegaron sobre sus mismos costados, a cubierto de los montes […], dejando como abandonados los dos cañones."[227] En es-

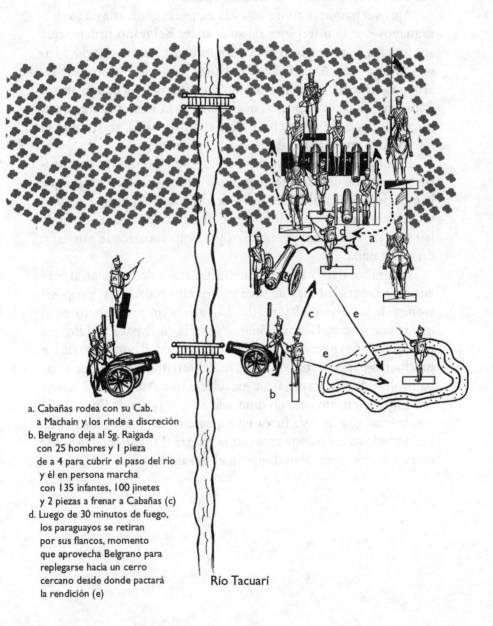

a. Cabañas rodea con su Cab.
   a Machaín y los rinde a discreción
b. Belgrano deja al Sg. Raigada
   con 25 hombres y 1 pieza
   de a 4 para cubrir el paso del río
   y él en persona marcha
   con 135 infantes, 100 jinetes
   y 2 piezas a frenar a Cabañas (c)
d. Luego de 30 minutos de fuego,
   los paraguayos se retiran
   por sus flancos, momento
   que aprovecha Belgrano para
   replegarse hacia un cerro
   cercano desde donde pactará
   la rendición (e)

Río Tacuarí

ta carga cayó herido de muerte el niño Antonio Ríos, que con sólo doce años había acompañado el ataque batiendo gallardamente su tambor, lo que le ha valido un monumento en el jardín del Círculo Militar de Buenos Aires.

Aprovechando la confusión y la sorpresa generada en los paraguayos por la intrepidez de su avance, Belgrano ordenó que sus fuerzas se replegaran al cerro e inmediatamente envió a José Calcena y Echeverría ante Cabañas para expresarle "que las armas de Buenos Aires habían ido a auxiliar y no a conquistar al Paraguay; pero que, puesto que rechazaban con la fuerza a sus libertadores, había resuelto evacuar la provincia, repasando el Paraná con su ejército".[228]

El jefe paraguayo respondió a Belgrano dándole el perentorio término de un día para abandonar tierra guaraní y exigió que la cesación de hostilidades fuese de carácter perpetuo. Cabañas y Belgrano se pusieron de acuerdo en un todo y así, a la una de la tarde de aquel día, paraguayos y revolucionarios le pusieron fin a la batalla.

Belgrano, derrotado militarmente, trató de explotar al máximo su capacidad diplomática y para ello redactó las proposiciones de un eventual acuerdo. Luego de un preámbulo en el que se comentaba la situación que se vivía en España y el fin que perseguía la revolución, se declaraba liberado el comercio de los productos paraguayos con el resto del territorio (algo que estaba prohibido por España), se establecía que Asunción formaría una junta y que enviaría un diputado ante la Junta de Buenos Aires, la cual pagaría, ya fuera en especie o en dinero, los gastos ocasionados a los paraguayos por la guerra. Finalmente, el 10 de marzo los patriotas abandonaron el Paraguay.

A las puertas
de Montevideo

El frente Este II:
La Banda Oriental

Mientras Belgrano caía derrotado en el Paraguay, el recientemente nombrado virrey del Río de la Plata Francisco Javier de Elío declaraba desde Montevideo la guerra a la Junta revolucionaria a comienzos de 1811. Unos días antes, José Gervasio Artigas, capitán de los Blandengues instalados en la Colonia, cruzaba el río para ponerse al servicio de la revolución. El 28 de febrero de 1811 el llamado Grito de Asencio ponía a la campaña uruguaya en el bando patriota y en oposición a su ciudad capital.

La coincidencia de estas fechas es un símbolo más de un problema que afectará a la vida política de la Banda Oriental a lo largo de buena parte del siglo XIX: las contradicciones entre las actitudes predominantes en la ciudad, bien resguardada detrás de sus murallas, y aquellas que dominaban en la campaña. Mientras que las tropas navales desarmaron rápidamente a las milicias establecidas en la ciudad y declaraban su fidelidad al Consejo; esas mismas tropas poco podían hacer en una campaña donde se extendía rápidamente la simpatía por el bando patriota. En parte, eran las propias actitudes de Elío las que alentaban esa evolución, ya que los reclutamientos forzosos y varias medidas impositivas que parecían poner en peligro la posesión de los muchos ocupantes ilegales de tierras realengas no aumentaban precisamente la popularidad de su causa.

Para el mes de abril la casi totalidad de la campaña uruguaya había adherido a la revolución. Ese mismo mes, Belgrano regresaba de su campaña al Paraguay y era puesto al frente de las tropas que debían invadir la Banda Oriental. Sin embargo, como consecuencia de la asonada del 5 y 6 de abril en Buenos Aires que había dado una efímera victoria a la facción conservadora liderada por Saavedra, Belgrano —que no había disimulado sus simpatías por Moreno— fue despojado del cargo y llamado a rendir cuentas por su derrota. En su lugar fue nombrado José Rondeau.

El 18 de mayo, la vanguardia patriota al mando de Artigas derrotó a los realistas, con lo cual los obligó a buscar refugio detrás de las murallas de Montevideo. Pronto comenzó el primer sitio de la ciudad, una acción que se anunciaba larga y difícil toda vez que en marzo de 1811 la flota realista había destruido a la pequeña flotilla patriota en San Nicolás y dominaba completamente las aguas desde donde la ciudad podía ser aprovisionada. Por otra parte, el sitio del puerto de Buenos Aires decretado por Elío tampoco tenía mayor eficacia, dado que los buques británicos se negaban a acatarlo.

Ante una situación que no parecía tener una definición precisa, el destino de la Banda Oriental comenzó a jugarse en los ámbitos diplomáticos de Río de Janeiro. Elío había reclamado a los reyes de Portugal, instalados en Río, el auxilio de sus tropas para salvar la legitimidad monárquica. Aunque inicialmente el embajador británico, lord Strangford, había logrado evitar esta invasión, en junio de 1811 se iniciaba un lento avance de las tropas portuguesas. Dado que pronto se hizo público que este avance no tenía por objeto devolver la Banda Oriental a España sino simplemente ocuparla, Rondeau propuso una alianza a Elío que el virrey rechazó. Sin embargo, Elío estaba dispuesto a aceptar un armisticio que poco antes había sido rechazado por Buenos Aires pero ahora parecía tener más posibilidades de ser aceptada. Es que por entonces, la situación del gobierno revolucionario se había vuelto desesperada: incapaz de resistir el avance portugués y perdida toda posibilidad de controlar a la flota realista, se sumaba a partir del 20 de junio la derrota de Huaqui en el Alto Perú y el potencial inicio de un ataque realista desde el norte. Eran además días agitados, en los cuales se estaban definiendo el reemplazo de la Junta Grande por un triunvirato y el consiguiente ocaso de la facción saavedrista. El 7 de octubre, el Triunvirato llegó a un acuerdo con Elío por el cual ambos bandos reconocían los derechos de Fernando VII y las tropas revolucionarias se retiraban de la Banda Oriental, dejando a Elío la tarea de detener el avance portugués. Pero esta solución, que sirvió bien a los intereses de un gobierno porteño preocupado por un futuro al que veían por demás oscuro, fue rechazada con vehemencia por los revolucionarios orientales. Liderados por Artigas, las tropas orientales se retiraron sobre la banda occidental del río Uruguay, acompañados por la casi totalidad de los habitantes de la campaña oriental. Resultado de estos episodios fue que lo que hasta ese momento había sido sólo una cierta desconfianza entre los gobiernos de Buenos Aires y Artigas se convirtió en odio y conflicto constante. Para fines de 1811 Artigas ya era un rival poderoso cuya fuerza apenas estaba comenzando a revelarse.

Durante la primera mitad del año 1812, nuevamente fue la diplomacia la que intervino en la cuestión oriental. Lord Strangford, dispuesto a evitar la instalación portuguesa en la Banda Oriental, inició las tratativas en virtud de las cuales el embajador portugués Rademaker fue enviado a Buenos Aires. Aunque Strangford hubiera preferido incorporar a las discusiones a Elío, Rademaker no sólo se negó, sino que además advirtió sobre una conspiración realista liderada por Montevideo (era la liderada por Martín de Álzaga). Finalmente se llegó a un acuerdo por el cual los portugueses retiraron sus tropas.

Los temores de Strangford se hicieron realidad bien pronto: ante esta retirada, Buenos Aires se dispuso a reiniciar la ofensiva y puso sitio a Montevideo. El sitio se estableció en octubre sin la presencia de Artigas, quien había sido declarado traidor por el jefe patriota, Manuel de Sarratea. Sin embargo, preocupado por la organización de la Asamblea, el nuevo Triunvirato surgido bajo la protección de la Logia Lautaro lo reemplazó por Rondeau, nacido en la Banda Oriental y cuyas relaciones con Artigas no eran malas. Con el aval de este nuevo jefe, Artigas se sumó al sitio y se dispuso a la elección de los diputados orientales. En diciembre de 1812, Rondeau derrotó en el Cerrito un inten-

to del gobernador Vigodet (nuevamente al mando de la ciudad
por ausencia de Elío) de levantar el sitio. El posterior rechazo
de los diputados orientales provocó una nueva retirada de Artigas. Esta división de las tropas revolucionarias y la llegada de las
noticias de la derrota de Belgrano en el Alto Perú alentaron a
Vigodet, quien inmediatamente puso fin a las negociaciones entre realistas y patriotas que avanzaban en Río de Janeiro. También inició tratativas con Artigas y sus oficiales para enfrentar
juntos a Buenos Aires, aunque sin mayor éxito. La audacia de
Vigodet convenció al nuevo gobierno del Directorio, dominado por la figura de Alvear, de que era necesario acabar definitivamente con la resistencia de Montevideo. La solución sólo podía venir desde el agua: si se derrotaba a la flota realista, los días
de Montevideo estarían contados. Así sucedió. Luego de la compra de varias naves, la flota fue puesta bajo las órdenes del irlandés Guillermo Brown. El 28 de marzo de 1814, Brown obtuvo
la victoria de Arroyo de la China y bloqueó el puerto de Montevideo. El 16 y 17 de mayo se libró la batalla definitiva en el Buceo: la victoria patriota dejó a Montevideo sin alternativas. Alvear se dirigió rápidamente hacia esa plaza con varios refuerzos
para hacerse cargo de las tropas y encabezar la ya segura toma
de la ciudad. Luego de un acuerdo con Vigodet, Alvear ingresó
en Montevideo el 23 de junio. La resistencia realista estaba aca-
bada, pero los dolores de cabeza que la Banda Oriental tenía re-
servados para la revolución porteña estaban muy lejos de haber
terminado.

SORIANO
5 de abril de 1811

A comienzos de abril y con toda la campaña oriental levantada en armas, los realistas intentaron realizar un desembarco en el puerto de Santo Domingo Soriano, ubicado seis millas aguas adentro por el río Negro. El lugar era defendido por el sargento mayor Miguel Estanislao Soler, quien se encontraba con veinticinco pardos y morenos y unos doscientos paisanos armados.

Luego de bombardear desde las 9:45 hasta las 3 de la tarde,[229] los godos desembarcaron unos cien hombres y dos piezas de artillería. Una vez que éstos ingresaron al poblado, Soler dividió sus fuerzas y ordenó atacar por el centro a dos compañías (setenta hombres) al mando del capitán Francisco Bicudo; por la derecha a otros cuarenta soldados liderados por el capitán Ignacio Barrios y por la izquierda a unos cincuenta hombres comandados por el capitán Eusebio Silva. Ramón Fernández, Venancio Benavides y Soler quedaron con sus respectivas escoltas a retaguardia.[230]

En cuanto fueron atacados, los realistas huyeron rápidamente hacia los barcos, sin disparar siquiera un tiro de cañón y luego de haber sufrido dos muertos y la misma cantidad de heridos; los patriotas tuvieron pocos heridos, alguno de ellos durante el bombardeo.

ARROYO COLLA
20 de abril de 1811

Después de su campaña al Paraguay, el general Manuel Belgrano fue designado por la Junta de Gobierno General en Jefe del ejército que debía operar sobre la Banda Oriental.

En las extensas zonas rurales de lo que es hoy la República

del Uruguay se habían venido produciendo, desde el mes de febrero de 1811, levantamientos populares encabezados por una serie de caudillos, cuyo objetivo era organizar juntas de gobierno y tomar el poder de manera semejante a lo ocurrido tiempo antes en la vecina Buenos Aires.

El 9 de abril, mientras José Artigas cruzaba el Río de la Plata al frente de "ciento cincuenta hombres y doscientos pesos que le dio el gobierno de Buenos Aires",[231] Belgrano instaló su campamento en Concepción del Uruguay (actual territorio de Entre Ríos) y a los pocos días se trasladó a Mercedes (Banda Oriental) con tres mil hombres. Allí, el general comisionó a tres de sus mejores oficiales, Venancio Benavides y los primos Manuel y José Artigas, para que levantaran la campaña y cercaran Montevideo.

Benavides, al mando de ochocientos hombres, debía operar por la costa del Río de la Plata y ocupar Colonia, a la sazón defendida por cuatrocientos cincuenta realistas. En su paso rumbo a la importante ciudad costera —el 20 de abril según Félix Best y Ricardo Levene, el 21 según Bernardo Frías y Ángel Carranza— esta división atacó y tomó prisionera a toda la guarnición que ocupaba el puesto del Colla sobre el arroyo del mismo nombre; estaba compuesta por ciento treinta realistas y su comandante era el oficial Pablo Martínez.[232] Una semana después cayó Colonia y a los diez días Belgrano fue separado del mando a consecuencia de la nueva situación política creada en Buenos Aires luego del movimiento del 5 y 6 de abril.

SAN JOSÉ
25 de abril de 1811

En los primeros días de abril Belgrano le ordenó a su ayudante, capitán Manuel Artigas (primo de José Gervasio), que operara por el norte del territorio oriental y que tomara el estratégico punto de San José. Este oficial ya se había distinguido en la campaña que Belgrano había hecho al Paraguay.

El día 25 Artigas y sus hombres llegaron a San José, donde el teniente coronel realista Joaquín Bustamante tenía "un cañón de a 18 montado [...] y otro de a 4, fosos y trincheras y los soldados [unos ciento veinte] repartidos en las azoteas del pueblo".[233] El jefe godo "empeñó un fuerte escopeteo [...] siendo obligados los realistas a ponerse en retirada, [y] refugiarse en la villa, donde se parapetaron. Allí, en la madrugada del 26 fueron estrechados y batidos".[234] Todo se había resuelto con el pedido de Artigas al comandante Venancio Benavides de que apurara su paso y se sumase al ataque. Cuando finalmente éste llegó, "los Blandengues y las tropas voluntarias atropellaron como leones"[235] al enemigo, al que rindieron a discreción.

Si bien hubo que lamentar la pérdida de Manuel Artigas, que murió días después a causa de las heridas recibidas, la victoria patriota fue total. Se tomaron cien prisioneros, dos cañones y muchas armas, además se mató a tres realistas y se hirió a otros diez. Entre los prisioneros estaba Bustamante, que era edecán del virrey Javier de Elío, con quien había llegado de España hacía poco tiempo atrás.[236]

Este combate también es mencionado en nuestro primer Himno Nacional junto con San Lorenzo, Salta, ambas batallas de Piedras, Tucumán y Suipacha.

PIEDRAS
18 de mayo de 1811

De cuando el río unía... y de cuando nos dividió

Combate

LUGAR: 20 km al norte de Montevideo.
JEFE PATRIOTA: teniente general José Gervasio de Artigas.
JEFE REALISTA: capitán de fragata José de Posadas.
FUERZA PATRIOTA: 1000 hombres (600 de caballería y el resto de infantería) más 2 cañones de a 2.
FUERZA REALISTA: 1300 hombres (700 infantes y 500 de caballería) más 4 piezas (2 de a 4 y 2 obuses de a 32).
RESULTADO: victoria patriota.
PÉRDIDAS PATRIOTAS: 70 bajas.
PÉRDIDAS REALISTAS: 100 muertos, 60 heridos, casi 500 prisioneros, 1 cañón de a 4, 1 obús, 78 granadas, 52 tarros de metralla para obús, 137 cartuchos para obús, 4000 cartuchos para fusil y un sinnúmero de otros elementos.
DURACIÓN: 5:30 horas.

Con la llegada de Manuel Belgrano a la comandancia del ejército de la Banda Oriental a comienzos de 1811, las fuerzas revolucionarias marcharon incontenibles en dirección a Montevideo. Dirigidas por caudillos y párrocos orientales,[237] las tropas rioplatenses derrotaron a los godos en Arroyo Colla (20 de abril) y en San José (25 de abril) y ocuparon todos los pueblos que rodeaban a la capital del territorio. Además Venancio Benavides sitió la ciudad de Colonia.

Ni siquiera los vaivenes políticos de Buenos Aires fueron freno para los patriotas orientales. Luego de los hechos del 5 y 6 de abril, el gobierno depuso a Belgrano y nombró en su lugar al general José Rondeau.

A este último se dirigió Artigas para solicitarle los hombres de refuerzo suficientes para atacar y conquistar Montevideo. Finalmente, Artigas pudo incorporar a su fuerza, de quinientos hombres, entre ciento cincuenta y doscientos cincuenta soldados (Galasso dice ciento cincuenta,[238] Levene doscientos[239] y Schurmann-Coolighan doscientos cincuenta[240]) enviados por Rondeau, y unos trescientos voluntarios, reclutados por el hermano de Artigas, Manuel Francisco. Una vez más, y tal como se repetirá a lo largo de toda la Guerra de la Independencia, las fuerzas patriotas tuvieron que luchar en condiciones de absoluta precariedad, tanto que la mayor parte de la caballería marchó "armada de palos con cuchillos enastados".[241] El futuro Protector de los Pueblos Libres marchó al frente de este ejército hacia las Piedras, localidad ubicada unos 20 km al norte de Montevideo, donde Posadas había reunido unos mil trescientos soldados.

Los godos habían "tomado una posición defensiva en una altura favorable"[242] y allí, a las once de la mañana, comenzó el memorable combate.

Artigas dividió a sus tropas en tres columnas: la de la izquierda, al mando del teniente Eusebio Valdenegro; la otra, liderada por el jefe oriental y, según relata Artigas en el parte a Rondeau, "con la demás gente de mi hermano Manuel formé otra columna [como de doscientos cincuenta hombres] con el objeto de cortar la retirada a los enemigos".[243]

En un principio la carga patriota fue contenida por los godos debido a "la situación ventajosa de los enemigos, la superioridad de su artillería así en el número como en el calibre y dotación de dieciséis artilleros cada una, y el exceso de su infantería sobre la nuestra hacían la victoria muy difícil".[244]

En consecuencia, los patriotas atacaron en cortas divisiones y durante tres horas "acuchillaron [...] a las líneas enemigas que se atrevían algo afuera, replegándolas a tajos hasta el fondo de sus trincheras. A las 3 de la tarde la caballería española quedaba desmontada y los que fueron sus jinetes confundidos con el grueso de la infantería".[245] Poco antes Artigas había ordenado que su caballería cargase sobre los flancos enemigos, con lo que los godos quedaron encerrados en un círculo bastante estrecho.

Los realistas se defendieron con bravura pese al ataque y la lucha se alargó hasta el atardecer, cuando los hombres de Posadas decidieron rendirse. Artigas "aprisionó personalmente al jefe godo y debió entreverarse a veces en las líneas para frenar el excesivo fervor de sus hombres".[246] El caudillo oriental envió al capellán del ejército Valentín Gómez para que le tomara la espada rendida al propio Posadas.[247]

Los números fueron contundentes en favor de Artigas: setecientas bajas rivales, contra setenta propias. Los resultados tácticos también lo fueron, el 27 de ese mes Benavides obligó a Gaspar Vigodet a evacuar por agua Colonia luego de haber clavado su propia artillería[248] y así se cerró el cerco sobre Montevideo, ciudad a la que Elío había tenido tiempo de preparar para un largo sitio.

CORDÓN
3 de junio de 1811

Si bien la victoria de Las Piedras (18 de mayo de 1811) significó un duro golpe para los realistas de Montevideo, no alcanzó para destrabar la situación en la provincia Oriental y los realistas continuaron ocupando la estratégica ciudad. Observando las casi diarias salidas que realizaban los realistas por la zona en busca de alimentos, bajo la protección del fuego de la plaza, es que el general José Rondeau pergeñó una emboscada contra los sitiados.

Para comandarla, escogió al capitán Agustín Sosa, quien al

frente de cien soldados del regimiento de Pardos y Morenos y de una compañía de voluntarios de caballería, salió en la madrugada del 3 de junio a esperar al enemigo. Éste apareció a media mañana dividido en dos columnas en número de trescientos hombres. Al verlos, los revolucionarios "los acometieron con un ardor imponderable, y el resultado fue, que después de haber sufrido por más de dos horas un fuego vivísimo [...] hicieron retroceder a los enemigos con precipitación y desorden a la plaza".[249] Si bien no se conocen cifras ciertas sobre las bajas realistas, Rondeau informó que se produjeron algunos muertos y heridos en el enemigo.

ISLA DE RATAS
15 de julio de 1811

Durante el largo sitio de Montevideo muchas han sido las historias de armas que protagonizaron patriotas y realistas. Una de ellas fue la del desembarco en la Isla de Ratas, ubicada a poca distancia del Cerro y que, en virtud del dominio que tenían los realistas sobre el Río de la Plata, estaba sometida a ellos.

Ante la falta de pólvora que sufría el ejército revolucionario, es que su general en jefe, José Rondeau, decidió atacar la isla, donde suponía habría una buena reserva del indispensable material. La presencia de una batería compuesta por "seis cañones de a 24, dos de a 18 y dos de a 12"[250] en el lugar justificaba tal suposición. En consecuencia, se envió al capitán Juan José Quesada al frente de unos ochenta hombres a tomar la isla. Luego de un breve tiroteo, en el que murió el comandante realista Francisco Ruiz, los patriotas consiguieron su objetivo rendir a toda la tropa enemiga. El botín consistió en "veinte quintales de pólvora, otros útiles de artillería, armamentos de la guarnición y clavaron las diez piezas de artillería".[251]

MIGUELETE-CORDÓN
1° de noviembre de 1812

Mientras los patriotas cerraban el cerco sobre Montevideo, los realistas realizaban, casi a diario, salidas en procura de alimentos y otras vituallas. En la mañana del 1° de noviembre, unos

doscientos realistas de a caballo fueron sorprendidos en Migue-
lete por dos compañías del tercer escuadrón al mando del comandante Rafael Hortiguera, las que "atacaron con tanto brío a
sable en mano […] que en el momento los pusieron en fuga precipitada hacia la plaza, dejando en el campo dieciocho muertos
y cinco prisioneros".[252]

En horas de la tarde, sobre el punto del Cordón, otra partida enemiga fue atacada por los revolucionarios liderados por el
comandante Baltazar Bargas, que los derrotó y dejó en el campo cinco muertos. Del lado patriota se lamentó una pérdida que
incluía un muerto y tres heridos en ambas acciones.

SANTA LUCÍA
16 de diciembre de 1812

Ante la necesidad imperiosa de obtener alimentos para la sitiada ciudad de Montevideo, el ingenio realista llegó al punto de
instalar un saladero en la barra de Santa Lucía, lugar al que ellos
accedían por barco. Conocedores de esta situación, los patriotas decidieron atacarlos y para esto se designó al comandante
Baltazar Bargas, que al frente de "33 hombres, el piquete de don
Joaquín Suárez y algunos vecinos de San José, procurase arro-
jarlos del suelo que no merecen pisar".[253]

Los revolucionarios atacaron el lugar, mataron varios enemigos y "tomando catorce prisioneros y veintiséis armas largas
de fuego, quemaron el galpón en donde trabajaban y les sacaron
porción de ganado y caballos".[254]

CERRITO
31 de diciembre de 1812

Al fervor de los morenos

Batalla
LUGAR: en las afueras de Montevideo.
JEFE PATRIOTA: general José Rondeau.
JEFE REALISTA: general Gaspar Vigodet.
FUERZA PATRIOTA: cerca de 1000 hombres y 2 piezas de artillería.
FUERZA REALISTA: 2000 infantes, 300 jinetes y 8 piezas de artillería.

RESULTADO: victoria patriota.
PÉRDIDAS PATRIOTAS: 90 bajas entre muertos y heridos, 40 prisioneros
                              y 1 cañón.
PÉRDIDAS REALISTAS: 100 muertos, 146 heridos y 30 prisioneros.
DURACIÓN: 4 horas.

Con los realistas asentados en Montevideo gracias al domino absoluto que tenían del Río de la Plata, poco era lo que las tropas patriotas en tierra podían hacer. Tanto las victorias parciales, como la más importante, la de Las Piedras (18 de mayo de 1811), no habían logrado modificar mucho la situación bélica frente a la estratégica plaza montevideana. Luego de los acuerdos que pusieron fin al avance portugués sobre la Banda Oriental, Buenos Aires retomó la ofensiva sobre Montevideo, para lo cual envió tropas al mando de Manuel de Sarratea. En el campamento de Ayuí, en Entre Ríos, las diferencias entre Sarratea y Artigas saltaron a la luz: ante el intento del jefe militar de imponerle una obediencia absoluta, Artigas se negó a apoyar el nuevo sitio de Montevideo. Así, en octubre de 1812, se reinició el sitio de la ciudad sin la participación del caudillo oriental. Sin embargo, las posibilidades de un acuerdo no estaban tan lejanas: Sarratea fue desplazado del mando luego de un acuerdo, conocido como Convenio del Yi, que convirtió a Rondeau en jefe de las tropas. Entonces, Artigas se reincorporó a las fuerzas sitiadoras. Éstas estaban organizadas en una vanguardia frente a los muros de Montevideo, con el general José Rondeau a la cabeza y una retaguardia liderada por el general Domingo French sobre la costa del río Uruguay.

Así las cosas, el gobernador Gaspar Vigodet pergeñó un ataque sorpresa sobre la vanguardia enemiga en la mañana del último día del año 1812, y para ello formó tres columnas de ataque compuestas por dos mil hombres en total, que contarían con el apoyo de trescientos jinetes y ocho piezas de artillería.

"Con la primera luz del día [relata Rondeau], [los godos] atacaron impetuosamente nuestra línea avanzada; pero con mayor fuerza y vigor por el Cordón y Tres Cruces."[255] En este último lugar fue tomado prisionero el comandante Baltazar Bargas junto con sus tropas y un cañón. Los realistas continuaron su avance hacia el "Cerrito, donde, precipitadamente, Rondeau había logrado constituir una línea de batalla con el Nº 4, el Nº 6 y los Dragones de la Patria".[256]

El brigadier José Muesas, al frente de la columna del centro, "avanza con sus tres piezas de artillería hasta el cerrito, cuya falda trepa y ocupa su cima, desalojando de ella al regimiento 6 de morenos".[257] Simultáneamente, la columna derecha de los realistas chocó contra el Nº 4, que estaba sobre la derecha del cerro y se componía en su totalidad de infantería oriental. Si bien el Nº 4 logró sostenerse, la situación para las armas patriotas distaba de ser la mejor. En ese momento, y mientras el Nº 6 era empujado barranca abajo por la infantería contraria y sus filas ya comenzaban a desorganizarse peligrosamente, apareció el temple y el valor de los oficiales patriotas para contener la desbandada de sus tropas y volver a la carga contra el enemigo.

El teniente coronel Miguel Estanislao Soler, al frente del Nº 6, "logra reunir su tropa, llega de nuevo al cerrito apoyado por caballería en ambas alas [escuadrones 2º y 3º de Dragones] y protegido por el fuego de una batería, sube la falda opuesta y despliega para reconquistar la altura".[258]

En esta carga, que restableció el combate, fue herido mortalmente Muesas, lo que generó una enorme confusión en las tropas godas. Soler aprovechó la situación para reiniciar la carga, mientras que el Nº 4 (teniente coronel Bentura Vázquez) avanzó a la bayoneta sostenido por la artillería del capitán Bonifacio Ramos sobre la izquierda enemiga. Pronto los realistas comenzaron a ceder el terreno y, "al llegar en su descenso al pie del cerrito, reciben la carga de los Dragones al mando de [comandante Rafael] Hortiguera que los derrotan completamente".[259]

La victoria, obtenida en condiciones poco favorables, se consiguió, una vez más, gracias al valor de las tropas y milicias que componían aquel ejército patrio. En especial hay que resaltar el fervor desplegado por el batallón de Pardos y Morenos al volver caras y recuperar el estratégico cerro que había caído en manos del enemigo.

Esta batalla, al igual que las otras desarrolladas en la Banda Oriental, no alcanzó para ocupar Montevideo. Esto sólo se logrará un año y medio después, gracias a las campañas navales de Guillermo Brown.

Guerra total:
el Alto Perú

El frente Norte

El Alto Perú, que comprende buena parte de lo que hoy es la República de Bolivia, junto con la región norte de la actual República Argentina, fue uno de los escenarios iniciales de la guerra entre revolucionarios y realistas. Fue también el último en apagarse: aún después de la victoria de las tropas de Simón Bolívar a mando del mariscal Sucre en Ayacucho (diciembre de 1824), el general realista Pedro Olañeta mantuvo todavía su resistencia.

Luego de la revolución de mayo de 1810, la casi totalidad de las ciudades del Alto Perú manifestaron su lealtad al Consejo de Regencia. Las razones del rechazo a la revolución de Buenos Aires no son demasiado complejas: estas ciudades estaban en manos de una elite históricamente vinculada con Lima y que reaccionaba temerosa ante la posibilidad de la ruptura de un lazo colonial que no sólo le garantizaba su lugar de privilegio, sino también un notable bienestar económico. Fue el virrey del Perú, José Fernando Abascal, quién tomó a su cargo la guerra en una región a la que los peruanos siempre habían considerado propia; de esta manera esperaba tomar revancha de la pérdida ocasionada por la creación del virreinato rioplatense; esperaba, también, ganar el beneplácito de los comerciante limeños que se habían visto especialmente perjudicados por esa decisión de la Corona.

Buenos Aires envió una expedición militar al mando de Juan Antonio Balcarce. Luego de una ocasional derrota en Cotagaita, Balcarce obtuvo una resonante victoria en Suipacha (7 de noviembre de 1807) que abrió las puertas del Alto Perú para la revolución. A medida que sus tropas avanzaban se producían levantamientos patriotas: Potosí, Chuquisaca y La Paz declararon su adhesión a la causa revolucionaria. El 25 de noviembre las tropas de Balcarce ocuparon Potosí. Desde esta nueva base el auditor de guerra de la expedición, Juan José Castelli, promovió una política social que determinó buena parte de las características que en adelante tuvo la guerra revolucionaria en el teatro altoperuano.

El paso de las tropas de la revolución producía siempre cambios políticos importantes; sin embargo, su política social fue siempre sumamente prudente. Esta política más bien conservadora seguida por la revolución de Buenos Aires tenía varias razones. Por un lado, la propias convicciones del plantel político porteño: si a través del giro revolucionario habían pretendido heredar intacto el aparato administrativo del virreinato, esa misma voluntad conservadora se manifestaba con mayor ímpetu en lo referente al mantenimiento de las jerarquías sociales. Por otra parte, esta política prudente tenía también un contenido estratégico: los revolucionarios porteños pretendían ganar el beneplácito de las principales familias del interior, es decir, de aquellas que en cada ciudad controlaban el poder político y ocupaban la cúspide de la jerarquía social. Para lograr este objetivo no parecía ser una actitud adecuada el promover convulsiones sociales. Los apoyos obtenidos en el interior, desde Córdoba hasta Salta, fueron en parte una recompensa frente a esta prudente política social. Del mismo modo que la voluntad de heredar los marcos administrativos del virreinato se vio frustrada en cuestión de semanas como consecuencia de la propia revolución, la intención de mantener los rígidos marcos de la estructura social también se vio alterada por la revolución y la guerra. Pero estos cambios serían muy lentos y sus consecuencias se manifestaron de maneras muy disímiles según el modo como la guerra impactó en cada zona. Sin embargo, en el Alto Perú fueron los propios revolucionarios los que, de forma absolutamente intencional, alentaron y promovieron una drástica modificación de los marcos sociales. Como en ningún otro escenario —con excepción de la Banda Oriental, aunque en este caso de una manera diferente y mucho más modesta—, las guerras de independencia fueron en el Alto Perú también luchas sociales. Es que en el Alto Perú, la complejidad de las jerarquías sociales —que eran también jerarquías de casta— contrastaba de un modo notorio con la mucho más sencilla sociedad rural de la Banda Oriental.

El 25 de mayo de 1811, en una famosa proclama leída en las ruinas de Tiahuanaco y que llevaba la firma de Castelli, la revolución de Buenos Aires anunciaba el fin de la servidumbre indígena, la igualdad entre los hombres y la elevación de los indígenas a la categoría de ciudadanos. La consecuencia inmediata de esta proclama, que en la práctica significó bien poco dado que la suerte confusa de las armas revolucionarias impidió cualquier administración regular en el Alto Perú, tuvo sin embargo otras consecuencias profundas y duraderas. La elite social de la región, es decir, los blancos criollos o peninsulares, vio en adelante a la revolución como un agente perverso destinado a subvertir la delicada trama social que los tenía en la cima. De allí la férrea lealtad que en adelante profesaron a la causa realista. Sin embargo los indígenas, que a corto plazo prestaron escaso servicio a las tropas revolucionarias derrotadas en Huaqui el 20 de junio de 1811, fueron los protagonistas de constantes focos de resistencia que, a través del uso de tácticas de guerra de guerrillas, mantendrían a los ejércitos realistas constantemente ocupados y debilitarían su capacidad ofensiva. Aunque estuvieron presentes desde el comienzo de las luchas, la importancia de estas guerrillas (lideradas por personajes como Ignacio Warnes, Antonio Álvarez de Arenales o Manuel Padilla) se haría notar especialmente luego de la derrota de las fuerzas regulares en Sipe-Sipe (noviembre de 1815) que puso fin a las ofensivas de los ejércitos revolucionarios sobre el Alto Perú. En adelante, las guerrillas indígenas provocaron constantes problemas a las fuerzas realistas que dominaron esa región.

Ésta no fue una política casual, ni menos aún el resultado exclusivo de las convicciones radicales e igualitarias de Castelli. Antiguo estudiante de la Universidad de Charcas, como tantos otros dirigentes revolucionarios que habían estudiado en el Alto Perú, conocía a la perfección las tensiones étnicas que dividían a la sociedad altoperuana y su potencial agresividad: todavía estaba latente el recuerdo de lo que había sucedido en 1780 durante la sangrienta rebelión encabezada por Túpac Amaru. Por eso, la búsqueda de una alianza indígena fue parte de un plan más general, a la vista de los magros resultados obtenidos entre los blancos criollos (ecos de esta idea aún resonaban en 1816 en la propuesta de Belgrano de coronar a un inca en las Provincias Unidas). La búsqueda de un responsable de la derrota en Huaqui, que Saavedra atribuyó a los delirios extremistas e igualitarios de Castelli, hizo olvidar que la alianza indígena no había sido precisamente su iniciativa personal, sino una estrategia de la Junta y que, a la larga, los resultados demostrarían que no había sido una estrategia equivocada.

Luego de Huaqui, el ejército revolucionario se replegó hacia Salta, donde Manuel Belgrano se hizo cargo de su comandancia en marzo de 1812. Belgrano era consciente de la necesidad de imponer una disciplina más rígida a las tropas, aunque también sabía que casi no podía contar con recursos de Buenos Aires. Para fortuna de Belgrano, por el momento los ejércitos realistas tampoco podían avanzar porque estaban demasiado ocupados sofocando levantamientos en Cochabamba. Una vez resuelto este problema, el comandante realista José Goyeneche envió una vanguardia de aproximadamente tres mil hombres al mando de Pío Tristán. Belgrano, sabedor de que sus tropas no estaban en condiciones de presentar batalla directa, decidió retirarse acompañado de una parte de la población salteña. Las órdenes del Triunvirato le indicaron que esa retirada debía prolongarse al menos hasta Córdoba. Una serie de escaramuzas victoriosas logradas durante la retirada, el apoyo inesperado que encontraba Belgrano a su paso y la posibilidad de que una tan extensa retirada afectara la moral y alentara las deserciones hicieron que Belgrano cambiara de opinión y se decidiera a presentar batalla en Tucumán. Por razones de tiempo, la comunicación de esta decisión no llegó a Buenos Aires antes de la batalla; el 24 de septiembre de 1812, a las puertas de Tucumán, los revolucionarios rechazaron a los realistas en una muy confusa batalla. Tristán retrocedió hasta Salta, dispuesto a reorganizar sus tropas con refuerzos enviados por Goyeneche. Enterado de la victoria, un nuevo Triunvirato —más favorable a una estrategia militar agresiva— ordenó avanzar a Belgrano, quien, escaso de recursos y tropas, obedeció sin demasiada convicción. El 20 de febrero de 1813 sus tropas derrotaron a las de Tristán frente a la ciudad de Salta. Nuevamente Belgrano se disponía a reorganizar su maltrecho ejército, cuando el Triunvirato insistió con su orden de mantener el avance. Belgrano inició la marcha hacia el Potosí; el avance de sus tropas era acompañado por innumerables muestras de apoyo. Los realistas, que estaban reorganizando su ejército en Oruro, ahora a las órdenes de Joaquín de la Pezuela, decidieron pasar a la ofensiva para evitar que los indígenas siguieran engrosando el ejército de Belgrano. El 1° de octubre de 1813, en Vilcapugio, derrotaron a las fuerzas de Belgrano. Pocos días más tarde, el 14 de noviembre, Belgrano decidió ignorar las opiniones de sus oficiales que recomendaban seguir esperando para reorganizar y engrosar sus fuerzas y presentó batalla en Ayohuma. La batalla fue un verdadero desastre para las armas revolucionarias: Belgrano retrocedió hacia el sur hasta Tucumán, mientras Pezuela tomaba Salta. Pero, cuando en junio de 1814 se conoció la noticia de la caída de Montevideo, un prudente Pezuela decidió retirar sus tropas hacia zonas más seguras en el Alto Perú.

Durante el año 1814 no se produjeron operaciones de las tropas regulares; los realistas se mantuvieron ocupados en sofocar levantamientos muy graves. Además, la derrota de la revolución chilena en Rancagua (1°-2 de octubre de 1814) puso a los realistas ante la posibilidad de invadir el territorio rioplatense a través de la cordillera y Cuyo, un plan que, en un sentido exactamente inverso, comenzó a ser defendido por el efímero comandante del Ejército del Norte, José de San Martín. De algún modo, ambos comandantes llegaron a la conclusión de que el avance por la accidentada ruta del Alto Perú, Salta y Tucumán no llevaría sino a un empate constante y que la ruta cordillerana aseguraría mejores resultados.

Una vez retirado San Martín, José Rondeau lo sucedió en la conducción del ejército; en enero de 1815 inició una nueva ofensiva. Pero del lado realista también se había aprovechado la tregua de hecho para sofocar oposiciones locales y reforzar las tropas. Luego de tomar Potosí, Rondeau se internó en el Alto Perú: el imprudente avance del general patriota culminó en el desastre de Sipe-Sipe el 29 de noviembre.

La derrota de Rondeau tuvo importantes consecuencias militares y políticas. Por un lado, se consagró la pérdida del Alto Perú para las armas revolucionarias, lo cual, a su vez, convirtió en prioridad el plan de San Martín para invadir Perú cruzando la cordillera hacia Chile. Por otro, Rondeau se vio obligado a reconciliarse con Martín Miguel de Güemes, a quien poco antes había considerado un delincuente. En adelante, sería Güemes y sus milicias las que mantendrían con particular eficacia una barrera en la frontera norte de la revolución y, lo que fue todavía más importante, lo lograron sin exigir ninguno de los escasos recursos del gobierno central.

Güemes era un miembro pleno de la elite salteña que desde las invasiones inglesas había optado por la profesión de las armas. En 1812 había sido apartado del frente norte por desavenencias con Belgrano, pero desde 1814 San Martín lo había reinstalado en su provincia natal. Rápidamente, Güemes comenzó a organizar milicias cuya eficacia militar se destacó sobre otras: el acoso al que sometió a las tropas de Pezuela fue una más de las razones por las cuales el comandante realista decidió evacuar la ciudad de Salta en 1814. Durante ese mismo año, Güemes no ahorró conflictos con Rondeau, comandante de las fuerzas regulares. La derrota en Sipe-Sipe y la caída de Alvear llevaron a Güemes a la gobernación de Salta, un distrito que un año antes había perdido su jurisdicción sobre Tucumán, Catamarca y Santiago del Estero, convertidas a su vez en la nueva gobernación intendencia del Tucumán. Aunque se temía que esta solución, surgida de una iniciativa local del cabildo de Salta, sería rechazada por Buenos Aires, esto no sucedió. Por el contrario, el director Pueyrredón le ofreció un apoyo crucial: la contrapartida de este acuerdo, que le sirvió a Güemes para acallar a la oposición salteña, fue la defensa de la frontera norte utilizando exclusivamente recursos locales y sin pedir a Buenos Aires ni armas ni hombres.

Güemes fue una de las primeras expresiones de los cambios que, a pesar de las intenciones moderadas de los revolucionarios, la revolución y la guerra introdujeron a la larga en todas las provincias rioplatenses. La precocidad de los cambios en esta provincia tiene una explicación sencilla: como ninguna otra, Salta había sido y seguiría siendo por varios años más escenario constante de la guerra. Sus habitantes estaban acostumbrados a lo que eso suponía: requisas, reclutamientos forzados, destrucción y saqueos, aunque no por eso lo aceptaban con agrado. En el marco de una progresiva militarización de la sociedad toda, fue un jefe militar, Güemes, el que finalmente se hizo con el poder. El estilo de su gobierno se desarrolló en correspondencia con esta situación de guerra constante: sometió a la población salteña a constantes requisas, comenzando por aquellos sospechosos de simpatías realistas y siguiendo luego por las propiedades de toda la elite salteña. Para ello, Güemes contó con el apoyo de la plebe salteña, movilizada por la guerra y la participación en las milicias. Ellos no sólo reconocían en Güemes a su jefe, sino que además despreciaban a las instituciones tradicionales donde ejercía el poder la clase dominante salteña.

La estrella de Güemes sólo comenzó a declinar cuando se hizo evidente que si bien las propiedades requisadas pertenecían a las clases acomodadas, era toda la economía de la provincia la que estaba siendo sistemáticamente destruida. A la vez, la paulatina crisis del poder central en Buenos Aires lo privó de su principal aliado. Por último, la presencia de San Martín en el Perú y la conformación en el Alto Perú de un gobierno autónomo bajo la autoridad del general realista Pedro Olañeta habían hecho disminuir el riesgo de un ataque importante desde el norte. De todos modos, aún en crisis, el final del régimen de Güemes sólo llegó cuando una partida realista logró darle muerte en 1821.

COTAGAITA
27 de octubre de 1810

Rápidamente, la Junta revolucionaria porteña extendió sus brazos hacia el interior del virreinato en forma de "expediciones políticas armadas" que, por lo general, se denominaron de "auxilio". Así, a mediados de octubre de 1810 el brigadier Antonio González Balcarce se encontraba en Yavi, en lo que es hoy la frontera de la provincia de Jujuy con Bolivia. Junto con Juan José Castelli, vocal de la Primera Junta de gobierno, Balcarce comandaba cerca de ochocientos hombres de la vanguardia del ejército.

Conocedor el jefe patriota de la presencia de una fuerza realista acantonada en Cotagaita, decidió marchar y atacar allí al enemigo. Según Emilio Bidondo lo hizo no bien recibió "las cargas de municiones de la artillería [...] y se situó en Cazón, distante tres leguas de las trincheras de Cotagaita".[260] Lo mismo opina Biedma Straw en su historia del Regimiento N° 2 al decir que "Recibida por Balcarce la artillería y nuevos contingentes decidió el ataque a la posición".[261] Contratiamente a esto, Figuerero afirma que "Balcarce salió para allí [Cotagaita] sin esperar que llegara la artillería y con escasa munición" y que su apuro se debió a la necesidad de "auxiliar a Cochabamba".[262] Del desarrollo de la acción y de los partes posteriores del jefe godo, se desprende claramente que Balcarce no contó con más que con un obús de seis pulgadas y un cañón de a 4, y que si había recibido munición, ésta era escasa.

Lo cierto es que los patriotas el 27 a las 9 de la mañana llegaron desde Cotagaita hasta Santiago, y Balcarce, como era costumbre, le intimó rendición al jefe realista, capitán de fragata José de Córdova y Roxas. Éste se negó a rendirse y desplegó sus "novecientos hombres de fusil, doscientos con lanzas y sus ocho cañones de a 4 [...] en una trinchera de mil quinientas varas de largo con cuatro reductos de dos cañones y un foso a su frente para impedir el vado del río".[263]

Una hora después, o sea a las diez, Balcarce dividió sus fuerzas en tres columnas para dar inicio al ataque. La de la derecha, con el cañón de a 4 y la de la izquierda, con el obús, debían ocupar unas alturas sobre las alas. Mientras que por el centro, atacaron unos trescientos tarijeños al mando del teniente Martín Miguel de Güemes. La columna derecha pudo ocupar su lugar, pero fue finalmente desalojada por dos compañías del Real de Borbón (teniente Juan Cabero) y otras dos de los voluntarios del Rey (capitán José Fontanela).[264]

Ambos contendientes mantuvieron un fuego vivísimo por un lapso de cuatro horas sin sacarse demasiadas ventajas, hasta que Balcarce tuvo que retroceder al "agotar sus municiones de cañón y casi todas las de fusil [...] perdiendo su artillería".[265]

Los realistas no quedaron en mejor posición. Con cuatro de sus diez cañones desmontados, a Córdova tan sólo le quedaban cuarenta balas rasas de a 2 luego de haber lanzado ciento veinte de a 4, ciento sesenta de a 2 y seis tiros de metralla.[266] Como los vencedores no pudieron llevar adelante una persecución porque los arrieros se habían fugado, los patriotas se replegaron sin ser hostilizados, y ubicaron a Güemes y sus tropas a retaguardia, los que mantuvieron al enemigo a una prudente distancia hasta llegar a Suipacha. Allí los revolucionarios tendrían revancha poco tiempo después.

SUIPACHA
7 de noviembre de 1810

Revolución victoriosa

Combate
LUGAR: a 80 km al norte de La Quiaca.
JEFE PATRIOTA: brigadier Antonio González Balcarce.
JEFE REALISTA: capitán de fragata José de Córdova y Roxas.
FUERZA PATRIOTA: cerca de 1000 hombres y 2 piezas de artillería.
FUERZA REALISTA: entre 800 y 1000 hombres y unas 4 piezas de artillería.
RESULTADO: victoria patriota.

Pérdidas patriotas: 1 muerto y 12 heridos.
Pérdidas realistas: 40 muertos, 150 prisioneros, 4 piezas, abundante
                     munición, 3 zurrones con dinero y 2 banderas.
Duración: 30 minutos.

La batalla de Suipacha puede ser considerada desde dos aspectos: el netamente histórico y el polémico. Desde el punto de vista histórico, Suipacha cobra una gran relevancia por haber sido el primer encuentro militar de importancia en el que las fuerzas revolucionarias alcanzaron la victoria. En cuanto al aspecto controvertido, desde los mismos días de la batalla ha persistido la polémica en cuanto a la participación de Martín Miguel de Güemes y las tropas de "altoperuanos" y "salteños" en la acción. Con el paso del tiempo Suipacha quedó instalada como la primera victoria patria, mientras que la polémica fue cediendo espacio ante versiones más realistas y desapasionadas acerca de los acontecimientos de esa jornada.

A fines de aquel glorioso año los revolucionarios podían sentirse satisfechos respecto de la extensión territorial que había alcanzado el movimiento libertario de Mayo (en definitiva, Belgrano se encontraba a punto de cruzar el Paraná para invadir Paraguay y Balcarce ya había superado la quebrada de Humahuaca). Sin embargo, todavía las armas de la patria no sólo no habían conocido el sabor del triunfo, sino que también las fuerzas dirigidas por Balcarce venían desandando el camino luego del contraste de Cotagaita el 27 de octubre.

Aquel primer ejército patrio tenía sus peculiaridades; entre ellas, tenía dos jefes: Balcarce, el conductor militar, y Juan José Castelli, el auditor de guerra y vocal de la Primera Junta, una especie de jefatura política superpuesta a la específicamente militar. El grueso del ejército se encontraba en Jujuy junto con Castelli, mientras que Balcarce tan sólo contaba con una vanguardia de aproximadamente ochocientos hombres. Y he aquí la primera polémica: ¿Cuántos eran altoperuanos y cuántos porteños en aquella vanguardia? Según Martín Figueroa Güemes, "la batalla de Suipacha fue librada por la vanguardia salteña reforzada con doscientos setenta y cinco soldados del ejército de Buenos Aires: setenta y cinco de Balcarce y doscientos de Castelli".[267]

¿Es esto cierto o posible? En el anexo N° 11 del libro sobre la expedición de Balcarce al Alto Perú, Emilio Bidondo acepta, luego de revisar una amplia documentación, que "los tarijeños actuaron en dos fracciones; una de doscientos hombres a las órdenes del teniente coronel José de Larrea, que luchó directamente bajo el mando de Balcarce; otra de trescientos hombres a las órdenes del capitán Güemes [...]".[268] Es más, páginas antes Bidondo dice que "la vanguardia contaba con poco más del 50% de hombres provenientes de regiones montañosas, especialmente salteños, jujeños y tarijeños".[269] En definitiva, parecería que los números estarían cerca de los que contabiliza Figueroa Güemes y que habrían sido unos quinientos hombres altoperuanos (pero no sólo salteños) junto con unos cien porteños los que huyeron en Cotagaita, y a los que en la noche previa a Suipacha se les unieron los doscientos hombres de refuerzo enviados por Castelli además de municiones y dinero para los sueldos de los soldados.

Desde Cotagaita, los patriotas se venían replegando mientras Güemes y sus hombres a la retaguardia retenían a los godos liderados por Córdova. El 6 de noviembre las fuerzas patriotas llegaron a Suipacha, pequeño poblado que se ubica al norte del río homónimo y decidieron acampar al sur del curso de agua, en Nazareno. Allí Balcarce hizo alto y, con la confirmación de la proximidad de los refuerzos enviados por Castelli, se dedicó a diagramar su plan de combate.

A media tarde los realistas comenzaron a llegar al pueblo de Suipacha, parapetando sus fuerzas en la ribera norte del río. Con su plan ya definido, Balcarce buscó tentar al enemigo a realizar un ataque y para ello envió a un joven indio al campamento realista para que divulgase noticias falsas sobre la situación de su propia fuerza.[270] Este ardid dio resultado y en la mañana del día 7 se pudo observar a los godos acercándose hacia el río en actitud ofensiva. Además, como los refuerzos habían llegado en la noche del 6, los realistas desconocían el número real de fuerzas con las que contaba Balcarce o, por lo menos, las consideraban menores de lo que eran en realidad.

El plan patriota era sencillo, pero bien pergeñado. Balcarce

colocó en una pequeña pampa que se abría al sur del río una vanguardia compuesta por "una compañía de infantería y una de
granaderos; entre ambas una pieza de artillería y otra en el flanco este".[271] Según Frías estas fuerzas utilizadas como señuelo no
eran otras que las milicias de Güemes y los voluntarios de Salta
y Jujuy.[272] La reserva, es decir el resto de la fuerza, quedó oculta en la quebrada de Choroya, al este de la pampa mencionada.

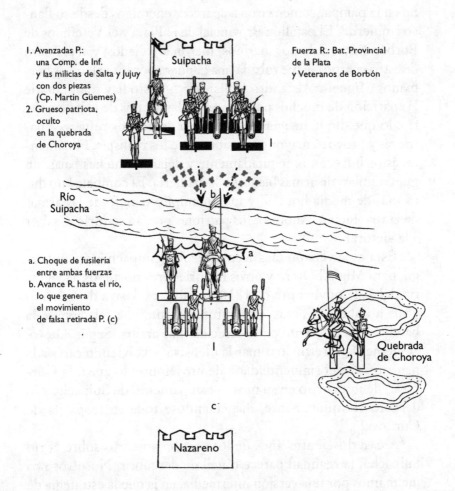

1. Avanzadas P.:
   una Comp. de Inf.
   y las milicias de Salta y Jujuy
   con dos piezas
   (Cp. Martín Güemes)
2. Grueso patriota,
   oculto
   en la quebrada
   de Choroya

Suipacha

Fuerza R.: Bat. Provincial
de la Plata
y Veteranos de Borbón

Río
Suipacha

a. Choque de fusilería
   entre ambas fuerzas
b. Avance R. hasta el río,
   lo que genera
   el movimiento
   de falsa retirada P. (c)

Quebrada
de Choroya

Nazareno

Cerca de las once de la mañana, y como los realistas no atinaban a cruzar el río, Balcarce ordenó a su pequeña vanguardia que atacase y aferrase al enemigo. Esta maniobra se hizo con todo éxito y en unos minutos los patriotas y los realistas estaban tan sólo separados por el ancho curso de agua. En aquel momento, el jefe patrio mandó "el repliegue de sus efectivos empeñados, pero dando a la maniobra un sentido de retirada".[273] Éstos simularon una precipitada fuga, mientras los hombres de Córdova se lanzaron presurosos a cruzar el río para ir en busca de los que supuestamente huían.

Grande fue la sorpresa de los godos cuando, a medio camino en la pampa, comenzaron a aparecer enemigos desde su flanco izquierdo. El batallón Provincial de la Plata y el Veteranos de Borbón (integrado por marinos) fueron arrollados, y al primero de estos cuerpos le fue robada una bandera por los valerosos hermanos Miguel y Alejandro Gallardo.[274] A esto hay que sumarle la aparición de muchos pobladores en las alturas de la ladera del río, lo que dio la imagen de la llegada de nuevos refuerzos patriotas y provocó mayor confusión entre los realistas. Finalmente, éstos huyeron precipitadamente y dejaron muchas bajas, un gran número de armas blancas y la artillería. El combate "no duró más de media hora"[275] y fue un amplio triunfo de las armas de la revolución. Ahora sí, los patriotas podían sentirle el sabor a la victoria.

Ésta es la versión más aceptada sobre Suipacha; sin embargo, para Miguel Otero y otros historiadores norteños, la victoria del 7 de noviembre de 1810 fue obra exclusiva de Güemes y sus hombres. Es más, este autor presenta una relación de la batalla muy diferente de la ofrecida más arriba. Según Otero, "Güemes [...] resolvió tomar la ofensiva, y volviendo caras a la madrugada del siguiente día 7 de noviembre, lo atacó [a Córdova] de improviso en su mismo campamento de Suipacha y lo derrotó completamente, dispersándose toda su tropa [la de Córdova]".[276]

A casi doscientos años de los acontecimientos sobre el río Suipacha, la realidad parece difícil de descubrir. Nosotros nos inclinamos por una versión intermedia, en la que la estrategia de

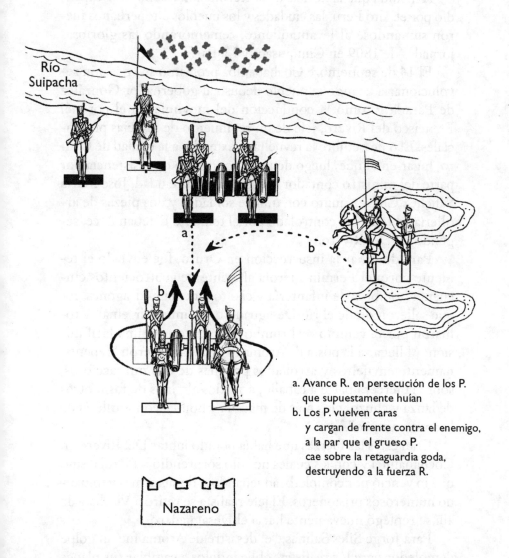

Río
Suipacha

a

b

b

a. Avance R. en persecución de los P.
   que supuestamente huían
b. Los P. vuelven caras
   y cargan de frente contra el enemigo,
   a la par que el grueso P.
   cae sobre la retaguardia goda,
   destruyendo a la fuerza R.

Nazareno

Balcarce y el valor y arrojo de las tropas de Güemes se combinaron con el fin de alcanzar la primera victoria patriota.

AROMA o AROHUMA
Entre el 10 y el 15 de noviembre de 1810

A medida que la noticia de la Revolución de Mayo se expandió por el Alto Perú, las ciudades y los pueblos altoperuanos fueron sumándose al levantamiento, rememorando las gloriosas jornadas de 1809 en Chuquisaca y La Paz.

El 14 de septiembre Cochabamba proclamó su vocación revolucionaria cuando el pueblo depuso al gobernador González de Parada y tomó la conducción del movimiento el coronel Francisco del Rivero, jefe de un regimiento de milicias provinciales. El 6 de octubre la revuelta se extendió a la ciudad de Oruro, lugar en el que, luego de un tibio intento de resistencia por parte del ministro contador de las cajas de la ciudad, José María Sánchez Chávez, junto con quince soldados y dos piezas de artillería,[277] todo fue controlado por el teniente Esteban Arce, segundo de Del Rivero.

Para dominar la insurrección en Oruro, fue enviado el teniente coronel Fermín Piérola al frente de cuatrocientos cincuenta hombres de infantería y ciento cincuenta dragones, los que salieron desde el río Desaguadero, el límite virreinal, y tomaron por el camino real rumbo a lo que creían una fácil misión. Al llegar a la posta de Aroma los godos se vieron "repentinamente envueltos y arrollados por más de dos mil facciosos, sobre la tercera parte a caballo, armados algunos de fusil, otros de lanza y chuzo y los más de macana y honda, con artillería de bronce y estaño".[278]

Eran éstas las fuerzas que había podido juntar Del Rivero en Cochabamba y con las cuales no sólo sorprendió a Piérola, sino que lo venció por completo, adueñándose de sus armas y tomando numerosos prisioneros. El jefe realista se retiró a Viacha y de allí se replegó nuevamente hacia el Desaguadero.

Para Jorge Siles Salinas, "el desastre de Aroma fue un golpe demoledor para los realistas, obligándolos a cambiar sus planes y a dejar en manos del enemigo todo el territorio del Alto Perú hasta la frontera del Desaguadero",[279] territorio que sólo recuperarían siete meses después con la victoria de Huaqui.

En cuanto al nombre del combate, el historiador Emilio Bidondo (que da como fecha el 10 de noviembre), el español García Camba, Luqui-Lagleyze y Siles Salinas lo llaman "Aroma", mientras que Bernardo Frías y Félix Best lo nombran como "Arohuma".

HUAQUI
20 de junio de 1811

El primer desastre

Batalla

LUGAR: al sudoeste del lago Titicaca, en la actual frontera de Bolivia con Perú.

JEFE PATRIOTA: brigadier Antonio González Balcarce y Juan José Castelli.

JEFE REALISTA: brigadier José Manuel Goyeneche.

FUERZA PATRIOTA: 6000 hombres y entre 18 y 24 piezas de artillería.

FUERZA REALISTA: unos 6000 hombres y 14 piezas.

RESULTADO: victoria realista.

PÉRDIDAS PATRIOTAS: 50 muertos, toda la artillería, 6 botiquines, muchísimas municiones, 2 banderas y un grandísimo número de dispersos.

PÉRDIDAS REALISTAS: desconocidas.

DURACIÓN: 6 horas.

A un año de la Revolución de Mayo el avance de las armas patriotas parecía incontenible y los revolucionarios pudieron darse el lujo de festejar el primer aniversario del 25 de Mayo en la ciudad de La Paz, sobre el límite mismo del virreinato del Río de la Plata con el del Perú.

Allí se encontraba una considerable y heterogénea fuerza armada de casi seis mil hombres a las órdenes conjuntas del vocal de la Primera Junta, Castelli (jefe político de la expedición), y del general que le había dado la primera victoria a la patria en Suipacha (7 de noviembre de 1810), Balcarce.

A pocos kilómetros y separados sólo por el río Desaguadero, límite virreinal, el experimentado brigadier Goyeneche (peruano de nacimiento) aceleraba a todo trance la conformación de una fuerza capaz de enfrentar a los "sublevados".

Para comprender mejor el desarrollo de las acciones que concluyeron con la derrota patriota, es necesario apuntar, previamente, el armisticio firmado entre Castelli y el jefe realista y que había entrado en vigor el 14 de mayo. Luego de algunas cortas tratativas los delegados de cada ejército habían decidido decretar un statu quo por cuarenta días. El propósito parecía ser el mismo: reorganizar, adiestrar y concluir con la preparación de la que inevitablemente sería una definitiva batalla. Por el lado patriota, que se encontraba en una situación militar de suma precariedad ante la falta de soldados y de oficiales veteranos, así como también por la imposibilidad de adiestrar adecuadamente a los hombres que se sumaban al ejército, el máximo error respecto del armisticio fue permitir a los godos mantener sus avanzadas en forma de cabeza de puente al este del Desaguadero.

Lo cierto es que el 6 de junio, a 23 días de entrada en vigencia, la tregua se rompió. Según Castelli, "cuando quinientos hombres con artillería [atacaron] la avanzada de Yuraicoragua".[280] Según los realistas, cuando "algunos centenares de cochabambinos" atacaron un destacamento realista dejando cuatro muertos y tomando cuarenta y un prisioneros.[281]

Mientras el jefe político desarrollaba "una actividad incesante" ya que "mucho había que arreglar en las provincias liberadas de la tutela realista",[282] el plan patriota para tomar la ofensiva consistía en "juntar las fuerzas en el llano de Jesús de Machala y forzar el cerro de Vila-Vila, donde se hallaba el cuartel enemigo. Atacarían en dos divisiones por cada lado, pero una sola lo tomaría y la otra sería de apoyo. La caballería cochabambina cruzaría el Desaguadero nueve leguas al sur y caería por la espalda realista para llamar la atención de la caballería y cortar a Goyeneche".[283] Con tal fin, el día 17 el mayor general Eustaquio Díaz Vélez ocupó el llano de Machala, mientras el coronel Juan José Viamonte lo hizo al otro día. El plan patriota se pondría en marcha el día 20.

Conocedor de todo esto gracias a su trabajo de espionaje, Goyeneche decidió adelantarse a los patriotas y realizar una ofensiva el 20 por la mañana. "A las cero horas del 20 con un cañonazo partió desde Zepita el ejército realista, dejando en el puente del Inca una guarnición [mil hombres] al mando del coronel [Gerónimo] Lombrera".[284]

Goyeneche al mando de unos dos mil hombres avanzó por el campo del Azafranal, bordeando el Titicaca hacia Huaqui, cuartel general patriota (véase croquis de pág. 200). Una segunda columna, comandada por el brigadier Pío Tristán (primo hermano de Goyeneche y peruano de nacimiento como él)[285] y compuesta por unos mil soldados, marchó por la sierra central que separa los caminos de Huaqui y Machala. Finalmente, el brigadier Juan Ramírez, con otros dos mil hombres, fue directamente hacia el llano de Machala.

Cerca de las nueve de la mañana la columna del general en jefe realista "dio con el enemigo". Ante esta novedad Castelli, junto con su secretario Bernardo Monteagudo, se trasladó a las alturas del Morro, donde se encontraban las avanzadas revolucionarias, mientras Balcarce quedó en Huaqui acelerando el movimiento de las fuerzas (véase croquis de pág. 201).

Lo primero que hizo el general patriota fue encomendar al teniente coronel José Bolaños que avanzase con la división centro a ocupar el Morro, pero éste se encontró "con que ni bestias tenía para tirar la artillería [...] llegando al sitio necesario más de una hora después",[286] mientras el primer regimiento de Cuzco (realista), que mandaba Picoaga, maniobraba con bastante facilidad.[287]

Con la llegada de Bolaños, Goyeneche desplegó sus fuerzas y abrió el fuego con su artillería, la que fue contestada por los patriotas. Las balas rasas realistas comenzaron a caer sobre los regimientos de la Paz y Cochabamba, a los cuales "no hubo forma de hacerles mantener la posición y huyeron en desorden".[288] La reserva, comandada por el mayor Montes de Oca (unos setecientos indios armados de chuzos y lanzas), también se vio envuelta en el desorden y ni siquiera pudo llegar hasta la línea de batalla, ya que en ese momento Tristán venía bajando las sierras al comando del Real de Lima, mientras Goyeneche, luego de destacar tres compañías para que avanzasen dispersadas por el frente, cargó con el

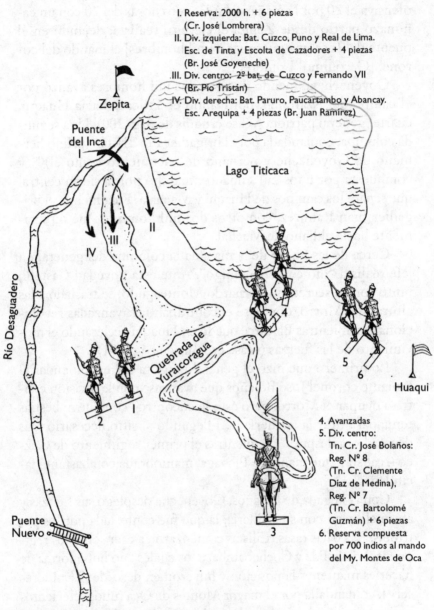

I. Reserva: 2000 h. + 6 piezas
(Cr. José Lombrera)

II. Div. izquierda: Bat. Cuzco, Puno y Real de Lima.
Esc. de Tinta y Escolta de Cazadores + 4 piezas
(Br. José Goyeneche)

III. Div. centro: 2° bat. de Cuzco y Fernando VII
(Br. Pío Tristán)

IV. Div. derecha: Bat. Paruro, Paucartambo y Abancay.
Esc. Arequipa + 4 piezas (Br. Juan Ramírez)

Zepita

Puente
del Inca

Lago Titicaca

Río Desaguadero

Quebrada de
Yuraicoragua

Huaqui

Puente
Nuevo

4. Avanzadas
5. Div. centro:
Tn. Cr. José Bolaños:
Reg. Nº 8
(Tn. Cr. Clemente
Díaz de Medina),
Reg. Nº 7
(Tn. Cr. Bartolomé
Guzmán) + 6 piezas
6. Reserva compuesta
por 700 indios al mando
del My. Montes de Oca

1. Div. derecha: Cr. Juan Viamonte: Cazadores de Pardos y Morenos
y Patricios de Bs. As., dos comp. Bat. Nº 6 (Sg. My. Matías Balbastro),
esc. de Húsares de Bs. As. (Cp. Agustín Dávila) + 6 piezas

2. Div. izquierda: Cr. Eustaquio Díaz Vélez: Cazadores de Oruro,
Pardos de Córdoba, Granaderos de Chuquisaca, Dragones de la Patria
(Sg. My. Toribio Luzuriaga) + 6 piezas (Cp. Pereyra Lucena)

3. Div. de Caballería de Cochabamba (Br. Francisco del Rivero)

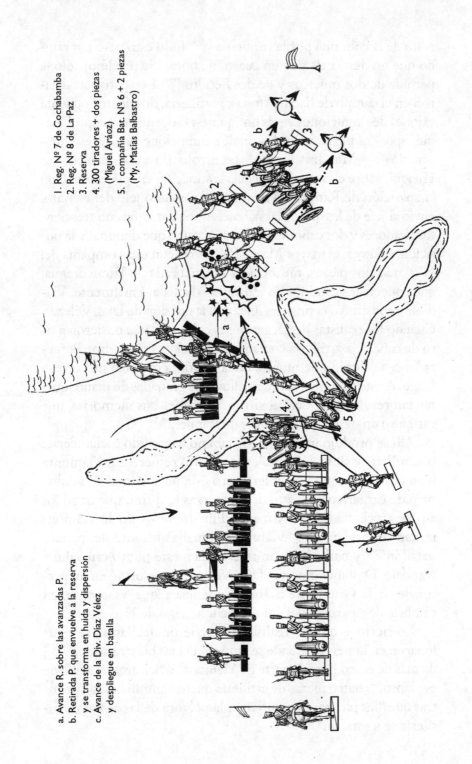

1. Reg. Nº 7 de Cochabamba
2. Reg. Nº 8 de La Paz
3. Reserva
4. 300 tiradores + dos piezas
   (Miguel Aráoz)
5. I compañía Bat. Nº 6 + 2 piezas
   (My. Matías Balbastro)

a. Avance R. sobre las avanzadas P.
b. Retirada P. que envuelve a la reserva
   y se transforma en huida y dispersión
c. Avance de la Div. Díaz Vélez
   y despliegue en batalla

resto de la columna por la izquierda.[289] "Todo esto pasó tan rápido que no duró más que un cuarto de hora. [Se produjo] sólo la pérdida de dos muertos y de dos heridos."[290] Los patriotas dejaron en el campo de batalla "toda su artillería, doscientos ochenta cajones de municiones y seis botiquines. Goyeneche ocupó Huaqui, apoderándose de los hospitales, municiones y víveres almacenados".[291] Mientras los realistas arrollaban a los patriotas en Huaqui, sobre el llano de Machala la situación era diferente. Con la aparición de Ramírez, Viamonte, el segundo jefe del ejército, envió al jefe de las guerrillas Miguel Aráoz para que con trescientos tiradores y dos cañones ocupara un cerro que dominaba la posición. A la vez, el mayor Matías Balbastro, con una compañía del Nº 6 más dos piezas, fue a cubrir la Quebrada de Yuraicoragua, que conecta los caminos de Huaqui y Machala. Finalmente, Viamonte constituyó la primera línea con la división de Díaz Vélez.[292] Cuando los realistas desplegaron sus columnas y se pusieron a tiro de cañón, la artillería comandada por el capitán Felipe Pereyra Lucena (herido de muerte en la acción) comenzó un certero fuego. A éste se sumó "la intensa lluvia de granadas de mano [que] fue tan reacia, reconoció el virrey Abascal en sus memorias, que casi puso en desorden las tropas de Ramírez".[293]

Allí se produjo un hecho que aún no ha podido esclarecerse: según Frías y Best, Díaz Vélez le solicitó refuerzos a Viamonte para terminar con el enemigo, pero éste no solamente "se abstuvo de cargar con el resto de las fuerzas [...] sino que negó los auxilios reclamados".[294] Armando Piñeiro, biógrafo de Viamonte, tan sólo relata que "Viamonte actuaba al frente del primer batallón"[295] y nada dice con referencia a este punto crucial del combate. Destaquemos que Díaz Vélez se transformó en un personaje de la Guerra de la Independencia y que Viamonte, en cambio, desapareció del ámbito bélico luego de Huaqui.

Lo cierto es que los realistas se corrieron del llano y se escalonaron en la sierra, "donde se empezó la más bizarra acción [...] de más de cinco horas" (parte de Viamonte a Balcarce). Luego de ese lapso, "cuatro piezas de artillería quedan inutilizadas", mientras que "las piedras para inflamar la pólvora de las armas de fusilería se agotaron".[296]

a. Destacamento de persecución
b. Goyeneche y Tristán avanzan
   sobre la Quebrada de Yuraicoragua
c. Díaz Vélez refuerza a Balbastro
   con 4 comp., 50 dragones
   y 2 piezas (Cp. Moldes)
d. La cab. de Cochabamba
   atraviesa el Puente Nuevo

Huaqui

Puente
Nuevo

Como si estos males ya no fueran suficientes para las armas de la revolución, la columna de Goyeneche asomó por la Quebrada de Yuraicoragua, de donde, además de Montes de Oca, cuatro compañías, dos cañones y cincuenta dragones enviados por Díaz Vélez al mando del capitán Eustaquio Moldes "huyeron dispersándose [...] y optaron por retirarse a la línea del coronel Viamonte".[297]

Así, Díaz Vélez se encontró atacado desde el frente por Ramírez y con su flanco derecho sumamente amenazado, por lo que decidió retirarse media legua a retaguardia para contener la inconmensurable dispersión. La batalla ya estaba perdida. Goyeneche atacó a Viamonte y éste, con los trescientos hombres que le quedaban, "recibieron el asalto del enemigo con un fuego tan firme y tan horroroso de fusil y de cañón [...] que lograron contenerlo e intimidarlo".[298] Luego de este ataque, y ante la dispersión general, Viamonte decidió retirarse a medio camino de Machala y dejó atrás "un obús, una culebrina y cuatro cañones con muchas tiendas y municiones de toda especie".[299]

A eso de las dieciséis llegó la caballería de Cochabamba (dos mil hombres y dos cañones), la que luego de realizar algunas descargas y de comprender lo infructuoso y tardío de su ataque, se replegó a Machala.

Así, el vencedor no hizo más que ocupar la boca de la quebrada, donde antes estaba el campamento patriota, mientras Viamonte y Díaz Vélez reunían a unos escasos ciento cincuenta hombres media legua más a retaguardia.

Esta trascendental victoria fue reconocida con creces por el virrey Abascal, quien ascendió a Goyeneche a Mariscal de Campo, le regaló un sable de uso personal y elevó al grado inmediatamente superior a todos los jefes que tuvieron parte en la acción.[300]

Fue el primer gran desastre de las armas revolucionarias. Para Bernardo Frías, "El ejército, pues, quedaba de esta manera deshecho y vencido; la patria humillada; el prestigio de la revolución perdido y los odios sembrados en el seno de aquellas poblaciones antes amigas".[301] Jorge Siles Salinas explica que "el

a. Tristán y Goyeneche cargan sobre el flanco P.
b. Las avanzadas P. son desalojadas
c. La div. DV, con su flanco amenazado,
   se retira y se dispersa
d. Nueva posición P. (unos 150 h.)
e. La cab. llega al campo de batalla a las 16:00.
   pero ya es tarde y se retira hacia Machala

gravísimo contraste del 20 de junio tuvo como efecto principal
el de facilitar el resquebrajamiento de la unidad entre Charcas y
las Provincias Unidas. No hay duda de que la preservación de la
integridad del antiguo virreinato platense se vio seriamente afec-
tada por el lamentable desenlace de la primera expedición militar al Alto Perú".[302]

SIPE-SIPE (1) (o Amiraya)
13 de diciembre de 1811

El desastre de Huaqui (20 de junio de 1811) no sólo había
empujado al Ejército del Norte hasta la Quebrada de Humahuaca, sino que, además, dejó el camino libre a los realistas para
avanzar sobre la región y recuperar el terreno perdido.

Inevitablemente, uno de los principales objetivos de los godos, liderados por el brigadier José Manuel Goyeneche, era la
revoltosa ciudad de Cochabamba, fervorosa adepta a la causa revolucionaria. Así, el victorioso ejército realista, luego de ocupar
La Paz y Oruro, marchó a comienzos de agosto hacia Cochabamba, que era, obviamente, el centro de reunión de los revolucionarios altoperuanos.

Goyeneche dispuso sus fuerzas "con la vanguardia a órdenes
del brigadier Juan Ramírez, constituida por los batallones de Paruro y Real de Lima con seis piezas de artillería, más fracciones
de exploración sobre la base de caballería e infantería; el grueso
al mando de Goyeneche y la retaguardia mandada por el brigadier Pío Tristán".[303]

Los cochabambinos, cuyas fuerzas "eran numerosas, pero sin
disciplina"[304] y estaban comandadas por el general Francisco del
Rivero, se ubicaron en una ventajosa posición en Sipe-Sipe. Allí,
"Goyeneche amagó con algunos batallones por los flancos,
mientras él arremetía por el frente"[305] cargando al arma blanca.
Los patriotas cambiaron de posición y se ubicaron en otra altura detrás del río Amiraya.

Recién cuando a las tres de la tarde Goyeneche pudo reunirse con Tristán, el jefe realista decidió realizar un nuevo ataque.
Para ello colocó a sus fuerzas en tres columnas con la vanguardia por la derecha, él mismo por el centro y la retaguardia por

la izquierda. Según Frías, esa última columna no llegó a participar de la acción.[306]

La ventaja de organización y disciplina fue crucial para determinar la victoria realista. Así, "después de tres horas de combate los revolucionarios se dispersaron aprovechando las escabrosidades del terreno".[307]

Según el parte de Goyeneche, fueron seiscientas las bajas por el lado patriota. Si bien Bidondo pone en duda este dato, Jorge Siles Salinas en su libro sobre la Independencia de Bolivia reconoce esta cifra como válida.[308] Además el jefe godo informó quince muertos y siete prisioneros propios. También los realistas se quedaron con el "tren de artillería" que estaba compuesto por ocho cañones de bronce y municiones.[309]

De esa forma, aquella tarde Cochabamba volvió a manos realistas y, pese a que Del Rivero, a los pocos días, se pasó al bando realista, la ciudad jamás abjuró de su fe revolucionaria y al poco tiempo recomenzaron, una vez más, los levantamientos populares.

SANSANA
16 de diciembre de 1811

Mientras los restos del Ejército del Norte vencido en Huaqui (20 de junio de 1811) se reorganizaban en Salta a las órdenes de su nuevo jefe, el general Juan Martín de Pueyrredón, una columna integrada por cuarenta hombres y liderada por el capitán Manuel Dorrego atacó la guarnición realista que protegía un depósito de alimentos en Sansana.

"Como los enemigos se hallasen atrincherados [...] y los nuestros a cuerpo descubierto, se trabó un fuego vivísimo, que duró cerca de una hora, hasta que acometiendo el rancho por diferentes puntos consiguieron matar al que los comandaba"[310] y tomar el puesto.

Sólo con la aparición de un numeroso refuerzo godo, los patriotas se retiraron; llevaron como botín veintisiete mulas, trece fusiles y equipajes, y dejaron en el campo enemigo catorce muertos y seis heridos. Las bajas patriotas se contaron en tres muertos y algunos heridos.[311]

NAZARENO
12 de enero de 1812

Río empate

Combate

LUGAR: 80 km al norte de La Quiaca.
JEFE PATRIOTA: mayor general Eustaquio Díaz Vélez.
JEFE REALISTA: coronel Francisco Picoaga.
FUERZA PATRIOTA: entre 700 y 800 hombres.
FUERZA REALISTA: 1000 hombres.
RESULTADO: victoria realista.
PÉRDIDAS PATRIOTAS: 26 muertos y 111 hombres entre heridos
                         y prisioneros.
PÉRDIDAS REALISTAS: 6 muertos.
DURACIÓN: 1 hora.

Según datos aportados por Mitre, el Ejército del Norte para entonces estaba constituido por mil setecientos treinta y cuatro hombres y novecientos sesenta y siete fusiles.[312] Indudablemente muy pocos, no sólo para contener un avance en masa del enemigo, sino incluso para frenar a la columna que al mando de Picoaga bajaba hacia el sur.

De todas formas, y como para intentar retener a éste, Pueyrredón reforzó la vanguardia comandada por Díaz Vélez, quien, de esta forma, pasó a contar con unos setecientos cincuenta hombres de las tres armas. Con ellos empujó a los godos desde Yavi hasta Tupiza y finalmente el 11 de enero de 1812 ambos rivales quedaron separados tan sólo por el río Suipacha, el mismo que había sido escenario de la primera victoria de las armas de la revolución en noviembre de 1810.

El jefe realista, que gracias a un refuerzo de cuatrocientos hombres contaba con cerca de mil, esperó el ataque parapetando sus fuerzas en los árboles de la ribera norte del río. Díaz Vélez ya tenía decidido avanzar al amanecer del día siguiente, vadear el ancho y pedregoso río y vencer al enemigo a todo trance.

Según Emilio Bidondo, el jefe patriota actuó sin autorización de Pueyrredón para tomar la iniciativa militar,[313] mientras que la historiadora Lily Sosa de Newton en su biografía sobre

Dorrego afirma —sin revelar la fuente— que "luego de dos pedidos Pueyrredón da la autorización para el ataque".[314]

Lo cierto es que Díaz Vélez dividió sus fuerzas en tres columnas: la infantería, al mando del coronel Manuel Dorrego; la caballería, a las órdenes del capitán Antonio Rodríguez, mientras que el capitán Francisco Balcarce se puso al frente de la artillería, que se situó a la derecha y debía proteger el cruce.[315]

A las siete de la mañana los patriotas encararon el cruce del río y fueron recibidos por el feroz fuego enemigo en mitad del curso de agua. En un primer momento, gracias al fuego preciso de la artillería y al ímpetu del ataque, los realistas comenzaron a vacilar. Pero cuando faltaba "una quinta parte para vadearlo por completo"[316] y "parte de la caballería ya había efectuado el pasaje",[317] el Suipacha "creció repentinamente, interceptando la comunicación entre las fuerzas y dejando comprometida a la caballería que había vadeado el río, sin que pudiera cooperar la infantería".[318] Además, al jefe de esta última fuerza (Dorrego) una bala le había destrozado el cuello, con lo que la intensidad del ataque del cuerpo se diluyó por entero.

Si bien los realistas en un primer momento contraatacaron y prácticamente fusilaron por la espalda a los soldados que habían quedado atrapados en el río, el jefe godo no se atrevió a cruzar el Suipacha hasta el día 17, para atacar a Díaz Vélez el 18 y ponerlo en fuga con sus hombres.[319]

Por una de esas paradojas del destino, entre los veintiséis muertos patriotas se encontraban Francisco y Lucas Balcarce, hermano y primo, respectivamente, del brigadier Antonio González Balcarce, vencedor de Suipacha en noviembre de 1810. Así, el río le cobraba sus víctimas a todos los bandos.

QUEÑUAL (o Pocona)
24 al 27 de mayo de 1812

En innumerables ocasiones, los pueblos y ciudades altoperuanas debieron enfrentar aislados y con escasez de recursos a los poderosos ejércitos realistas. Ése fue el caso de Cochabamba.

Luego de la derrota en Huaqui (20 de junio de 1811), la ciudad había caído en manos realistas, pero a los pocos meses los revolucionarios controlaban nuevamente la ciudad. Para dominar la situación e impedir que permaneciera un foco rebelde a espaldas de su ejército, el brigadier José Goyeneche decidió marchar en persona hacia allí al mando directo de 2000 hombres y acompañado por otras cuatro columnas convergentes que totalizaban otros 2000 soldados más.

En la ciudad, el coronel Esteban Arce y el gobernador Mariano Antezana no lograban ponerse de acuerdo en la conducción de las numerosas fuerzas y decidieron, finalmente, repartirse los seis mil hombres, los cuarenta cañones de estaño y los cuatrocientos fusiles del mismo material[320] en partes iguales. Antezana quedó en la ciudad y Arce se dirigió a enfrentar al enemigo al frente de tres mil indios y lugareños.

El coronel Arce salió hacia Queñual en busca de Goyeneche y los dos mil hombres con los que éste contaba. El jefe patriota dispuso sus fuerzas en "tres escalones: una primera línea con la infantería y dieciocho cañones; la segunda —más importante— ocupaba con infantería y caballería la ladera de un cerro; la reserva constituía la tercera".[321]

El combate se inició con un violento fuego de fusil y artillería. Pero la falta de organización y de puntería de los patriotas hizo que los godos avanzaran sin mayores problemas, lo que puso en fuga a la primera línea y con ella a las dos restantes. Goyeneche apunta que los patriotas sufrieron veintinueve muertos y que perdieron toda la artillería, fusiles y diez cajas de municiones, contra ocho heridos de los enemigos.[322]

De allí siguió el jefe realista hacia la ciudad, donde Antezana se mostraba vacilante sobre la actitud a tomar. Finalmente, el día 26, el gobernador decidió enviar un parlamentario ante el general enemigo para anunciar que se rendía.

Según Mitre, en aquel momento "se reunió [el pueblo] en la plaza pública en número como de mil hombres y allí interrogado por las autoridades si estaba dispuesto a defenderse hasta el último trance contestaron algunas voces que sí. Entonces las mujeres de la plebe que se hallaban presentes, dijeron a grandes gritos, que si no había en Cochabamba hombres para morir por la patria, [...] ellas solas saldrían a recibir al enemigo".[323] Con esta arenga, las mujeres acompañadas de algunos hombres se instalaron en el Cerro de la Coronilla con las pocas armas que les quedaban a la espera del ataque realista.

Cuando Goyeneche, que creía a la ciudad ya rendida, el día 27 avanzó hacia ella, fue recibido por el fuego patriota desde el cerro. Luego de dos horas de lucha, los realistas dominaron la situación; mataron treinta mujeres y nueve hombres[324] y entraron luego a Cochabamba a sangre y fuego, "dejándola casi en ruinas [...] recogiéndose todas las armas y caballos, impiediendo al mismo tiempo la cría de ellos".[325] En el hermano país de Bolivia, todos los 27 de mayo se celebra el Día de la Madre, justo homenaje para las valientes revolucionarias del Cerro de la Coronilla.

PIEDRAS (1)
3 de septiembre de 1812

En marzo de 1812 el general Belgrano había sido nombrado comandante del Ejército del Norte en reemplazo de Pueyrredón. Ante el avance de las tropas realistas al mando de Tristán, el 23 de agosto y al frente de un ejército pobre y mal armado, Belgrano abandonó Jujuy junto con los habitantes de la ciudad que llevaron consigo todo cuanto pudieron. El episodio es conocido como el "Éxodo jujeño".

Al mismo tiempo, los realistas pasaban la Quebrada de Humahuaca, ocupaban Jujuy y enviaban a su vanguardia, liderada por los coroneles Llano y Huici, a perseguir a los patriotas hasta alcanzarlos y darles el golpe de gracia. A partir de ese momento, la vanguardia enemiga y la columna de retaguardia patriota, al mando del mayor general Eustaquio Díaz Vélez, comenzaron a mantener combates casi diarios en los que los godos solían llevar la mejor parte.

Así, el 3 de septiembre a las 14:00 las fuerzas patriotas, que se encontraban a unos 10 km del grueso del ejército, fueron "atacadas por avanzadas de los realistas". Díaz Vélez, entonces, ordenó "desmontar y sus hombres se ocultaron en el bosque",[326] con lo que pudieron rechazar el ataque momentáneamente. Pero cuando el grueso de la columna de los godos (unos seiscientos hombres) cargó sobre los patriotas, éstos debieron huir precipitadamente, y perdieron cien hombres entre muertos y prisioneros, diez carretas de fierro, equipajes, dos piezas de artillería y cien fusiles.[327] Al ser informado de esto, Belgrano decidió esperar al enemigo en la margen sur del río de las Piedras, a unos 280 km de Jujuy.

Cuando la retaguardia patriota asomó mezclada con los realistas, Belgrano "hizo abrir el fuego de la artillería [unas cinco piezas al mando del Barón de Holmberg], para despejar el frente y parar al perseguidor [el que], detenido, ocupó una posición como a unos cuatrocientos metros".[328] Acto seguido, pasó al ataque dividiendo sus fuerzas en tres columnas. Por la derecha, el capitán Carlos Forest con una compañía de cien cazadores y dos piezas, por la izquierda el comandante Miguel Aráoz con cien fusileros del batallón de Pardos y Morenos, y finalmente la caballería al centro, con un destacamento de Dragones al mando del teniente Gregorio Lamadrid. Díaz Vélez y Juan Balcarce quedaron en reserva con el resto de los jinetes.[329] La columna de Forest fue la que abrió el fuego y con celeridad todos los patriotas pasaron al ataque persiguiendo a los godos por varios kilómetros.

Según los datos más difundidos (Mitre, Best, Bidondo, por ejemplo), los patriotas mataron a veinte enemigos y tomaron veinticinco prisioneros. Además se adueñaron de armas y recuperaron parte de los hombres capturados previamente por los realistas. Sin embargo, Belgrano en el parte del combate dice que los realistas sufrieron sesenta muertos, cuarenta prisioneros y que perdieron ciento cincuenta fusiles.[330] Los patriotas habrían perdido sólo nueve soldados, sin contar los hombres que quedaron prisioneros desde el inicio de la acción. Es evidente que estos datos ofrecidos por Belgrano pueden estar exagerados con el objetivo de darle una mayor importancia a su victoria y levantar el ánimo de un ejército en retirada.

Más allá de estas cifras contradictorias y de que éste no fue un combate trascendente, la victoria de las Piedras revela, como la de Tacuarí, el tacto militar de Belgrano para aprovechar el avance desprevenido del enemigo y transformar una situación crítica en un golpe de efecto sobre la moral de su ejército, efecto que influía a la vez en la confianza que su ejército le dispensaba y le dispensaría. Veinte días después ese mismo ejército y ese mismo general lograron la victoria de Tucumán.

Además de estar entre las batallas nombradas en nuestro primer Himno Nacional, el combate de las Piedras ha generado una curiosa anécdota en la que se observa el fino humor de Belgrano. Al enterarse de que Huici había caído prisionero, Tristán se interesó por su suerte y se comunicó con Belgrano, enviándole una nota con el pomposo encabezamiento de "cuartel general del ejército grande". El jefe revolucionario, rápido, irónico y sagaz, le contestó que no se preocupara por su oficial y envió su misiva desde el "campamento del ejército chico".

TUCUMÁN
24 de septiembre de 1812

Desobediencia debida

Batalla

Lugar: Campo de las Carretas, en las afueras de Tucumán.

Jefe patriota: general Manuel Belgrano.

Jefe realista: general Pío Tristán.

Fuerza patriota: cerca de 1800 hombres entre soldados y gauchos y 4 piezas de artillería de a 6.

Fuerza realista: 3200 hombres (2000 de infantería, 400 de caballería y el resto artilleros y demás personal de maestranza) y 13 piezas de artillería.

Resultado: victoria patriota.

Pérdidas patriotas: 71 muertos y 200 heridos.

Pérdidas realistas: 450 muertos, 200 heridos, 626 prisioneros, toda su artillería, el parque, municiones y 3 banderas (véase cuadro en la página 222).

Duración: 4 horas.

Esta batalla forma parte de la letra de nuestro primer Himno Nacional.

El 23 de agosto de 1812, los restos del ejército patriota del Alto Perú comenzaron a retroceder desde Jujuy hasta Córdoba, por orden del Triunvirato porteño, en previsión de que la fuerte vanguardia realista decidiera perseguirlos. Mil trescientos hombres harapientos y buena parte del pueblo jujeño se pusieron a las órdenes del abogado devenido general, Manuel Belgrano, para cumplir con el perentorio mandato del gobierno.

Según Miguel Ángel Scenna, con esta orden "el gobierno porteñista sacrificaba la mitad del virreinato a su propia seguridad y renunciaba a un extenso territorio sin luchar, para cubrir sus espaldas y seguir mercando libremente".[331] De modo coincidente, Norberto Galasso afirma que el gobierno liderado por Bernardino Rivadavia siempre "persiguió el incremento del comercio portuario" y que en aquel momento ese mismo gobierno "se halla urgido para armar negocios con los ingleses y es proclive a la independencia inmediata".[332]

En definitiva, más preocupado por la marcha de la guerra en el este, el Primer Triunvirato sólo reforzó al ejército con cuatrocientos de los ocho mil fusiles adquiridos hacía poco en los Estados Unidos.[333] Ante este panorama, la situación de Belgrano y sus hombres era poco menos que desesperante. El 10 de septiembre las fuerzas patriotas llegaron a inmediaciones de la ciudad de Tucumán y desde allí el general en jefe envió al teniente coronel Juan Ramón Balcarce para intentar que los tucumanos tomaran las armas y así se detuviese la retirada y se pudiese enfrentar al enemigo. Al ver la adhesión que obtuvo Balcarce en su gestión del día 12, Belgrano le informó al gobierno su determinación de hacerle frente a los realistas.

Interesantísimas resultan las cartas que se intercambiaron entre el 12 y el 29 de septiembre Belgrano y Rivadavia para entender no sólo lo acertado de la decisión del general patriota, sino la peculiar visión del líder del Primer Triunvirato. Luego de recibir cuatro oficios el día 12, Belgrano contestó que: "Pero Belgrano no puede hacer milagros: trabajará por el honor de la patria, y por el de sus armas cuanto le es posible, y se pone en disposición de defenderse para no perderlo todo. Tiene la desgracia de que siempre se le abandone o que sean tales las circunstancias que no se le pueda atender. ¡Dios quiera mirarnos con ojos de piedad, y proteger los nobles esfuerzos de mis compañeros de armas! Ellos están llenos del fuego sagrado del patriotismo y dispuestos a vencer o morir con su general".[334] Rivadavia cierra el intercambio epistolar el día 29 (sin saber que los patriotas ya habían vencido) con la siguiente amenaza: "La falta de cumplimiento de ella [la retirada] deberá producir a V. S. los más graves cargos de responsabilidad".[335] Así, mientras un furioso Rivadavia en Buenos Aires sufría un duro altercado con Feliciano Chiclana (otro triunviro) que se negaba a firmar este último parte, en doce días —entre el 12 y el 24— Belgrano y sus oficiales juntaron unos seiscientos jinetes tucumanos, improvisaron armas con cuchillos enastados en tacuaras para suplir la falta de aquéllas e instruyeron a los reclutas en algunos movimientos fundamentales, como desplegar o marchar en batalla. Como la posibilidad de una derrota era latente, además los revolucionarios habían atrincherado la ciudad, cavado fosos y dejado seis cañones para un hipotético repliegue si las circunstancias así lo requerían.

Los realistas marcharon con cierta confianza hasta ubicarse el día 23 en Nogales, a cuatro leguas al norte de Tucumán. El plan de Tristán consistía en llamar la atención desde allí, lugar en donde dejó un contingente de hombres, mientras el grueso de sus fuerzas marchó por la derecha, salió a retaguardia de los patriotas y cortó el camino entre Tucumán y Santiago del Estero para evitar así la retirada de los revolucionarios.

El mismo día 23 "Belgrano formó su ejército dando frente al norte, pero en la noche se replegó a la ciudad [...]. A las 2 de la mañana siguiente volvió a salir y ocupó la misma posición",[336] mientras los godos, en la mañana del 24, también se movilizaron, pero no directamente hacia la ciudad, sino hacia donde su jefe esperaba sorprender al enemigo y cortarle la retirada.

Esto fue descubierto por el teniente Gregorio Lamadrid (al mando de una avanzada de exploración), quien, para ganar tiempo, incendió unos campos poblados de altos y secos pajonales que se extendían al costado y al frente del camino por el que iban los realistas.[337] Gracias a este ardid, "Belgrano personalmente había observado los movimientos del enemigo y cerciorado de la dirección que llevaba, abandonó la posición ocupada hasta entonces, rodeó la ciudad por el oeste [y] efectuó una contramar-

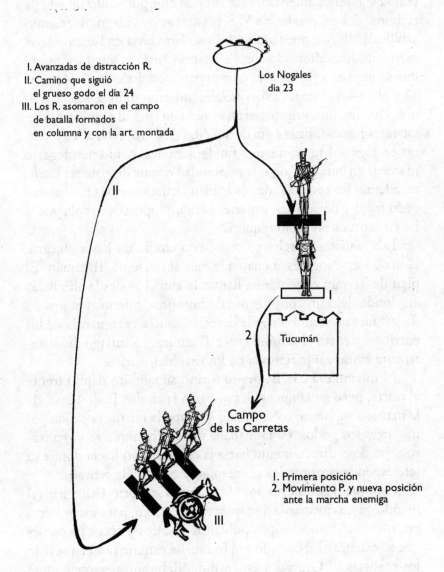

I. Avanzadas de distracción R.
II. Camino que siguió
el grueso godo el día 24
III. Los R. asomaron en el campo
de batalla formados
en columna y con la art. montada

Los Nogales
día 23

II

I

I

2   Tucumán

Campo
de las Carretas

III

1. Primera posición
2. Movimiento P. y nueva posición
ante la marcha enemiga

cha formando una nueva línea con frente al sur".[338] Así, la infantería se colocó en tres columnas al centro, las cuatro piezas de artillería intercaladas en los claros, la caballería dividida en dos mitades sobre cada ala, y una pequeña reserva de caballería e infantería al mando del teniente coronel Manuel Dorrego se ubicó más a retaguardia a la espera del momento exacto para entrar en acción.

En la mañana del día 24 el ejército realista, con sus "batallones sin cargar las armas y la artillería cargada sobre las mulas",[339] asomó sobre el Campo de las Carretas y allí "reconocieron una línea de infantería formada en batalla sobre un suave repecho y con una corta reserva más a retaguardia; pero sin descubrirse la caballería".[340] Por fortuna, Belgrano contaba con la elemental caballería, si bien su ala izquierda se hallaba en una hondonada, el ala derecha se ocultaba disimulada por una pequeña arboleda.

Los patriotas rompieron el fuego con sus cuatro diminutas piezas con tan buena puntería que barrieron algunas líneas de los batallones Abancay y Cotabambas. El jefe del primero de estos cuerpos, "el coronel [Pedro] Barrera, irritado por el daño recibido, y sin consultar más que su impaciente arrojo, mandó cargar a su batallón a la bayoneta, pero en dispersión" y "a imitación de Barrera, los demás jefes de cuerpo hicieron otro tanto".[341] Cuando Belgrano mandó "que la caballería de Balcarce cargara sobre el flanco izquierdo de la infantería enemiga y que la infantería se dirigiera contra el centro, a paso de ataque, con la bayoneta calada",[342] Tristán tan sólo pudo montar dos de sus trece piezas (véase croquis de pág. 219).

El choque de ambas infanterías tiene que haber sido terrible, y así lo demuestra el impacto sufrido por la infantería patriota. "La infantería de Forest, que se batía con el batallón Abancay, el cual era superior en número, se vio colocada en situación peligrosa [...]. Entretanto, la infantería de Warnes, enérgicamente atacada por el batallón Cotabambas, veíase obligada a retroceder dejando el flanco izquierdo de Forest descubierto y en situación muy peligrosa".[343] Por la izquierda patriota la situación era todavía peor. Con su jefe (Superí) prisionero, los infantes se dispersaron por completo y arrollaron en la huida a la caballería de Bernaldes Palledo y al piquete de santiagueños que completaba el flanco. En escaso tiempo "el cuerpo principal de los patriotas había perdido cuatrocientos hombres de los seiscientos con que contaba".[344] En aquel momento dramático "Dorrego, sin esperar órdenes de Belgrano, que no estaba en ese punto para dárselas, avanza con la infantería (de reserva) en ayuda de Forest y Warnes".[345] El jefe de la retaguardia patriota pasó como un torbellino por la izquierda de Forest y con su carga inclinó la suerte del combate (véase croquis de pág. 220).

Mientras tanto Balcarce, con sus paisanos tucumanos "armados de lanzas, espadas y machetes",[346] en primer momento (cuando Belgrano ordenó la carga general) "avanzó a su frente [de la caballería] a gran galope, corriéndose un tanto sobre su derecha para evitar los proyectiles de la infantería enemiga, que mantenía un nutrido fuego".[347] Si bien con este movimiento de flanco Balcarce no respondía a la orden indicada (por ello el general envió a la caballería de reserva al ataque), la decisión del jefe de caballería resultó crucial para acabar con los godos.

Para Alberto Maffey, la batalla de Tucumán "es clave en la historia militar Argentina porque en ella fue creada e hizo aparición con éxito la caballería como arma".[348] Hay que reconocer que aquella caballería estuvo compuesta "de un corto número de Dragones de línea, de los Decididos de Tucumán, que mandaba Rudecindo Alvarado y, en su mayoría, de la milicia gaucha de Tucumán".[349]

Con su aparición la caballería patriota puso en precipitada fuga a la realista, que estaba toda compuesta con gente de Tarija y "se presentó por retaguardia de los batallones de Abancay y Cotabambas, los cuales, sorprendidos y aterrados [...] acabaron por desordenarse y acogerse al inmediato bosque. Funesto ejemplo seguido por los demás batallones".[350] Hasta el victorioso batallón Paruro, cuya derecha tenía prisionero a Superí, se vio obligado a retirarse ante la huida de sus compañeros.

Mientras "la caballería tucumana, completamente desbandada, se ocupaba en lancear dispersos y saquear los lujosos equipajes del ejército real"[351] y la infantería empujaba a Tristán y los suyos "a 5 km al sur del campo de batalla",[352] Belgrano se en-

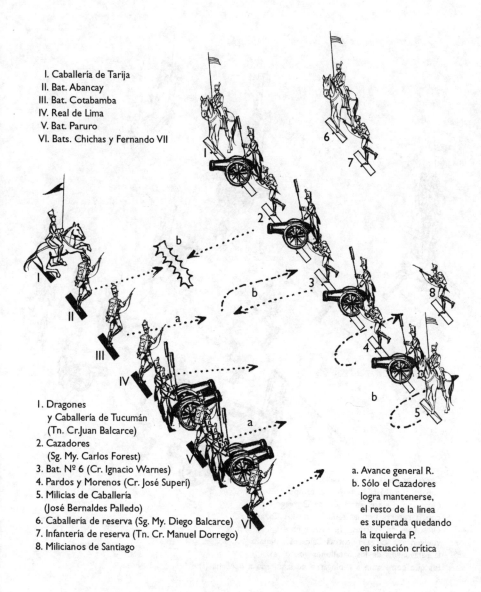

I. Caballería de Tarija
II. Bat. Abancay
III. Bat. Cotabamba
IV. Real de Lima
V. Bat. Paruro
VI. Bats. Chichas y Fernando VII

1. Dragones
   y Caballería de Tucumán
   (Tn. Cr.Juan Balcarce)
2. Cazadores
   (Sg. My. Carlos Forest)
3. Bat. Nº 6 (Cr. Ignacio Warnes)
4. Pardos y Morenos (Cr. José Superí)
5. Milicias de Caballería
   (José Bernaldes Palledo)
6. Caballería de reserva (Sg. My. Diego Balcarce)
7. Infantería de reserva (Tn. Cr. Manuel Dorrego)
8. Milicianos de Santiago

a. Avance general R.
b. Sólo el Cazadores
   logra mantenerse,
   el resto de la línea
   es superada quedando
   la izquierda P.
   en situación crítica

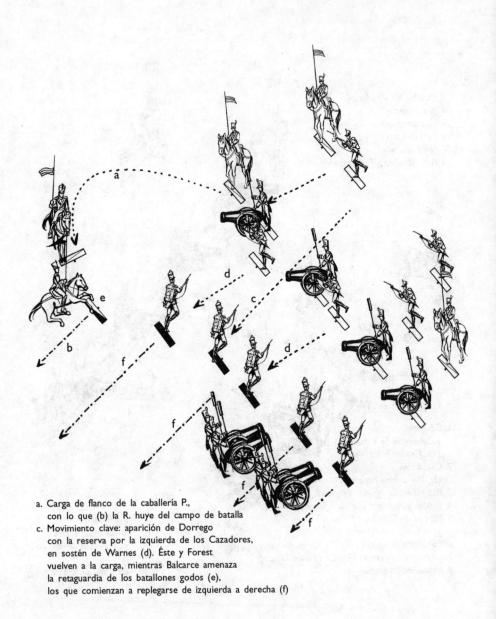

a. Carga de flanco de la caballería P.,
   con lo que (b) la R. huye del campo de batalla
c. Movimiento clave: aparición de Dorrego
   con la reserva por la izquierda de los Cazadores,
   en sostén de Warnes (d). Éste y Forest
   vuelven a la carga, mientras Balcarce amenaza
   la retaguardia de los batallones godos (e),
   los que comienzan a replegarse de izquierda a derecha (f)

contró en medio de la lucha absolutamente desconectado de sus fuerzas y con la mayor imposibilidad de dar órdenes a sus desperdigados oficiales. Sólo luego se le sumó Balcarce con los pocos jinetes que no se le habían desbandado y así el general en jefe reunió unos doscientos hombres, con los que marchó lenta y precavidamente hacia la ciudad.

Allí, y sin que Belgrano lo supiese, se encontraba la infantería patriota, la que luego de ser prácticamente abandonada por la caballería y ante la reunión de las tropas enemigas en torno a Tristán, se había retirado en perfecto orden hacia Tucumán, llevando "consigo cinco piezas de artillería enemiga, el parque del ejército realista que Dorrego se encargó de reunir y hacerlo marchar, las banderas de los batallones Abancay, Cotabambas y Real de Lima y varios cientos de prisioneros".[353]

Belgrano, que en su marcha hacia Tucumán había juntado otras dos piezas,[354] encontró a los realistas ubicados al sudoeste de la ciudad. Tristán pudo rearmar en parte su ejército valiéndose de una columna que no había intervenido porque estaba destinada a cortar la retirada de los patriotas, y con él avanzó hasta las afueras de Tucumán.

Un hecho fortuito para los realistas terminó de sellar la historia de la batalla. Fue cuando "las municiones y demás pertrechos que iban a retaguardia" de la columna real "cayeron en poder del enemigo [...] porque engañados los conductores con la noticia de que las tropas reales ocupaban la ciudad, se dirigieron a ella sin precaución".[355]

Sin poder de fuego y destruida la moral de la tropa, los realistas pronto comprendieron que la suerte estaba echada. Así, aprovechando que Belgrano con unos quinientos jinetes, al finalizar la tarde, se había retirado "al punto denominado Santa Bárbara",[356] Tristán levantó campamento sin intentar una nueva ofensiva, y a las doce de la noche partió en silencio hacia Salta, desandando parte de las doscientas veintinueve leguas que lo separaban de su cuartel general.[357]

Salvando con su famosa desobediencia a la misma revolución, Belgrano ingresó triunfante en la ciudad. Hoy una placa colocada en el ángulo oeste de la histórica Plaza de Mayo, a pasos del Cabildo de Buenos Aires, inmortaliza el nombre de los setenta y un caídos por la patria aquel día.

RELACIÓN DEL ARMAMENTO Y ÚTILES DE GUERRA TOMADOS AL ENEMIGO

Cañones de a 4	4	Cañones de a 2	2
Cañones de a 7	1	Fusiles	358
Bayonetas	133	Lanzas enastadas	39
Cajones de municiones de artillería	40	Íd. de fusil	30
Íd. de lanzafuegos	1	Cajas de guerra	5
Tiendas de campaña	81	Azadas	17
Hachas	19	Partesanas	27
Resmas de papel	2	Cajones de herramientas	2

RELACIÓN DEL TOTAL DE **626** PRISIONEROS

Sargentos	18	Tambores	9
Pífanos	5	Cabos	24
Músicos	2	Soldados	325
Otros sin especificar categoría	243		

PIEDRAS (2)
30 de septiembre de 1812

La victoria de Tucumán (24 de septiembre), sin duda la batalla de mayor importancia de la historia bélica de las Provincias Unidas, fue un bálsamo para la revolución y un eficaz incentivo para las partidas de gauchos que ya actuaban en la región de Salta y Jujuy.

Tan sólo seis días después de aquel triunfo, una guerrilla patriota liderada por el capitán Cornelio Zelaya venció a otra enemiga sobre el río de las Piedras. Luego de una hora de combate los godos, comandados por el alférez José Vidart, debieron retirarse, no sin antes sufrir ocho heridos y perder once prisioneros, dieciocho fusiles, dos pistolas, tres trabucos y tres machetes.[358] Zelaya contabilizó cinco soldados heridos.

JUJUY (1)
8 de octubre de 1812

La notable victoria del general Manuel Belgrano en Tucumán (24 de septiembre de 1812) sirvió para dar movilidad a la acción de las pequeñas partidas que hostilizaban permanentemente a los godos en todo el frente de batalla.

De esta forma, el capitán Cornelio Zelaya al frente de ochenta dragones se acercó hasta Jujuy, donde se encontraba el coronel Indalecio González de Socasa "al frente de algunos oficiales y algo de armamento y munición, y cuya principal misión era la de proteger los caudales del ejército realista y mantener expeditas las comunicaciones con el sojuzgado Alto Perú".[359]

Luego de intimarle rendición a los godos y de ser ésta rechazada, Zelaya explica que: "Dispuse una guerrilla de veinte hombres [capitán Eustaquio Moldes], cuya mitad [teniente Toribio Reyes] debía ocupar uno de los tejados de la cuadra de más arriba de donde tenían la trinchera y la otra los balcones de la casa de Gorriti y yo con el resto de la gente me dirigí a la plaza".[360] Luqui-Lagleyze afirma que fueron trescientos los salteños que atacaron aquel día;[361] es probable que se trate de un número intermedio entre ambas fuentes.

Pese a que los patriotas habían tomado las alturas indicadas, el primer ataque no fue fructífero por lo que relata Zelaya que "ordené que las partidas que se hallaban en los altos se replegasen a la plaza y tomé la resolución de entrar por tres puntos hasta meterme en sus trincheras, para lo cual dispuse que el capitán Antonio Rodríguez entrase con diez hombres por la calle detrás de la catedral; Moldes con igual número por la de San Francisco y yo con Reyes y el resto por el frente".[362]

Las columnas de Rodríguez y Zelaya cumplieron su cometido, pese a ser atacados hasta con tejas y ladrillos, pero Moldes (que quedó gravemente herido en poder del enemigo) no pudo conseguirlo, por lo que debió retirarse. Lo mismo tuvo que hacer el resto de los patriotas al comprobar que sólo tenían tres cartuchos por hombre, con lo que se hacía imposible un nuevo ataque.

Al otro día Zelaya abandonó la ciudad luego de haber perdido dieciséis hombres entre muertos y heridos y de haber provocado unas cuarenta bajas en el enemigo. Además se apoderó de doscientas mulas y caballos.

SALTA (1)
20 de febrero de 1813

Celeste y blanca, la patria belgraniana

Batalla

LUGAR: Campo de la Tablada, en las afueras de la ciudad de Salta.

JEFE PATRIOTA: general Manuel Belgrano.

JEFE REALISTA: general Pío Tristán.

FUERZA PATRIOTA: 3000 hombres más 12 piezas de artillería.

FUERZA REALISTA: 3400 hombres más 10 piezas de artillería.

RESULTADO: victoria patriota.

PÉRDIDAS PATRIOTAS: 103 muertos y 433 heridos.

PÉRDIDAS REALISTAS: 481 muertos, 114 heridos, 2776 prisioneros, toda la artillería, 2118 fusiles, 200 espadas, pistolas, carabinas, todo su parque, su maestranza y demás pertrechos. Además de 3 banderas.

DURACIÓN: 3 horas.

Esta batalla es una de las seis nombradas en nuestro primer Himno Nacional.

Luego de la victoria de Tucumán, en la que comandó un ejército al que le faltaban hasta los más mínimos recursos, Belgrano se dedicó a organizar una fuerza con la cual poder avanzar hacia el Alto Perú. A comienzos de 1813, y gracias al apoyo material del nuevo ejecutivo porteño, el ejército estuvo pronto para abrir una nueva campaña. Poco importaron las copiosas lluvias veraniegas de la época; en definitiva, era cuestión de aprovechar el momento de ventaja parcial y así lo entendió el jefe revolucionario. Con tres mil hombres y una docena de piezas de artillería, partió desde Tucumán hacia Salta dando inicio a la segunda campaña al Alto Perú.

El 13 de febrero, al norte del río Pasaje, las tropas juraron obediencia a la insignia celeste y blanca creada por el general en jefe un año antes en la costa del Paraná. Por eso actualmente aquel río Pasaje, que el ejército tardó varios días en vadear por su correntada, se llama Juramento.

En el campamento realista nadie imaginaba que el enemigo pudiera avanzar debido a los ríos de cauce profundo y caudaloso, los caminos poco menos que intransitables y las constantes lluvias. Fue tal la desidia de los godos que el historiador español Mendizábal afirma que: "Así es que mientras descuidados los nuestros en Salta no pensaban más que en festivas diversiones, se hallaron el 15 de febrero con la noticia de que los enemigos estaban ya muy cerca".[363] El día posterior a la jura de la bandera, es decir el 14, la vanguardia patriota había sorprendido a la guardia real situada en Cobos, así que Tristán se enteró del avance de su verdugo de Tucumán.

Entre el 17 y el 18 el ejército patriota llegó a las cercanías de Salta, a la par que una columna se dirigió hacia la entrada del Portezuelo al mando del mayor general Eustaquio Díaz Vélez. Éste era el único camino "posible" para la entrada de un ejército en la ciudad y Tristán ya había colocado allí sus fuerzas, preparándose para el inminente ataque.

Mientras las guerrillas de Díaz Vélez se tiroteaban a la distancia con la vanguardia enemiga, el capitán José Apolinario Saravia, nacido en Salta y gran conocedor de la zona, le reveló a Belgrano la existencia de una quebrada más hacia el norte, que posibilitaría a los patriotas cortar la retaguardia realista. Luego de cerciorarse que la senda, denominada Quebrada de Chachapoya, se hallaba transitable, el general mandó que el ejército se internara por ella planteando, tal como había intentado su rival en Tucumán, una batalla con frente invertido.*

"Bajo una espesa lluvia, salvando los hondos barrancos formados por los torrentes, que fue necesario rellenar para dar paso a la artillería y las cincuenta carretas del bagaje [...] al amanecer del día 19 [el ejército] se hallaba en la hacienda de Castañares",[364] a una legua al norte de Salta.

Esta estancia era propiedad de don Pedro Saravia, justamen-

---

* Si bien una batalla con frente invertido puede descalabrar el plan enemigo, si no se la ejecuta con maestría, rapidez y sigilo también puede provocar una pérdida irreparable para el atacante; tal fue lo que le ocurrió a Tristán en Tucumán.

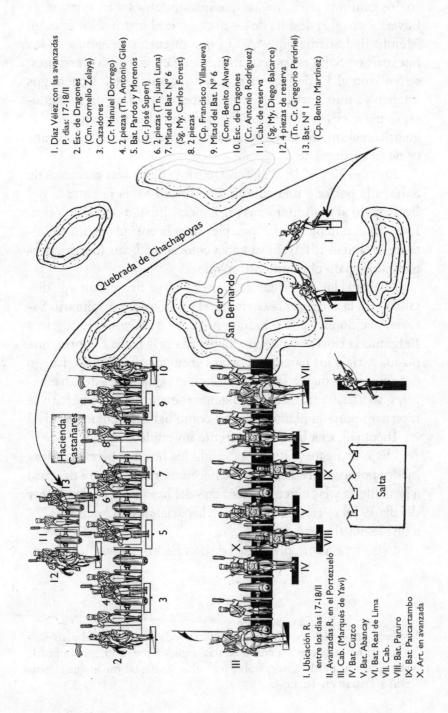

1. Díaz Vélez con las avanzadas
   P. días: 17-18/II
2. Esc. de Dragones
   (Cm. Cornelio Zelaya)
3. Cazadores
   (Cr. Manuel Dorrego)
4. 2 piezas (Tn. Antonio Giles)
5. Bat. Pardos y Morenos
   (Cr. José Superí)
6. 2 piezas (Tn. Juan Luna)
7. Mitad del Bat. N° 6
   (Sg. My. Carlos Forest)
8. 2 piezas
9. Mitad del Bat. N° 6
   (Cp. Francisco Villanueva)
10. Esc. de Dragones
    (Com. Benito Alvarez)
11. Cab. de reserva
    (Cr. Antonio Rodríguez)
12. 4 piezas de reserva
    (Sg. My. Diego Balcarce)
13. Bat. N° 1
    (Tn. Cr. Gregorio Perdriel)
    (Cp. Benito Martínez)

I. Ubicación R.
   entre los días 17-18/II
II. Avanzadas R. en el Portezuelo
III. Cab. (Marqués de Yaví)
IV. Bat. Cuzco
V. Bat. Abancay
VI. Bat. Real de Lima
VII. Cab.
VIII. Bat. Paruro
IX. Bat. Paucartambo
X. Art. en avanzada

te el padre de Apolinario.[365] Cuenta la leyenda que cuando Tristán fue informado de la nueva posición de su adversario tan sólo exclamó: "¡Sólo que fueran pájaros!".

Repuestos de la sorpresa, los realistas se corrieron hacia el campo de la Tablada, al norte de la ciudad y se ubicaron con la derecha fuertemente apoyada sobre el Cerro San Bernardo.

En la misma tarde del día 19 el ejército patriota se movilizó en son de ataque, pero luego de un breve reconocimiento regresó al campamento ante las constantes lluvias. Los godos debieron pasar las noches del 17 al 20 bajo la intensa lluvia ya que este ejército carecía de tiendas de campaña con las que guarecer a las tropas.[366]

El 20 amaneció con sol y cerca del mediodía las fuerzas patriotas marcharon para dar inicio al combate. A medio tiro de cañón los revolucionarios desplegaron en batalla tal como lo indica el croquis y ambas compañías de artillería comenzaron a intercambiar disparos. En aquel momento, y ya a tiro de fusil, el jefe del ala derecha, Díaz Vélez, que "recorría la vanguardia proclamando los cuerpos" fue alcanzado por "un proyectil [que] le hirió en el muslo izquierdo",[367] por lo que tuvo que retirarse del campo y el teniente coronel Manuel Dorrego asumió la jefatura del ala. Belgrano le ordenó a Dorrego que "avanzase contra la izquierda realista con dos compañías apoyadas por la caballería de [comandante Cornelio] Zelaya".[368] En contrapartida, los historiadores españoles García Camba y Mendizábal afirman que fueron los jinetes del rey (liderados por el marqués de Yavi) los que iniciaron el combate. Cierto o no, lo concreto es que la caballería realista, ya sea atacando o contraatacando, "cargó con tal decisión a la enemiga que la obligó a volver caras",[369] con lo que comprometió seriamente a la columna de Dorrego y Zelaya. De todas formas el avance de la caballería del marqués de Yavi (jefe que luego de la batalla se pasaría al bando patriota) no fue mucho más allá, ya que fue "detenido por los certeros fuegos del cuerpo de negros del Río de la Plata".[370] Este aspecto del enfrentamiento, curiosamente, es resaltado por los españoles, mientras que nuestros escritores clásicos (Mitre y Best, por ejemplo) afirman que fue la caballería la

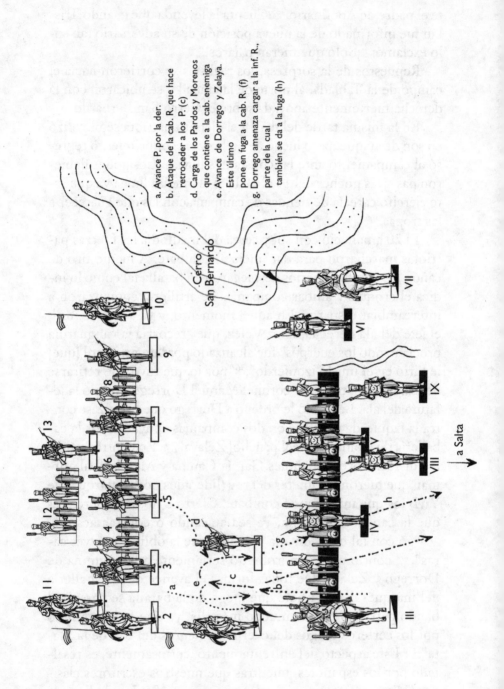

a. Avance P. por la der.
b. Ataque de la cab. R. que hace retroceder a los P. (c)
d. Carga de los Pardos y Morenos que contiene a la cab. enemiga
e. Avance de Dorrego y Zelaya. Este último pone en fuga a la cab. R. (f)
g. Dorrego amenaza cargar a la inf. R., parte de la cual también se da a la fuga (h)

Cerro San Bernardo

a Salta

que salió en apoyo de Dorrego y nada dicen del batallón de Pardos y Morenos.*

Repuestos los patriotas y luego de recuperar su posición, Belgrano le habría dicho a Dorrego: "Avance Usted y llévese por delante al enemigo, pero no intercepte los fuegos de nuestra artillería. Dorrego, apoyado por la caballería y sostenido por la artillería, […] recuperó el terreno perdido y llevó la carga con tal vigor, que toda el ala izquierda del enemigo cedió a su empuje y se desorganizó completamente, replegándose en desorden hacia la ciudad".[371] En aquel momento, Mariano Benítez, comerciante salteño e integrante circunstancial de los Decididos de aquella ciudad, avanzó contra el batallón de Cuzco y arrebató al alférez la bandera real, llevándola luego hasta la enfervorizada línea patriota.[372]

En forma simultánea a la primera carga de Dorrego, Belgrano dispuso "que una sección del cuerpo de reserva que lo formaba el regimiento Nº 1 fuese a atacar la guerrilla [unos doscientos tiradores] que estaba en la falda de [el Cerro] San Bernardo como lo verificó al mando de [el capitán] Silvestre Álvarez".[373] Pero este ataque, que no pudo ser acompañado por la caballería de aquel sector por la dificultad del terreno, no prosperó ante el poderoso batallón godo Real de Lima, ubicado en aquella posición.

Mientras tanto Tristán ocupó con los dos batallones de su segunda línea el lugar dejado por la estrepitosa huida de la izquierda, que en esos momentos ingresaba en Salta perseguida por los Dragones y los Decididos. Lo cierto es que "duró poco la firmeza de estos batallones, pues viendo que los enemigos cargaban sus fuerzas por aquel lado y temerosos de la caballería que amenazaba por la retaguardia, apenas hicieron dos descargas",[374] y también se dieron a la fuga emprendiendo el camino hacia la ciudad.

De esta forma el centro realista quedó aislado, ya que su derecha estaba separada del resto de la línea por un profundo

* Bernardo Frías, más equitativo, sólo se limita a citar a García Camba dando por cierto que fueron los negros los que frenaron al enemigo.

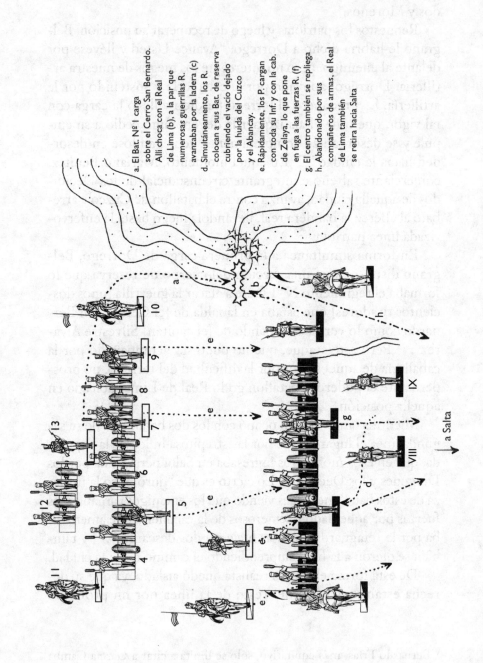

a. El Bat. Nº I carga sobre el Cerro San Bernardo. Allí choca con el Real de Lima (b), a la par que numerosas guerrillas R. avanzaban por la ladera (c)

d. Simultáneamente, los R. colocan a sus Bat. de reserva cubriendo el vacío dejado por la huida del Cuzco y el Abancay.

e. Rápidamente, los P. cargan con toda su Inf. y con la cab. de Zelaya, lo que pone en fuga a las fuerzas R. (f)

g. El centro también se repliega

h. Abandonado por sus compañeros de armas, el Real de Lima también se retira hacia Salta zanjón y en consecuencia sólo podía contar con el apoyo de su artillería reconcentrada. Sobre este sector se dirigieron los esfuerzos patriotas.

Lo concreto es que el núcleo realista poco pudo sostener la carga conjunta del sargento mayor Carlos Forest y los pardos y morenos del coronel José Superí y de Dorrego, quienes los empujaron hasta la ciudad y los obligaron a dejar la artillería en el campo de batalla.

Con toda la línea enemiga rota, Belgrano marchó en persona al frente de la reserva y dos cañones sobre las fuerzas godas que por el lado del San Bernardo hacían peligrosos progresos. Allí se produjo un duro choque e intercambio de disparos entre dos batallones bizarros que harían historia a lo largo de la Guerra de la Independencia: el Real de Lima, de los realistas (uno de los cuerpos más antiguos, ya que había sido creado en 1772[375]), y el N° 1 de Buenos Aires, de los revolucionarios. Luego de un tiempo, con la situación nada definida, y ante el lamentable espectáculo dado por el resto de sus fuerzas, que ya habían sido corridas hasta la ciudad, los realistas decidieron retirarse.

En Salta la gran mayoría de los godos se había refugiado en la iglesia o se escondía en las casas. "A tal punto que Tristán apenas era obedecido y pudo con dificultad reunir alguna tropa para defender las débiles trincheras que había logrado levantar en las bocas calles de la plaza mayor."[376]

Los patriotas, apoyados por las dos piezas del teniente Juan Pedro Luna, llegaron hasta cuadra y media de la plaza y ocuparon la iglesia de la Merced. Allí, para anunciar la inminente victoria al resto del ejército que se encontraba todavía en el campo de batalla (incluso Belgrano), enarbolaron como bandera el poncho celeste y blanco de Superí.

Ante esta señal, Belgrano envió dos cañones más para terminar con el enemigo, aunque Tristán, convencido de que sus hombres no le responderían en la defensa, envió al coronel Felipe La Hera para pactar la rendición. Ésta se firmó bajo condiciones absolutamente novedosas y únicas en toda la Guerra de la Independencia. El día 21 las fuerzas realistas salieron de la plaza con sus banderas desplegadas y entregaron sus armas luego de jurar que nunca más volverían a empuñarlas contra las Provincias Unidas hasta el límite del río Desaguadero. La actitud de Belgrano ha sido muy criticada, sobre todo el hecho de haber dejado en libertad a los dos mil setecientos setenta y seis prisioneros que se entregaron en la ciudad, muchos de los cuales se convirtieron rápidamente en perjuros a la palabra empeñada.

Salta fue la única batalla de la guerra en lo que es hoy el actual territorio argentino en la que se enarboló la insignia celeste y blanca creada por Belgrano.[377]

ANCACATO
27 de septiembre de 1813

Ocurrida cuatro días antes que la batalla de Vilcapugio, esta derrota influyó decisivamente para que las tropas al mando del general Manuel Belgrano fueran vencidas el 1º de octubre de 1813.

A mediados de septiembre, y mientras su envalentonado ejército iba ascendiendo desde Potosí, Belgrano le ordenó al caudillo indio Baltasar Cárdenas, a la sazón coronel nombrado por el propio general en jefe, que bajara desde Chayanta con sus dos mil indios y se uniera a la masa del ejército en la pampa de Vilcapugio el día mismo de la batalla. Con este movimiento se amagaba, además, el flanco este del enemigo que, en número de cuatro mil hombres, se encontraba acampado en Condo-Condo.

Militarmente hablando los indios eran una masa indisciplinada, pero compuesta por los más fervientes defensores de la revolución, a la que permanecieron fieles durante toda la contienda bélica.

Cuando aquellos dos mil indios, pobremente armados con sus macanas y boleadoras, asomaron en Ancacato el 27 "el teniente coronel Saturnino Castro, con un escuadrón de caballería y dos compañías de infantería"[378] surgió de improviso y los destrozó por completo. Este escuadrón citado por García Camba era el de Partidarios, que, recientemente creado, había sido puesto a las órdenes de Castro luego de una reforma impuesta por el nuevo general en jefe realista Joaquín de la Pezuela.[379]

Castro, que era salteño de nacimiento y que se encontraba entre los Juramentados de Salta, se había colocado en Pequereque, desde donde cubría una región clave en las comunicaciones entre ambos ejércitos. Con su bravura habitual y su fervoroso deseo de pisar nuevamente su ciudad natal, dominada por los revolucionarios, Castro cargó con violencia contra la fuerza indígena "haciendo en ella una espantosa carnicería"[380] en la que murió el propio Cárdenas.

Además de las pérdidas humanas, lo más pernicioso para la causa de los revolucionarios fue que entre los papeles del coronel vencido se encontraron las cartas y las órdenes de Belgrano, con lo cual el enemigo pasó a conocer a la perfección los planes de los patriotas.

Así, a cuatro días de Vilcapugio, los realistas desbarataron los planes ofensivos del general revolucionario al conocer su estrategia militar y poder así desarticular sus movimientos.

VILCAPUGIO
1º de octubre de 1813

Nunca tan cerca

Batalla

Lugar: unos 130 km al norte de Potosí y 100 al este de Chuquisaca.

Jefe patriota: general Manuel Belgrano.

Jefe realista: brigadier Joaquín de la Pezuela.

Fuerza patriota: 3500 hombres (1000 reclutas), una numerosa indiada y 14 piezas.

Fuerza realista: 3000 infantes, 410 hombres de caballería, 3000 indios regimentados y 12 piezas.

Resultado: victoria realista.

Pérdidas patriotas: 600 muertos, 1000 heridos, 100 prisioneros, unos 1000 dispersos, toda la artillería, las municiones (12 granadas, 235 lanzafuegos, 2800 estopines, 1087 cartuchos de cañón y 136.000 de fusil), 1000 fusiles y unas 300 tiendas de campaña.

Pérdidas realistas: 153 muertos, 257 heridos y 61 dispersos; total: 471.

Duración: 7 horas.

Luego de armar algo parecido a un ejército regular, y de pasar por Jujuy y Potosí, Belgrano se puso en movimiento a comienzos de septiembre de 1813 para medirse ante el ejército real que lideraba Pezuela.

Después de Salta los godos se replegaron a Oruro y reemplazaron al general José Goyeneche por el brigadier Pezuela en el mando de las tropas reales. Este último llegó al Desaguadero a principios de julio y de allí pasó con prontitud a incorporarse al grueso de sus fuerzas, que sumaban unos cuatro mil hombres con dieciocho piezas de artillería.

El plan de Belgrano era unir a sus fuerzas con las del coronel Baltasar Cárdenas (unos dos mil indios) y las del coronel Cornelio Zelaya para reunir unos seis mil hombres y con ellos esperar al enemigo en la pampa de Vilcapugio.

Todo indicaba que la victoria final sobre los realistas en el Alto Perú estaba por llegar. Esta sensación comenzó a desfigurarse el 27 de septiembre cuando Cárdenas fue vencido en Ancacato por el teniente coronel Saturnino Castro, quien no sólo le dispersó toda la fuerza, sino que, además, como ya se dijo, se adueñó de toda la correspondencia entre éste y Belgrano. Con estos secretos militares en su poder, Pezuela decidió apurar las acciones. Para ello le indicó a Castro que permaneciera en Ancacato con su escuadrón y dos compañías de infantería y que se sumara al grueso del ejército real el 1º de octubre en Vilcapugio.[381]

Mientras ocurría la derrota de Cárdenas, el ejército patrio ingresó en la pampa de Vilcapugio "situándose con frente al oeste, con su espalda en la montaña. Entre el 28 y 29 rectificó su posición",[382] corriéndose un poco hacia la derecha. La realidad de los patriotas no traslucía buenos auspicios: "más de mil hombres eran reclutas [...] la artillería era por lo general mala y mal servida; la caballería iba casi a pie; la tropa mal provista de abrigo y el parque falto de acémilas para la conducción de las cargas".[383] Fueron los hombres de Manuel Ascencio Padilla los que transportaron los pesados cañones al hombro hasta ubicarlos en el campo de batalla.[384] Así y todo nadie dudaba de la victoria y Belgrano, acostumbrado a dirigir ejércitos improvisados, menos que ninguno.

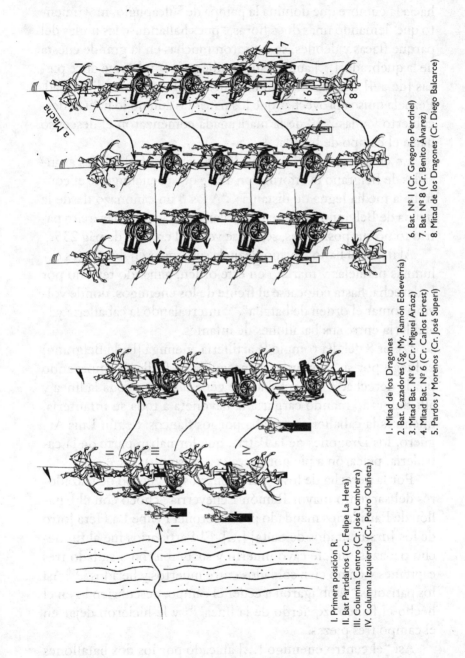

a Macha

1. Mitad de los Dragones
2. Bat. Cazadores (Sg. My. Ramón Echeverría)
3. Mitad Bat. Nº 6 (Cr. Miguel Aráoz)
4. Mitad Bat. Nº 6 (Cr. Carlos Forest)
5. Pardos y Morenos (Cr. José Superí)

6. Bat. Nº 1 (Cr. Gregorio Perdriel)
7. Bat. Nº 8 (Cr. Benito Álvarez)
8. Mitad de los Dragones (Cr. Diego Balcarce)

I. Primera posición R.
II. Bat Partidarios (Cr. Felipe La Hera)
III. Columna Centro (Cr. José Lombrera)
IV. Columna Izquierda (Cr. Pedro Olañeta)

A mediodía del día 30 los realistas comenzaron a ascender hacia la cumbre que domina la pampa de Vilcapugio, movimiento que demandó unas doce horas, "pues hallándose las mulas del parque flacas y débiles, se cansaron muchas en la grande cuesta de la quebrada, [...] aun así sólo pudieron completarse doce piezas [de a 4] con algunas municiones".[385] Pese a esta dificultad, Pezuela quiso aprovechar que los patriotas aún no lo habían descubierto y a las 2:30 de la madrugada comenzaron el descenso hacia el campo de batalla.

En el amanecer del primer día de octubre de 1813 las avanzadas de Belgrano le informaron a éste que el enemigo se encontraba a media legua de distancia. "A las 6 un cañonazo desde la tienda de Belgrano fue la señal de alarma"[386] y todo el ejército patrio tomó sus posiciones, según se ve en el croquis de pág 235.

Al llegar al llano "formó Pezuela sus tropas en diferentes columnas paralelas y marchó en este orden, ganando terreno por la derecha, hasta colocarse al frente de los enemigos, donde volvió a tomar el orden de batalla",[387] intercalando la caballería y la artillería entre sus batallones de infantes.

"A las 8 del día rompió la artillería enemiga [la de Belgrano] el fuego por su izquierda, y enseguida su fusilería empezando por la derecha."[388] El combate se generalizó por toda la línea y allí Belgrano mandó cargar a la bayoneta a toda su infantería, mientras la caballería apoyaba por los flancos. Según Luis Argüero, los Dragones de la Patria, que formaban parte de la caballería, pelearon a pie por única vez en su historia.[389]

Por la derecha de los revolucionarios, el cuerpo de Cazadores del sargento mayor Ramón Echeverría "chocó con el batallón de Partidarios mandado por el coronel Felipe La Hera [otro de los Juramentados de Salta] [...]. El Partidarios fue al fin hecho pedazos, su jefe cayó muerto y sucumbieron a su lado tres capitanes y como cien soldados entre muertos y heridos".[390] Así los patriotas "le obligaron a ceder el campo, descubriendo en el hecho el flanco izquierdo de la línea"[391] y le hicieron dejar en el campo tres piezas.

Así "el centro enemigo [...] atacado por los dos batallones del regimiento Nº 6 y los Pardos y Morenos, se entregó a la fuga"[392] luego de que su jefe, el coronel Gerónimo Lombrera, fue herido y su segundo, el comandante Zabala, muerto. El centro arrastró a la reserva y en el campo de batalla tan sólo quedaron los coroneles Francisco Picoaga y Pedro Olañeta con sus fuerzas victoriosas por la derecha realista. Éstos chocaron contra el N° 8, que cedió terreno mientras las balas derribaban a los que se colocaban a su frente. Este cuerpo (el N° 8) hacía su bautismo de sangre en Vilcapugio, ya que había sido creado tan sólo ochenta días atrás y más de la mitad de su tropa era recluta.[393] Allí cayó el coronel Benito Álvarez, a quien "un balazo lo derribó del caballo mortalmente herido. El mayor [Patricio] Beldón acudió a tomar su puesto pero otra bala lo

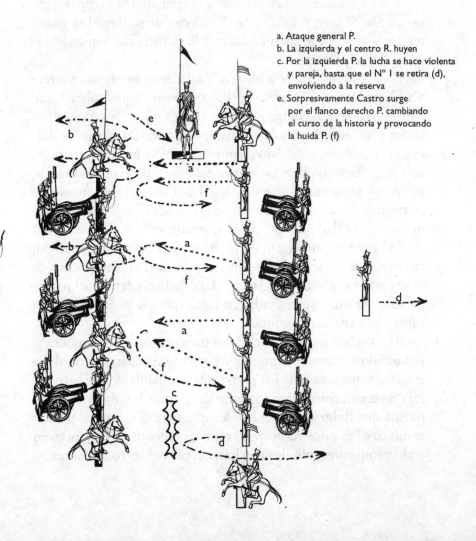

a. Ataque general P.
b. La izquierda y el centro R. huyen
c. Por la izquierda P. la lucha se hace violenta y pareja, hasta que el N° 1 se retira (d), envolviendo a la reserva
e. Sorpresivamente Castro surge por el flanco derecho P. cambiando el curso de la historia y provocando la huida P. (f)

derribó muerto. El capitán Villegas tomó el mando del cuerpo y también cayó muerto. El que le sucedió, que fue el capitán José Apolinario Saravia, también cayó herido de un balazo en el pecho".[394] Finalmente, el batallón patriota "se arremolina y comienza a desorientarse"; en consecuencia "dispuso Díaz Vélez saliera la reserva a restablecer el combate. [...] Esta orden [...] se cumplió con tanta flojedad y cobardía [...] que al poco andar tuvo que contener el paso; por que el Nº 8 venía en retirada y desorden y replegándose sobre la reserva, la envolvió en la ruina".[395]

Por la derecha, la caballería perseguía y sableaba a las fuerzas dispersas de los godos, mientras Pezuela y su segundo, el general Juan Ramírez, se dedicaban a reagrupar a sus tropas a retaguardia. Si bien todavía por la derecha de su línea los godos tenían la ventaja, todo indicaba que la victoria iba a quedar para las armas patriotas.

Pero la "Divina Providencia", tal como lo afirma García Camba, protegió a las armas del rey y Castro, aquel salteño que había jurado en su ciudad natal nunca más tomar las armas contra las Provincias Unidas y que había destruido los planes de Belgrano en Ancacato, "volvió de nuevo sobre Vilcapugio, apareció con su escuadrón por retaguardia del flanco derecho de Belgrano, cargó resueltamente y acuchillaba al enemigo en medio de su triunfo de tal modo que introdujo en sus filas la mayor confusión y le obligó a un precipitado retroceso".[396]

"Al ver esto, un clarín de la patria toca reunión y retirada; vuelven cara los soldados; se apodera de ellos el pánico creyéndose cortados y se desbandan."[397] La caballería detuvo su persecución y se puso en retirada, en tanto que los godos volvieron caras y retornaron al ataque.

Al ver todo perdido, Belgrano tomó entonces la bandera y, reuniendo a algunos tambores y como a una cuarta parte de la reserva, subió a uno de los morros de la espalda donde hizo tocar "reunión, consiguiendo juntar doscientos hombres".[398] Claro está que Belgrano no era de los que se rinden ante el primer tropiezo y "por dos veces quiso renovar el combate [...], pero en ambas sólo consiguió llevarlo hasta el pie del cerro, rechazando

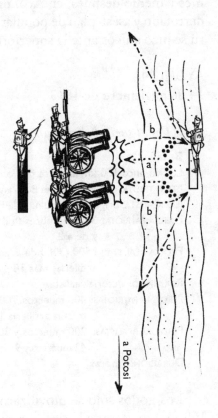

Belgrano junta a unos 500 hombres
en retaguardia y (a) por dos veces
intenta restablecer el combate,
impedido de ello
y ante el fuerte bombardeo (b),
él se retira hacia Macha,
mientras Díaz Vélez lo hace a Potosí (c).

los ataques del enemigo que intentaba escalarlo con fuerzas superiores".[399]

A las tres de la tarde y luego de tirotearse por "hora y media"[400] y sufrir el cañoneo de Pezuela, Belgrano decidió retirarse del campo de batalla y reconocer su derrota. Díaz Vélez partió hacia Potosí, mientras el general en jefe con unos quinientos hombres y los heridos a vanguardia se replegó hacia Macha.

Nunca antes y nunca después de Vilcapugio las fuerzas revolucionarias estuvieron tan cerca de vencer a los realistas definitivamente en el Alto Perú. La batalla parecía favorecer irremediablemente a los patriotas, pero la aparición de Castro, en momentos tan críticos, sirvió para modificar el rumbo del combate. Un mes y medio después, en Ayohuma, Belgrano será nuevamente derrotado y así su plan de popularizar la revolución en el Alto Perú se hizo añicos ante la superioridad militar de los godos.

AYOHUMA
14 de noviembre de 1813

Adiós al sueño belgraniano

Batalla
LUGAR: unos 160 km al norte de Potosí y 75 al este de Chuquisaca.
JEFE PATRIOTA: general Manuel Belgrano.
JEFE REALISTA: brigadier Joaquín de la Pezuela.
FUERZA PATRIOTA: 3200 hombres (mil veteranos) más 8 piezas de a 1 y de a 2.
FUERZA REALISTA: 3500 (3000 de infantería, 250 de caballería y 250 de artillería) más 18 piezas.
RESULTADO: victoria realista.
PÉRDIDAS PATRIOTAS: 400 muertos, 700 prisioneros, 1500 fusiles, toda la artillería, los bagajes y el parque.
PÉRDIDAS REALISTAS: 200 muertos y 300 heridos (Mitre-Best), 42 muertos y 96 heridos (Mendizábal-García Camba).
DURACIÓN: 7 horas.

Los godos sólo se movilizaron veintinueve días después de Vilcapugio, cuando levantaron su campamento de Condo-Condo, a unos 70 km al oeste de Ayohuma. Toda su tropa, hasta la caballería, iba a pie y su artillería se hubo de transportar en parte a hombro.

Belgrano, ubicado en Macha, al este de Vilcapugio, y el mayor general Eustaquio Díaz Vélez, atrincherado en Potosí, durante todo ese tiempo se ocuparon de reorganizar el ejército, gracias al auxilio de refuerzos enviados por Francisco Ortiz de Ocampo, Juan Arenales e Ignacio Warnes desde distintas regiones del Alto Perú y a la inmensa participación de las poblaciones cercanas, en su mayoría indígenas. Era tan grande el ascendiente y el respeto que se había ganado Belgrano entre los naturales, que éstos no sólo aportaron armas, caballos, víveres, agua y hombres para el nuevo combate, sino que, además, mantuvieron en el mayor secreto la posición del ejército patriota y los trabajos que se hacían para ponerlo nuevamente en condiciones de luchar. La ampliación de los derechos civiles en la región y la distribución de tierras entre la población local eran las lógicas razones para un apoyo tan claro y decidido en favor de la revolución.

Con lentitud ambos ejércitos se fueron acercando. El día 9 por la mañana Belgrano ocupó Ayohuma, mientras que el 12 los hombres de Pezuela descubrieron a los patriotas desde las alturas del cerro Taquiri, "luego de haber sufrido un horrendo temporal de nieve, granizo y lluvia".[401]

Más allá de la opinión de sus oficiales, que deseaban marchar a Potosí, y de una importante ventaja del enemigo en cuanto a su artillería (dieciocho cañones contra ocho piezas pequeñas), Belgrano decidió afrontar, una vez más, la verdad de las armas.

Luego de dos días de espera, el brigadier Pezuela, ya teniendo la posición patriota bien estudiada, movilizó sus fuerzas y comenzó a bajar hacia la pampa.

A las seis de la mañana del 14, los realistas comenzaron a descender la cuesta formados en líneas de diez y con la artillería montada. Las cajas de equipaje y el hospital quedaron en la cima ante cualquier eventualidad.[402] En absoluta pasividad, Belgrano y sus hombres observaron cómo el enemigo terminó de descender, cruzó un pequeño río de dos brazos y prácticamente desapareció tras unas lomas que le servían de defensa natural. El creador de la bandera había imaginado un ataque frontal de su enemigo y ninguna previsión se había tomado por si éste presentaba otro plan de combate. Para la gran mayoría de los historiadores que han estudiado esta batalla, Belgrano perdió una inmejorable oportunidad al no atacar al ejército realista en la boca de la cuesta. Además, varios autores agregan que las fuerzas revolucionarias estaban rezando ante un altar especialmente montado mientras los godos bajaban la pendiente.

Ni bien Pezuela llegó al llano, oculto como estaba, giró a la izquierda posesionándose de una pequeña loma y asomó amenazando el flanco derecho de los patriotas. Ante este inesperado cambio de planes (inesperado ya que, como hemos dicho, parece haber certeza respecto al convencimiento del general revolucionario en cuanto a que el de los realistas sería un ataque frontal), las fuerzas patriotas debieron mover su posición y cambiar de frente.

Belgrano corrió a los Dragones de Balcarce hacia atrás, los colocó como una reserva en el extremo derecho y adelantó su flanco izquierdo hasta quedar de frente al enemigo. Éste avanzó hasta la llanura y se desplegó en batalla con su temible artillería avanzada delante de la línea general. Y he allí el error fatal de Belgrano: permitir al enemigo montar y poner en funcionamiento su poderosísima artillería. Además, el jefe realista había enviado, con gran genio militar, una fuerte partida compuesta por treinta hombres y un oficial de cada uno de los seis batallones con los que contaba al mando del coronel Manuel Valle, para que ocuparan una loma adelantada por la izquierda, la cual comunicaba con la derecha patriota.[403]

A las diez de la mañana la artillería enemiga comenzó a cañonear a "bala rasa" al ejército patriota, "que lo sufrió a pie firme con la constancia más imponente por más de un cuarto de hora".[404] Según Mitre y Frías, los realistas lanzaron cuatrocientas balas en treinta minutos. Durante esa larga media hora, y mientras los impávidos soldados de Belgrano le oponían el pecho a las balas, "una mujer de color, llamada María, a la que conocían [...] con el sobrenombre de 'madre de la patria', acompañada de dos de sus hijas con cántaros en la cabeza, se ocupó [...] en proveer de agua a los soldados".[405]

Acabado el fervor de los cañones, Belgrano dio orden de cargar a toda su infantería, que debía sortear un barranco próximo, y a la caballería, al mando del coronel Cornelio Zelaya, que se ubicaba en el ala izquierda. A medio tiro de fusil los patriotas abrieron el fuego, que se mantuvo por unos veinte minutos.

Simultáneamente, Pezuela comenzaba a definir todo por los flancos. Mientras que por su derecha recibió a Zelaya con toda su caballería (hasta su propia escolta), dos batallones de infantería y diez piezas de artillería que escupieron cerca de ciento cincuenta tiros de metralla en cuestión de minutos,[406] por la izquierda de su línea el coronel Valle descargó toda su furia contra el flanco y la retaguardia del batallón de Cazadores que, hasta entonces, contaba con alguna ventaja parcial. Atacado éste por la retaguardia, se dio a la fuga. A los cazadores los acompañó en la retirada el batallón de Pardos y Morenos, y ambos dejaron a sus respectivos jefes, el mayor José Cano y el coronel José Superí, muertos en el campo de batalla. Enseguida, el N° 6 se vio amenazado y también se retiró. El N° 1, que había logrado un avance mayor en su línea, quedó con su flanco descubierto y se dio por lo mismo a la fuga.

La desesperada carga realizada por Balcarce y las fuerzas que le quedaban a Zelaya, sobre el flanco derecho enemigo, tan sólo sirvió para cubrir la retirada de la infantería, que era aniquilada en el barranco. Amparado en este último accidente del terreno, Belgrano logró reunir algunos dispersos con los que se trasladó dos kilómetros a retaguardia.

Merced a que los realistas permanecieron inactivos luego de haber transpuesto el barranco, por causa del cansancio y de que ya estaba definida la acción, el jefe patriota, enarbolando su inseparable bandera celeste y blanca, pudo reunir unos cuatrocientos infantes y casi un centenar de hombres de caballería. Con ellos se parapetó en unas lomas pedregosas defendidas por un pequeño arroyo. En el campo de batalla habían quedado cerca de cuatrocientos muertos, unos setecientos prisioneros, entre ellos gran número de oficiales, mil quinientos trece fusiles, toda la artillería, el parque y los bagajes.

La única salida para los patriotas era retirarse lo antes posible de aquel punto, antes de que los realistas volvieran a la carga. Para ello se designó a Zelaya con ochenta jinetes con la misión de proteger la retirada y evitar el cruce del arroyo por parte del enemigo. Éstos avanzaron en crecido número para que el coronel de la famosa caballería cochabambina escribiera una heroica página en la historia, al mantener el paso "como 45 minutos"[407] y cubrir la retirada hasta el fin de la lúgubre tarde.

Dos días después, Belgrano entró en Potosí con los restos de su ejército y de allí siguió su camino al sur, dejando al teniente coronel Manuel Dorrego al frente de una retaguardia de cerca de quinientos hombres,[408] y a fines de enero ya se encontraba en

Tucumán. Allí le entregó el mando al coronel José de San Martín y con absoluta abnegación pasó a servir bajo las órdenes del Libertador.

SAN PEDRO
4 de febrero de 1814

Con la derrota de Belgrano en Ayohuma el Alto Perú quedó dividido en tres poderes: al norte de Cotagaita, y dominando la línea Potosí-Chuquisaca-Cochabamba-Oruro, los realistas se habían instalado victoriosos; al sur de Yavi y con dominio sobre la estratégica Quebrada de Humahuaca, los restos del Ejército del Norte se habían replegado al amparo de los gauchos de Güemes; finalmente, al este de Cochabamba y Chuquisaca dos militares de línea transformados en caudillos populares, Ignacio Warnes y Juan Antonio Álvarez de Arenales, continuaban defendiendo la revolución.

Tanto Warnes como Arenales habían sido enviados por Belgrano para sostener Santa Cruz de la Sierra y Cochabamba, respectivamente. A ambos, además, les otorgó el título de gobernador.

Con el fin de acabar con ellos, los realistas comisionaron una columna compuesta de cerca de ochocientos hombres, liderada por el coronel José Joaquín Blanco. Luego de algunos movimientos tácticos por parte de ambos contrincantes, Blanco y Arenales —con parte del total de sus fuerzas— quedaron posicionados a corta distancia en cercanías de Valle Grande.

Previendo los posibles pasos del enemigo, Arenales colocó al teniente coronel Melchor Guzmán con algunos jinetes para que ocuparan la Quebrada de San Pedro y quedó a la expectativa con el resto de sus fuerzas.

El jefe realista, al frente de trescientos infantes divididos en tres secciones (comandantes Udaeta, Ostría y Llano), un escuadrón de caballería y algunos paisanos,[409] "atacó [el 3] y se posesionó de las alturas de San Pedro y quedó a la espera de refuerzos".[410]

A resultas de este movimiento, el plan inicial de Arenales debió modificarse, reacomodando su línea para el inminente combate. Ésta quedó con parte de los ciento setenta y cinco fusile-

ros al centro divididos en tres secciones comandadas por los capitanes Juan Coronel, Melchor Zurita y Francisco Carpio; por
la izquierda, los quinientos jinetes vallegrandinos de Guzmán;
finalmente, cubriendo el ala derecha se colocó José Borela con
doscientos lanceros,[411] pero estos últimos desertaron todos poco
antes del comienzo del combate.

Al amanecer del día 4 el jefe godo decidió iniciar el ataque.
Según la detallada reconstrucción que ofrece Cáceres en su obra
respecto de aquella campaña de Arenales, "la infantería del coronel Blanco avanza hasta alcanzar la distancia de fuego [...] sa-
cando alguna ventaja las pequeñas fuerzas de Arenales, que obligan al adversario a retroceder. [...] Se continuó el intenso fuego
[...] del que llevaron la peor parte los realistas". Allí "el capitán
Carpio [...] pasa decididamente al ataque contra el ala izquierda realista, obligándola a retroceder [...], el coronel Blanco ordena a la reserva reforzar la primera línea, respondiendo Arenales, con igual medida, aumentada con la orden que imparte a su
caballería de cargar contra el ala derecha".[412]

La victoria se inclinaba cada vez más hacia el lado de los patriotas y, si bien las tropas de Guzmán se dispersaron sin que llegaran a cumplir la orden del jefe patriota, el empuje de la infantería reforzada había hecho retroceder a los realistas hasta dejar
rotas sus líneas.

En esas circunstancias "Arenales cree llegado el momento
para el contraataque general [...]. En consecuencia ordena se
toque carga a la bayoneta. Cuando sus fuerzas inician el movimiento, se eleva entre los revolucionarios una voz que exclama-
ba: 'acción perdida, acción perdida'".[413]

Curiosamente, después de tres horas de reñido combate y
mientras los patriotas se dispersaban por completo en los montes ante aquel rumor, los realistas aceleraron su retroceso con el
anuncio de la carga enemiga. La confusión fue tal que los godos,
triunfadores, abandonaron sus heridos, muertos y pertrechos en
el campo, mientras el derrotado Arenales, junto con los escasos
hombres que no se le dispersaron, quedó dueño del escenario de
la acción.

Según el parte de Blanco, citado por García Camba, los realistas habrían matado "unos doscientos patriotas, tomado la artillería y veintiún prisioneros y hecho muchos heridos".[414] Cáceres afirma que fueron tres muertos y seis heridos los ocasionados por los patriotas y muchos los hombres que quedaron tendidos por la acción de los godos.[415] Tanto uno como otro dato parecen exagerados, ya que la mayoría de las fuerzas se dispersaron a lo largo del combate.

Lo cierto es que aquella mañana ambos perdieron más de lo que ganaron, ya que a Arenales se le dispersó casi toda su fuerza y los godos quedaron sin la mayoría de su armamento.

TARVITA
4 de marzo de 1814

Las emblemáticas figuras de Manuel Ascencio Padilla y de su esposa Juana Azurduy han dado lugar, a base de sacrificio y esfuerzos personales, a páginas memorables en la larga y cruenta lucha revolucionaria.

Enterado el matrimonio de que una fuerte partida de realistas dirigida por el comandante Benito López operaba en la región, se pusieron manos a la obra con el objetivo de vencerlos. Padilla atacó de frente, pero fue rechazado por los godos. En ese momento apareció en acción su esposa, que se precipitó "contra el flanco izquierdo, mientras que [el comandante José] Zárate hacía lo mismo, en una maniobra bien combinada, contra el derecho".[416]

Luego de casi tres horas de lucha, los realistas fueron derrotados y se refugiaron en el pueblo de Tarvita, donde todos fueron tomados prisioneros.

SAN BERNARDO
18 de marzo de 1814

En la línea que los patriotas cubrían sobre el río Pasaje, muchos y diversos fueron los enfrentamientos que patriotas y realistas mantuvieron a lo largo del año 1814. En uno de ellos el comandante José Gabino Sardina atacó por sorpresa el fuerte de San Bernardo que era defendido por el comandante Mariano Santibáñez y una pequeña guarnición.[417] Finalmente los patriotas triunfaron, tomaron diez prisioneros[418] sin haber sufrido ninguna pérdida y se llevaron todo lo que encontraron.

SAUCE REDONDO
24 de marzo de 1814

En el marco de la guerra a muerte entre los realistas y los gauchos salteños y jujeños, el 24 de marzo de 1814 se registró una nueva victoria para los patriotas.

En aquella ocasión, una partida realista de cincuenta y seis hombres liderados por el capitán José Lucas Fajardo fue mandada hacia Guachipas a buscar ganado. A 10 km de su destino[419] fue interceptada por una guerrilla de doce gauchos, enviada por el capitán José Apolinario Saravia. Los patriotas abrieron el fuego pero en el intercambio de disparos cayó muerto su jefe, el alférez José Suárez.[420]

Saravia informó que cargó inmediatamente "con el resto de mi división [24 hombres] y pasadas las primeras descargas de fusil […] mandé avanzar sable, garrote y chuza en mano".[421] Esta carga fue implacable para con el enemigo, que sufrió una pérdida de once muertos (entre ellos Fajardo) y veintisiete prisioneros, contra tres muertos y un herido patriota.

El mismo Saravia explicó en el parte del combate que "los tiranos quedarán asombrados al ver que sólo treinta hombres de fusil, ayudados de inerme paisanaje, atropellando por sobre un fuego vivo, hubiesen completamente derrotado una doble fuerza; pero si advierten que los hombres que los han atacado desean ser libres de corazón, nada tendrán que extrañar".[422]

RÍO PASAJE
25 de marzo de 1814

Cuando el general José de San Martín tomó la jefatura del ejército del Norte en 1814, dispuso que las partidas de gauchos salteños se hicieran cargo de sostener la vanguardia patriota. Para ello nombró al coronel Pedro Saravia para que operara por el lado del río Guachipas y al teniente coronel graduado Martín Miguel Juan de la Mata Güemes para que actuara sobre la línea del río Pasaje. La "vanguardia popular"[423] que San Martín colocó para contener al enemigo se asemejaba mucho a las milicias irregulares españolas que lucharon contra los franceses (de las que San Martín había sido parte) y, en este caso resultó ser, en la práctica, el mejor y único freno contra los realistas.

En los primeros días de marzo Güemes y sus Infernales se pusieron en marcha, y llegaron el día 25 a la vera sur del Pasaje. Este río era custodiado por una pequeña guarnición realista que Güemes atacó sorprendiendo a la guardia enemiga, a la que "toma prisionera sin pérdida de su parte".[424]

VELARDE
29 de marzo de 1814

Luego de una pequeña acción el 28 de marzo en la Cuesta de la Pedrera (en la que se tomaron dos prisioneros), Güemes buscó dar un golpe contra el coronel Saturnino Castro, quien ocupaba Salta y era considerado "la más recia figura y la primera espada de la caballería española del Alto Perú".[425] Éste salió de su ciudad natal (era salteño) al frente de ochenta hombres para vengar aquella acción de la Pedrera, pero receloso de caer en una emboscada, se detuvo en el Juncal de Velarde.

Ante esto el jefe patriota, que efectivamente había planificado emboscar al enemigo, más adelante en el camino salió con una parte de su gente y "le dio una carga a la brusca y lo derrotó y persiguió hasta el norte del río Arias".[426]

Fue una victoria contundente de los gauchos salteños. Güemes, en el parte enviado al general San Martín, expresa que: "Castro se escapó de entre las manos del valeroso capitán Gorriti [se refiere a José Francisco "Pachi"]: han quedado en el campo [...] treinta y tanto muertos y sólo cuatro prisioneros se pudieron librar, pues fue imposible contener mi gente [...]; se han tomado veintidós fusiles, ocho sables y algunas cananas: les hemos quitado muchas mulas y caballos".[427]

Poco tiempo después San Martín nombró a Güemes Comandante general de la Vanguardia y el gobierno, a pedido de San Martín, lo ascendió a teniente coronel efectivo.

ANGOSTURA y PETACAS
11 de abril de 1814

Después ganarle al coronel Juan Arenales en San Pedro (4 de febrero) y de dar por vencida a aquella fuerza y a su jefe, el coronel godo José Joaquín Blanco se dirigió a Santa Cruz de la Sierra para acabar con el otro afamado caudillo que operaba por la zona, el coronel Ignacio Warnes.

Este último trasladó su cuartel al paraje Las Horcas y envió a su jefe de vanguardia, el capitán Antonio Pedraza, con una pequeña fuerza para sostener los pasos cordilleranos de Petacas y Angostura que, separados éstos por unos mil metros, cerraban el camino hacia Las Horcas.

En la mañana del 11 de abril Blanco, al frente de unos cuatrocientos hombres, atacó frontalmente ambas posiciones, "pero pronto se dio cuenta de la inutilidad de sus esfuerzos"[428] y decidió cambiar de estrategia. Hábilmente, se corrió sobre su costado izquierdo rodeando a los patriotas para aparecer por un sendero diferente sobre el campamento patriota de Las Horcas.

LAS HORCAS
11 de abril de 1814

Luego de encontrar los pasos cordilleranos de Angostura y Petacas ocupados por la vanguardia patriota, el coronel realista José Blanco, al frente de unos cuatrocientos hombres, se corrió sobre su izquierda y cayó directamente sobre el cuartel general del coronel Ignacio Warnes. Éste se había acuartelado en Las Horcas para cerrarle a los godos el camino a Santa Cruz de la Sierra, de la que el revolucionario era gobernador.

Warnes "no resistió mucho tiempo al empuje de los veteranos de Blanco, retirándose aquél [Warnes] sobre cordillera buscando la incorporación de [coronel Juan] Arenales",[429] luego de haber sufrido una numerosa dispersión de sus fuerzas. Tan sólo se mantuvieron en su compañía los pardos y morenos de los cuerpos conformados con los esclavos libertos por el caudillo en Santa Cruz, un corto resto de fusilería mestiza y una compañía de naturales montados.[430] Blanco ocupó Santa Cruz, aunque sería por poco tiempo.

FLORIDA
25 de mayo de 1814

Victoria de caudillos, negros y pobres

Combate

LUGAR: a 100 km al sur de Santa Cruz de la Sierra.

JEFE PATRIOTA: coronel Juan Antonio Álvarez de Arenales.

JEFE REALISTA: coronel José Joaquín Blanco.

FUERZA PATRIOTA: 800 hombres más 4 piezas de artillería (dos de a 1 y dos de a 2).

FUERZA REALISTA: entre 600 y 900 hombres (300 infantes veteranos y el resto de caballería) más 50 artilleros con 2 cañones de a 4.

RESULTADO: victoria patriota.

PÉRDIDAS PATRIOTAS: 4 muertos y 20 heridos.

PÉRDIDAS REALISTAS: 270 muertos, 90 heridos, casi 200 prisioneros, la artillería, 200 fusiles y todas sus cargas de pertrechos y equipajes.

DURACIÓN: 6 horas.

De la misma forma en que a los principales generales de la Guerra de la Independencia se los puede relacionar con una gran victoria militar, a los héroes anónimos de la gesta revolucionaria también se los puede vincular con un importante combate: el de Florida.

En este enfrentamiento se produce una especie de síntesis social de las fuerzas patriotas que operaron en el Alto Perú: dos coroneles con impecables fojas de servicios en los ejércitos regulares (Warnes y Arenales), transformados en caudillos populares por las circunstancias de la guerra, que lucharon junto con "los cuerpos de pardos y morenos" que había formado Warnes con "los esclavos que libertó"[431] en Santa Cruz de la Sierra y con la "gente pobre", "porque no debe dudarse, afirma Arenales, que en lo general existe y existirá en todas estas provincias la adhesión más decidida a nuestro sistema principalmente en la gente pobre, cuya constancia es, a su vez, la más admirable y digna de elogio".[432] Los pobres, por si hace falta decirlo, eran los negros, los gauchos y sobre todo los indios. Para completar el panorama podríamos decir que Arenales era un español nacido en Asturias que luchó en favor de la revolución.

Luego de ser vencido en la pampa de Ayohuma (14 de noviembre de 1813), el general Manuel Belgrano procuró no dejar desamparadas a las provincias altoperuanas, y en vista de ello invistió a Warnes y a Arenales con el título de gobernador y los envió hacia Santa Cruz y Cochabamba respectivamente. El nuevo General en Jefe del Ejército del Norte, José de San Martín, aprobó tal determinación y le dio amplio impulso y apoyo al trabajo realizado por los dos patriotas.

Los realistas, que ya dominaban toda la línea Potosí-Chuquisaca-Oruro, rápidamente comprendieron el peligro que significaba la presencia de los dos caudillos sobre el flanco izquierdo del ejército del rey. En vista de esto, el brigadier Joaquín de la Pezuela conformó una columna de cerca de ochocientos hombres al mando del coronel Blanco, la que debía no sólo acabar con ambos coroneles, sino dominar la sublevación de Santa Cruz. Según Frías, esta fuerza quedó integrada por trescientos veteranos de infantería y quinientos hombres de caballería.[433]

Luego de algunas victorias parciales (el 4 de febrero en San Pedro, ante Arenales, y en Angostura-Petacas y Las Horcas, ambas del 11 de abril, frente a Warnes), Blanco y su columna se sentían con gran confianza para dar el golpe final contra sus adversarios.

Las fuerzas conjuntas de ambos caudillos, al mando unificado de Arenales, se replegaron hasta el río Florida (también llamado Piray) para provocar un combate en un terreno más favorable. Con objeto de atraer al enemigo hacia el lugar establecido, el comandante José Mercado quedó al frente de una pequeña vanguardia con la que logró retrasar la llegada de los godos al poblado de Florida.

En la mañana del cuarto aniversario de la Revolución de Mayo, los patriotas llegaron a la ribera del arenoso río, de 400 metros de ancho. Aprovechando cada uno de los accidentes del terreno, Arenales colocó su artillería (cuatro piezas con ocho hombres por cañón al mando del comandante Juan Belzú) sobre una barranca en la margen sur del río; la infantería (tres compañías y una división de pardos y morenos), al comando de Diego de la Riva, "ocupó [arrodillada] una trinchera construida al pie de la barranca y hábilmente enmascarada con ramas, hojas y arena".[434] Por último, Arenales, con la caballería cochabambina, se ubicó sobre el ala izquierda y Warnes, con sus jinetes cruceños, lo hizo sobre el otro flanco, ocultándose ambas columnas en unos espesos montes que llegaban hasta el borde mismo del río.

Antes del mediodía los realistas comenzaron a llegar al poblado de La Florida y desembocaron en la playa norte del río. Allí los recibió Arenales con el fuego de sus cañones. Frente a esto, Blanco "emplazó su artillería sobre la barranca norte, ya bajo los fuegos de la contraria, y mandó contestar de inmediato; desplegó sus unidades de infantería en línea de batalla y precedido de guerrillas sobre ambos costados protegidos por su caballería [...] inició el ataque en todo el frente".[435] El jefe godo estaba convencido de que la pequeña fuerza que se veía en lo alto de la barranca era todo lo que tenían los patriotas para enfrentarlo.

Rápidamente, los realistas se lanzaron a cruzar el río, mas "al entrar en la playa y pasar sus guerrillas el río mandó aquél [Arenales] que con una descarga general y cartucho en cañón avanzase nuestra infantería a paso de ataque".[436] Los infantes patriotas asomaron de improviso de entre las ramas que ocultaban el zanjón y en compañía de la caballería realizaron una carga con la cual "en el momento desordenaron, envolvieron y destrozaron por completo toda la división enemiga".[437]

De esta forma, mientras los infantes acuchillaban a merced a los godos sobre el río y Warnes contenía a la caballería realista que había acudido en auxilio de sus tropas, "la artillería patriota realiza un cambio de posición hacia la barranca al norte del río"[438] y el mismo Arenales encabeza la persecución del enemigo.

Blanco, el jefe godo, murió supuestamente a manos de Warnes, mientras que Arenales, según relato de Bernardo Frías, quedó rodeado por once enemigos junto con su ayudante. Luego de matar a seis hombres y de perder a su compañero (que sería un hijo bastardo del coronel patrio), lo hirieron catorce veces y lo dejaron en el campo creyéndolo muerto.[439] No sólo los realistas pensaron que Arenales había fallecido; el fray que acompañaba al jefe patriota, Justo Sarmiento, afirmó: "[...] dudo que este señor llegue con vida hasta la mañana".[440] Afortunadamente para la revolución, Arenales se recuperó muy pronto.

La victoria de los caudillos fue total; según Mitre, sólo se salvaron doce realistas; mientras Frías afirma que escaparon más de veinte (dato que coincide con el parte de la batalla) y Cáceres contabiliza doscientas bajas godas durante el combate (sin las que se produjeron en la persecución posterior), entre las que habría cien muertos. Enrique de Gandía en su *Historia de Santa Cruz de la Sierra* afirma que los godos tuvieron doscientos setenta muertos, ochenta y nueve heridos y se les tomaron ciento noventa y tres prisioneros,[441] cifra que se acercaría bastante a lo que fue aquel triunfo. Las bajas patriotas, que oficialmente se cuentan en cuatro muertos y veinte heridos, deben de haber superado con seguridad dicha cifra dado el encarnizamiento de la lucha. Arenales se recuperó de sus heridas y fue con justicia ascendido a general, y a partir de esa fecha la línea oriental del Alto Perú quedó en manos de la revolución.

POSTRER VALLE
4 de julio de 1814

Luego de la batalla de La Florida (25 de mayo de 1814), en la que el coronel Juan Arenales había destrozado a los realistas, la parte oriental del Alto Perú quedó bajo el dominio del jefe patriota. Pero ni los godos ni el propio Arenales permanecieron inmóviles, y la guerra en aquella región continuó con igual brío y determinación por parte de ambos contendientes.

El gobernador realista de Valle Grande, con la intención de frenar a Arenales, envió a fines de junio una columna de doscientos hombres hacia Postrer Valle, lugar estratégico en la montaña y desde el cual se controlaban diversos caminos.

El 4 de julio por la mañana Arenales llegó con sus hombres y, pese a las ventajas de los realistas, decidió atacarlos. Él mismo se refirió de esta manera a aquel combate en su parte: "Y a pesar de haberse situado en una posición dificilísima de tomar, logró mi tropa desalojar a mis enemigos y destrozarlos tan cumplidamente que sólo por protección del Señor se podía haber conseguido".[442]

Los godos fueron arrollados, dispersándose en todas direcciones. Arenales, con previsión, colocó "destacamentos en todas las salidas de la meseta para evitar la fuga del enemigo",[443] con lo que casi nadie de la columna realista pudo escapar.

Según el parte citado anteriormente, en un primer momento Arenales tomó treinta y un prisioneros y veinte fusiles, y escaparon tan sólo tres de los enemigos, contra algunos pocos soldados patriotas heridos. Tan absoluta victoria le hizo reconocer al jefe patrio que "es la prueba más evidente de que el Señor de los ejércitos, milagrosamente protegen nuestra justa causa y nos dispensa singularísimos beneficios a cada paso".[444]

PILAYA
20 de julio de 1814

Las comunicaciones entre la vanguardia y el grueso del ejército realista fueron un constante problema, principalmente en la provincia de Cinti, situada entre Jujuy y Potosí. Allí operaba el caudillo José Ignacio Zárate, al frente de un cuerpo de fusileros y una muchedumbre de indios. Para oponerse a él marchó el gobernador de Tarija, coronel Manuel Báez, quien "formó dos compañías de fusileros con reclutas de lampa, armó dos cañones pedreros y organizó un escuadrón de caballería con los paisanos".[445]

En la mañana del 20 de julio, Báez cargó contra Zárate en Pilaya y lo derrotó a costa de una gran pérdida por parte de los patriotas, ya que el jefe realista pasó por las armas a treinta y tres revolucionarios que cayeron prisioneros.[446]

SUMAPAITA (Sumaipata o Samaipata)
6 de agosto de 1814

Si bien gracias a la contundente victoria de Florida (25 de mayo de 1814) los coroneles Ignacio Warnes y Juan Arenales dominaban toda la región cercana a Santa Cruz de la Sierra, los godos no abandonaron el plan de acabar con ellos y dominar así toda la zona.

A estos efectos se pusieron en marcha dos columnas realistas en busca del enemigo. Una de éstas estaba liderada por el gobernador de Mojos, teniente coronel Francisco Velazco, que a principios de agosto llegó a Sumapaita "con poco más de trescientos hombres de infantería y caballería armados de doscientos cuarenta fusiles y el resto de lanzas, con dos piezas de artillería"[447] y se colocó a la espera de las fuerzas que debían converger hacia allí al mando de Benavente.

Enterado de esto, y luego de ser desairado por Warnes, quien no le envió los refuerzos prometidos, Arenales decidió realizar un ataque sorpresa a la población y así equiparar en parte su desventaja numérica.

En la noche del 5 al 6 de agosto los patriotas llegaron a cercanías del pueblo, pero ya sea porque fueron denunciados por un espía o porque los propios realistas descubrieron estos movimientos, "al llegar Arenales a los cerros vecinos, encuentra en las afueras del pueblo al contingente realista, formado y en disposición de presentar batalla",[448] por lo que "tuvo que formar su línea de batalla sobre la misma montaña".[449] Ésta quedó conformada por cuatro compañías de fusileros (setenta hombres cada una), con dos piezas de a 1 intercaladas y dos piezas de a 3 más a retaguardia; se cubrió el costado derecho con una partida de paisanos desmontados y la caballería (integrada por treinta y cinco jinetes) quedó oculta por el espeso monte.

A las seis de la mañana "los fusileros de Velazco abren el fuego y simultáneamente se lanza al ataque del ala derecha patriota una guerrilla de infantería con caballería, que fue recibida por el piquete de volantes, mientras la artillería patriota abre el fuego sobre los mismos, produciéndoles numerosas bajas. Los volantes [...], toman al atacante con fuego de enfilada y lo obligan a detenerse".[450] Rápidamente, el fuego se generalizó por toda la línea y Velazco mandó a su reserva a sostener la posición. Arenales, para contrarrestar esta medida, envió a su caballería a cargar sobre el flanco izquierdo del enemigo. Los jinetes patrios, en lugar de atacar, se lanzaron sobre el mismo poblado y llegaron a tomar el parque realista que se encontraba allí. En vista de esto, "el jefe español [...] resuelve entregar el mando del conjunto al comandante Aveleira y conducir personalmente su caballería, al rechazo del enemigo, propósito que logra luego de una violenta lucha".[451]

Luego de cinco horas de combate y cuando los godos llevaban la peor parte, los patriotas debieron abandonar el campo, ya
que "por tres veces agotaron su ración de municiones y al final
se encontraron sin el material",[452] con lo que se produjo un desbande que no pudo ser controlado por el aún convaleciente Arenales (véase Florida).

Así, pese que los realistas quedaron dueños del campo de batalla, la de Sumapaita fue también una victoria patriota, ya que
la columna realista, según afirma Cáceres, "ya no está en condiciones, no sólo de avanzar a Santa Cruz, sino de proseguir su
campaña".[453] Si bien Luqui-Lagleyze sostiene que los godos sufrieron "tres oficiales muertos y diez soldados, y que además murió el cirujano de la división",[454] hay que suponer que sus bajas
fueron mucho mayores. Entre los patriotas, las bajas pueden cal-
cularse en una centena de hombres y la pérdida de la artillería.

BARRIOS
11 de noviembre de 1814

La adversidad numérica nunca fue un impedimento para el
capitán Gregorio Lamadrid, uno de los oficiales más valientes
de la Guerra de la Independencia. En la mañana del 11 de noviembre el jefe patriota, junto con su pequeña división de treinta
y dos hombres, fue cargado por una columna realista de trescientos hombres, cien de caballería y el resto de infantería. Luego de gastar toda su munición en la retirada, Lamadrid decidió
esperar la carga adversaria sable en mano. La columna enemiga
"cargó tres veces con intrepidez y en todas fue rechazada a sablazos [...] en las cuales perdió veinticinco hombres entre muertos y heridos".[455] Los revolucionarios perdieron, según el parte
de Lamadrid, tres muertos, dos heridos y dos prisioneros.

PUNA
9 de enero de 1815

El coronel realista Pedro Rolando había sido enviado hacia
la localidad de Puna, a doce leguas al este de Potosí, para dominar la región que era sublevada por el caudillo Miguel Betanzos,

junto con otros. Luego de realizar una excursión por la zona, el 9 de enero Rolando fue atacado por Betanzos y su colega Bedeja, "con indio de lanza, honda y macana. Luego de cinco horas se retiraron [los patriotas] dejando en el campo doscientos indios muertos".[456] En la persecución posterior fue capturado Betanzos, quien fue pasado por las armas y su cabeza colocada en una pica en la plaza del pueblo, para que sirviera de escarmiento a los otros indios que se quisieran oponer a las armas del rey.

PRESTO
Mediados de enero de 1815

Tal como ocurría cada vez que los realistas ocupaban un pueblo altoperuano, un caudillo seguido por gauchos, indios y algunas veces soldados de línea, se movilizaba para sitiar el poblado, hostilizar al invasor y obligarlo a retirarse.

En enero de 1815 Manuel Asensio Padilla y sus hombres atacaron Presto, lugar que era defendido por una compañía de tiradores del batallón del Centro al mando del teniente Claudio Ribero. Sin posibilidades de tomar el pueblo, los patriotas se retiraron. Los godos, apresuradamente, salieron de sus trincheras para perseguir a los revolucionarios; "entonces Padilla, reanimando a los suyos, visto el corto número de los realistas, vuelve furiosamente sobre ellos, los agobia con su número; consigue matar al capitán, al subteniente y dieciséis individuos de tropa, y pone al resto en huida, acabando por obligar a entregarse a discreción al resto de la compañía".[457]

SANTA HELENA
6 de febrero de 1815

En la zona de la provincia de Cinti, al norte de Tarija, la figura del caudillo Vicente Camargo fue elemento unificador de las fuerzas revolucionarias. A comienzos de febrero de 1815, el líder patriota se había fortificado con doscientos cincuenta fusileros, otros tantos lanceros y una numerosa indiada que lo seguía en las alturas de Santa Helena. Hacia allí marchó el coronel Bernardo Esenarro al frente de cincuenta hombres del batallón de Granaderos de Reserva, cincuenta del Segundo Regimiento, cien del Chichas y un cañón de a 1.[458]

El 6 de febrero los realistas "subieron las elevaciones y asaltaron las fortificaciones y zanjas de Camargo y lo desalojaron con gran pérdida de ellos aun de la más alta y atrincherada, haciendo huir a este caudillo y sus tenientes. Luego de desalojarlos se quemaron los víveres de éstos y todo el pueblo excepto la iglesia".[459]

TEJAR
19 de febrero de 1815

Cuando a comienzos de 1815 el general José Rondeau decidió "en entredicho con el gobierno y sin plan ni actividad en sus movimientos"[460] abrir la tercera campaña al Alto Perú con el Ejército del Norte, su primera medida fue nombrar jefe de la vanguardia al coronel Martín Rodríguez, en reemplazo del coronel Martín Miguel de Güemes.

Rodríguez "concentró sus fuerzas en la Quebrada de Humahuaca, a principios de febrero de 1815"[461] y resolvió "con una buena escolta visitar sus puestos de guardia".[462] Con relación a la cantidad de soldados que integraban esta escolta hay dos versiones: una sostenida por Mitre y Yabén, que afirman que eran veinticinco Granaderos, y la otra, sostenida por el español García Camba, que sostiene que eran cuarenta. Nosotros aceptamos este último dato ya que un actor presencial del combate, Rufino Guido, quien fue ayudante de Rodríguez en la ocasión y posteriormente general, también brinda este número en un artículo publicado en la *Revista de Buenos Aires*.[463]

Al llegar a la hacienda del Tejar (en realidad el lugar se llamaría Tejada), Rodríguez "mandó desensillar a su tropa haciendo largar las caballadas para que pastaran, acampando en un corral de piedras a la espera del comandante [capitán] Pérez de Urdinenea, que debía reunírsele con doscientos hombres".[464]

Los patriotas se pusieron a descansar cuando una avanzada enemiga, compuesta por unos "doscientos dragones al mando del comandante [coronel Pablo] Antonio Vigil"[465] les cayó encima. "A las armas gritó entonces el general [sic], cuenta Guido, corrimos a ellas y empezamos a contestar el fuego, que ya aquéllos nos hacían parapetados contra la pirca, y resueltos a vender caras nuestras vidas. [...] Mientras el enemigo, aproximándose siempre, nos hacía el fuego vivísimo."[466]

En aquel momento de desesperación, el capitán de Granaderos Mariano Necochea "montó a caballo en pelo y se lanzó sable en mano sobre el enemigo que lo cercaba [...] y que se prepara a recibirlo; un valeroso soldado español le sale al encuentro. [...] Necochea lo atropella y descargando sobre él un golpe tremendo que lo derriba [y le parte la cabeza en dos mitades] [...] y se escapa perseguido por el espacio de dos leguas".[467]

Finalmente y luego de perder ocho granaderos que fueron muertos y entre siete u ocho heridos,[468] Rodríguez decide capitular y entregarse al enemigo. José María Rosa en su *Historia Argentina* explica que "no fue tanto un desastre por el número de prisioneros, sino por el hecho de que un coronel, y jefe de vanguardia, fuese apresado con su escolta íntegra. Rodríguez será canjeado y volverá a las filas. La moral del ejército, que nunca fue grande, decayó más después del Tejar".[469]

PACTAYA
26 de marzo de 1815

Luego de la acción del Tejar, los realistas decidieron dar un paso al frente en su ofensiva y realizaron, en consecuencia, ciertos reordenamientos en sus fuerzas acantonadas en la región de Tarija, es decir, en su propia vanguardia. Al frente de la defensa de Tarija quedó el coronel Melchor José Lavín con el escuadrón de Dragones de San Carlos. Tal como ocurrió en otras ocasiones, rápidamente los caudillos revolucionarios se movilizaron para enfrentar al enemigo.

En esta ocasión fue el turno de Zuviría, quien al frente de "cien indios chiriguanos armados con flechas, doscientos con macanas y lanzas y cuarenta fusiles, reforzados por gauchos de Salta y veinte cazadores porteños",[470] salió para medirse ante Lavín. Finalmente los godos atacaron sable en mano, vencieron a los patriotas y pasaron por las armas a los prisioneros que habían tomado en la acción.

PUESTO DEL MARQUÉS
17 de abril de 1815

La campaña que el general José Rondeau inició a comienzos de 1815 sobre el Alto Perú fue, sin lugar a dudas, la más errática de las tres que realizaron los patriotas en los primeros cinco años de guerra. Durante toda la campaña, que duró casi un año, los patriotas sólo conocieron un éxito militar: la victoria del Puesto Grande del Marqués.

Luego de la sorpresa del Tejar (19 de febrero) los godos, influenciados por el coronel Martín Rodríguez, quien se encontraba prisionero desde aquella derrota, iniciaron tratativas de paz con Rondeau, pero este jefe no se mostró mayormente interesado en las negociaciones y continuó con sus planes bélicos.

Conocedor de que en el Puesto del Marqués (se llamaba así por ser propiedad del marqués de Yavi) se encontraba una fuerza enemiga de unos doscientos cincuenta cazadores montados al frente del coronel Pablo Vigil, Rondeau envió al mayor general Francisco Fernández de la Cruz al mando de quinientos hombres de la vanguardia para que tomara el punto. Dicha vanguardia estaba compuesta por una compañía del regimiento de Granaderos a Caballo, los Dragones de la Patria, las milicias de Salta al mando del coronel Miguel de Güemes y los Cazadores liderados por el teniente coronel Rudecindo Alvarado.[471]

De la Cruz avanzó hasta colocarse a poca distancia del enemigo y dividió sus fuerzas para el ataque de la siguiente forma: "Granaderos a Caballo a la derecha, Cazadores al centro y los Dragones y gauchos a la izquierda, dejando un cuerpo de reserva a la retaguardia y marchando en columna".[472]

Vistos los patriotas, el enemigo rompió un vivo fuego, pero "los patriotas cargaron con furia y los acuchillaron durante dos leguas".[473] Es que los godos, no bien notaron la presencia de los revolucionarios, huyeron hacia el norte, siempre haciendo un nutrido fuego ante la feroz persecución que se les hizo.

Por los datos finales del combate, puede deducirse que la persecución no fue tal, sino que se trató, más bien, de una violenta masacre perpetuada por los patriotas contra el enemigo. Según el parte oficial, "se contaron muertos en el campo ciento cinco [...] prisioneros, ciento setenta y dos [...] han quedado en nuestro poder sus equipajes, papeles, todas sus armas, monturas y caballos y también los dos guiones"[474] (especie de estandarte o bandera pequeña). Todo eso contra unos pocos heridos.

Los historiadores españoles consultados afirman que sólo se salvaron Vigil y cuarenta soldados "haciendo prodigios de valor".[475]

AZÁNGARO
7 de junio de 1815

El intendente interino realista de Puno Vicente González atacó a unos tres mil indios que se habían reunido casi espontáneamente en el pueblo de Azángaro, venciéndolos completamente. En aquella acción los godos mataron en combate a unos ciento cincuenta indios, mientras que muchos prisioneros fueron quintados y luego pasados por las armas.

A los dos días y como otra vez los indígenas se reagruparon en Asillo, "en donde habían hecho una especie de fortaleza de triple recinto", González cayó sobre ellos provocando una espantosa masacre. En ambas acciones murieron "mil quinientos indios", mientras que los realistas sufrieron sólo "seis muertos y muchos heridos de piedra".[476]

SANTA BÁRBARA
7 de octubre de 1815

A la par que el Ejército del Norte intentaba por tercera vez derrotar a los realistas en el Alto Perú, por la línea oriental de la cordillera el coronel Ignacio Warnes apoyaba aquel movimiento sustentando la revolución en la zona de Santa Cruz de la Sierra.

En octubre de 1815 Warnes se puso en persecución del gobernador de la citada ciudad, Altolaguirre, que se encontraba en la loma de Chillón. Cuando le dio alcance decidió atacar de frente con la infantería (los pardos y morenos libertos de Santa Cruz) y dividió la caballería en tres columnas. El comandante Saturnino Salazar con una compañía de dragones, dos de cazadores y una guerrilla de cincuenta infantes debía avanzar por la izquierda enemiga haciendo un medio círculo y ponerse a retaguardia.

El mismo movimiento, pero por la derecha, debía efectuar el capitán José Olivera con una compañía de dragones y dos de lanceros. Finalmente, el teniente coronel Melchor Guzmán quedaría a retaguardia de la infantería y la artillería, compuesta por dos piezas de a 2 al centro y una de a 4 a cada costado.[477]

Warnes avanzó al frente de sus infantes, con los que desplegó y resistió un vivo fuego enemigo, hasta que logró llegar al borde mismo de las trincheras realistas. Cuando el círculo por ambos flancos se cerró sobre los godos, el combate acabó con una rotunda victoria patriota.

Según el parte redactado por Warnes, sus fuerzas mataron más de trescientos realistas y tomaron cuatro piezas (una de a 8, una de a 6 y dos de a 2), más de doscientos fusiles, municiones, tiendas y equipajes.[478] Entre los muertos se contó a Altolaguirre, fallecido por una lanzada.[479]

Así Warnes reafirmó su dominio en la zona, aunque menos de dos meses después el ejército patriota fue derrotado por los godos en Sipe-Sipe y el Alto Perú se perdería temporariamente para la revolución.

VENTA Y MEDIA
20 de octubre de 1815

Preludio

Combate

LUGAR: 50 km al sudeste de Oruro
JEFE PATRIOTA: coronel Martín Rodríguez.
JEFE REALISTA: general Pedro Olañeta.
FUERZA PATRIOTA: 400 infantes y 270 jinetes.
FUERZA REALISTA: 900 hombres (2 batallones y 1 escuadrón).
RESULTADO: victoria realista.
PÉRDIDAS PATRIOTAS: 100 muertos, más de 100 prisioneros,
                    un indeterminado número de heridos y 300 fusiles.
PÉRDIDAS REALISTAS: unas 100 bajas.
DURACIÓN: entre 2 y 3 horas.

Todo estaba planeado; la gran sorpresa contra las avanzadas del ejército del rey estaba al alcance de la mano y las informaciones aportadas por las partidas de observación lideradas por el mayor Gregorio Lamadrid y por el coronel Diego Balcarce así lo confirmaban. En definitiva, según los datos de las avanzadas patriotas, en Venta y Media no se hallaban más de doscientos realistas y no, como creía el general José Rondeau, el grueso del ejército liderado por el brigadier Joaquín de la Pezuela.

Pese a contar con estas informaciones, Rondeau no se encontraba convencido de llevar adelante el ataque y sólo cuando su jefe de vanguardia, el coronel Martín Rodríguez, le solicitó permiso para hacerlo, se decidió "previa la reunión de una junta de guerra, en la que se especifica que la operación ofensiva debía ser con objetivo limitado si las fuerzas adversarias fueran mayores que las previstas".[480]

De esta forma, Rondeau autorizó a Rodríguez a marchar al frente de "cuatrocientos cazadores al mando del mayor Rudecindo Alvarado y doscientos dragones del Perú a las órdenes de Balcarce".[481] Lo que se puede definir como un cuerpo de oficiales de lujo: Lamadrid, Alvarado, Balcarce y el mayor José María Paz.

En realidad, en Venta y Media los realistas casi quintuplicaban en cantidad de hombres el cálculo de Lamadrid y Balcarce. Unos novecientos soldados bien pertrechados divididos en dos batallones y un escuadrón (coronel Guillermo Marquiegui) se encontraban a las órdenes directas de Olañeta.

Si bien según Mitre, "los guías [del ejército patriota] se extraviaron en la noche",[482] en la madrugada del día 20 la columna revolucionaria llegó a proximidades del campamento enemigo.

Lamadrid, que junto con veinte hombres marchaba al frente, sorprendió una avanzada compuesta por "un capitán [...] y veinticinco cazadores, los cuales, aunque hicieron alguna resistencia, fueron arrollados y degollados todos, menos el capitán [...]. A los tiros que esta avanzada pudo disparar, tomó la vanguardia [realista] las armas y su comandante envió cuarenta cazadores más a sostenerla; pero tomando por el llano dieron de improviso con un trozo de caballería [el de Lamadrid] que los cercó y acuchilló, matando treinta y tres hombres e hiriendo los siete restantes".[483] El primer golpe estaba dado, pero también los realistas avisados de la presencia de una fuerte columna enemiga.

En consecuencia, Olañeta "mandó adelantar todo el batallón de cazadores"[484] a "apoderarse de una pequeña altura que está a su frente cuando la benemérita compañía de tiradores le hizo tan vivo fuego que los puso en completa confusión [...]. Lamadrid por el flanco derecho y Balcarce por el frente trataron de cargar [sobre la altura] sable en mano".[485] El enemigo "tuvo que formar en cuadro para defenderse, y se vio algo apurado, hasta que saliendo también el [batallón] de partidarios, con la caballería desmontada y formados los tres cuerpos, cargaron sobre el enemigo [los patriotas], que después de un fuego bien sostenido fue derrotado completamente".[486]

Este contraste fue fulminante para los patriotas, cuyas tropas habrían sido aniquiladas "si el teniente coronel Juan Ramón Rojas con los Granaderos, no hubiera concurrido por propia iniciativa, en apoyo de los restos menguados de la vanguardia, imponiendo, con su firme actitud, la paralización de la persecución".[487]

Pero, ¿qué había pasado? De un triunfo casi seguro y de unos primeros movimientos exitosos, los patriotas habían pasado a uno de los mayores desastres de toda la Guerra de la Independencia. El parte de Rodríguez, obviamente, trata de minimizar su fracasada acción y tan sólo explica que rechazados los jinetes "se disipó la línea de cazadores sin probar sus fuegos y aprovechándose el enemigo del desorden nos persiguió hasta obligarnos a una retirada precipitada con pérdida de la mayor parte de cazadores".[488]

Es evidente que en esta acción hubo groseras fallas de conducción, ya que si bien se creía a la fuerza enemiga compuesta por doscientos hombres, la diferencia entre ambos contendientes (ochocientos realistas —recordemos que casi cien habían sido ya inutilizados por Lamadrid— contra unos seiscientos cincuenta patriotas) no era tan grande como para adjudicar la derrota a la superioridad numérica de los godos. Tampoco se llega a comprender la actitud de la caballería al retirarse de la acción y prácticamente abandonar a la infantería. Aunque el hecho de que la caballería realista hubiese ido desmontada a defender su línea puede ser un indicio que sugeriría que el terreno no era apropiado para el arma.

En definitiva, fueron unas trescientas bajas en los patriotas, la mayoría del cuerpo de cazadores. Entre los revolucionarios cayó herido en una mano José María Paz, quien a partir de aquel momento se ganaría el apodo de "el manco Paz".

De todas formas, las trescientas bajas no fueron el saldo más grave del combate de Venta y Media. Una vez conocido el resultado, Rondeau debió emprender una acelerada marcha hacia Cochabamba intentando que el enemigo no lo alcanzara y, a la vez, procurando elevar la moral de un ejército despojado de ánimo combativo. Poco tiempo más perduraría aquella fuerza militar, exactamente treinta y nueve días, cuando en los altos de Tapacari (Sipe-Sipe), Pezuela destrozó a Rondeau.

SIPE-SIPE (2) (o Viluma)
29 de noviembre de 1815

El último intento

Batalla

LUGAR: 16 km al este de Cochabamba.

JEFE PATRIOTA: general José Rondeau.

JEFE REALISTA: brigadier Joaquín de la Pezuela.

FUERZA PATRIOTA: entre 3000 y 3500 hombres más 9 piezas.

FUERZA REALISTA: 3600 hombres de infantería más 370 de caballería y 27 piezas de artillería de a 4 y de a 2. Finalmente entraron en acción 11 cañones.

RESULTADO: victoria realista.

PÉRDIDAS PATRIOTAS: Según los realistas: 535 muertos, 1000 heridos, 850 prisioneros, la artillería y 1500 fusiles. Según los patriotas: 1000 bajas, la artillería y la bandera del regimiento N° 7.

PÉRDIDAS REALISTAS: 37 muertos y 209 heridos.

DURACIÓN: 8 horas.

En enero de 1815 unos cuatro mil hombres al mando de Rondeau comenzaron desde Jujuy la tercera campaña al Alto Perú que emprendía un ejército revolucionario en casi cinco años de lucha. Las dos anteriores, lideradas por Antonio González Balcarce (1810-1811) y por Manuel Belgrano (1812-1813) habían terminado en rotundos fracasos militares y en duras derrotas para las armas de la revolución. La suerte de este nuevo intento, con el enemigo a la vista, no parecía ser muy diferente luego del contraste de Venta y Media (20 de octubre de 1815). Luego de aquella derrota, que costó 300 bajas patriotas, Rondeau avanzó con su ejército hacia Cochabamba y finalmente decidió esperar a los realistas en una posición defensiva en la Pampa de Sipe-Sipe, situada unos 16 km al este del centro revolucionario del Alto Perú.

Los realistas, liderados por el experimentado Pezuela (el verdugo de Belgrano en Vilcapugio y Ayohuma), salieron desde su campamento en Sora-Sora en busca del enemigo. La intención de los godos no sólo era aprovechar el golpe moral de aquella victoria de octubre, sino evitar que los mil hombres que al mando del general Domingo French marchaban a toda prisa llegaran a incorporarse a la columna revolucionaria. Así las cosas, hacia fines de noviembre de 1815 las fuerzas revolucionarias estaban, una vez más, a punto de decidir su suerte en otra gran batalla.

El 26 de noviembre el ejército real acampó en los altos de Chacapaya, separado tan sólo de los patriotas por la Quebrada de Cachiri que desembocaba en la Pampa de Sipe-Sipe, lugar que Rondeau consideraba como inexpugnable. Aquella misma tarde las guerrillas realistas tuvieron un primer tiroteo con la vanguardia patriota que cubría la desembocadura de la quebrada. El éxito de esta vanguardia liderada por el coronel Cornelio "Zelaya y en donde figuraban Rudecindo Alvarado y Alejandro Heredia"[489] le hizo comprender al jefe godo la imposibilidad de forzar el paso por aquel sector y el 27 decidió tentar un movimiento arriesgado tomando por la izquierda hacia los altos de Viluma. Coronadas las alturas, los realistas comenzaron a descender hasta llegar a una pequeña meseta que les sirvió como punto para que sus tropas ligeras pasaran la noche.

"Al amanecer del día 28 se descubrieron dos regimientos [patriotas], apostados en las medianías de las lomas de Viluma, y al pie otros cuerpos."[490] Eran éstos los integrantes de aquella vanguardia que ahora, por orden de Rondeau, se habían dirigido a disputar el descenso al enemigo. Ya sea por la escasez de fuerzas dirigidas para esta acción o por la pericia de los realistas para avanzar en la empinada barranca, los comandados por Pezuela lograron instalar en la meseta en donde habían pasado la noche sus tropas ligeras "ocho piezas de artillería [...] que dirigieron algunos disparos [...] que hicieron descender al llano un cuerpo de libertos"[491] y a otro que intentó avanzar por la izquierda realista. En aquel momento, y al ver que sus cuerpos eran arrollados y obligados a retirarse, el jefe patriota "ordenó el repliegue de sus fuerzas en acción al punto central de la batalla".[492]

De esta forma, los godos pudieron completar su descenso el día 28 y por la tarde se dedicaron a reconocer la posición de los patriotas. Éstos, "coronando con artillería las lomas aisladas del centro del llano, estaban situados al pie del suave plano inclinado que lo domina, emboscados en las huertas de la hacienda de Sipe-Sipe y parapetados en parte por algunas tapias".[493] Indudablemente era una buena posición y así lo entendió Pezuela que, en la mañana del 29, emprendió un nuevo movimiento arriesgado.

En esa oportunidad "el jefe realista practicó un movimiento de flanco fuera del alcance del cañón, eludiendo el ataque frontal [...] y desplegó dando frente a un río seco. Así quedó sobre el flanco derecho de Rondeau, quien perdió las ventajas de su posición".[494] Al observar esto, el ejército patriota "abandonó su fuerte posición y formó su batalla al frente de la nuestra [los realistas] en el llano, apoyando su izquierda donde estaba antes su derecha y adelantó por su frente grandes partidas que se emboscaron en las huertas del barranco del río, como igualmente por la izquierda algunos cuerpos de infantería y caballería [...] y un cañón largo de a 4 con un obús de siete pulgadas, con los que hicieron un vivo y bien dirigido fuego".[495]

Pero poco fue lo que pudieron hacer aquellas fuerzas ante el avance realista, por lo que debieron replegarse sobre la línea de batalla. En aquel momento "la artillería de uno y otro campo rompieron el fuego, que no duró más que un cuarto de hora, siguiéndose el avance de la izquierda de Pezuela".[496] La derecha

a. Guerrillas P. (Cr. Cornelio Zelaya)
   se enfrentan con las R. (b)
c. Posición del ej. P. entre el 26 y el 28
d. Posición del ej. R. del día 27
e. Dos Reg. P. cubiertos por guerrillas
   avanzan sobre las lomas de Viluma
   a disputar el descenso R. (f)
g. Finalmente esta tropa es superada,
   replegándose sobre el grueso del ej.
h. Posición final del día 29 en el inicio
   del combate
i. Nueva posición P.

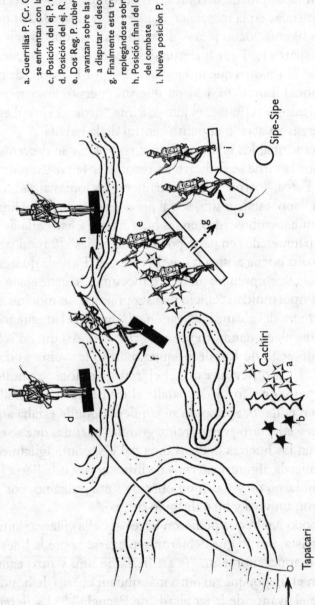

patriota, que era dirigida por el general Francisco Fernández de la Cruz y estaba compuesta por el regimiento Nº 1 (teniente coronel Carlos Forest) y el Nº 9 (coronel Manuel Pagola), al principio se defendió tenazmente, pero al fin cedió. "El general argentino quiso contener al enemigo haciendo jugar activamente a la artillería [comandante Juan Luna]; ordenó también al batallón Nº 9 que volviera caras, lo que ejecutó, pero envuelto muy pronto en la retirada por el batallón Nº 1, tuvo que retroceder."[497]

Pezuela "ordenó que su derecha atacara los cuerpos Nº 7 y 12 que tenía a su frente y formaban la izquierda patriota. [...] Mas estos cuerpos impresionados malamente con la vista del cuadro que presentaba el centro y la otra ala [...] se desbandaron. El Nº 6, que formaba la reserva, se disolvió también y desapareció del campo sin disparar un fusilazo".[498]

En aquel momento, y mientras los patriotas tentaban un último esfuerzo en el morro, Rondeau "dirigiose al galope a los dos escuadrones de Granaderos a Caballo que se habían retirado en orden del flanco derecho y ordenó personalmente a los comandantes (Juan Ramón) Rojas y (Mariano) Necochea que cargasen sable en mano para contener al enemigo".[499] "Éstos [los granaderos] paralizaron a una parte de la infantería, hicieron retroceder a otra y sablearon a la caballería enemiga [comandada por Guillermo Marquiegui], obligándola a refugiarse desmontada a retaguardia de sus batallones, dando tiempo a que se retirase una gran parte de los dispersos."[500] Mientras tanto, por la izquierda "el regimiento [...] Dragones del Perú y que mandaba Diego Balcarce, cargó con idéntico denuedo sobre la enemiga, en el acto en que se lanzaba contra los dispersos".[501]

Finalmente, los realistas se recuperaron gracias al "batallón de Cazadores [por la izquierda] y por el de partidarios el derecho, que lograron contenerla [a la caballería patriota], rechazarla y ponerla también en fuga, [...] con el auxilio de los batallones de reserva y el escuadrón de la guardia del general en jefe".[502]

La persecución duró tres leguas y la derrota fue absoluta para la revolución. "Rondeau con su segundo Cruz, herido [recibió un balazo en el brazo], y algunos jefes de cuerpos, se habían retirado por el lado de Chuquisaca, llevando reunidos sólo cua-

1. Granaderos a Caballo (Cm. Juan Rojas)
2. Bat. Nº 1 (Carlos Forest)
3. Bat. Nº 9 (Cr. Pagola)
4. Art. 9 piezas (Cm. Juan Luna)
5. Bat. Nº 7
6. Bat. Nº 12
7. Dragones (Cr. Diego Balcarce)
8. Reserva: Bat. Nº 6

a. Ataque R. sobre la derecha P.
b. Los Bat. Nº 1 y Nº 9 resisten, pero enseguida se desordenan y se dispersan (c)
d. Simultáneamente, por la izquierda los R. ponen en precipitada fuga a las columnas P. de aquel sector, las que arrastran a la reserva y se dispersan (e)
f. La cab. P. carga y logra contener el avance enemigo. Los Granaderos, por la derecha, sablean a la cab. R. (Cr. Guillermo Marquiegui), la que se retira a retaguardia de sus batallones (g). La batalla ya estaba perdida

trocientos hombres y de ellos la mitad con armas."[503] Éste fue el último intento de Buenos Aires de ganar el Alto Perú para la revolución.

Según los godos, esta batalla, a la que ellos denominan "Viluma" (victoria por la que, además, Pezuela recibió el título de Marqués de Viluma), venía a poner fin a la sublevación en América. Sin embargo, poco les habría de durar esa ilusión ya que ocho meses después las Provincias Unidas declararon su independencia y poco más de un año después de esta victoria, San Martín recuperaba Chile para la revolución americana.

SALO
Principios de enero de 1816

Mientras el Ejército del Norte era empujado hacia el sur luego del contraste de Sipe-Sipe (29 de noviembre de 1815), los godos se dedicaron a reconquistar cada uno de los pueblos y ciudades altoperuanas, a la vez que a exterminar a los caudillos que operaban en la zona.

El general Pedro Olañeta partió desde Potosí al frente de una fuerte columna. En Salo, el jefe godo sorprendió a una división de entre doscientos cincuenta y cuatrocientos hombres liderada por el teniente coronel Ignacio Regueral[504] y la destrozó por completo. El saldo negativo para los patriotas fue "la pérdida de algunos muertos, setenta y cuatro prisioneros, setenta fusiles, cincuenta lanzas, doscientas caballerías, tres cajones de municiones y cantidad de comestibles".[505]

CULPINA
31 de enero de 1816

Con la llegada del brigadier realista Joaquín de la Pezuela a Cotagaita, donde éste estableció su cuartel general luego de su victoria en Sipe-Sipe (29 de noviembre de 1815), los pueblos de los valles comenzaron, una vez más, a levantarse en armas en defensa de la revolución.

En el valle de Cinti, al oriente del campamento realista, el caudillo indio Vicente Camargo recibió un inestimable refuerzo: la llegada del valiente mayor Gregorio Aráoz de Lamadrid. Éste, con la autorización del general José Rondeau, había organizado un cuerpo de caballería al que denominó "Húsares de la Muerte",[506] que estaba compuesto por "ochenta hombres y una compañía de cincuenta infantes medio armados".[507]

Para enfrentar a los dos jefes patriotas fue enviado el brigadier (ascendido en Sipe-Sipe) Antonio Álvarez, al frente de una columna integrada por un batallón y un escuadrón que totalizaban unas quinientas cincuenta plazas. Curiosamente, Álvarez era hermano del general Ignacio Álvarez Thomas, que había sido Director Supremo interino de las Provincias Unidas poco tiempo antes.

Los godos llegaron al ingenio de Culpina el 31 de enero y allí los esperaba Lamadrid con su caballería desplegada a campo abierto, sus infantes destacados (sargento mayor Miguel Vidal) y una numerosa indiada, dirigida por Camargo, coronando los cerros.

El lugar elegido para la lucha era una zona propicia para la caballería, aunque la superioridad numérica del adversario requería una importante cuota de temeridad para realizar la carga, temeridad que a Lamadrid no le faltaba. Así, cuando el enemigo asomó con su guerrilla de infantería al frente y dos columnas de caballería en los flancos, cargó con sus fuerzas recibiendo el fuego del enemigo. Luego de varias cargas que diezmaron sus fuerzas pero no su ímpetu, el jefe patriota cayó de su caballo, pero fue rescatado por dos de sus soldados y volvió a colocarse al frente de sus hombres en posición amenazante.[508]

Indudablemente, se trata de un combate memorable. Los patriotas sostuvieron un "obstinado combate" durante todo el día, hasta que los realistas debieron retirarse ya que "no se contaba con más repuesto [de municiones] que el de las cartucheras"[509] y estaban faltos de víveres.

UTURANGO
2 de febrero de 1816

Después de ser vencido en Culpina por el mayor Gregorio Aráoz de Lamadrid y los indios de Vicente Camargo, el brigadier realista Antonio Álvarez decidió contramarchar hacia Cinti, ya que se encontraba "sin víveres y escaso de municiones".[510] El jefe godo, peruano de nacimiento, no había sopesado el ingenio que los indígenas tenían para enfrentar la disciplina de sus fuerzas y las modernas armas con que éstas contaban.

En su camino los realistas debieron pasar por una profunda y escarpada quebrada (la de Uturango); allí los esperaba Camargo con aproximadamente quinientos honderos. Cuando el enemigo penetró en la quebrada "peñascos de gran volumen y de muchas toneladas de peso [...], se desprendían de la cima, rodaban por la pendiente casi perpendicular del despeñadero, arrastraban a su paso multitud de piedras de distinto tamaño y caían al fondo rompiendo la columna española en varios pedazos".[511] Los que habían provocado esta avalancha no eran otros que Camargo y sus hombres, que armados tan sólo con la fuerza de sus brazos, sembraron el terror y la muerte en las tropas realistas.

La acción concluyó con una oportuna carga de Lamadrid al mando de sus "Húsares de la Muerte", y el resultado fueron "como sesenta muertos, setenta y cuatro fusiles útiles, varios caballos ensillados y mulas cargadas, quedando el suelo sembrado de miembros humanos y armas destrozadas".[512]

MOJO
24 de febrero de 1816

Luego de la derrota patriota en Sipe-Sipe (29 de noviembre de 1815), el Alto Perú volvió a quedar a merced de los godos y tan sólo defendido por los caudillos, indios y gauchos que ya tantas dificultades habían dado al enemigo.

La defensa de la zona de Suipacha fue confiada al patriota teniente coronel Francisco Uriondo. Una partida que respondía a este jefe y que era liderada por el capitán Juan Rojas atacó el 24 de febrero el pueblo de Mojo. Allí los realistas comandados por Luis Farfán habían instalado su campamento y su cuartel. Rojas y los suyos cayeron en forma imprevista sobre el campamento y vencieron a los realistas, matando catorce enemigos y "tomándoles veinte prisioneros, veinticuatro fusiles, cuatro sables, cincuenta animales y veinte monturas".[513]

COLOLÓ
27 de febrero de 1816

En medio de la campaña general que los realistas emprendieron a fines de 1815 contra los numerosos caudillos y tropas de indios que prácticamente dominaban todo el Alto Perú, desde La Paz y Puno fueron enviadas dos columnas para acabar con el caudillo Ildefonso Muñecas, que operaba en la costa del lago Titicaca.

El comandante realista Aveleira partió desde La Paz hacia Sorata, mientras que desde Puno salió Agustín Gamarra con la misión de bordear el lago por el norte. Este Gamarra no es otro que quien luego se pasó al bando patriota en 1821 y llegó a ser presidente del Perú.

El 27 de febrero Gamarra dio alcance a Muñecas en la Cordillera de Cololó y lo venció por completo. Durante el combate los realistas tomaron a ciento seis indios prisioneros que luego fueron pasados por las armas.[514] El cura Muñecas fue "enviado por orden de Pezuela de La Paz al Cuzco para ser juzgado, degradado y ahorcado, pero antes de llegar al Desaguadero, el 7 de julio, fue 'accidentalmente' muerto en el camino por un tiro que escapó de uno de sus conductores".[515]

VILLAR
5 de marzo de 1816

Con la finalidad de aislar al comandante Manuel Asensio Padilla del resto de sus tropas, el jefe realista coronel José Santos La Hera decidió atacar con sus dos batallones y algunos jinetes el poblado del Villar, que era defendido por Juana Azurduy, esposa del caudillo Padilla.

Esta gloriosa mujer de nuestra historia se encontraba con apenas unos "treinta fusileros y doscientos indios armados de hondas, palos y flechas"[516] y con ellos salió al encuentro del siempre bien municionado ejército del rey. Pero ni estas ventajas fueron suficientes para los godos, que finalmente fueron derrotados y debieron retirarse precipitadamente. En el campo habían dejado quince muertos y algún armamento,[517] mientras que

Azurduy "arrancó de las manos del abanderado"[518] una bandera enemiga. El gobierno central de Buenos Aires, luego de esta victoria, decidió ascender a Azurduy al cargo de teniente coronela.[519]

TARABUCO
12 de marzo de 1816

El comandante cochabambino José Serna junto con treinta fusileros y unos dos mil indios esperó en Tarabuco a las tres compañías del batallón general —más conocido por "Verdes" por el color de su uniforme— que desde la Laguna había enviado el coronel godo José Santos La Hera para buscar refuerzos en Chuquisaca.

Secundado por los caudillos Ildefonso Carrillo, Pedro Casilaya y Prudencio Miranda, Serna atacó el 12 de marzo a los realistas, comandados por el coronel Pedro Herrera. Éstos, agotadas sus municiones, intentaron formar cuadro, pero los indios "se fueron a las manos de los fusiles y se los quitaron de la mano",[520] y rindieron a discreción a toda la división.

Según cuenta Mitre, "el batallón fue muerto a garrotazos, siendo pasados por las armas Herrera y trece oficiales más".[521] La bandera de los Verdes quedó como trofeo para los gauchos de las Provincias Unidas.

AUCAPUÑIMA
27 de marzo de 1816

Con la finalidad de acabar con el caudillo Vicente Camargo que dominaba en la zona de Cinti, al norte de Tarija y al este de Suipacha y Potosí, el brigadier Joaquín de la Pezuela envió una columna al mando del coronel Buenaventura Centeno, compuesta por el batallón Chillotes o de Voluntarios de Castro y setenta hombres de caballería de su propia escolta.[522]

El 12 de marzo esta fuerza ocupó Cinti mientras Camargo, con dos mil indios, sitiaba el pueblo al colocarse en las alturas próximas. Sólo cuando una columna de cuatrocientos godos vino en apoyo de Centeno, el caudillo revolucionario se marchó hacia el cerro de Aucapuñima, hacia donde fue en su búsqueda el jefe realista con su batallón y el escuadrón de escolta.

El 27 Centeno atacó el cerro en dos columnas. La primera fue rechazada por tres veces y sólo con el auxilio de la segunda, comandada por el propio comandante, los realistas pudieron triunfar.

La fuerza de Camargo sufrió cuarenta muertos, siete prisioneros (que fueron pasados por las armas) y la pérdida de cuatro fusiles. Entre los godos hubo cerca de una docena de muertos y más de cien heridos a causa de las efectivas hondas que solían utilizar los indios.

ARPAJO
3 de abril de 1816

Luego de ser vencido en Aucapuñima (27 de marzo) el caudillo patriota Vicente Camargo, nombrado comandante general por el general José Rondeau, se replegó estratégicamente al cerro de Arpajo, a poca distancia de Culpina, donde comenzó a reorganizar sus fuerzas, integradas en su gran mayoría por indios.

Hacia allí marchó el coronel godo Buenaventura Centeno con el batallón de Voluntarios de Castro y setenta hombres de caballería del escuadrón de Honor.[523] Pero al ponderar la inconveniencia de atacar la ventajosa posición de los patriotas, se retiró a Culpina a la espera de una mejor oportunidad.

Ésta llegó el 2 de abril cuando dos indios, escapados del campamento de Camargo, le "dieron noticia puntual de su fuerza, de la formidable posición que había elegido, de sus preparativos de defensa y de sus miras hostiles".[524] Uno de ellos, además, "muy racional", según el relato del español Mendizábal, se ofreció para guiar a los godos hasta la cumbre del cerro que dominaban los patriotas.

A las 8 de la noche los realistas se pusieron en marcha, mientras su caballería se ubicaba en la entrada de la llanura para rodear a los revolucionarios. En el amanecer del día 3 los godos cayeron de improviso sobre las fuerzas de Camargo, las "que no acertaron a defenderse, ni pensaron más que en huir despavoridos en la dirección que les era posible, dejando en el campo crecido número de muertos y heridos".[525]

Camargo, "que procuró defenderse a pie, cayó herido de un balazo y fue tomado prisionero. El mismo Centeno lo degolló en el acto".[526] Bernardo Frías afirma que fue muerto a palos, método de notable salvajismo que era utilizado comúnmente por ambos bandos.

Lo cierto es que con este ataque sorpresivo, en el que los propios españoles reconocen que hubo entre seiscientos y ochocientos muertos,[527] los realistas se apoderaron de toda la región de Cinti. La capital de aquella zona hoy lleva el nombre de Vicente Camargo, uno de los tantos altoperuanos que dieron su vida por la revolución americana.

TARIJA (1)
agosto de 1816

Una partida de gauchos, probablemente al mando del teniente coronel Francisco Uriondo, que solía operar por la zona, atacó a los escuadrones San Carlos y Blandengues, que eran liderados por el coronel José Lavín y que ocupaban la ciudad de Tarija. Este Lavín, según relato de Mitre, era nacido en Entre Ríos y una vez producida la revolución se hizo adepto al partido realista en Chuquisaca, donde se encontraba estudiando.[528] Finalmente, los patriotas fueron derrotados dejando en el campo treinta muertos y treinta y cinco prisioneros.[529]

LAGUNA-VILLAR
13 al 14 de septiembre de 1816

El célebre caudillo coronel Manuel Asensio Padilla fue un problema constante para los realistas por toda la zona del valle de Cinti. Para terminar con él, los godos enviaron dos columnas convergentes que partieron desde Chuquisaca y Valle Grande respectivamente. La última de éstas era comandada por el coronel Francisco Javier Aguilera y estaba compuesta por el batallón Fernando VII de "seiscientos hombres [...] con dos cañones de a 4".[530] Ante la numerosa invasión enemiga, Padilla comenzó a retirarse, disputando el terreno junto con una masa de gauchos e indios que lo acompañaba.

El 13 de septiembre, "cuando repentinamente se encontró con la columna de Aguilera",[531] Padilla "desplegó su infantería en campo descubierto y amagó un falso ataque por el frente, al mismo tiempo que su caballería [liderada por el caudillo Jacinto Cueto] entraba por la retaguardia del enemigo".[532] Pero fueron rechazados, por lo que tuvieron que retirarse en desorden hacia el poblado de Villar, ubicado a nueve leguas de Laguna. Según O'Donnell, este encuentro no habría sido tan "repentino", sino que un caudillo pasado al bando realista, de nombre Mariano Ovando, habría enseñado a Aguilera el camino más rápido para llegar a Laguna.[533]

En Villar se encontraba la esposa de Padilla, la ilustre coronela Juana Azurduy, "atrincherada, con un cañón ligero y la reserva de municiones, rodeada por los naturales que la adoraban como a la imagen de la Virgen del Villar".[534]

Casi simultáneamente a la llegada de Padilla al poblado, Aguilera atacó con rapidez para evitar la reunión de los patriotas, y él mismo mató de un pistoletazo al famoso caudillo y alentó luego una tan memorable como triste matanza de "setecientos cincuenta hombres y setenta y cinco prisioneros que fueron inmediatamente pasados por las armas".[535]

Así llegaba al fin de sus días uno de los mayores protagonistas de la Guerra de la Independencia, el coronel Manuel Ascencio Padilla. En el camino había dejado buena parte de su riqueza y a sus cuatro pequeños hijos, que murieron durante la guerra, a causa de no poder soportar el duro trajinar que les imponía la vida del caudillo.

COLPAYO
15 de septiembre de 1816

En sus proclamas firmaba con el pomposo nombre de Juan José Fernández Campero del Barranco Pérez de Uriondo Hernández de la Lanza, Marqués del Valle del Tojo, Vizconde de San Mateo, pero la historia americana lo recuerda con el más modesto de marqués de Yavi, ya que sus propiedades se encontraban ubicadas en la región que hoy hace de límite entre Argentina y Bolivia. Luego de luchar para los ejércitos del rey, este personaje se pasó al bando de los patriotas en ocasión de la victoria de Manuel Belgrano en Salta (20 de febrero de 1813) y a partir de allí puso todos sus bienes, que eran cuantiosos, al servicio de la revolución. En 1816 el marqués decidió organizar una fuerza militar a la que denominó "Regimiento Peruano". Parte de esta fuerza tuvo su bautismo de fuego recién en septiembre de 1816, cuando los godos iniciaron su tercera invasión a Salta y Jujuy.

El 10 de septiembre una columna de ciento veinticinco hombres al mando del teniente coronel Pedro Zabala se desprendió de la vanguardia realista con rumbo a Abra Pampa, cerca de la boca de la Quebrada de Humahuaca, y situó su campamento en Colpayo.

Cuando los patriotas descubrieron este movimiento, las tropas sustentadas por el marqués se organizaron al mando del capitán Agustín Rivera. A él se le sumaron el capitán indio Diego Cala, el ayudante de Infernales Dionisio Falagiani y el teniente de gauchos Justo González. En total eran "treinta y dos soldados de línea armados a fusil y diez milicianos".[536]

Con la llegada de la noche del 15, las tropas patriotas cayeron por sorpresa sobre el campamento realista. Rivera lo hizo a pie con veinte hombres que atacaban por el frente, mientras que el resto atacó a caballo por la retaguardia, a las órdenes de Cala.

Pese a la sorpresa inicial, los godos lograron defenderse y tomar una altura. Rivera le intimó rendición al jefe enemigo y, al ser ésta rechazada, él en persona cargó con brío y mató a Zabala con sus manos.[537] Los realistas tuvieron dieciséis muertos y los patriotas, dos muertos y un herido. Estos últimos, además, tomaron trece prisioneros, cuarenta mulas y numerosas armas, mientras el resto de los godos se dispersaban al amparo de la oscuridad.

SANTA VICTORIA
24 de septiembre de 1816

El Alto Perú fue una constante usina de historias curiosas y novelescas durante todo el transcurso de la Guerra de la Independencia. Entre ellas se encuentra la de los "Angélicos", cuer-

po militar creado y liderado por el cura realista de Yavi, llamado
Zerda, el que, además, ostentaba el título de teniente coronel.

Esta fuerza, de aproximadamente medio centenar de hombres y cuyo nombre era un claro contrapunto respecto de los famosos Infernales de Güemes, fue totalmente derrotada por el
teniente José Miguel Valdivieso en Santa Victoria.

Valdivieso, junto con ocho fusileros y alguna gente armada
de macana, cayó sobre el pueblo, mató a seis enemigos y tomó
treinta prisioneros, entre ellos al propio Zerda, además de apro-
piarse de veintitrés fusiles y de municiones, caballos, vacas y víveres.[538]

TARIJA (2)
14 de octubre de 1816

Mientras en el ejército realista el general José de La Serna
reemplazaba al brigadier Joaquín de la Pezuela en el comando
del mismo, en Tarija la situación se reiteraba una vez más. Los
patriotas, liderados otra vez por el teniente coronel Francisco
Uriondo y con una fuerza de quinientos jinetes, setecientos fusileros y una pieza de a 2,[539] avanzaron contra la ciudad. El jefe
godo, el coronel Lavín, decidió salir de la plaza al frente de unos
cien jinetes para enfrentar al enemigo. Luego de un duro combate, los realistas vencieron "dejando unos cien patriotas muertos, tomando muchos prisioneros y cogiéndoles setenta y tres
fusiles, el cañón de campaña y considerable número de caballos
ensillados".[540]

Como esta versión proviene de un autor español, hay que
aclarar que es muy poco probable (casi imposible) que los patriotas hayan tenido setecientos fusiles, sobre todo porque ni
el ejército regular solía contar con tal cantidad de fusiles para sus
soldados.

SORPRESA DE YAVI
15 de noviembre de 1816

En noviembre de 1816 los realistas iniciaron su tercera invasión a Jujuy y Salta con el avance de su vanguardia liderada

por el general Pedro Olañeta. El primer objetivo de los godos fue Yavi, pueblo que quedaba en las tierras que eran propiedad del marqués de Yavi.

Lo cierto es que el marqués, con unos seiscientos hombres, se instaló con ciega confianza en Yavi, sin siquiera colocar guardias o vigías en los caminos que podían seguir los realistas. Éstos, en un número cercano a los trescientos soldados, avanzaron hacia el pueblo.

En la mañana del 15 de noviembre los godos atacaron divididos en varias partidas. "El campo inmediato, en donde pastaba lo principal de los caballos de la división, fue tomado por la caballería de [Guillermo] Marquiegui, mientras unos cien infantes hacían fuego desde la loma y otros iban a dar el asalto por el lado del río."[541]

La sorpresa fue total y el desbande, incontenible. "Sólo una corta fuerza logró ganar un cerro inmediato e inició la resistencia, la misma que cargada poderosamente fue dispersada."[542]

El marqués, al llegar a la plaza y al encontrarse a pie, le solicitó su caballo al oficial Bonifacio Ruiz, a lo que éste cedió. Finalmente, el marqués, Ruiz y otros hombres escaparon, y tras ellos salieron los realistas en su persecución. Al llegar a un zanjón los patriotas lograron saltarlo, pero el marqués, que era obeso, tuvo un momento de duda y, al intentarlo, "cayó de espaldas. [...] Inmediatamente cargaron los enemigos y le intimaron rendición, y él poniéndose de pie declaró que estaba rendido".[543]

En total, fueron unas trescientas bajas patriotas en aquella jornada de la que Miguel de Güemes, jefe de todas las fuerzas que operaban en la zona, expresó: "El contraste que han sufrido las armas de la patria en el punto de Yavi: esto en mi concepto no ha tenido otro origen que, o un descuido reprensible o una traición la más inicua".[544] El infortunado marqués fue llevado de aquí para allá durante varios años, hasta que fue embarcado prisionero rumbo a España, y murió durante el viaje en Kingston (capital de Jamaica) el 22 de octubre de 1822 a los treinta y ocho años de edad.[545]

CACHIMAYO (1)
16 de noviembre de 1816

El caudillo patriota comandante José Miguel Lanza había reunido un escuadrón y unas escasas armas y con ellas fue en busca de los realistas en defensa de la revolución y de promover la insurrección en la zona de Tupiza. El general Pedro Olañeta, jefe de la vanguardia realista, envió una columna que derrotó y dispersó al afamado caudillo altoperuano en cercanías de Cachimayo.

PARI
21 de noviembre de 1816

La muerte del caudillo

Combate
LUGAR: Santa Cruz de la Sierra.
JEFE PATRIOTA: coronel Ignacio Warnes.
JEFE REALISTA: coronel Francisco Javier Aguilera.
FUERZA PATRIOTA: 1000 hombres.
FUERZA REALISTA: 1400 hombres (800 infantes, 500 jinetes y 100 artilleros).
RESULTADO: victoria realista.
PÉRDIDAS PATRIOTAS: desconocidas, ya que hubo una gran dispersión, pero deben de haber sido numerosas.
PÉRDIDAS REALISTAS: entre 700 y 1000 bajas.
DURACIÓN: 6 horas.

Don Ignacio Warnes, coronel del ejército patrio designado por Manuel Belgrano, fue, sin lugar a dudas, el prototipo de los caudillos revolucionarios que tanta influencia tendrían en todo el desarrollo de la Guerra de la Independencia en el Alto Perú: valerosos, conductores natos y con gran capacidad militar y de movilización.

Con esas cualidades, Warnes había logrado mantener bajo su poder a la ciudad de Santa Cruz de la Sierra y a toda la zona de influencia desde 1813, cuando Belgrano lo había enviado allí con tal fin. Así, el coronel revolucionario formó "los cuerpos de Pardos y Morenos con los esclavos que libertó y rehízo totalmente la caballería con Lanceros, Dragones y Auxiliares".[546]

Para enfrentarlo, el general Ramírez de Orozco envió al coronel Francisco Aguilera, cruceño de nacimiento, con una fuerte columna integrada por quinientos hombres del batallón Fernando VII, trescientos del Talavera, dos escuadrones de caballería de Cochabamba de doscientas cincuenta plazas cada uno y una sección de artillería cuya dotación sumaba cien soldados.[547]

En la mañana del 21 de noviembre y ante la sigilosa aparición del enemigo, Warnes salió de la ciudad, colocándose a unos ochocientos metros al oeste con la "derecha sobre el arroyo [Pari] [...] cerrando el camino real que en sentido opuesto traía Aguilera. Colocó su artillería en el centro, emboscando una parte de ella en las isletas y renovales [...] y cubrió su izquierda con la caballería"[548] al mando del coronel José Manuel Mercado.[549]

A las once de la mañana "desplegó Aguilera su línea [...] en los renovales del Pari, en cuya vera estableció su artillería y cubrió sus alas con la caballería".[550] El batallón Fernando VII inició el fuego y en ese momento la infantería patriota se arrojó al suelo. Viendo esta actitud, Warnes, montado a caballo, recorrió toda la línea alentando a sus hombres, con lo que logró trabar una "lucha cuerpo a cuerpo con el enemigo".[551]

Mientras tanto, la caballería revolucionaria, cruceña en su totalidad, puso en rápida fuga a la realista y la persiguió hasta gran distancia, con lo que prácticamente se desentendió de aquellas primeras acciones del combate.

Luego de seis horas de sangrienta lucha y de haber rechazado un audaz ataque del batallón Talavera, la infantería patriota se encontraba en una situación ventajosa, pero fue allí que la fatalidad golpeó a los revolucionarios. Una bala de cañón mató al caballo de Warnes, con lo cual éste quedó atrapado bajo su montura, totalmente indefenso. Según el relato del capitán Mariano Rendón, actor presencial de los hechos, Warnes habría sido herido en una pierna y "resultó de esto cortarle la bota para sacarla, la cual se hallaba anegada en sangre y por la falta de jefe y huida del comandante, dispersáronse las tropas abandonando a Warnes herido en el campo de batalla. En este caso [...] la infantería de éstos [los godos] cargó sobre nuestro campo".[552] En cambio, Mitre afirma que a Warnes lo ultimaron de un bayonetazo en el pecho y un pistoletazo en la cabeza.[553]

Esa contingencia "introdujo en ésta [la fuerza patriota] el terror y el espanto, causando la dispersión y consiguiente derrota, que con la lobreguez de la noche, les fue imposible a los oficiales subalternos reunir la gente fugitiva por la espesura de
aquellos bosques, bien que manteniéndose con las armas que
condujeron".[554]

"La caballería patriota poco después llegaba al campo de
batalla, regresando de derrotar a sus contrarios; al tener conocimiento de la muerte del bravo Warnes, se precipitaron con
sus lanzas como una furia sobre la infantería realista, pero ésta los recibió con fuego bien nutrido, fusilando a quemarropa
a aquellos centauros, que se vieron precisados de declararse en
derrota."[555]

Por la tarde, ya casi en la noche de aquel triste día para la
causa revolucionaria, Aguilera, con los escasos restos de sus
fuerzas, ingresó en su ciudad natal, en la que sembró el terror al
ordenar la muerte de cerca de mil civiles de toda edad y sexo.
Triste gloria para Aguilera, que había sido estudiante de la famosísima Universidad de Chuquisaca[556] y que en tan sólo dos
meses acabó con dos de los más férreos caudillos revolucionarios. El 14 de septiembre había matado personalmente a Manuel
Padilla en Laguna-Villar y ahora había hecho lo propio con
Warnes. Como trofeo mayor de la victoria, el jefe godo se llevó
la cabeza de Warnes y la mandó colocar en una pica en la plaza
central de Santa Cruz de la Sierra. Hoy, en aquel mismo lugar,
un monumento recuerda la figura del coronel Ignacio Warnes,
militar, patriota y caudillo popular.

TIRAOYO
26 de noviembre de 1816

El comandante realista Andrés García Camba al frente de
ochenta soldados del regimiento Húsares de Fernando VII y
otro tanto del de Chicha[557] atacó por sorpresa al caudillo Cardoso, quien se encontraba al frente de una centena de hombres.
Según el propio jefe realista en sus memorias, en el ataque mu

rieron quince patriotas y tomaron igual cantidad de prisioneros. El jefe revolucionario, luego de haber caído en manos enemigas, fue condenado a muerte y ajusticiado al poco tiempo.

SAN PEDRITO
6 de enero de 1817

Con la finalidad de forrajear en cercanías de la ciudad de Jujuy, que los godos ocupaban por tercera vez, una partida de realistas compuesta por "doscientos hombres escogidos del regimiento Extremadura"[558] marchó hasta San Pedrito, al sur de la citada ciudad. Al frente de ellos iba el capitán Cadorniga.

Allí se presentaron, divididos en dos fuertes escuadrones, los Infernales del capitán Juan Antonio Rojas. Éste "cargó resueltamente, sufriendo dos descargas que le derribaron seis hombres. [...] La pelea que se siguió fue encarnizada a bala, sable, bolas y cuchillo".[559] La victoria de los jinetes salteños fue total y de ella "resultan dos oficiales y cien soldados muertos y siete prisioneros"[560] por parte del enemigo.

Mientras tanto, el capitán Arregui con quince hombres de los Dragones de la Unión salió desde la ciudad sin orden para hacerlo,[561] en defensa de sus compañeros. Cuando llegó tuvo que medirse junto con su escasa fuerza con Rojas, que ya había terminado con el Extremadura; fácil fue para los Infernales derrotar también a éstos. Así, luego de dos horas de combate, Rojas se había hecho de un importante armamento, había provocado un gran número de bajas al enemigo y había matado al propio Arregui y al jefe del Extremadura.

RÍO NEGRO
20 de enero de 1817

Durante la tercera invasión realista a Salta y Jujuy, el mariscal José de La Serna, jefe godo, envió al coronel Guillermo Marquiegui al frente de un batallón y un escuadrón para que avanzase hacia Orán y desde allí bajase hasta Jujuy.

En cuanto la columna enemiga asomó por el Abra de Zenta, las partidas de gauchos lideradas por los diversos caudillos que operaban por la zona comenzaron, una vez más, a hostilizar incansablemente a los realistas.

No sin pocos problemas, los godos consiguieron llegar el 19 al fuerte del Río Negro. Al día siguiente medio millar de gauchos comandados por Manuel Arias atacaron la posición con tanta furia que Marquiegui "se vio obligado a ganar los montes para no caer prisionero".[562] Finalmente el 23 la columna realista consiguió entrar en Jujuy luego de haber perdido "un tercio de su fuerza durante la expedición".[563]

HUMAHUACA
1° de marzo de 1817

Mientras el mariscal José de La Serna intentaba, sin mucha fortuna, dominar las ciudades de Salta y Jujuy durante la tercera invasión realista, su guarnición en Humahuaca sufrió un contraste que acabó por desmoronar las esperanzas del jefe godo.

Al pasar por el estratégico poblado de Humahuaca en enero de 1817, La Serna decidió utilizar la población como "depósito de parque, provisiones y hospital [...]. Para ello se fortificó la iglesia, se cerraron las bocacalles y dejó al comandante de artillería La Rosa con una corta guarnición de ciento treinta hombres y seis piezas de artillería"[564] del batallón Cuzco y del afamado regimiento Picoaga.

No bien se instalaron los realistas en el pueblo, los patriotas iniciaron las tareas para reconquistar el lugar. El comandante Manuel Arias comenzó a recibir "informes por medio de indios que penetraban en la población"[565] y así hacia fines de febrero tuvo todo listo para dar el golpe. Luego de reunir sus fuerzas a las del alférez José Ontiveros, Arias pudo contar con "ciento cincuenta hombres, bien que la mayor parte sin más armas que palos".[566]

En la madrugada del 1° de marzo, los patriotas llegaron a Humahuaca divididos en tres grupos. Uno, al mando del capitán Hilario Rodríguez, debía tomar la batería "Santa Bárbara". Otro, conducido por el teniente Manuel Portal, atacaría el cuartel. El tercer grupo, liderado por el comandante Arias, esperaría el desarrollo de la acción para auxiliar el punto que fuera necesario.

Arias, en el parte enviado a Martín Güemes, relata las acciones de la siguiente forma: "Llegó la hora, y estando aguardando con la mayor suspensión operase la primera división, oigo gloriosamente una descarga tan militar y disciplinada que pareció ser un cañonazo y una voz 'viva la patria', vertida por los que acababan de ganar la batería". Éstos "habían procurado aproximarse tanto que cuando se echaron sobre los cañones los enemigos que los cuidaban no tuvieron lugar ni para verlos".[567]

Entonces "Arias se dirige a tomar el depósito de pólvora, lo que logra en forma rápida [pese a sufrir dos bajas], mientras Portal debe luchar contra las tropas enemigas alertadas por los disparos".[568] "A las cinco los enemigos subieron a la torre con las primeras luces del alba, y desde ella sostuvieron un vivo fuego hasta las seis y media en que al fin tuvieron que rendirse a discreción, bajo la amenaza de ser pasados a cuchillo."[569]

Fue un triunfo absoluto y notable de los patriotas, ya que además de matar veinticinco enemigos y tomar ochenta y seis prisioneros, cayó "en su poder el parque de reserva [...] compuesto por seis cañones de a 4 y uno de a 2, infinidad de cargas de municiones [...], que por no tener cómo llevarlos fue preciso quemar y echar al río [...] treinta cargas de harina y aguardiente, dos mil ovejas, sesenta vacas y dieciséis mulas".[570] Además de cien fusiles, se tomó la bandera del regimiento Picoaga, que llevaba en un ángulo la figura del líder indígena Mateo Pumakahua, degollado dos años antes luego de ser vencido en el Cuzco por dicha fuerza.

Por pedido de Belgrano, los tres comandantes de la acción, más el teniente Pablo Mariscal y Ontiveros fueron premiados con una medalla de oro. A los oficiales se les entregó una de plata y a los soldados una cinta celeste y blanca con la inscripción "Humahuaca".[571]

JUJUY (2)
12 de marzo de 1817

Tal y como ocurrió siempre que los realistas ocuparon Jujuy o Salta, las incansables fuerzas gauchas cercaron las ciudades y sometieron a los soldados del rey a constantes y sorpresivos ataques. Con la tercera invasión de los realistas a San Salvador de Jujuy al mando del general José de La Serna, la situación se volvió a repetir.

El 12 de marzo unos trescientos jinetes conducidos por el jefe del estado mayor de Güemes, el comandante José Saravia, prepararon una emboscada contra los forrajeadores que se preparaban para salir a buscar víveres. Prevenido el general Gerónimo Valdez, jefe del estado mayor godo, salió de la plaza con una fuerte columna, los batió por completo a costa de trece muertos y heridos y provocó unas treinta bajas en los patriotas.[572]

Como contrapartida, los revolucionarios les arrebataron ese día unas doscientas mulas de silla y carga. Un botín que parecería menor, pero que en aquella época era de vital importancia para la movilización y el transporte.

JUJUY (3)
15 de marzo de 1817

Tres días después del ataque citado anteriormente, se reanudó el combate por la ocupación de la ciudad de Jujuy. Esta vez los gauchos atacaron por el norte a las once de la mañana. A las dos de la tarde los escuadrones realistas de granaderos de los batallones Gerona y Extremadura, ante la superioridad numérica de los patriotas, debieron pedir auxilio y municiones a la plaza. Con la aparición del general Gerónimo Valdez con la caballería disponible y dos piezas de artillería, los godos lograron restablecer el combate.[573]

Mientras tanto, el caudillo José "Pachi" Gorriti con su escuadrón de lanceros y la partida del capitán Vicente Torino atacaron las trincheras de la ciudad por el camino de Salta. El historiador español García Camba afirma que "al estar la mayoría de los realistas en aquel sector [el norte], el enemigo causó muchas dificultades, pero perdieron muchos hombres".[574]

Según Mitre, las bajas realistas fueron veintiocho muertos (veinticinco de ellos de la escolta de La Serna que habían salido imprudentemente a enfrentar a Gorriti), doce heridos y diecisiete prisioneros.[575]

LAGUNA
15 de marzo de 1817

A seis meses de la muerte del caudillo coronel Manuel Padilla (el 14 de septiembre de 1816) en el doble combate de Laguna-Villar, la región antes dominada por él se convirtió en un nuevo centro de lucha entre diversos caudillos y las fuerzas regulares realistas.

Para darle organización a la lucha popular al oeste de Cotagaita, entre Tarija y Chuquisaca, Manuel Belgrano, jefe del Ejército del Norte, nombró al teniente coronel Esteban Fernández comandante de la insurrección, en reemplazo de Padilla.

A mediados de marzo, Fernández, al mando de ciento cincuenta hombres y cincuenta indios se presentó ante el pueblo de la Laguna, que era guarnecido por el coronel Maruri con una compañía de infantería y otra de milicias. Mitre revela que finalmente los godos "fueron completamente derrotados, dejando en el campo muchos muertos, viéndose obligados a encerrarse en el reducto artillado con la pérdida por parte de los patriotas de dos muertos y diez heridos".[576]

GARZAS
19 de marzo de 1817

Con la finalidad de socorrer al coronel godo Maruri, que luego de su derrota en Laguna (15 de marzo) se encontraba en situación desesperante ante el poderío de las fuerzas patriotas del teniente coronel Esteban Fernández que sitiaban el provisto fuerte de ese pueblo, el brigadier de Marina Pascual Vivero, gobernador de Chuquisaca, envió al coronel José Santos La Hera al frente del batallón del Centro.

El día 19 ambos rivales se encontraron en el llano de las Garzas. Fernández contaba con unos doscientos cincuenta hombres de infantería y caballería y unos cuatrocientos indios que se le habían incorporado,[577] mientras que La Hera tenía cuatrocientos soldados, dos piezas de artillería "que dirigía [Baldomero] Espartero y ochenta hombres montados que capitaneaba Felipe Ribero"[578] (o Rivero).

"La infantería patriota ocupó el centro de su línea y rompió el fuego dentro del tiro de fusil. El plan era atacar [...] por ambos flancos con la caballería situada en las alas [...]. [el mayor Agustín] Rabelo se lanzó con intrepidez a la cabeza de sus Dragones sobre la infantería española, a la que obligó a formar cuadro, abriendo un claro, pero fue rechazado por el fuego de la artillería y recibió un casco de metralla en el brazo".[579] Algo parecido ocurrió con el comandante Prudencio Miranda, quien fue herido y no pudo cargar por su flanco.

Lo cierto es que luego de "una acción reñidísima"[580] y gracias al preciso fuego de Espartero, los realistas pudieron dispersar a los patriotas y, luego de derrumbar el fuerte de Laguna, regresaron hacia Chuquisaca con los pertrechos que allí se encontraban.

CAPILLA
Entre el 1° y el 4 de abril de 1817

Durante la tercera invasión realista a Jujuy y Salta, el coronel Buenaventura Centeno fue enviado desde aquélla por el general José de La Serna hacia la Quebrada de Humahuaca, al mando de un batallón y un escuadrón. Ya de regreso, y luego de algunos encuentros parciales con fuerzas patriotas y bajo una lluvia impiadosa, "recibieron los Húsares una descarga, disparada desde la espesura del monte, aunque no de gran número de armas, sin duda inutilizadas por la lluvia, y en medio de una grande gritería, [...] como doscientos hombres a caballo [eran los famosos Infernales] [...] pronunciaron una carga sobre los Húsares con decisión. [...] el comandante Gabriel Pérez [realista] mandó al capitán [Andrés García] Camba, cuya compañía formaba la primera, que cargara a los enemigos [...] y confundidos los contrarios cedieron el campo y la ventaja [...] dejando treinta hombres muertos con dos oficiales".[581]

PALPALÁ (o Salpala)
4 de abril de 1817

En medio de la campaña general que los realistas realizaron sobre el Alto Perú entre 1816 y 1817, el general Gerónimo Valdez salió de Jujuy a comienzos de abril de 1817 con destino a Orán. Iba acompañado por unos seiscientos hombres y su misión era auxiliar al general Pedro Olañeta.

El 4 de abril Valdez sorprendió en Palpalá (Salpala, dice Mitre), a 14 km al este de Jujuy, una fuerte columna patriota liderada por el comandante Bartolomé de la Corte,[582] a la que venció y puso en precipitada fuga luego de tomar ochenta prisioneros. Finalmente Valdez y Olañeta se reconcentraron sobre Jujuy, para pasar luego a Salta, de donde los godos debieron retirarse a comienzos de mayo a causa del incesante asedio de los gauchos de Güemes.

TABLADA (I)
15 de abril de 1817

Luego de una sigilosa marcha de casi un mes, el comandante Gregorio Aráoz de Lamadrid, que había partido desde Tucumán al frente de una columna de unos trescientos hombres y dos piezas de artillería, llegó a Tarija decidido a tomarla. Una vez reunida su fuerza a la del caudillo indio Méndez,[583] y de sostener un corto intercambio de disparos con las tropas que guarnecían la ciudad, Lamadrid le intimó rendición al enemigo. El capitán Mateo Ramírez, quien con trescientos hombres defendía Tarija, respondió altaneramente que "un jefe de honor no se entregaba a discreción por el hecho de disparar cuatro tiros, y que él sólo lo haría cuando no le quedasen más que veinte hombres y éstos sin munición".[584]

Durante toda la noche continuó el acecho patriota a la población, hasta que en la mañana llegó en auxilio de los godos una fuerza compuesta por una centena de hombres liderada por el segundo del capitán Andrés Santa Cruz, quien luego se transformaría en figura célebre de la América libre. Lamadrid, al frente de unos treinta Húsares, salió a su encuentro "y en el momento fueron derrotados [los godos] tan completamente que quedaron sesenta muertos y se hicieron los demás prisioneros".[585] Los patriotas sufrieron un muerto y pocos heridos.[586]

De inmediato el jefe patriota regresó al sitio y con dos prisioneros envió una nueva intimación, esta vez perentoria: los realistas tenían cinco minutos para entregarse. Ramírez en persona acudió a Lamadrid para exigirle algunas condiciones y luego se procedió a la entrega de la ciudad.

De esta forma, los revolucionarios derrotaron a "tres tenientes coroneles, diecisiete oficiales y doscientos setenta y cuatro soldados [remitidos a Tucumán] [...], [y se adueñaron de] cuatrocientos fusiles, ciento catorce armas de toda especie, cinco cajas de guerra y muchos otros pertrechos militares".[587]

BAÑADO
21 al 24 de abril de 1817

Hacía pocos días que los realistas al mando del mariscal José de La Serna ocupaban la ciudad de Salta, en su tercera invasión a aquella provincia. Con la finalidad de salir de expedición en busca de ganado a los alrededores de la ciudad, fue destinada una fuerte columna al mando del coronel Vicente Sardina. Ésta se compuso del batallón Gerona, como de quinientas plazas, ciento ochenta hombres de caballería (Dragones de la Unión) y una pieza de artillería.[588]

En la misma noche del día 20, las partidas de gauchos de avanzada anunciaron la presencia enemiga con disparos al aire, lo que era la señal de alarma para el resto, y rápidamente los diferentes grupos de patriotas se fueron reuniendo a lo largo de la línea Cerrillos-Gauna-Bañado-Salta.

El primero en atacar fue el comandante Luis Burela; a éste se le reunió el caudillo Pedro Zabala y juntos cargaron contra la masa enemiga. En cercanías del Bañado asomó por el frente el teniente coronel Pablo Latorre con quinientos jinetes, los que fueron atacados a su vez por los godos en orden cerrado. En medio del ataque realista surgieron desde un bosque las partidas de Infernales al mando del sargento mayor Juan Rojas y de los gauchos del alférez Leytes, las que cargaron sobre la compañía de tiradores, destrozándola por completo y "disipándose luego como una nube".[589]

Luego de ocupar por poco tiempo el pueblo de Bañado y sin encontrar el ganado que buscaban, los godos siguieron hacia Chicoana. Pero a poco andar fueron una vez más atacados simultáneamente por la retaguardia y por el frente. Rojas y Leytes "cargaron sobre la cabeza de la columna haciéndola retroceder dejando en el campo un comandante [se trata del propio Sardina], dos oficiales y treinta y un soldados".[590] Por el lado patriota se debió lamentar la muerte de Leytes. Los godos, con el coronel Pablo Antonio Vigil como jefe, pasaron la noche sin atreverse a encender fuego por temor a un ataque nocturno.

Al día siguiente los realistas decidieron regresar a Salta. Durante todo el trayecto la columna fue atacada y sorprendida por numerosas emboscadas organizadas por el incansable Burela. Al llegar a la Pampa del Rosario, un millar de gauchos cargó impetuosamente sobre el enemigo que sólo logró sostenerse cuando el Gerona formó en cuadro, colocando a sus heridos en el centro y erizando de bayonetas los cuatro costados.

Finalmente, los realistas regresaron a Salta con casi cien bajas y sin un solo toro, vaca o algo que se le pareciera. Mientras que los revolucionarios, según el parte enviado por el coronel Miguel de Güemes al general Manuel Belgrano, sufrieron cuatro muertos y cinco heridos de Infernales, cuatro heridos de la partida de Burela y cinco de la de Zabala.[591] De este modo, los gauchos, perfeccionando su táctica de golpear por sorpresa y disiparse como "una nube", obtuvieron un nuevo éxito para la revolución.

ARIAS
1º de mayo de 1817

La ocupación que los realistas hicieron de la ciudad de Salta en el año 1817 no fue nada tranquila para éstos. Es que los gauchos de Martín de Güemes no dieron respiro al enemigo y permanentemente interfirieron en sus operaciones de guerra. En el amanecer del 1º de mayo, unos ochocientos gauchos "atacaron a las columnas de forrajeadores que allí se hallaban levantando las cañas de azúcar para el alimento de las caballadas, protegidos sólo por la compañía de cazadores del Imperial Alejandro".[592]

La lucha fue dura y se resolvió en favor de los godos luego de un intenso tiroteo y de que el propio general José de La Serna saliera de la ciudad a sostener a sus compañeros de armas. Los realistas perdieron cuatro hombres y nueve heridos.[593]

ALTOS DE QUINTANA
15 de mayo de 1817

En el amanecer del 15 de mayo una compañía de ochenta y cinco hombres del tradicional batallón godo Gerona, al mando del capitán Joaquín Gómez de Barreyra, asomó ante la vista de una fuerza patriota que había pasado la noche ocupando las posiciones de los Altos de Quintana. Esta fuerza estaba integrada por cuarenta infernales dirigidos por el sargento mayor Juan Rojas y otros veinticinco jinetes liderados por el ayudante de la escolta de Miguel de Güemes, Pedro Gardel.

Los gauchos iniciaron el embate con una pequeña guerrilla destinada sobre la izquierda y al primer intercambio de fuego, toda la partida cargó contra el enemigo "de un modo tan rápido como enérgico, arrollando toda la compañía y tomándoles trece prisioneros" (entre ellos el jefe realista) y treinta y un fusiles. Hubo treinta y cinco godos muertos.[594]

En el parte de la acción escrito por Güemes, éste revela que los Infernales debieron actuar como infantes cazadores, algo inusual para ellos, ya que sufrían una "absoluta falta de cabalgaduras".[595]

CACHIMAYO (2)
20 de mayo de 1817

Por más que no pueda catalogárselo como un combate, ya que no hubo ni disparos ni bajas (muertos o heridos) en ninguno de los dos bandos, la acción de Cachimayo es una de las más curiosas de toda la Guerra de la Independencia.

En la mañana del 20 de mayo, en cercanías de Chuquisaca, la columna al mando del coronel Gregorio Aráoz de Lamadrid, que venía de ocupar por unos días Tarija, se topó en una cuesta con una partida de sesenta hombres de caballería liderados por el comandante Eugenio López. Éstos eran parte del escuadrón de la Laguna, que pertenecía a la guarnición de Chuquisaca.

Al divisarse, ambas fuerzas vacilaron. Entonces Lamadrid se adelantó y agitando pañuelo blanco gritó: "Bajen, que es auxilio de Potosí". Confiados, el jefe godo y otros oficiales bajaron hasta donde se encontraban los patriotas y fueron tomados prisioneros.[596] Mientras los patriotas vitoreaban al rey para aumentar la confusión del enemigo, Lamadrid obligó a López a ordenar al resto de sus tropas que bajaran la cuesta, lo que éste debió obedecer so pena de muerte. Los soldados godos bajaron sin recelo y grande habrá sido su sorpresa cuando fueron apresados sin que fuera necesario disparar un solo tiro. Lo que se dice una verdadera victoria incruenta.

CHUQUISACA
21 de mayo de 1817

Luego de haber tomado y ocupado por unos días Tarija, el coronel Gregorio Aráoz de Lamadrid, al mando de una división enviada por Belgrano desde Tucumán con la finalidad de distraer a los realistas en el Alto Perú, decidió intentar suerte contra Chuquisaca. Allí se encontraba una compañía del batallón del Centro al mando del capitán José Rufo.

En la noche del 20 de mayo, Lamadrid situó su artillería (dos piezas) en la Recoleta de la ciudad y decidió esperar el amanecer para tomar la población. A la sazón contaba con cien hombres de tropa y unos trescientos indios.

Con la llegada del nuevo día el jefe revolucionario anunció su presencia frente a la ciudad con un estentóreo cañonazo. Irónicamente, ésa era la alarma establecida por los godos ante un posible ataque enemigo, con lo que al disparo patriota "la guarnición y el paisanaje acudieron con diligencia a sus puestos".[597]

Rechazada la intimación de que se rindieran hecha por Lamadrid, éste decidió iniciar el ataque, para el cual tenía "dispuestas ocho columnas para atacar las respectivas bocacalles que dan a la plaza".[598] Sin coordinación entre los atacantes, éstos fueron recibidos a bala y metralla y fuego de fusil, para ser finalmente "rechazados en todos los puntos a cien varas (unos ochenta metros) de las trincheras".[599]

Además de perder una de sus piezas, los patriotas sufrieron más de treinta bajas entre muertos y heridos, contra veintidós bajas enemigas. Ese mismo día Lamadrid se retiró hacia Yamparáez, donde obtendría su último triunfo durante su campaña al Alto Perú.

YAMPARÁEZ
22 de mayo de 1817

Luego de su frustrado intento de tomar Chuquisaca en la mañana del 21 de mayo, el coronel Gregorio Lamadrid decidió avanzar junto con sus quinientos hombres hacia Tarabuco, donde el coronel José Santos La Hera se encontraba al frente del batallón del Centro.

Desde Tarabuco había salido "el ayudante Felipe Rivero, con cien hombres de su batallón, los cincuenta montados y con el objeto de dar un golpe a una pequeña facción que se creía inmediata".[600] En las primeras horas del día 22 los bomberos realistas descubrieron la vanguardia de la columna de Lamadrid y al grito de "¿Quién vive?", los revolucionarios contestaron con el tradicional "¡La Patria!", siendo "sorprendidos [los patriotas] por una descarga de fusilería a quemarropa, que introdujo el pánico en la caballería, que marchaba a la cabeza [y] la puso en dispersión".[601]

Lamadrid, arrojado como siempre, cargó sable en mano en medio de la oscuridad, pero "se ve envuelto con los enemigos en la confusión y pierde su espada, la misma que le regalara San Martín".[602] Según García Camba, en el campo realista "se tuvo por cierto que Rivero desarmó a Lamadrid en combate personal".[603] Pese a que la tercera parte de los hombres de los revolucionarios quedaron dispersos y su artillería extraviada, los godos debieron retirarse ante la inferioridad numérica que sufrían, y el encuentro resultó sin un claro vencedor.

SOPACHUY
12 de junio de 1817

Luego de ocupar Tarija y de haber intentado lo mismo sin suerte en Chuquisaca, la columna del comandante Gregorio Lamadrid tuvo su golpe de gracia en Sopachuy, a 120 km al sudeste de Chuquisaca.

Los patriotas venían siendo perseguidos por dos columnas realistas, una liderada por el coronel José Santos La Hera y la otra por el brigadier irlandés O'Reilly. Luego de una extensa persecución de tres días, en la mañana del 12 de junio la vanguardia realista cayó por sorpresa en el campamento patriota donde todos descansaban sin el más mínimo recaudo.

."La confusión es terrible y el desbande no tarda en producirse, aunque Lamadrid hace esfuerzos desesperados por contener a sus hombres",[604] lo que finalmente no logrará, salvo en los casos del "mayor [Agustín] Rabelo y el capitán [Lorenzo] Lugones, que con sus guerrillas de retaguardia salvaron el honor de aquella desastrosa jornada".[605] Los patriotas perdieron sus tres piezas de artillería, una bandera (que fue colgada veinticuatro horas en la horca en Chuquisaca), quinientos fusiles y tuvieron unas trescientas bajas entre muertos, heridos y prisioneros, según los números más difundidos y reiterados tanto por los patriotas como por los godos.

TABLADA (2)
3 de octubre de 1817

La guerra entablada por la vanguardia gaucha al mando de Martín Miguel de Güemes en la zona de Salta y Jujuy y la que, a la par, sostuvieron los caudillos en el Alto Perú fueron claramente guerras de recursos. Es por ello que en la mayoría de los casos se luchó, más bien, por evitar que el enemigo conquistara ciertos bienes, como víveres o caballadas, y no tanto con la finalidad de exterminar definitivamente al contrincante, algo que sólo se podría conseguir con una gran batalla.

En este marco es que el eficaz sargento mayor Juan Antonio Rojas, al frente de unos veinticinco infernales y algunos gauchos, obtuvo una importante victoria sobre los godos. En la mañana del 3 de octubre, el grupo patriota cayó sobre una columna de noventa hombres encargada de custodiar un contingente de animales y "después de una resistencia tenaz por parte del enemigo, les quitó ciento cincuenta y tres animales, treinta y nueve vacas y cinco fusiles. Además de hacerle doce muertos".[606]

RÍO DE REYES (o Molinos)
13 de enero de 1818

En el marco de la quinta invasión realista a Jujuy y Salta, la columna liderada por el general Gerónimo Valdez se enfrentó a una división patriota compuesta por unos cincuenta infernales de Güemes en la desembocadura sur de la Quebrada de Humahuaca.

Según el historiador español Mendizábal, Valdez cargó con la caballería en dos divisiones y alcanzó a los patriotas en el río de Reyes causándoles veinticuatro bajas entre muertos y prisioneros.[607] Además, se adueñó de "varias armas de fuego y blancas, diez caballos con el equipaje, estados y demás papeles de su jefe de estado mayor, sin más desgracia que la de un oficial y un húsar heridos".[608]

Emilio Bidondo, en el anexo quince de su *Contribución al estudio de la Guerra de la Independencia en la frontera norte*, nombra a este combate como "Molinos".

HORNILLOS
23 de enero de 1818

Durante el primer mes del año 1818 los patriotas y los realistas sostuvieron combates casi diarios en la región que hoy es el límite entre la Argentina y Bolivia. El jefe de la vanguardia realista, el brigadier Pedro Olañeta, dividió sus fuerzas en tres columnas y avanzó desde la Quebrada de Humahuaca rumbo al sur.

De la columna liderada por el propio Olañeta se desprendieron los Húsares de Fernando VII, que chocaron contra una partida de Infernales de Güemes en los Hornillos el día 23 y la vencieron; allí tomaron como prisionero al sargento mayor Mariano Morales.[609]

TUIQUIPAYA (o Tinquipaya)
27 de enero de 1818

El destacamento realista acantonado en Tuiquipaya, compuesto por cuarenta infantes[610] y algunos indios liderados por el teniente José Roselló, fue atacado por el caudillo Agustín Quinteros al frente de treinta jinetes y unos seiscientos indios "armados, algunos de fusil y el resto de macana y lanza".[611] El ataque de los revolucionarios no fue efectivo y, cuando Quinteros cayó herido mortalmente, sus hombres se retiraron y dejaron entre diecisiete y diecinueve muertos, según datos de los españoles Mendizábal y García Camba respectivamente.

CASABINDO (o Río Negro)
27 de enero de 1818

A la par que el general Pedro Olañeta avanzaba hacia Jujuy en la quinta invasión realista a la región, su ayudante de campo, el coronel Joaquín Germán, sorprendió al gobernador de Cochicona, José Cruz Obando, y al caudillo Isidro Toritocay en el Río Negro, a media legua de Casabindo. Esta columna patriota transportaba un importante cargamento compuesto, según el registro aparentemente exagerado del español García Camba, por "cuarenta y nueve sables, doscientos cincuenta y tres mulas y caballos, treinta y cinco sillas gauchas, treinta y nueve cabezas de ganado vacuno, ocho mil de lanar, toda la correspondencia, mil cuatrocientos setenta y cinco pesos, ¡seis cargas de géneros de Castilla!, cuarenta y ocho cestas de la hoja de coca"[612] y otras vituallas más.

ACOYTE
13 de febrero de 1818

Una partida realista integrada por cuarenta infantes del experimentado regimiento de Extremadura fue enviada hacia Acoyte, al oriente de Jujuy, con el objetivo de recolectar ganado. Este movimiento fue observado por el comandante de gauchos José Antonio Ruiz, quien decidió sorprender y atacar al enemigo.

Para ello envió al alférez Caciano Aparicio junto con tres hombres a distraer por el frente a los godos, mientras él mismo con el resto de sus veinte gauchos y el refuerzo del capitán Miguel Baldivieso atacaron por la retaguardia realista.

El coronel mayor Miguel de Güemes en el parte oficial remitido al gobierno relata que "se rompió el fuego a las once de la mañana y aunque la resistencia del enemigo fue tenaz él se rindió al coraje de los hombres libres".[613]

Según este parte, los realistas sufrieron seis muertos, cinco heridos y dieciocho prisioneros, además de perder veinte fusiles y treinta piedras de chispa; todo contra una sola baja patriota.

MARAHUA
6 de agosto de 1818

En la hacienda de Marahua, en la provincia de Chuquisaca, el caudillo Miranda (probablemente se trate de Prudencio, que operaba siempre por la zona) fue atacado por el coronel Ostría, quien lo mató en el combate y le tomó prisionera casi toda su partida.[614]

Si bien el historiador español García Camba no lo dice, los hombres tomados aquel día seguramente deben de haber sido pasados por las armas.

HUACALERA
3 de abril de 1819

Así como del lado patriota la Guerra de la Independencia ofrece innúmeros y curiosos personajes, por el lado realista también surgen personalidades asombrosas. El brigadier Pedro Olañeta indudablemente es uno de ellos. Comerciante nacido en Jujuy[615] y radicado en Salta, al estallar la Revolución de Mayo se colocó del lado realista y con el tiempo fue transformándose en una especie de "Güemes" del partido realista: excelente militar, con dotes de caudillo y alma de guerrillero.

Así, en medio de una nueva invasión goda a Salta y Jujuy, Olañeta se emboscó en una quebrada cercana a Huacalera al frente de seis compañías (el número parece exagerado) y veinticinco caballos, durante cuatro días.[616] Al anochecer del 3 de abril se dirigió hacia el campamento patriota de Huacalera y atacó por sorpresa "tomando prisionero y mal herido al sargento mayor [Mariano] Giménez con cuatro soldados, veintiséis fusiles y cincuenta caballos. Dirigiéndose a Tilcara, cercó el pueblo [...] y al amanecer del 4 atacó [...] y cogió prisionero al [coronel Juan] Álvarez Prado, un teniente, dos sargentos, treinta gauchos, treinta y seis fusiles y setenta caballos y mulas [...] sin la menor desgracia"[617] para sus fuerzas.

Olañeta continuó enarbolando el estandarte realista hasta después de la batalla de Ayacucho (9 de diciembre de 1824) y el rey Fernando VII le otorgó el ilusorio título de virrey del Perú en junio de 1825.[618] Irónicamente, el nombramiento se hizo efectivo ante su segundo comandante, Carlos Medinacelli, dos meses después de que Olañeta había sido muerto en combate.

AIQUILE
2 de julio de 1819

Los caudillos Coronel, Cueto, Calderón y Centeno, que operaban en el departamento de Cochabamba, fueron batidos por el comandante Manuel Ramírez, quien, al frente del batallón de la Reina, les mató cuarenta y tres hombres, tomó veintiséis prisioneros y, de los cuatro caudillos citados, tan sólo Centeno logró escapar de los godos. Entre el numeroso botín de los realistas se contaron ciento quince fusiles, dos cañones de a 4 y uno de a 6 sin montar, diecinueve sables, siete bayonetas, cuatro cajas de guerra, un crecido número de fornituras y avíos de montar, dos cargas de municiones, más de cien caballos y toda la correspondencia.[619]

LOMA GRANDE
12 de abril de 1820

Mientras el caudillo indio Chinchilla se encontraba reagrupando sus fuerzas (cien fusileros, doscientos jinetes y unos dos mil indios), el comandante godo Manuel Ramírez lo atacó con sus tropas divididas en dos guerrillas. Éste había salido desde Oruro con ciento ochenta hombres del regimiento N° 1 y del batallón de la Reina.[620]

En la mañana del 12 de abril los realistas atacaron y desbarataron por completo a los patriotas y les causaron cincuenta muertos, contra sólo un muerto y dos heridos de su bando. Al día siguiente ambos rivales se volvieron a enfrentar, y los revolucionarios perdieron otros treinta y cinco hombres.[621]

CHAMICAL
2 de junio de 1820

A diez años de la Revolución de Mayo y cuando San Martín aprontaba los últimos detalles de su expedición al Perú, los realistas del Alto Perú intentaron, por séptima vez desde 1810, invadir Jujuy y Salta.

En los últimos días de mayo de 1820 el jefe de la expedición realista, el general Juan Orozco, envió al incansable brigadier Pedro Olañeta hacia la zona de los Cerrillos, a pocos kilómetros al sur de la ciudad de Salta.

En la noche del 2 de junio, Olañeta y sus hombres atacaron por sorpresa un campamento patriota donde descansaban un escuadrón de gauchos y otro de granaderos de línea. En la refriega murieron veinte revolucionarios, doscientos cuarenta cayeron prisioneros y se perdieron cien caballos, sesenta monturas, ochenta carabinas y muchos sables.[622]

A pesar de estas ventajas parciales, el 30 del mismo mes los godos ya estaban nuevamente en Tupiza, de donde habían salido a comienzos del mes anterior. Las pérdidas del ejército realista durante esta expedición se contabilizaron, según Luqui-Lagleyze, en "novecientos hombres entre muertos, heridos y prisioneros, cuatrocientos fusiles y doscientos sables que quedan en poder de los gauchos".[623]

ATAURA
10 de abril de 1821

El general realista Gerónimo Valdez, que había partido el 10 de marzo desde Yavi con una fuerte columna, se enfrentó con aproximadamente tres mil indios que salieron a disputarle el paso. Una vez más, el profesionalismo y el mejor armamento de los godos fueron demasiado para las aguerridas e indisciplinadas tropas indígenas. Éstas tuvieron quinientas bajas entre muertos y heridos y su esfuerzo no fue suficiente para contener en ese momento a los realistas que marchaban hacia Jujuy, en lo que ya era su octava invasión a aquella ciudad y a Salta. Se estaban por cumplir doce años de las revueltas ocurridas en Chuquisaca y La Paz en 1809, y los indios altoperuanos continuaban luchando hasta la muerte contra el enemigo realista.

DÍA GRANDE DE JUJUY
27 de abril de 1821

Pese a las constantes derrotas de las armas realistas en sus anteriores intentos de invasión a Salta y Jujuy, el general Pedro Olañeta decidió tentar suerte una vez más y en marzo de 1821 se puso en marcha al frente de unos dos mil hombres para ocupar la Quebrada de Humahuaca. Los conflictos internos en las Provincias Unidas y la creciente guerra civil eran motivos suficientes para dar rienda suelta a una nueva aventura.

El 24 de abril el coronel Guillermo Marquiegui, salteño de nacimiento y defensor de los godos, acampó con la vanguardia en León, en la boca sur de la quebrada. Los datos son dispares respecto a la cantidad exacta de hombres: Bidondo dice que eran quinientos, Mitre menciona trescientos, Best, ochocientos y Frías, mil quinientos, aunque este último dato estaría referido a las fuerzas totales de los godos y no sólo a su vanguardia.

Lo cierto es que enterado de esto el gobernador sustituto de Salta, general José Ignacio Gorriti, formó una columna de quinientos a seiscientos jinetes gauchos de Perico, los Alisos, Palpalá y Jujuy[624] y con ellos fue en busca del invasor.

En la tarde del día 26 "habiéndose Gorriti acercado y tomado posiciones, aguardó emboscado a que oscureciera, distribuyendo sus fuerzas con absoluto sigilo". Esa madrugada el jefe patriota "cayó [sobre el campamento enemigo] de manera recia y repentina, y con tal ímpetu, que se produjo en el campo la más espantosa confusión entre las cargas de los gauchos, las descargas de sus fusiles y las lanzas y puñales con que acosaban a los españoles".[625] "La lucha se torna dura […] el enemigo ofrece una fuerte resistencia, pero al cabo de más de un día de combate se rinden cuatro jefes, doce oficiales y cerca de cuatrocientos soldados."[626] También Marquiegui, herido de bala en un brazo, cayó en manos de Gorriti.

Ante la posibilidad de un avance de Olañeta con el grueso de su ejército, altaneramente Gorriti lo intimó a retirarse, amenazándolo con que en caso contrario pasaría por las armas a sus cuñados Guillermo y Felipe Marquiegui y al resto de los oficiales prisioneros.

Así, Jujuy y sus gauchos volvieron a ponerle un freno a los realistas. Quizás es por ello que aquel día ha pasado a la historia como el "Día Grande de Jujuy".

SALTA (2)
7 de julio de 1821

Los realistas altoperuanos, igual de constantes y perseverantes que sus enemigos patriotas, lograron la que fue, tal vez, la más importante victoria de toda la guerra en el Alto Perú; sólo que ya era demasiado tarde para revertir el curso del conflicto.

En la noche del 7 de junio una columna volante de quinientos hombres liderada por el teniente coronel José María Valdez, alias Barbarucho, ingresó por diferentes puntos en la ciudad de Salta. A los primeros disparos en la plaza el gobernador de la provincia, el general Martín Miguel de Güemes, salió a caballo con una pequeña escolta pensando que se trataba de un nuevo levantamiento de origen político. El mítico caudillo, en el entrevero, recibió un tiro que lo hirió de gravedad, por lo que murió el "17 de junio de 1821, luego de ordenar que se pusiera sitio a la ciudad y rechazar a un parlamentario realista".[627]

Así moría el más grande caudillo patriota de la Guerra de la Independencia. Para los realistas, esta victoria no tuvo más resultado que la gloria de haber acabado con el máximo jefe de la resistencia enemiga, ya que la derrota final de la causa realista en América era sólo cuestión de tiempo.

La guerra
en el agua

Las batallas en el agua

Las batallas navales más importantes de las guerras de independencia están estrechamente vinculadas con la resistencia realista en Montevideo. La presencia en esa ciudad de una flotilla española no sólo ponía en jaque a las zonas ribereñas, sino que además permitía el ingreso constante de armas y vituallas. Luego de la llegada de Francisco Javier de Elío a la ciudad, la flota bloqueó el puerto de Buenos Aires, una acción escasamente efectiva gracias al rechazo de los ingleses, pero que incluyó un par de bombardeos sobre la ciudad.

Por eso, la Junta encaró la formación de una primera flotilla que fue destrozada en San Nicolás (marzo de 1811). Como sucedería en adelante, sus marinos y oficiales eran por lo general extranjeros, irlandeses, ingleses, italianos y franceses, hombres acostumbrados no sólo a la vida marina, sino a ofrecer sus servicios a cambios de los beneficios que podía redituar una eventual patente de corso.

La reconstrucción de una flota se encaró recién a partir del triunfo de la Logia Lautaro en Buenos Aires, cuando Alvear tomó la decisión de terminar definitivamente con la resistencia del gobernador Vigodet en Montevideo. Los buques fueron comprados por un amigo del secretario de Hacienda Juan Larrea, el norteamericano Guillermo Pío White. La flota fue puesta a las órdenes del irlandés Guillermo Brown y, luego de varias acciones que culminaron con el combate del Buceo (mayo de 1814), se terminó con la escuadra española. Era el fin de la resistencia de Montevideo.

En adelante, ya no habría acciones combinadas que incluyeran combates navales, salvo durante las campañas de San Martín, cuando el bloqueo de la costa peruana por parte de la flota al mando de Lord Cochrane fue por demás efectivo. Sin embargo, se impuso rápidamente la llamada guerra de corso: a través de un permiso especial del gobierno (la llamada patente de corso), los capitanes podían atacar naves o puertos enemigos y saquear sus riquezas sin ser considerados simples piratas sino que cumplían actos de guerra. De esta manera, los gobiernos ponían de su parte a muchos aventureros del mar deseosos de ganar riquezas y fama en sus largas travesías.

SAN NICOLÁS
2 de marzo de 1811

El naufragio de la improvisación

Combate naval

LUGAR: San Nicolás.

JEFE PATRIOTA: comandante de artillería Juan Bautista Azopardo.

JEFE REALISTA: capitán de fragata Jacinto Romarate.

FUERZA PATRIOTA: 3 barcos, 33 cañones, casi 200 hombres de tripulación y unos 90 milicianos en la costa.

FUERZA REALISTA: 4 barcos y 28 cañones.

RESULTADO: victoria realista.

PÉRDIDAS PATRIOTAS: las 3 naves, todo el material bélico de éstas y 50 bajas entre muertos, heridos y prisioneros.

PÉRDIDAS REALISTAS: 20 bajas aproximadamente.

DURACIÓN: 8:30 horas.

Para la Junta de gobierno revolucionaria, las operaciones militares terrestres fueron relativamente sencillas y favorables en sus primeros meses; sólo el paso del tiempo mostraría las dificultades de la empresa. Pero la situación naval fue muy diferente, ya que tanto el Río de la Plata como los ríos interiores eran dominados con extrema facilidad por la escuadra realista que tenía su centro de operaciones en Montevideo. A esto se sumaban los insistentes pedidos del general Manuel Belgrano, quien desde el Paraguay solicitaba el pronto envío de refuerzos y auxilios ante la acogida poco amistosa que había encontrado entre los paraguayos. La única forma de proveer estos auxilios era por el río Paraná y de allí la necesidad de abrir sus aguas para las naves patriotas.

Otra cuestión de suma importancia era que desde septiembre de 1810 Buenos Aires sufría el bloqueo de su puerto por parte de "nueve buques realistas a órdenes de José Primo de Rivera",[628] situación que en realidad no llegó a producir mayores perjuicios ya que Inglaterra desconoció el bloqueo y siguió comerciando con Buenos Aires.[629] De todas formas, el escenario empeoró cuando el virrey Francisco Javier de Elío, llegado en enero de 1811 al Río de la Plata, rompió formalmente con la Junta Grande de gobierno y se decidió a llevar adelante la guerra contra ésta.

Entre los hombres de la Junta Grande se destacaba por su experiencia naval el diputado por Salta, Francisco Gurruchaga, quien había luchado en el combate de Trafalgar (21 de octubre de 1805) en el mismo barco que comandaba el que luego sería el último virrey del Virreinato del Río de la Plata, Baltasar Hidalgo de Cisneros. Gurruchaga fue el promotor de la instalación del primer astillero en Barracas y de la compra de cinco embarcaciones, de las cuales tres se armaron con treinta y tres cañones y casi doscientos hombres de tripulación. Los buques se bautizaron "25 de Mayo", "Invencible" y "Americana" porque a partir del "25 de Mayo sería Invencible la causa Americana". Ante la falta de oficiales y marinos nativos, se debió recurrir al maltés Azopardo, a los franceses Hipólito Bouchard y Ángel Hubac y a una marinería que provenía de trece nacionalidades diferentes.[630]

Finalmente, el 10 de febrero la escuadra revolucionaria, liderada por Azopardo, partió desde Buenos Aires con la misión de hacer presa "todo buque que encuentren procedente de Montevideo" para lo que "entrarán en combate y lo continuarán hasta hacerlos presa, procurando antes, que permitir se les escapen o caer en sus manos prisioneros".[631]

A fines de febrero las naves llegaron a cercanías de San Nicolás, a la vez que desde Montevideo una fuerza integrada por dos bergantines y dos faluchos al mando del experimentado capitán de fragata Jacinto Romarate salía con la finalidad de asegurar el tránsito y el comercio por el Paraná para la causa del rey.

Una vez instalados, Azopardo y sus hombres decidieron esperar a los godos en la angostura de San Nicolás. Para reforzar la posición, el jefe patriota decidió bajar "dos cañoncitos (de a 8) de la Invencible y otros dos del 25 de Mayo [con los que] levantó una batería en la barranca […] al mando del capitán Hubac, con dieciséis granaderos y artilleros de la Invencible, algunos soldados de la Americana y cincuenta milicianos de San Nicolás".[632] La batería fue reforzada el 1º de marzo con un contingente de treinta y seis hombres enviados por el capitán de Cazadores de los Arroyos de Pavón, Gregorio Cardoso.[633]

En la mañana del 2, los barcos realistas se lanzaron al ataque y, acercándose a la barranca, abrieron el fuego. El 25 de Mayo respondió el ataque, en lo que se constituyó en el primer disparo de la armada revolucionaria, mientras que la batería de la costa comenzó a batirlos con cierta ventaja, por lo que los realistas se abrieron un poco de la orilla del río. "En esta maniobra la corriente llevó a los dos bergantines realistas a varar sobre el banco de la isla [isla Carraneo], desde donde siguieron soportando el cañoneo, recibiendo el Cisne cuatro impactos en su casco y aparejo."[634]

En aquel momento de ventaja parcial para los patriotas, Bouchard se trasladó a la nave capitana para convencer a Azopardo de realizar un ataque contra las naves que se encontraban "presas". Pero ya sea por las dificultades técnicas para realizar el ataque o por la aparente indecisión de algunos oficiales, el jefe revolucionario desechó el plan y quedó a la espera.

Luego de algún tiempo las naves enemigas lograron librarse de la varadura y se dirigieron al noreste de la isla para reorganizarse y reparar las averías. A las tres de la tarde los godos regresaron al ataque con un plan cuidadosamente estudiado. "El Belén, que cubría la vanguardia, gobernó en actitud de abordaje hacia la capitana de los patriotas. [...] Seguía su estela el Cisne [...]. Acortada ya la distancia, puso la proa al 25 de Mayo, al que se le fue encima a todo paño."[635]

"La Invencible, maniobrando con las amarras, recibe con sus dos miras de proa al Belén. Éste se reserva hasta estar a tiro de piedra, para descargar toda su metralla",[636] provocando tal conmoción en la nave patriota que el propio Azopardo, trabuco en mano, debió imponerse ante sus hombres para que continuaran peleando.

El Cisne, en compañía de los faluchos reales, no bien encaró en son de abordaje al 25 de Mayo, provocó que la tripulación de éste abandonase cobardemente la nave, sin reparar en su jefe, que pese a imitar a Azopardo, no consiguió el mismo resultado. Así, y luego de haber sufrido sólo cuatro heridos, el 25 de Mayo, la principal nave de la escuadra, quedó rendido.

Algo similar ocurrió con la Americana, "de manera que a poco de romperse el fuego, el Cisne y los faluchos pudieron acosar a la Invencible, que hasta ese entonces se batía con denuedo con el Belén".[637] "El teniente Robión, con la lancha del Cisne, armada con una carronada, atracando a su costado, saltó en ella al frente de un trozo de abordaje."[638]

La resistencia de la nave fue tenaz y heroica, como decidida a cumplir con la misión de perecer antes que entregarse. Azopardo en su diario explicó que "me rendí a las cuatro y media con pérdida de veintitrés muertos y dieciocho heridos, de cincuenta que estuvimos a bordo [...] no se puede dar un combate más sangriento que el que tuvimos con el Belén; y su fortuna fue que el bergantín de mi división no hizo resistencia ninguna contra el Cisne, y la batería de tierra de tan mala puntería que hacía, todas las balas y metralla le pasaban al enemigo por alto".[639]

Antes de entregarse, Azopardo intentó volar la nave, pero fue finalmente disuadido por los heridos y el enemigo, que le dio garantías sobre su vida y la de sus hombres.

La derrota de la primera escuadra fue total, y en la contienda se perdió todo su material de guerra y su valeroso comandante, que fue encarcelado en Ceuta, España, y sólo fue liberado en 1820 por la revolución de Riego,[640] luego de lo cual regresó a Buenos Aires. Allí había sido condenado, por su actuación en San Nicolás, a no volver a tener jamás mando alguno en la armada patriota.

Luego de este enfrentamiento, la escuadra realista "prosigue al Paraguay y, aumentada su gente de desembarco, asalta Corrientes" (el 17 de abril de 1811), poco después de que Belgrano ha repasado el Paraná. En junio las naves realistas bombardearon Buenos Aires y exigieron su rendición, sin resultado.[641]

Así la primera escuadra de la revolución fue destrozada, y tuvieron que pasar otros tres años para que, con la aparición del almirante irlandés Guillermo Brown, los patriotas pudieran conquistar el río y provocar, con ello, la caída definitiva de Montevideo.

Escuadra patriota

Barco	Cañones	Tripulación	Capitán
Goleta Invencible	12 (8 de a 8 y 4 de a 12)	66	Juan B. Azopardo (insignia)
Bergantín 25 de Mayo	18 (14 carronadas de a 12 en banda, 2 minas de a 12 a proa y 2 de a 8 a popa)	80 a 100	Hipólito Bouchard
Balandra Americana	3 (2 de a 3, 1 giratorio de a 6)	26	Ángel Hubac
Total	33	172 a 192	

Escuadra Realista

Barco	Cañones	Tripulación	Capitán
Bergantín Cisne	12		Jacinto Romarate (insignia)
Bergantín Belén	14		José M. Rubión (o Robión)
Falucho Fama	1		Joaquín Tosquellas
Falucho San Martín	1		José Aldana
Total	28		

HORNOS
8 al 9 de enero de 1814

En cada año de la Guerra de la Independencia existe algún hecho bélico de suma importancia. 1814 fue, sin lugar a dudas, el año del dominio naval en el Río de la Plata, sus afluentes y sus consecuencias directas: la toma de Montevideo. Si bien es cierto que la caída de la actual capital del Uruguay en manos de la revolución ha quedado registrada como el gran acontecimiento de aquel año, éste no se podría haber conseguido sin la total conquista de las aguas marrones del río que une a Uruguay y Argentina.

A cuatro millas de Colonia (en la Banda Oriental) los realistas tenían un cómodo fondeadero en las islas Hornos. En los primeros días de enero se hallaban algunas embarcaciones apostadas allí, entre las que se destacaba el queche Hiena. Los patriotas, que dominaban Colonia, decidieron formar una pequeña escuadra y tentar la conquista del barco a través de un ataque nocturno sorpresa.

A bordo de cinco lanchones liderados por el norteamericano Benjamín Seaver, cerca de ochenta hombres del regimiento de Dragones al mando del coronel Blas Pico salieron en la noche del 8 rumbo a las islas. Además de Seaver, comandaban los otros lanchones el austríaco Miguel Ferreris y los griegos Nicolás Jorge, Pedro Spiro y Miguel Teodoro.[642]

Al llegar a los barcos enemigos "un lanchón abordó por error al falucho San Luis [un cañón de a 6 y dos pedreros], que fue tomado con facilidad, pero la alarma alertó a la tripulación del queche, que zarpó y se puso a salvo. Los otros lanchones atacaron al falucho San Martín [tres cañones, uno de a 8 y dos de a 4], [...] entablándose una lucha violenta que ocasionó la muerte del comandante del falucho [alférez de navío Manuel Bañuelos] y nueve de sus hombres, resultando otros seis heridos".[643]

Pese a no cumplir con el objetivo principal, que era tomar al Hiena, el ataque fue un verdadero éxito, ya que, además de sufrir sólo cuatro heridos patriotas y de tomar dos embarcaciones con el número de bajas mencionadas, se tomaron otros veintiocho prisioneros.

Así, esta pequeña fuerza liderada por tres griegos, un estadounidense y un austríaco inició la campaña naval que terminaría, en mayo de 1814, en el combate del Buceo, con el poder realista en el Río de la Plata.

MARTÍN GARCÍA
10 al 15 de marzo de 1814

El combate naval que ganó la infantería

Combate naval

LUGAR: Isla de Martín García.

JEFE PATRIOTA: teniente coronel de marina Guillermo Brown.

JEFE REALISTA: capitán de navío Jacinto Romarate.

FUERZA PATRIOTA: 7 barcos, 80 o 109 cañones, 415 tripulantes
        y más de 177 hombres de tropa.

FUERZA REALISTA: 8 barcos, 39 cañones, 430 hombres y fuerza en tierra.

RESULTADO: victoria patriota.

PÉRDIDAS PATRIOTAS: 23 muertos y 35 heridos.

PÉRDIDAS REALISTAS: 10 muertos, 17 heridos, 47 prisioneros, 4 cañones,
        30 fusiles, 50 cartuchos de cañón y 4000 de fusil.

DURACIÓN: 6 días.

Luego de aquel tenue intento por conquistar las aguas del Río de la Plata en 1811 (véase San Nicolás), tuvieron que pasar tres años para que los líderes de la revolución intentaran hacerse del dominio sobre el río y sus afluentes. Hasta comienzos de 1814 los realistas aún eran dueños absolutos del río y, con ello, permanecían cómodos en la estratégica plaza de Montevideo y en la isla de Martín García.

El principal impulsor de reflotar la escuadra revolucionaria fue el ministro de Hacienda del Director Supremo Gervasio Posadas, Juan Larrea. Éste era miembro de la Logia Lautaro junto con San Martín y Carlos Alvear, sobrino de Posadas, quien fue, en definitiva, el que "presionó sobre su tío, que no mostraba ningún entusiasmo por la idea".[644]

Lo cierto es que en sólo dos meses de trabajo la escuadra estuvo lista para ir en busca del enemigo. El comodoro Brown, su jefe, partió el 8 de marzo desde Buenos Aires tras la flota de Romarate, que se encontraba en Martín García, con sus cuatro barcos principales acoderados "en línea este-oeste, cubriendo el canal frente al fondeadero y con la proa dirigida hacia el muelle".[645]

Entre el 9 y el 10 se sumaron a Brown las embarcaciones menores, con lo que la escuadra patriota pasó a contar con superioridad en cuanto al material bélico. Sólo la excelente posición adoptada por Romarate fue capaz de emparejar la situación previa al combate.

Lo cierto es que "Brown hizo formar sus buques en línea de fila y a las trece horas del 10 de marzo comenzó a avanzar hacia el enemigo [...]. A la cabeza de la formación iba la goleta Julieta por ser el buque que llevaba el mejor práctico del río".[646] Por otro lado, "las tres unidades menores [Fortuna, Carmen y San Luis], iban a avanzar por el canal del Infierno para sorprender al enemigo por la retaguardia o por lo menos causarle una distracción".[647]

En cuanto los barcos revolucionarios llegaron a tiro de cañón, fueron recibidos a vivo fuego, con tanta desgracia para la Hércules que una bala le mató "al baqueano Antonio Castro que estaba en el timón" encallando en incomodísima posición "con la proa hacia el adversario y a poco más de tiro de fusil de la playa".[648] La Hércules quedó a merced del fuego enemigo y el al-

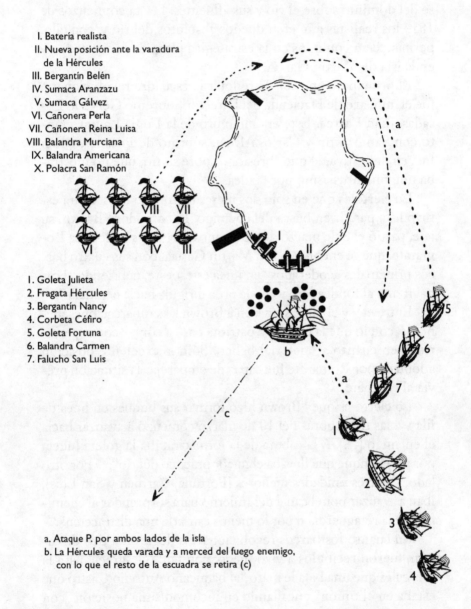

I. Batería realista
II. Nueva posición ante la varadura
de la Hércules
III. Bergantín Belén
IV. Sumaca Aranzazu
V. Sumaca Gálvez
VI. Cañonera Perla
VII. Cañonera Reina Luisa
VIII. Balandra Murciana
IX. Balandra Americana
X. Polacra San Ramón

1. Goleta Julieta
2. Fragata Hércules
3. Bergantín Nancy
4. Corbeta Céfiro
5. Goleta Fortuna
6. Balandra Carmen
7. Falucho San Luis

a. Ataque P. por ambos lados de la isla
b. La Hércules queda varada y a merced del fuego enemigo,
con lo que el resto de la escuadra se retira (c)

férez José Azcuénaga, jefe de las fuerzas terrestres realistas, decidió trasladar la pieza de cuatro libras que se encontraba en el muelle hacia la playa y así poder cañonear con mayor facilidad a la inerme embarcación revolucionaria.

Mientras esto sucedía, las tres naves menores que habían sido enviadas por el canal del Infierno fueron recibidas por "las balandras Americana y Murciana, la cañonera Perla y la lancha corsaria del navío Salvador [y] apenas cruzados los primeros disparos, los buques criollos iniciaron la retirada".[649] Tan "sólo la Carmen de [el teniente segundo Miguel Samuel] Spiro, que se hace remolcar por sus botes, corre a defender a su capitana".[650]

El cañoneo y el ataque a fusil a la Hércules se transformó rápidamente en un tiro al blanco para los godos, que mataron a los mejores oficiales patriotas y que dejaron, al caer la tarde, prácticamente destrozado el casco y el velamen de la embarcación. En total se contaron ochenta y dos orificios y tan sólo, como toda vela, quedaron hilachos del trinquete.

La noche trajo algo de sosiego para la Hércules. El jefe patriota "se dirige en su bote y recorre las naves recriminando a sus comandantes y pidiéndoles más cooperación al día siguiente"[651] y luego regresa a su mal herido barco. Más tarde, el jefe godo hizo bajar un cañón más del Belén para que al amanecer la batería de Azcuénaga duplicase su poder de fuego contra la embarcación enemiga.

En las primeras horas del día 11 se reanudó el desigual combate, pero alrededor de las nueve un repunte de las aguas permitió a la Hércules salir de la varadura y ésta se pudo retirar repleta de heridos y muertos, y con su estructura sumamente comprometida. En aquellas veinticuatro horas que estuvieron a merced del enemigo, los patriotas sufrieron unos veinte muertos y otros treinta heridos, muchos de los cuales habían muerto por falta de recursos para la atención médica. El cirujano de la escuadra, doctor Bernardo Campbell, afirmó que "[...] varios de nuestros hombres más valientes estarían aún vivos quizá, si hubiesen existido a bordo los medios con que socorrerlos. No los había, y nuestro botiquín era más apropiado para alguna vieja o para enfermos de consunción".[652]

Entre la tarde del 11 y la tarde del 14 Brown desplegó una labor incesante y no sólo reparó a la Hércules (por lo menos para que quedara a flote), sino que recibió refuerzos importantes y pergeñó el plan que le daría la tan ansiada victoria.

En cuanto a los refuerzos, primero llegaron diecisiete milicianos voluntarios de San Fernando al mando del subteniente Pedro Aguilar[653] y al alba del día 12 otros "veintitrés soldados de infantería del regimiento N° 6 y veintinueve dragones con dos oficiales [...] al mando del teniente Pedro Oroná",[654] que fueron enviados desde Colonia.

Con esta fuerza, y con la Hércules averiada, pero a flote, Brown se movilizó en las últimas horas del 14 hacia el sur de la isla, frente al cómodo y desguarnecido Puerto del Pescado, donde había decidido desembarcar a sus infantes para copar la isla con infantería y caballería, y tomar a la escuadra realista bajo dos fuegos. El plan era arriesgado y ambicioso, y a las 3:30 de la madrugada del 15 se puso en práctica.

Brown dividió sus fuerzas en tres columnas de ochenta hombres cada una al mando de Oroná. Los Dragones, que fueron los primeros en desembarcar y que tenían "por todo equipo un sable sin vaina y un freno de caballo",[655] debían ocupar un corral cercano a la playa y esperar el inicio de las acciones. El resto de la infantería atacaría directamente a los efectivos de Azcuénaga, mientras que la marinería de desembarco tomaría la batería y el puerto. Este ataque sería apoyado por la escuadra, que iba a simular un ataque contra los navíos realistas.

El jefe del desembarco, Oroná, relató que "al aproximarse los botes a tierra hicieron algún fuego los enemigos que estaban emboscados en el monte, y habiéndoles contestado los nuestros con algunas descargas y dos tiros de cañón huyeron precipitadamente a lo interior de la isla".[656] Luego de esa dificultad inicial y de un cerrado combate, los patriotas arrollaron con los godos en toda la isla.

Oroná y sus hombres, en compañía de los Dragones, corrieron al enemigo hasta el muelle y coparon una balandra en la que los realistas intentaban huir. A todo esto, la infantería de marina, liderada por el teniente Santiago Kearney y —según la tra-

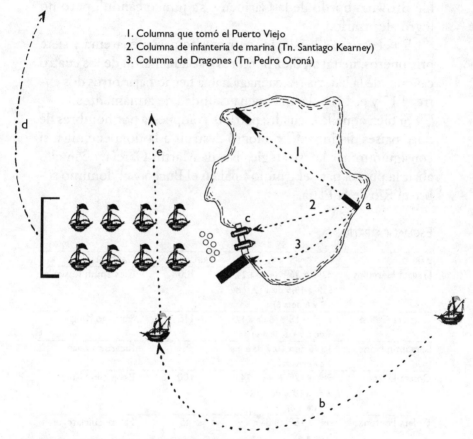

1. Columna que tomó el Puerto Viejo
2. Columna de infantería de marina (Tn. Santiago Kearney)
3. Columna de Dragones (Tn. Pedro Oroná)

a. Los P. desembarcan a sus tropas en el Puerto del Pescado,
   mientras la escuadra realiza un ataque de distracción (b)
c. Al tomar la batería enemiga, los P. cañonean a la escuadra del rey,
   la que se retira sin ofrecer resistencia (d)
e. Brown se embarca en la Carmen e intenta perseguir al enemigo

dición— entonando el Himno de Irlanda, tomó la batería y comenzó a disparar contra los barcos del sorprendido Romarate.

A las cinco de la mañana el pabellón celeste y blanco flameaba en Martín García, mientras el jefe realista levaba anclas y escapaba hacia el norte con sus naves. Contra él salió el incansable Brown a bordo de la Carmen y su ¡único cañón!, pero no logró alcanzarlo.

En el ataque a la isla, los patriotas tomaron cuarenta y siete prisioneros, mataron diez hombres y se adueñaron de los cuatro cañones de la batería (Azcuénaga había hecho bajar otros dos entre el 13 y el 14) y de una buena cantidad de armamentos.

Si bien aquella escuadra patriota compuesta por hombres de doce países distintos,[657] no logró destruir a la flota enemiga, sí consiguió tomar la estratégica isla de Martín García y con ello abrir la puerta para el triunfo final en el Buceo y el dominio sobre el Río de la Plata.

ESCUADRA PATRIOTA

BARCO	CAÑONES	TRIPULACIÓN	CAPITÁN
Fragata Hércules	32[a] o 36[b] (4 de a 24, 8 de a 18, 9 de a 12, 9 de a 9 y 6 de a 6)	180	Elías Smith (insignia)
Corbeta Céfiro	16[a] o 18[b] (6 de a 12, 6 de a 9 y 6 de a 6)	115	Santiago King
Bergantín Nancy	15 (6 de a 10, 7 de a 4 y 2 carronadas de a 6)	95	Ricardo Leech
Goleta Julieta	9[a] o 17[b] (1 de a 24, 2 de a 18, 6 de a 12 y 8 de a 6)	100	Benjamín Seaver
Goleta Fortuna	4[a] o 15[b] (8 de a 6 y 7 de a 4)	45	Pablo Zufriategui
Falucho San Luis	3 (1 de a 12 y 2 de a 4)	25	Juan Handel
Balandra Carmen	1[a] o 5[b] (1 de a 12 o 4 de a 6)	24 a 35	Miguel Samuel Spiro
Total	80 o 109	584 a 595	

a) Estos datos pertenecen a la obra de Luis Argüero, *El combate naval de Martín García*.

b) Estos datos corresponden a la *Historia marítima argentina*, producida por la Armada Nacional y que repite datos aportados por Teodoro Caillet-Bois en su *Historia naval argentina*. Ambos coinciden con el armamento utilizado por la *Hércules*, la *Céfiro*, la *Nancy* y la *Julieta* en el combate del Buceo y por la *Fortuna* y la *Carmen* en Arroyo de la China. Con relación a las tripulaciones también es probable que no sean números exactos y sí que se trate de cálculos aproximados.

ESCUADRA REALISTA

Barco	Cañones	Tripulación	Capitán
Bergantín Belén	12	100	Ignacio de Reguera (insignia)
Sumaca Aranzazu	10	80	Miguel de Quesada
Sumaca Gálvez	7	60	Pascual de Cañizo
Cañonera Perla (Tortuga)	1	25	Santiago Butler
Cañonera Reina Luisa	1	25	Ignacio Sierra
Balandra Murciana	1	30	
Balandra Americana	3	30	Ignacio Flores
Polacra San Ramón	1	25	
Lancha cañonera del navío San Salvador	1	25	
Dos lanchones	2	30	
Total	39	430	

ARROYO DE LA CHINA
28 de marzo de 1814

Una vez perdida la isla de Martín García para la causa del rey, la escuadra realista liderada por el capitán de navío Jacinto Romarate se replegó hacia el río Uruguay, ubicándose finalmente en la desembocadura del arroyo de la China, a la altura de la ciudad entrerriana de Concepción del Uruguay. Según la mayoría de los autores, los realistas carecían de recursos y municiones.

Para darles caza y destruir a la flota enemiga, el comodoro Guillermo Brown, nuevo héroe de la revolución luego de la toma de Martín García, envió al estadounidense Tomás Notter al frente de cinco naves. Notter enarboló su insignia en la sumaca Trinidad y partió en busca del enemigo.

En el mediodía del 28 de marzo ambas escuadras se avistaron. En aquel momento las naves realistas se encontraban al comando del jefe del bergantín Belén, Ignacio Reguera, ya que Romarate se habría trasladado "a parlamentar con [coronel] Fernando Otorgués",[658] uno de los subalternos del jefe oriental José Artigas.

Pese a la superioridad de fuerzas de los realistas y a encontrarse éstos "acoderados en una fuerte posición que protegían tropas y cañones en tierra",[659] Notter decidió no perder tiempo y enfrentar al enemigo especulando con su supuesta falta de elementos bélicos.

Entre las 13 y las 14:30, según los diferentes autores, y con Romarate ya al frente de sus naves, se inició el combate. "La escuadra republicana navegando de bolina, comenzó a dar bordadas, buscando tomar siempre la vuelta de tierra, para poder utilizar cada nave y sucesivamente, sus cañones de ambas bandas".[660] Esta táctica dejó a ambos contrincantes disparándose casi a quemarropa, y llevando la ventaja quien tuviera la superioridad de fuerzas, en este caso, los realistas.

La Trinidad, que fue recibida a vivo fuego por el enemigo, se trabó luego en lucha con el Belén, pero quiso la desgracia que Notter cayera herido de muerte y tuviera que ser reemplazado por Ángel Hubac. Según Caillet-Bois, la Trinidad habría quedado varada al inicio de la acción, pero este dato es desestimado por Mario Quartaruolo en un amplio trabajo presentado por la Armada Argentina.

Varada o no, lo cierto es que la Trinidad fue bombardeada a gusto por el enemigo y luego de más de tres horas de lucha,[661] se retiró con su velamen deshecho y con el sesenta por ciento de su tripulación muerta o herida. La balandra Carmen también se retiró, pero varó "junto a la isla Frontera [y] quedó atrapada a merced de los cañones del Belén y de otras naves del rey y no fue posible pensar en liberarla de su fatal posición".[662] Ante la posibilidad de ser fusilados por el enemigo o entregar el barco, el comandante de la Carmen, el sargento teniente de origen griego Miguel Samuel Spiro, luego de desembarcar a los heridos decidió volar su nave e inmolarse con ella.

La pérdida de la Carmen selló la suerte del combate y las restantes naves patriotas se retiraron luego de haber perdido unas ciento quince bajas entre heridos y muertos,[663] contra veinticinco bajas enemigas.[664]

La pregunta que surge es cómo hizo Romarate para contar con los elementos necesarios para la lucha si, supuestamente, no tenía ese material al retirarse de Martín García. La mayoría de los historiadores afirma que esos pertrechos le habrían sido suministrados por las fuerzas artiguistas. ¿Acaso es esto posible?

Desde que en junio de 1813 fueron rechazados por la Asamblea de aquel año los seis diputados orientales, las diferencias entre José Artigas y el poder central de Buenos Aires se fueron acentuando. El 20 de enero de 1814, Artigas se retiró del sitio de Montevideo por divergencias con el general José Rondeau, quien había hecho elegir nuevos diputados adeptos a Buenos Aires.

Ante esta situación, el Director Supremo Gervasio Posadas declaró a Artigas infame traidor y enemigo de la patria y le puso un precio de seis mil pesos a su cabeza.[665] En febrero el caudillo José Hereñú logró dominar Entre Ríos y se declaró en alianza con Artigas; a comienzos de marzo aconteció lo mismo en Corrientes y así todo el Litoral quedó bajo el dominio del "Protector de los Pueblos Libres".

Cuando se analizan estos datos no caben dudas respecto del enfrentamiento entre Artigas y Buenos Aires (ya harto estudiado por diversos autores). Pero parece poco creíble un apoyo crucial artiguista hacia los realistas, todavía más cuando Artigas, a lo largo de su vida pública, intentó varias veces un acercamiento con el poder central porteño, pero jamás dio tregua a los realistas, fueran éstos portugueses o españoles. Es más, Félix Luna revela que los godos intentaron todo tipo de arbitrio para que Artigas abandonara la causa patriota, pero que éste los rechazó uno a uno, respondiendo, ante una sugestión del virrey del Perú, que: "Yo no soy vendible ni quiero más precio por mis empeños que ver libre a mi nación".[666]

Finalmente, la reunión entre Romarate y Otorgués, si realmente ocurrió, tampoco demuestra un apoyo de este último para con la escuadra realista, sobre todo si tenemos en cuenta que el encuentro se debió interrumpir abruptamente ante la presencia de Notter y las naves patrias. En todo caso sólo con la aparición de nuevos documentos, en especial del lado realista, se podría echar un poco de luz sobre este polémico aspecto.

ESCUADRA PATRIOTA

BARCO*	CAÑONES	TRIPULACIÓN	CAPITÁN
Sumaca Trinidad	14 (2 de a 24, 8 de a 6, 4 de a 4)	100 a 130	Tomás Notter (insignia)
Balandra Carmen	5 (1 de a 12, 4 de a 6)	40	Manuel Samuel Spiro
Goleta Fortuna	15	40	Pablo Zufriategui
Cañonera Americana	1	26	Francisco Seguí
Falucho San Martín	3	37	Santiago Hernández
Total	38	243 a 273	

* Según Luis Argüero a estas cinco naves habría que agregarles el falucho San Luis, si bien no especifica la cantidad de cañones, su tripulación o quien la comandaba.

BUCEO
14 al 17 de mayo de 1814

El almirante del río

Combate naval
LUGAR: 10 millas náuticas al este de Montevideo (tres leguas).
JEFE PATRIOTA: almirante Guillermo Brown.
JEFE REALISTA: comandante general Miguel de la Sierra.
FUERZA PATRIOTA: 9 barcos, 157 cañones y 1346 hombres.
FUERZA REALISTA: 12 buques, 157 cañones y 1170 hombres.
RESULTADO: victoria patriota.
PÉRDIDAS PATRIOTAS: 5 muertos, 3 barcos capturados y 19 muertos en tierra.
PÉRDIDAS REALISTAS: 3 barcos capturados, 2 hundidos, número indefinido de muertos y heridos y 417 prisioneros.
Cañones: 7 de a 24, 8 de a 18, 16 de a 9, 32 de a 8, 10 de a 4 y 6 carronadas de a 2. Además 210 fusiles, 200 piedras de chispa y 2500 cartuchos de fusil.
DURACIÓN: 4 días.

Con la mitad de la escuadra realista embotellada en el río Uruguay luego de que había sido vencida en Martín García (10 al 15 de marzo), el almirante Brown zarpó en busca del grueso principal de la fuerza enemiga que, amparada en las ciento setenta y cinco bocas de fuego del puerto, se encontraba anclada en Montevideo.

Esta plaza, que a casi cuatro años de la revolución aún seguía en manos realistas, se había convertido en un objetivo prioritario para el gobierno porteño. No sólo se trataba de quitar el único punto de apoyo a una hipotética excursión armada proveniente de España sino también de evitar que José Artigas, el Protector de los Pueblos Libres, la ocupara con sus tropas de la campaña oriental.

Lo cierto es que el 20 de abril Brown inició un riguroso bloqueo al puerto de Montevideo, sin atreverse a dar un ataque directo por el peligro que significaba la artillería de la costa. Durante casi un mes la escuadra patriota se dedicó a evitar que tanto barcos españoles como portugueses ingresaran al puerto para abastecer la plaza. Pero tanto la paciencia de Brown como la tolerancia de los habitantes de Montevideo, que veían cómo su escuadra actuaba cobardemente ante un rival que lo trataba con prepotencia y que estaba dejando a la ciudad desabastecida, tenían un límite. El 13 de mayo por la mañana los patriotas se acercaron a las murallas e intercambiaron algunos disparos con sus rivales, incitándolos a la lucha. Esa misma noche se notaron movimientos en el puerto que prenunciaban que los godos estaban dispuestos a despejar la entrada de esa plaza. Efectivamente, en la madrugada del 14, y luego de veinticuatro días de bloqueo, el comandante Sierra asumió la responsabilidad y, embarcado en el veloz queche Hiena, levó anclas para medirse con Brown.

Era Sierra un viejo marino de España que había llegado a Montevideo en enero de 1811 y había traído consigo al último virrey designado para las Provincias Unidas, Francisco Javier de Elío. Anteriormente había sido comandante de la fragata Esmeralda, el famosísimo buque tomado años después por Tomás Cochrane en El Callao.[667]

Brown "no bien notó ser perseguido, hizo como que se retiraba, acobardado, y siguió más afuera [del puerto] seguido de Sierra".[668] La intención del jefe patriota no se redujo exclusivamente a alejar a los godos de la seguridad del puerto, sino que su maniobra tenía por objeto "ganarle el barlovento y cortarle la retirada"[669] al enemigo.

"A las dos horas de la retirada [...] interrumpió Brown su fraguada maniobra, viró de golpe por avante y durante una hora [media hora dicen Carranza y Félix Best] sostuvo con su barco y otros un duelo de artillería con la Mercurio."[670] Según Caillet-Bois, los patriotas sufrieron cuatro bajas durante este primer choque[671] que finalizó cuando amainó el viento.

Mientras la escuadra realista era remolcada por veinte lanchones, la balandra corsaria La Podrida, que viajaba con el resto de las naves realistas, realizó una excursión sobre el punto denominado Estanzuela, donde encontró al "falucho San Luis, el que escoltaba dos pequeñas balandras, que se hallaban en la costa embarcando piezas de artillería mandadas por el general [José] Rondeau",[672] jefe del ejército en tierra. Luego de un breve combate, en el que murió el jefe patriota Guillermo Clark, el corsario José Ponce, o Pepe el Mahonés, como era más conocido, se adueñó de las tres naves y el día 15 ingresó triunfante en una Montevideo que ya palpitaba el triunfo de las armas del rey. Caillet-Bois, en la página 102 de su *Historia naval argentina*, afirma, repitiendo lo informado por Brown, que sólo el San Luis fue capturado, pero los estudios más actualizados, como el muy minucioso de la Armada Argentina, confirmarían que también las dos balandras cayeron en manos del corsario.

El anochecer encontró a ambos contendientes a la altura del puerto del Buceo de la Luz, distanciados por una legua y mientras los patriotas cortaban estratégicamente el camino a Montevideo tal como lo había planeado su jefe.

A eso de las diez de la noche "el keche [sic] Hiena que estaba a la cabeza de la escuadra [realista] estuvo a tiro de fusil de la Hércules, mas aprovechándose de su mucho andar, después de haber recibido dos andanadas a metralla y bala se largó y separó de sus compañeros. En él se descubría distintivo de jefe y no obstante esto se complació en huir".[673] Tan simple como extrañamente, Sierra abandonó a sus compañeros y subordinados.

El 15 se caracterizó por la falta de viento y porque el capitán de fragata José Posadas, a la sazón jefe de la Neptuno, asumió el mando de la escuadra realista, la cual mostraba ahora sí abiertamente muy poco interés en combatir. Vale recordar que este Posadas es el mismo que había vencido José Artigas en las Piedras el 18 de mayo de 1811.

Recién a la noche de aquel día comenzó a soplar el viento, con lo que ambas escuadras se pusieron en movimiento con rumbo sudeste.

En el mediodía del 16 se incorporó a los patriotas la sumaca Itatí, salida de Buenos Aires y que había pasado a tiro de cañón del enemigo, sin ser atacada ni molestada, con lo que los realistas confirmaban que lo único que les preocupaba era escapar y evitar el combate.

"A las dos de la tarde, el Hércules y Belfast picaron la retaguardia realista, pero mientras esperaban la incorporación de los demás, que recién lo hacían una hora después, amainó el viento y tuvieron que hacerse remolcar por sus botes, como lo practicaba el contrario."[674] Ante esta situación, Brown decidió dejar rezagadas a las ronceras Nancy y Agradable y continuar la caza con las otras seis naves. Además se trasladó a la Itatí, que iba a la avanzada gracias a su buena vela para poder así atacar con ella un bergantín que se encontraba retrasado. Fue en ese entrevero que una bala le fracturó una pierna al almirante, que debió ser trasladado nuevamente a la Hércules, desde donde, luego de ser asistido por los cirujanos Bernardo Campbell y Francisco Ramiro, continuó liderando la lucha.

Cerca de las diez de la noche se produjo lo más recio del combate cuando la Hércules alcanzó la retaguardia enemiga y "metiéndose como cuña entre la Neptuno y el San José, les descerrajó tan recias andanadas"[675] que la última de estas naves varó y rápidamente se rindió a la capitana patriota. Por un momento la Neptuno intentó distanciarse, pero fue alcanzada por la Belfast, que la rindió sin encontrar la más mínima resistencia. Lo mismo ocurrió con la Paloma cuando fue abordada por la Céfiro.

A partir de allí todo se redujo a la persecución de los patriotas contra las naves realistas, que con desesperación procuraban volver al puerto de Montevideo. Brown comenta en sus memorias que: "El tiempo perdido en apoderarse de las presas permitió al enemigo ganar delantera, y el comodoro Brown ordenó forzar velas en demanda de la boca del puerto de Montevideo, sabiendo perfectamente que era aquél el sitio más seguro para encontrarle".[676]

Efectivamente al alba del 17 "el enemigo fue avistado por la proa huyendo con buen viento y a todo trapo. La Hércules muy bien dirigida y de excelente maniobra interceptó al bergantín Cisne, a la goleta María y a la balandra Corsario o Vigilancia, [...] los cuales al ser interceptados se echaron sobre la costa meridional del Cerro y sus tripulaciones consiguieron salvarse al ganar la tierra después de prender fuego a dos de las naves que volaron, pues la goleta María resultó apresada".[677]

En aquel momento se produjo la mayor cantidad de bajas entre los patriotas, pero éstas no ocurrieron en la escuadra. Es que "al ver aquellos buques en la orilla, acudió al galope desde el

campo sitiador el oficial Rafael Méndez con una partida de veinticuatro Dragones de la Patria y tomando la lancha del Cisne, [y
murieron] no bien subieron a su bordo, cuando hizo explosión
la mina, salvando apenas cuatro soldados y el citado oficial, aunque muy estropeado".[678]

De allí la Hércules partió en busca de las tres naves que aún
defendían la causa del rey en todo el Río de la Plata: la Mercurio, el Fama y el San Carlos. Como el barco insignia patrio traía
izada la bandera de España, muchos en la sitiada plaza creyeron
que la victoria había favorecido a los realistas, "[...] y ya hacían
repicar las campanas e izaban la bandera española en todas las as-
tas de la ciudad [comenta Brown en sus memorias]. Pronto quedaron desengañados, sin embargo, cuando la Hércules llegó al
ancla, disparó una salva de 21 cañonazos y se empavesó de toda
gala",[679] mientras la insignia azul-celeste y blanca, que ya comenzaba a identificar a los patriotas, fue izada en el barco de Brown.

Era el fin para la escuadra realista y el anuncio de la pronta
caída de Montevideo. Si bien el Hiena volvió a la citada ciudad
el mismo día 17 luego de haber burlado el bloqueo —lo mismo
que hizo la Mercedes el 23—, la suerte de los godos en la Banda Oriental ya estaba echada.

Para Brown quedó la gloria de haber acabado en setenta y
un días de campaña con una poderosa escuadra enemiga y de ha-
berle dejado al reemplazante de Rondeau, general Carlos María
de Alvear, el camino libre hacia Montevideo, ciudad que el joven general ocupó el 20 de junio de ese mismo año.

ESCUADRA PATRIOTA

BARCO	CAÑONES	TRIPULACIÓN	CAPITÁN
Fragata Hércules	36	293	Ricardo Bayer (insignia)
Corbeta Belfast	22	273	Oliverio Russell
Corbeta Agradable	22	155	Antonio Lamarca
Corbeta Céfiro	18	148	Santiago King
Bergantín Nancy	15	122	Ricardo Leech
Sumaca Trinidad	14	131	Ángel Hubac
Goleta Julieta	17	105	Guillermo Mac Dougall
Falucho San Luis	3	25	Guillermo Clark
Sumaca Itatí	10	94	Miguel Ferreris
Total	157	1346	

Tropa de desembarco: Regimiento Nº 2 de Granaderos de Infantería: 415 plazas, teniente primero Santiago Kearney. Además doscientos veintitrés camiluchos y voluntarios de la Brigada Civil.

ESCUADRA REALISTA

BARCO*	CAÑONES	TRIPULACIÓN	CAPITÁN
Queche Hiena	18	140	Tomás Quijano (insignia)
Corbeta Mercurio	26	180	Pedro Hurtado de Corcuera
Fragata Mercedes	16	180	Manuel Clemente y Miró
Corbeta Paloma	18	148	José Osorio
Fragata Neptuno	24	146	Antonio Miranda
Balandra Corsario o Vigilancia	8	3	Francisco Castro
Lugre San Carlos	8	40	José Uriarte
Goleta María o Catalana	4	40	José Mayol
Bergantín Cisne	12	87	Tomás Sostoa
Falucho Fama	1	40	Tomás Bousquet
Bergantín San José	16	126	Francisco Chávarri
Balandra La Podrida	6	40	José Ponce
Total	157	1170	

* Orden de salida del puerto de Montevideo el día 14 de mayo.

CALLAO
21 al 28 de enero de 1816

Entre el desinterés oficial en sostener una escuadra regular y los problemas económicos que padecía el gobierno revolucionario, para los hombres de mar la "vida de corsario [...] era el medio económico, el único medio económico, de que disponían"[680] para sustentar su existencia y, en muchos casos, continuar luchando por la causa de la revolución americana.

La primera patente oficial otorgada por las Provincias Unidas fue la del antiguo marino yanqui David Jewett, el 23 de junio de 1815.[681] Tres meses después el conquistador del Río de la Plata, Guillermo Brown, y el ex granadero de San Lorenzo, Hipólito Bouchard, recibieron también las respectivas patentes que los habilitaban para llevar adelante la guerra de corso por el Océano Pacífico, dominio exclusivo de los barcos realistas.

Luego de pasar el difícil Cabo de Hornos y de capturar algunas pocas presas en el camino, los corsarios patriotas se reunieron el 14 de enero a la altura del puerto de El Callao y decidieron iniciar un bloqueo sobre la plaza procurando no ser descubiertos por los godos. La táctica dio resultados y en cuatro días cuatro naves enemigas cayeron en poder de Brown y sus socios. Pero el día 19 unos prisioneros que se encontraban recluidos en la isla San Lorenzo —ubicada a sólo dos millas de la costa— escaparon y llevaron la alarma a Lima y a El Callao.

Al ser descubiertos, y más allá de ser El Callao el centro neurálgico del poder realista en América, los revolucionarios decidieron continuar el bloqueo y no retirarse sin tentar un ataque al puerto defendido por tres castillos y más de ciento cincuenta bocas de fuego.

De esta forma, las embarcaciones patriotas fueron a fondear a la desembocadura del Río Rimac, a poca distancia al norte del puerto. El 21 fue el día elegido para el ataque. Brown zarpó en la fragata Hércules; Miguel Brown, hermano del prócer, lo hizo en el bergantín Santísima Trinidad; Bouchard en la corbeta Halcón; el teniente Amado Rossignol en el bergantín Andaluz y el capitán Walter Chitty en la fragata Gobernadora.

Los barcos patriotas "entraron a la bahía de El Callao, rodearon y cambiaron disparos con los poderosos fuertes [...]. A la medianoche volvieron a atacar a cañonazos y consiguieron hundir a la fragata Fuente Hermosa, causar daños en otras naves y producir algunos destrozos en El Callao".[682]

Recién el 27 los patriotas volvieron a intentar un nuevo ataque, esta vez con varios botes artillados que sigilosamente se entrometieron en la rada enemiga. Descubiertos por los realistas y "después de un largo fuego de cañón y de fusil fueron también rechazados, con la pérdida de veintinueve muertos [y] considerable número de heridos",[683] según afirma el historiador español García Camba. Los patriotas contabilizan treinta bajas: quince muertos y seis heridos de la Hércules y la Trinidad y nueve muertos de la Halcón.

El 28 fue el día más exitoso de la caza, ya que se tomaron las fragatas Candelaria y Consecuencia. Esta última, que posteriormente se transformó en la famosísima Argentina y dio la vuelta al mundo liderada por Bouchard, traía como pasajeros al brigadier Juan Manual Mendiburu, recién designado gobernador de Guayaquil, y al contador mayor del Real Tribunal de Cuentas de Lima e intendente de Provincia, León Altolaguirre, entre otros.

Al día siguiente, y luego de amagar una partida hacia el sur, los corsarios pusieron proa hacia el norte, donde Guayaquil sería el escenario de nuevas e increíbles aventuras. De esta forma, llegaron y atacaron el bastión realista en América seis meses antes de que las Provincias Unidas declararan su independencia y con cinco años de anticipación a la caída de la fortaleza en manos de San Martín.

GUAYAQUIL
8 al 13 de febrero de 1816

Como si el ataque a la fortaleza de El Callao (21 al 28 de enero) no hubiera sido ya una muestra suficiente de su temeridad, el comodoro Guillermo Brown pergeñó dar un nuevo golpe, esta vez, ante Guayaquil. Allí el célebre marino esperaba encontrar el apoyo de los criollos, algo que, como veremos, no ocurrió.

Brown llegó hasta la desembocadura del río Guayas en la mañana del 8 de febrero en compañía de las otras naves que lo secundaban en su misión de corso por el Pacífico. Allí se trasladó al bergantín Trinidad (de ochenta hombres y dieciocho cañones y carronadas), de menor calado, y junto con la goleta Carmen, de dos cañones y liderada por el teniente Amado Rossignol, emprendió las veinte millas que lo separaban de la ciudad.

A mitad de la tarde la escuadra patriota llegó hasta la altura del fuerte Punta de Piedra, ubicado a la izquierda y coronado por doce o catorce cañones de a 12, 18 y 24, que era defendido por el sargento Canales y quince hombres.[684] Éste era el primero de los tres fuertes que cubrían el río hasta Guayaquil, pero no ofreció mucha resistencia por su escasa guarnición. En una hora las tropas de infantería al mando del teniente chileno Ramón Freire, desembarcadas especialmente, demolieron el fortín e inutilizaron sus cañones con un ataque a la bayoneta. Además les quitaron la bandera que flameaba en lo alto del fuerte.

332	BATALLAS POR LA LIBERTAD

Superado el primer escollo y ya en la madrugada del día 9, los patriotas llegaron hasta el segundo conjunto de baterías, el "Tres Cruces". Este punto contaba con cuatro cañones de bronce y era defendido por el oficial de marina Juan Barnó de Ferrusola, que ofreció resistencia hasta que "la lucha se definió cuando de la goleta (Carmen) se realizó un desembarco que tomó la batería".[685]

De allí los patriotas siguieron hacia el fuerte San Carlos, ubicado en la entrada misma de la ciudad, y dieron inicio a un feroz intercambio de disparos de fusil y cañón. "Allí sufrió el bergantín, a tiro de fusil, pérdida considerable de su tripulación y obligado por el fuego de una partida de cincuenta hombres de infantería, y otra con que fue socorrida aquélla, varó el buque."[686] Inmovilizada, la Trinidad comenzó a ser duramente castigada por los realistas. Sin posibilidad de salir del trance y con un considerable número de bajas a bordo, Brown y otros marinos decidieron arrojarse al agua, pero la correntada les impidió nadar, con lo que algunos regresaron al barco, que ya había sido abordado. Brown, según la tradición totalmente desnudo, se cubrió con la bandera celeste y blanca y se entregó junto con "cuarenta y tantos hombres"; además, "tuvo trece o catorce muertos e igual número de heridos".[687] Igual suerte corrieron Freire y sus hombres, que prácticamente fueron abandonados en la costa y cayeron en manos enemigas.

La Carmen, que parece haber tenido una actitud poco valerosa durante el combate, retornó a la desembocadura del Guayas para informar a Hipólito Bouchard y a Miguel Brown de lo ocurrido. Éstos decidieron ir a rescatar a los patriotas, a los que, luego de un ataque a la ciudad, canjearon por hombres y barcos realistas que tenían en su poder.

Frente a la imposibilidad estatal para conformar una escuadra, la actividad de los corsos fue un constante problema para la marina real. Para el historiador José Cervera Pery, "la flotilla de Brown hostilizó cuanto pudo consiguiendo, en algunos momentos, desarticular el tráfico marítimo, causar daños al comercio e incluso permitirse el lujo de atacar a la autoridad real, poniendo en entredicho la efectividad del poder naval español. Sin embargo, su falta de continuidad operativa le hizo perder fuerza. Fue tan sólo una demostración de lo que podía hacerse con un buen planeamiento estratégico, y alertó a los realistas, quienes comenzaron a reforzar sus fuerzas navales con los buques que llegaban de España escoltando los transportes con refuerzos".[688]

Finalmente la actividad de los corsos se suprimió por decreto del gobierno de Buenos Aires del 6 de octubre de 1821 y ante presiones de Forbes, el representante de los Estados Unidos.[689]

Los hermanos
sean unidos

Las últimas batallas
de la guerra de independencia

Durante su campaña en el Perú, San Martín había tenido que evitar un enfrentamiento directo y definitorio con los realistas dada la evidente inferioridad de sus fuerzas. Éste no era precisamente el problema de Bolívar luego de la entrevista de Guayaquil, que contaba con todos los recursos necesarios para definir la situación. Por eso, en lugar de perderse en los laberintos de la política de Lima, se retiró hacia el norte para preparar las batallas que definirían el destino de los realistas en el sur de América. Los únicos problemas que tuvo que enfrentar fueron los motines de parte de las tropas rioplatenses, disconformes con su nuevo jefe. Uno de estos motines entregó el puerto de El Callao a los realistas en febrero de 1824.

Los realistas tenían sus propios problemas, bastante más graves que estos motines. En 1824 una nueva invasión francesa a la península ponía fin al ensayo constitucional abierto en 1820 y restablecía el poder absoluto de Fernando VII. En Perú, nuevamente se desataron los conflictos entre los realistas constitucionalistas y absolutistas. En el Alto Perú, el general Pedro Olañeta, partidario del absolutismo, repudió al virrey La Serna y proclamó una autonomía de la que ya gozaba de hecho desde hacía varios años. La Serna marchó contra Olañeta, lo cual permitió a Bolívar mejorar más aún la organización de sus propias tropas. El 6 de agosto de 1824, Bolívar derrotó a los realistas en Junín; el 9 de diciembre, en Ayacucho, Sucre derrotaba al último foco serio de resistencia realista en el Bajo Perú. El virrey La Serna capituló y emprendió viaje hacia España.

Sólo quedaba resolver la situación del Alto Perú que seguía en manos de Olañeta. Sin embargo, ante la nueva situación toda la elite altoperuana comprendió que la causa realista estaba derrotada y puso a Olañeta ante una situación políticamente insostenible. Sucre comenzó la invasión del Alto Perú rodeado de muestras de adhesión, mientras Olañeta caía muerto en combate. El Alto Perú estaba definitivamente perdido para la causa realista. En un principio, Bolívar expresó algunas dudas sobre el destino final de la región. Por esos meses en Buenos Aires se encaraba una nueva organización de un gobierno central y renacían las Provincias Unidas. Bolívar no ignoraba que el Alto Perú había sido parte de la administración porteña y que ésta podía llegar a reclamar por sus derechos. Pero Buenos Aires estaba demasiado ocupada en sus propios problemas que incluían un eventual conflicto con el Imperio del Brasil para liberar a la Banda Oriental. Finalmente, se proclamó una nueva república independiente a la que se denominó Bolivia en honor a su libertador. La revolución americana había llegado a su fin.

CUCHA-CUCHA
23 de febrero de 1814

Más de tres años antes de que San Martín cruzara los Andes para libertar definitivamente a Chile, una fuerza armada de las Provincias Unidas marchó para luchar allí junto con los revolucionarios del hermano país. Este contingente auxiliar, que fue remitido en compensación por el envío de trescientos soldados chilenos en 1811, estuvo compuesto por unos doscientos hombres al mando del coronel Marcos Balcarce.

Luego de llegar a Santiago el 4 de octubre de 1813 y permanecer casi dos meses en Talca (en el campamento Buenos Aires) por cuestiones de la política interna chilena, los soldados que había enviado el Segundo Triunvirato se sumaron a las fuerzas trasandinas que se encontraban algo divididas entre Concepción y Membrillar. Justamente en este último punto el coronel Juan Mackenna se encontraba al frente de setecientos infantes, cien dragones y dieciséis piezas de artillería,[690] a los que se sumaron unos cien auxiliares al comando del sargento mayor Juan Las Heras.

El 23 de febrero el propio Mackenna decidió salir del campamento patriota con trescientos fusileros, cuarenta dragones y dos cañones[691] para buscar víveres y sorprender a una fuerte columna enemiga de quinientos hombres, que operaba sobre la línea del río Ñuble, a 15 km del campamento revolucionario.

Cerca de las diez de la mañana, y como los realistas se habían retirado de la zona, Mackenna comisionó al teniente coronel Santiago Bueras para recolectar todo el ganado que fuera posible. Viendo esto, los godos volvieron a la carga divididos en tres columnas sobre la retaguardia patriota (la columna de Bueras), la que "hizo frente por todas partes, hasta que auxiliado por las demás tropas, en particular por el valeroso sargento mayor de auxiliares de Buenos Aires [Las Heras] quien con cien hombres de su cuerpo avanzó en el mayor orden sobre el enemigo y le obligó con pérdida considerable a replegarse a una altura inmediata",[692] cargando "a la bayoneta [y] desalojando al enemigo de sus posiciones luego de quince minutos de combate".[693] Finalmente, los realistas se retiraron llevando consigo a sus muertos y heridos.

Mackenna, en el parte oficial del combate, resalta el valor de las tropas de las Provincias Unidas y relata que "un cabo del cuerpo de auxiliares de Buenos Aires, Manuel Araya, viendo a un oficial enemigo que con suma intrepidez animaba su tropa, marchó sobre él, matándolo, y vuelve montado en su caballo a su formación".[694]

Los patriotas sufrieron tres muertos y ocho heridos. Según el parte de Las Heras, citado por Nellar en su biografía del prócer, Juan de la Barca y José Agustín Ríos[695] fueron las únicas dos bajas de las fuerzas enviadas de "este" lado de la cordillera.

MEMBRILLAR
20 de marzo de 1814

A casi un mes del combate de Cucha-Cucha (23 de febrero de 1814), las fuerzas patriotas de Chile lideradas por el general Bernardo O'Higgins y por el coronel Juan Mackenna mantenían la misma posición que ocupaban en ocasión de aquella victoria. Esto es: el primero en Concepción y el segundo a sesenta kilómetros más al nordeste, en Membrillar.

Junto con Mackenna se encontraba el contingente de tropas de las Provincias Unidas que había marchado en socorro de los revolucionarios chilenos y que mandaba el coronel Marcos Balcarce.

Previendo un ataque, el jefe patriota, que era ingeniero, "había elegido una posición fuerte para la defensiva [...]. Apoyando su espalda en el [río] Itata, protegido por barrancas, formó tres reductos sobre tres colinas, a tiro de fusil una de otra, dos de ellos avanzados hacia el norte y uno central a retaguardia".[696]

A las cuatro de la tarde del 20 de marzo una fuerte columna realista compuesta por "mil fusileros"[697] liderados por el general Gabino Gainza "avanzó resueltamente por una de las quebradas y a gran carrera asomó al pie de la loma a tiro de fusil"[698] y fue recibida por una lluvia de proyectiles que los contuvo por un momento.

Acto seguido el comandante Manuel Baraña, al frente de cuatrocientos hombres, cargó contra el reducto del centro, pero el movimiento fue replicado rápidamente por Mackenna. Éste ordenó "a Balcarce que con setenta auxiliares argentinos [...] al mando del capitán [Hilario] Vial, algunos [serían tres] piquetes a órdenes de [el teniente coronel Santiago] Bueras y sesenta milicianos mandados por el comandante [Agustín] Almanza, lleve a cabo un contraataque, verificándolo a la bayoneta con singular valor".[699] Como resultado de estas acciones los godos se retiraron, aunque sería por poco tiempo.

Ante la presión ejercida por los oficiales de su ejército, Gainza se vio obligado a adelantar "sus tropas de infantería apoyadas por tres cañones y fueron a colocarse cerca de un tiro de pistola de los reductos patriotas".[700] Allí se encontraban cincuenta soldados de las Provincias Unidas al mando del sargento mayor Juan Las Heras, que colaboraron en rechazar por cinco veces el asalto[701] del enemigo.

Luego de cuatro horas "sufriendo el bien sostenido y bien dirigido fuego de mis tropas atrincheradas",[702] afirma Mackenna, los realistas se retiraron del campo con numerosas pérdidas. Mitre y Rebechi afirman que éstos sufrieron ochenta muertos, contra ocho muertos y dieciocho heridos patriotas, mientras que Nellar y Barros Arana dicen que fueron setenta godos muertos, contra siete muertos y veintitrés heridos patriotas.

RIOBAMBA
21 de abril de 1822

Este combate de caballería a los pies del Cerro Chimborazo en Ecuador, bien puede ser definido como la *opera prima* no sólo del regimiento de Granaderos a Caballo creado por José de San Martín en 1812, sino también del jefe que lo comandó aquel día, el sargento mayor Juan Galo de Lavalle.

El primer escuadrón de Granaderos formaba parte de los más

de trescientos mil hombres que San Martín le envió al mariscal Antonio Sucre para terminar con los realistas en Ecuador. A mediados de abril de 1822 patriotas y realistas se disputaban el dominio de Quito y el día 21, "luego de algunos movimientos del enemigo, que lo colocaron en situación falsa, Sucre dispuso que hicieran un reconocimiento del terreno los Granaderos de los Andes y los Dragones de Colombia",[703] estos últimos al mando del coronel Diego Ibarra.

Ese día las fuerzas realistas, lideradas por el coronel Narciso López, ingresaron en un estrecho desfiladero, lo que fue aprovechado por Lavalle para cargar sable en mano con sus noventa y seis granaderos. El general Andrés Santa Cruz, jefe de la división enviada por San Martín, relató las acciones de la siguiente forma: "Este bizarro cuerpo [los Granaderos] [...] no dudó en recibirlos aumentando su velocidad y cargando con tal orden y audacia, de que hay pocos ejemplos, hasta lograr ponerlos en fuga y casi en dispersión matándoles algunos: como tenían aún cerca su infantería pudieron protegerse en ella".[704] Sucre comentó de los Granaderos que, al hallarse "solos improvistamente al frente de toda la caballería española [...] tuvo [el escuadrón] la elegante osadía [sic] de cargarlos y dispersarlos con una intrepidez de que habrá raros ejemplos".[705]

Sin dar tiempo a nada, los granaderos se retiraron al paso en la certeza de que serían cargados por los cuatrocientos caballos rivales. En ese momento se sumaron los treinta dragones de Colombia y cuando los godos atacaron, "los granaderos, sostenidos por los colombianos formados en escalón sobre su izquierda, volvieron caras, y envolviendo a los escuadrones realistas, los acuchillaron por segunda vez por la espalda, hasta el fondo de la llanura".[706]

Fue una victoria completa y memorable: los realistas sufrieron cincuenta y dos muertos y cuarenta heridos, además de perder numeroso armamento y caballada. Del lado patriota tan sólo se contaron dos muertes, la del sargento de Dragones Vicente Franco y la del granadero Timoteo Aguilera, y entre veinte y cuarenta heridos.

Este triunfo, que prácticamente acabó con la caballería realista para toda la campaña, colmó de elogios al glorioso cuerpo de Granaderos y a su arrojado jefe que, a partir de aquel día, pasó a ser conocido como el "León de Riobamba".

PICHINCHA
24 de mayo de 1822

La batalla de Pichincha es al Ecuador lo que Maipú a Chile, Tucumán y Salta a la Argentina y Ayacucho a la América toda: el triunfo bélico que garantizó la victoria de la revolución en cada uno de estos escenarios.

En febrero de 1822 San Martín envió desde el Perú una división de más de mil trescientos hombres, liderada por el coronel peruano Andrés Santa Cruz (el mismo que se había pasado al bando patriota en Pasco), para colaborar con el mariscal Antonio José de Sucre en su campaña sobre Quito. Este contingente quedó integrado por un escuadrón de Granaderos a Caballo al mando del mayor Juan Lavalle, dos escuadrones de Cazadores montados del Perú, cuyo jefe era el mayor Antonio Sánchez, y los batallones N° 2 y N° 4 del Perú, liderados por el coronel Félix Olazábal y por el teniente coronel Francisco Villa, todos ellos de las disueltas Provincias Unidas.

Con relación al batallón N° 2, Carlos Urien afirma que estaba "compuesto en su totalidad de argentinos, restos del Ejército Libertador".[707] Mitre, en tono parecido, agrega que "habíase formado [el N° 2] sobre la base de la compañía de granaderos del N° 8 de los Andes, glorioso resto de los libertos de Cuyo".[708] Analizando ambas opiniones podemos aseverar que en forma alguna el batallón N° 2 estuvo "compuesto en su totalidad por argentinos" y en cambio sí que su nervio y su base respondían a esa nacionalidad. Sobre todo si recordamos que el N° 8 de los Andes fue el que sufrió las mayores bajas tanto en Chacabuco como en Maipú y que estas bajas deben de haberse reemplazado con libertos de Chile y luego del Perú.

Volviendo a la batalla, en marzo Sucre comenzó su avance hacia Quito y luego de que los Granaderos a Caballo destruyeran a la caballería real en el memorable combate de Riobamba (el 21 de abril), los únicos obstáculos que quedaban por superar eran el Cerro Pichincha y las fuerzas que organizaba a toda prisa el general Aymerich, quien había tomado una clara posición defensiva.

Luego de una serie de acertadas maniobras, en la mañana del 24 de mayo la vanguardia patriota, liderada por Santa Cruz y compuesta por el Nº 2 y varias compañías de cazadores, llegó a la cima del cerro. A la espera de la llegada del resto del ejército, Santa Cruz "ordenó que su tropa descansara […]. Mientras tanto las compañías de cazadores, que habían tomado la punta, mantenían la vigilancia en la dirección de la marcha, cubiertas a su vez por espías indígenas".[709]

Justamente fue uno de estos espías indios el que avistó al enemigo avanzando hacia la cima. En consecuencia Santa Cruz dispuso "seguirlos cautelosamente con el batallón Nº 2 del Perú [y] advertí [explica el propio Santa Cruz], que no sólo subía una partida sino toda la fuerza enemiga".[710]

La situación era penosa para los revolucionarios, ya que sus tropas se encontraban muy separadas y sin espacio para desplegar en batalla. Santa Cruz relata que "el batallón Nº 2, que empeñé a las inmediatas órdenes de su bizarro comandante Félix Olazábal, le opuso una barrera impenetrable con sus fuegos y bayonetas y sostuvo solo por más de media hora todo el ataque".[711]

La labor de las fuerzas de las disueltas Provincias Unidas fue realmente encomiable y sólo se retiraron del campo de lucha cuando se le "agotaron los cartuchos [y] entra a la línea de combate el Nº 4 y el batallón Albión del ejército de Colombia".[712] Así acabó la heroica participación del Nº 2 en aquella batalla en la que, según Juan Lavalle, perdió la mitad de sus hombres.[713] Manuel Álvarez Pereyra en la *Historia del Regimiento 8 de Infantería de Línea* afirma que "más de la mitad de las bajas [de Pichincha] fueron del 8 [debería decir Nº 2] y del 4 del Perú" y que "el 8 tuvo más bajas [porque] fue el que sostuvo el primer choque y el que combatió durante más tiempo".[714] Santa Cruz, en el parte enviado a Tomás Guido, confirma que de las trescientas bajas propias, noventa y un muertos y sesenta y siete heridos corresponden a la división del Perú.[715]

El combate se definió con sucesivas cargas del grueso del ejército, que merced a la valentía del batallón Nº 2, había podido ascender la cuesta, llegar a la cima y lanzarse violentamente contra los realistas. Los jinetes de Lavalle, en cambio, "sólo participaron de escaramuzas antes de la acción por las escabrosidades del terreno [y] luego es lanzada en persecución de la caballería enemiga".[716] El resultado final fue un elocuente triunfo de los revolucionarios de América: cuatrocientos muertos (entre ellos un hijo de Aymerich), doscientos heridos y mil doscientos soldados y ciento ochenta oficiales prisioneros realistas. Además, les tomaron mil setecientos fusiles, catorce piezas de artillería y todas sus banderas. La victoria patriota permitió que finalmente el 16 de junio Bolívar ingresara "triunfante a una Quito liberada".[717]

JUNÍN
6 de agosto de 1824

La batalla de Junín, que prácticamente terminó de sellar la suerte de los realistas en América, fue la última en la que Simón Bolívar estuvo al frente de sus tropas. Entre ellas, y cumpliendo un papel determinante, los patriotas de las disueltas Provincias Unidas se mezclaron con patriotas de todo el continente en la conquista de la revolución.

La lucha fue exclusivamente de caballería y al arma blanca, en lo cual los godos, al mando del general José Canterac, tenían una ventaja de cuatrocientos caballos (mil trescientos jinetes contra novecientos de los patriotas).

El general Mariano Necochea, granadero desde el combate de San Lorenzo en 1813, comandó la caballería que quedó integrada por tres escuadrones de los Húsares de Colombia, dos de Granaderos de aquel país, igual cantidad de los Húsares del Perú (teniente coronel de las Provincias Unidas Manuel Suárez) y el regimiento de Granaderos a Caballo creado por San Martín y que fue liderado, en la ocasión, por el coronel francés Alejo Bruix.

Como Canterac marchaba en retirada, Bolívar fue en su búsqueda, y al llegar al lago de Reyes (Junín), el Libertador envió a toda su caballería a cargar el flanco o la retaguardia del enemigo según la posición que éstos ocuparan.

Los jinetes de la Patria Grande cruzaron por un desfiladero y salieron frente a "las tropas de Canterac, que estaban desplegadas en batalla en una gran llanura a doce mil pies sobre el nivel del mar".[718] Al observar esto los realistas cargaron con los Húsares de Fernando VII (coronel Eguía) a la cabeza y los Dragones del Perú (coronel Marcilla) y de la Unión (brigadier Bedoya) por retaguardia y los flancos. El choque fue terrible y más allá de la valentía de ambos contendientes, las ventajas logísticas y tácticas de los godos terminaron prevaleciendo. Tan es así que "los independientes se dispersan y huyen buscando protección en su infantería y artillería".[719] En el campo de batalla, herido catorce veces luego de un combate singular, el cuerpo de Necochea, el mismísimo jefe de la caballería patriota, se ofrecía como ejemplo de coraje y bizarría. En su libro *Caballería Argentina, la carga de Junín*, Urien ofrece un párrafo sumamente poético y descriptivo de aquel momento casi cinematográfico de la contienda: "Es en medio de aquel desorden y espantosa confusión que suena el clarín de Necochea tocando reunión. El soldado de los Andes montado en su corcel de guerra, con el fuego del valor en la pupila, hermoso, soberbio en la bravura [...] y exclamando con el timbre vibrante de su voz a los soldados que lo siguen '¡Adentro, Granaderos!', clava espuelas a su bridón y con sable en mano se lanza sobre los enemigos, sobre el centro de los Dragones del Perú [realistas] cuyas líneas y columnas pretende penetrar y deshacer".[720]

Al momento los realistas victoriosos se desordenaron en la persecución y pasaron como un torbellino por el flanco de los Húsares al mando de Suárez, que aún no habían entrado en combate y permanecían recostados sobre un pantano. "En ese momento crítico el primer escuadrón [se refiere a los Húsares] vino en nuestro socorro, cargó al enemigo por retaguardia, lo persiguió y dio tiempo para que los escuadrones patriotas, que corrieron, se rehicieran y formaran."[721]

De esta forma, los escuadrones de Guillermo Miller, Carvajal, Silva y los Granaderos del francés Bruix se rehicieron y apoyaron a Suárez en su ataque para definir la acción con una carga de caballería memorable. Los godos huyeron hasta la protección de las bayonetas de su infantería, ubicada unas leguas a retaguardia; concluida la lucha dejaron doscientos cincuenta muertos y sesenta prisioneros, mientras que los patriotas sufrieron ciento cincuenta bajas en total. Además de estos datos, Miller revela que los Húsares del Perú tuvieron veintinueve muertos y cuarenta bajas.[722] Será por eso que Bolívar ese día los rebautizó como "Húsares de Junín" y con ese nombre lucharon, cuatro meses después, en el postrer combate de Ayacucho.

AYACUCHO
9 de diciembre de 1824

La ya famosa y célebre batalla de Ayacucho, donde las tropas al mando del mariscal Antonio José de Sucre derrotaron a los realistas por última vez en más de quince años de guerra, es la mejor expresión de lo que debió ser América Latina y nunca fue. Aquel 9 de diciembre de 1824, a pocas leguas de Cuzco, nueve mil trescientos diez godos, comandados por el virrey José de La Serna y el general José Canterac, fueron vencidos por cinco mil setecientos ochenta patriotas provenientes de lo que hoy son Colombia, Venezuela, Perú, Chile, Paraguay, Bolivia y Argentina. En definitiva, una gran unión de fuerzas americanas para luchar contra el poder español en el continente.

Como el análisis de esta trascendental y definitiva batalla excede el motivo de este trabajo, tan sólo nos referiremos a la actuación de las tropas de las disueltas Provincias Unidas en la contienda.

Éstas conformaban parte de la caballería patriota que estaba al mando del general Guillermo Miller y que se ubicó un poco más a retaguardia de la división del centro, sobre su flanco derecho.

Los realistas iniciaron el ataque por ambos flancos. A las diez de la mañana el general Villalobos, por la izquierda realista, avanzó contra la columna del coronel Córdoba. A la par, el general Gerónimo Valdez, por la otra ala, hizo lo propio contra la división sostenida por el general La Mar.

Si bien Córdoba pudo contener el avance del enemigo, por la izquierda patriota Valdez puso en situación comprometida a La Mar, por lo que Sucre decidió jugar la división de Lara, que estaba ubicada al centro, en apoyo de esta columna.

En aquel momento el centro enemigo, a las órdenes de Monet, "echó sus regimientos al fondo del zanjón [que cortaba por la mitad el campo de batalla] para cruzarlo. Sus dos primeras divisiones lograron el propósito y se organizaron en la orilla opuesta; mas era menester esperar a que las restantes [...] llegaran al mismo punto"[723] para avanzar contra la línea patriota.

"En cuanto [Sucre] vio asomar por el borde de la escarpa a las tropas de Monet, lanzó ambos escuadrones [se refiere a los Húsares de Junín del teniente coronel Manuel Isidoro Suárez y a los Granaderos a Caballo liderados por el coronel Alejo Bruix] a la carga contra ellas para arrojarlas nuevamente dentro del barranco. Los jinetes argentinos, chilenos y peruanos arremetieron con incontenible empuje sobre las primeras compañías de la división enemiga, [...] y las destrozaron precipitándolas en espantosa confusión en el fondo de la cortadura, donde habían penetrado ya las otras unidades. El desorden que se produjo fue de tal magnitud, que no tardó en cundir el pánico desbandándose a continuación todas las tropas."[724]

Ésa fue la última carga de la gloriosa fuerza militar creada por San Martín en 1812 y que luchó en más de treinta combates durante toda la contienda. Norberto Galasso relata que el 13 de febrero de 1826 regresaron a Buenos Aires setenta y ocho granaderos, y entre ellos había siete que habían peleado desde el combate de San Lorenzo. Eran ellos: Paulino Rojas, Francisco Olmos, Damasio Rosales, Segundo Gómez, Francisco Vargas, el indio guaraní Miguel Chepoya y el paraguayo José Félix Bogado como jefe.[725] Lily Sosa de Newton en su *Lavalle* afirma que fueron ciento veinte los granaderos que lucharon en Ayacucho.[726] Indudablemente que deben haber sido entre ochenta y ciento veinte los hombres de las disueltas Provincias Unidas presentes en la postrer batalla de la liberación americana.

Los realistas tuvieron aquella tarde mil cuatrocientos muertos y setecientos heridos. Sus demás hombres se entregaron como prisioneros, salvo un pequeño contingente que logró escapar. Los patriotas sufrieron trescientos nueve muertos y seiscientos setenta heridos... América era definitivamente libre. ¿Realmente lo era?

Notas

PRÓLOGO

1. En 1984, Roberto Etchepareborda dio a conocer *Historiografía Militar Argentina*, Buenos Aires, Círculo Militar, Biblioteca del Oficial, obra en la que se señalan los libros de memorias y los trabajos de civiles y militares que, en buena medida, se circunscriben a ese enfoque. Una excepción digna de ser subrayada, por su carácter francamente renovador, fue la de Bartolomé Mitre, a quien, junto con el título de fundador de la historiografía científica en la Argentina, se le puede asignar también el de precursor del moderno enfoque de la historia militar. En efecto, en sus dos obras fundamentales: *Historia de Belgrano y de la independencia argentina* e *Historia de San Martín y de la emancipación sudamericana*, procuró ubicar el hecho bélico en su contexto político y social.

2. Como simple ejemplo de lo mucho que se publica periódicamente al respecto, cabe citar dos números especiales de revistas editadas en España: "Historia militar: métodos y recursos de investigación", *Revista de Historia Militar*, año XLV, Madrid, 2002; y "Noves perspectives de la història de la guerra", *Manu Scrits. Revista d'història moderna*: Barcelona, Universitat Autónoma, 2003, núm. 21, pág. 14.

3. "Simposio de historia militar en la Academia Nacional de la Historia", en *Revista de la Escuela Superior de Guerra "Teniente general Luis María Campos"*, núm. 520, Buenos Aires, marzo de 1996.

4. *The lesson of history*, Oxford, 1993, pág. 42.

LA EMPRESA SANMARTINIANA

1. Torres Queirel, H. M., *Historia del regimiento de Granaderos a Caballo*, pág. 30.
2. Pérez Pardella, Agustín, *José de San Martín. El libertador cabalga*, pág. 79.
3. Best, Félix, *Historia de las guerras argentinas*, pág. 183.
4. Cita de Herminio Gaitán, *Combate de San Lorenzo*, Universidad Nacional de Rosario, 1984, pág. 32, en Galasso Norberto, *Seamos libres y lo demás no importa nada. Biografía de San Martín*, pág. 92.
5. Yabén, Jacinto, *Efemérides sanmartinianas*, pág. 61.
6. Olmos Zárate, Julio, *Las seis rutas sanmartinianas*, pág. 7.
7. Nellar, Feud, *Juan Gregorio de Las Heras, su vida, su gloria*, pág. 193.
8. Mitre, Bartolomé, *Historia de San Martín y de la emancipación sudamericana*, tomo I, pág. 356.
9. Nellar, *op. cit.*, pág. 193.
10. Rebechi, Andrés, *Los leones invencibles de Las Heras*, págs. 136-137.
11. Olmos Zárate, *op. cit.*, pág. 14.
12. Parte de Antonio Arcos a Miguel Soler, del 4 de febrero de 1817, en Anschütz, Camilo, *Historia del Regimiento de Granaderos a Caballo*, tomo II, pág. 62.
13. Ibíd., pág. 63.
14. Olmos Zárate, *op. cit.*, pág. 5.
15. Mitre, *Historia de San Martín…, op. cit.*, tomo I, pág. 352.
16. Anschütz, *op. cit.*, tomo II, pág. 45.
17. Espejo, Gerónimo, *El paso de los Andes*, pág. 522.
18. Parte de Toribio Luzuriaga al gobierno, en *Partes oficiales y documentos relativos a la Guerra de la Independencia Argentina*, tomo II, pág. 331.
19. Nellar, *op. cit.*, pág. 229.
20. Ibíd., pág. 231.
21. Espejo, *El Paso…, op. cit.*, pág. 524.
22. Parte de Miguel Soler a San Martín, en *Partes oficiales y documentos relativos a la Guerra de la Independencia Argentina*, tomo II, págs. 341-342.
23. Mitre, *Historia de San Martín…, op. cit.*, tomo I, pág. 360.
24. Espejo, *El Paso…, op. cit.*, pág. 525.

25. Anschütz, *op. cit.*, tomo II, pág. 36.

26. Olmos Zárate, *op. cit.*, pág. 15.

27. Piccinali, Héctor J., *San Martín y Rosas*, pág. 59.

28. Parte de Juan Cabot a San Martín, en *Partes oficiales y documentos relativos a la Guerra de la Independencia Argentina*, tomo II, pág. 360.

29. Olmos Zárate, *op. cit.*, pág. 16.

30. Espejo, *El Paso...*, *op. cit.*, pág. 528.

31. Parte de Juan Cabot a Martín de Pueyrredón, *en Partes oficiales y documentos relativos a la Guerra de la Independencia Argentina*, tomo II, pág. 361.

32. Anschütz, *op. cit.*, tomo II, pág. 41.

33. Espejo, *El Paso...*, *op. cit.*, pág. 528.

34. Salas, Carlos A., *El general San Martín y sus operaciones militares*, pág. 14.

35. Mitre, *Historia de San Martín...*, *op. cit.*, tomo I, pág. 369.

36. Best, *op. cit.*, pág. 249.

37. Mitre, *Historia de San Martín...*, *op. cit.*, tomo I, pág. 373.

38. Ibíd., págs. 373-374.

39. Best, *op. cit.*, pág. 249.

40. Torres Queirel, *op. cit.*, pág. 64.

41. Urien, Carlos, *Caballería argentina, la carga de Junín*, pág. 19.

42. Rebechi, *op. cit.*, pág. 144.

43. Ídem.

44. Urien, *op. cit.*, pág. 19.

45. Best, *op. cit.*, pág. 250.

46. Álvarez Pereyra, Manuel, *Historia del Regimiento 8 de Infantería de Línea*, pág. 16.

47. Parte de San Martín a Toribio Luzuriaga del 14 de febrero de 1817, en Torres Queirel, *op. cit.*, pág. 66.

48. Galasso, *Seamos libres...*, *op. cit.*, pág. 221.

49. Instrucciones de San Martín a Las Heras, en Nellar, *op. cit.*, pág. 260.

50. Ibíd., págs. 262-263.

51. Rebechi, *op. cit.*, pág. 153

52. Parte de Las Heras a San Martín, en *Partes oficiales y documentos relativos a la Guerra de la Independencia Argentina*, tomo II, pág. 427.

53. Ornstein, Leopoldo, *De Chacabuco a Maipo*, pág. 21.

54. Mitre, *Historia de San Martín…*, *op. cit.*, tomo I, pág. 391.

55. Rebechi, *op. cit.*, pág. 153.

56. Torres Queirel, *op. cit.*, págs. 67-68.

57. Parte de Las Heras a Bernardo O'Higgins del 5 de mayo de 1817, en *Partes oficiales y documentos relativos a la Guerra de la Independencia Argentina*, tomo II, pág. 437.

58. Ornstein, *op. cit.*, pág. 31.

59. *Parte de Las Heras a Bernardo O'Higgins…*, *op. cit.*, pág. 438.

60. Mitre, *Historia de San Martín…*, *op. cit.*, tomo I, pág. 394.

61. Barros Arana, Diego, *Historia general de Chile*, tomo XI, pág. 155.

62. Rebechi, *op. cit.*, pág. 158.

63. Ídem.

64. Ornstein, *op. cit.*, pág. 32.

65. Ídem.

66. *Parte de Las Heras a Bernardo O'Higgins…*, *op. cit.*, pág. 439.

67. Nellar, *op. cit.*, pág. 306.

68. Ornstein, *op. cit.*, pág. 195.

69. Barros Arana, *op. cit.*, tomo XI, pág. 160.

70. Ibíd., pág. 166.

71. Ornstein, *op. cit.*, pág. 197.

72. Barros Arana, *op. cit.*, tomo XI, pág. 167.

73. Ornstein, *op. cit.*, pág. 197.

74. Yabén, *op. cit.*, pág. 202.

75. Ornstein, *op. cit.*, pág. 207.

76. Nellar, *op. cit.*, pág. 333.

77. Rebechi, *op. cit.*, pág. 164.

78. Ornstein, *op. cit.*, pág. 63.

79. Órdenes de O'Higgins, en ibíd., *op. cit.*, pág. 65.

80. Mitre, *Historia de San Martín…*, *op. cit.*, tomo I, pág. 407.

81. Nellar, *op. cit.*, págs. 338-339.

82. Ornstein, *op. cit.*, pág. 66.

83. Ibíd., pág. 70.

84. Parte de O'Higgins a San Martín, en *Partes oficiales y documentos relativos a la Guerra de la Independencia Argentina*, tomo II, págs. 509-510.

85. Galasso, *Seamos libres...*, *op. cit.*, pág. 247.

86. Mitre, *Historia de San Martín...*, *op. cit.*, tomo II, pág. 49.

87. Ornstein, *op. cit.*, pág. 109.

88. Best, *op. cit.*, pág. 257.

89. Nellar, *op. cit.*, pág. 353.

90. Mitre, *Historia de San Martín...*, *op. cit.*, tomo II, pág. 51.

91. Miller, John, *Memorias del general Miller*, pág. 188.

92. Mitre, *Historia de San Martín...*, *op. cit.*, tomo II, pág. 55.

93. Miller, *op. cit.*, pág. 188.

94. Mitre, *Historia de San Martín...*, *op. cit.*, tomo II, pág. 56.

95. Ibíd., pág.66.

96. Galasso, *Seamos libres...*, *op. cit.*, pág. 248.

97. Memorias de Samuel Haig, en *Pequeña antología de Maipú*, pág. 18.

98. Mitre, *Historia de San Martín...*, *op. cit.*, tomo II, pág. 66.

99. Ibíd., pág. 70.

100. Miller, *op. cit.*, pág. 192.

101. Salas, *op. cit.*, pág. 27.

102. Mitre, *Historia de San Martín...*, *op. cit.*, tomo II, pág. 73.

103. *Pequeña antología de Maipú*, pág. 11.

104. Ibíd., pág. 21.

105. Mitre, *Historia de San Martín...*, *op. cit.*, tomo II, pág. 75.

106. Nellar, *op. cit.*, pág. 383.

107. Ibíd., pág. 384.

108. Maffey, Alberto, *Crónica de las grandes batallas del Ejército Argentino*, pág. 188.

109. *Pequeña antología de Maipú*, pág. 12.

110. Mitre, *Historia de San Martín...*, *op. cit.*, tomo II, pág. 77.

111. Nellar, *op. cit.*, pág. 387.

112. Mitre, *Historia de San Martín...*, *op. cit.*, tomo II, pág. 79.

113. *Pequeña antología de Maipú*, pág. 22.

114. Galasso, *Seamos libres...*, *op. cit.*, pág. 254.

115. Ornstein, *op. cit.*, pág. 280.

116. Mitre, *Historia de San Martín...*, *op. cit.*, tomo II, pág. 84.

117. Parte de Miguel Caxaraville a José Matías Zapiola del 27 de mayo de 1818, en *Partes oficiales y documentos relativos a la Guerra de la Independencia Argentina*, tomo II, pág. 588.

118. Barros Arana, *op. cit.*, tomo XI, pág. 578.

119. *Partes oficiales y documentos relativos a la Guerra de la Independencia Argentina*, tomo II, pág. 368.

120. Parte de Miguel Caxaraville a José Matías Zapiola del 1º de agosto de 1818, en *Partes oficiales y documentos relativos a la Guerra de la Independencia Argentina*, tomo II, pág. 592.

121. Ibíd., pág. 593.

122. Mitre, *Historia de San Martín...*, *op. cit.*, tomo II, pág. 128.

123. Parte de Manuel Escalada a Antonio González Balcarce del 18 de enero de 1819, en *Partes oficiales y documentos relativos a la Guerra de la Independencia Argentina*, tomo III, pág. 38.

124. Mitre, *Historia de San Martín...*, *op. cit.*, tomo II, pág. 130.

125. Anschütz, *op. cit.*, tomo II, pág. 182.

126. Mitre, *Historia de San Martín...*, *op. cit.*, tomo II, pág. 130.

127. Parte de Rudecindo Alvarado a Antonio González Balcarce del 19 de enero de 1819, en *Partes oficiales y documentos relativos a la Guerra de la Independencia Argentina*, tomo III, págs. 40-41.

128. Anschütz, *op. cit.*, tomo II, pág. 272.

129. Rebechi, *op. cit.*, pág. 248.

130. Salas, *op. cit.*, pág. 102.

131. Dellepiane, Carlos, *Historia militar del Perú*, tomo II, pág. 85.

132. Anschütz, *op. cit.*, tomo II, pág. 273.

133. Rebechi, *op. cit.*, pág. 248.

134. Salas, *op. cit.*, pág. 103.

135. Ibíd., pág. 77.

136. Mitre, *Historia de San Martín...*, *op. cit.*, tomo II, pág. 275.

137. Salas, *op. cit.*, pág. 80.

138. Dellepiane, *op. cit.*, tomo II, pág. 74.

139. Anschütz, *op. cit.*, tomo II, pág. 291.

140. Espejo, Gerónimo, *Rasgos históricos-biográficos del coronel Juan Pringles*, pág. 29.

141. *Atlas histórico militar*, pág. 86.

142. Dellepiane, *op. cit.*, tomo II, pág. 87.

143. Anschütz, *op. cit.*, tomo II, pág. 274.

144. Rebechi, *op. cit.*, pág. 248.

145. Dellepiane, *op. cit.*, tomo II, pág. 87.

146. Anschütz, *op. cit.*, tomo II, pág. 275.

147. Dellepiane, *op. cit.*, tomo II, , pág. 88.

148. *Atlas histórico militar*, pág. 86.

149. Galasso, *Seamos libres…*, *op. cit.*, pág. 340.

150. Anschütz, *op. cit.*, tomo II, pág. 294.

151. Mitre, *Historia de San Martín…*, *op. cit.*, tomo II, pág. 287.

152. Anschütz, *op. cit.*, tomo II, pág. 295.

153. Espejo, *Rasgos históricos-biográficos…*, *op. cit.*, pág. 59.

154. Best, *op. cit.*, pág. 280.

155. Miller, *op. cit.*, pág. 282.

156. Frías, Bernardo, *Historia del general Martín Miguel de Güemes*, tomo V, pág. 284.

157. Mitre, *Historia de San Martín…*, *op. cit.*, tomo II, pág. 304.

158. Dellepiane, *op. cit.*, tomo II, pág. 89.

159. Rebechi, *op. cit.*, pág. 252.

160. Frías, *op. cit.*, tomo V, pág. 284.

161. Best, *op. cit.*, pág. 280.

162. Mitre, *Historia de San Martín…*, *op. cit.*, tomo II, págs. 306-307.

163. Dellepiane, *op. cit.*, tomo II, pág. 91.

164. Arenales, José, *Segunda campaña a la sierra del Perú en 1821*, pág. 59.

165. Sánchez Zinny, *Historia del general Mariano Necochea y su época*, pág. 226.

166. Dellepiane, *op. cit.*, tomo II, pág. 91.

167. Mitre, *Historia de San Martín…*, *op. cit.*, pág. 307.

168. Anschütz, *op. cit.*, tomo II, pág. 321.

169. Miller, *op. cit.*, pág. 304.

170. Mitre, *Historia de San Martín...*, *op. cit.*, tomo II, pág. 372.

171. Miller, *op. cit.*, pág. 305.

172. Anschütz, *op. cit.*, tomo II, pág. 322.

173. Parte de Guillermo Miller a Cochran del 24 de mayo de 1821, en *Partes oficiales y documentos relativos a la Guerra de la Independencia Argentina*, tomo III, pág. 280.

174. Anschütz, *op. cit.*, tomo II, pág. 323.

175. Otero, José, *Historia del Libertador don José de San Martín*, tomo V, pág. 268.

176. Mendizábal, Francisco de, *Guerra de la América del Sur 1809-1824*, págs. 172-173.

177. Nellar, *op. cit.*, pág. 431.

178. Mitre, *Historia de San Martín...*, *op. cit.*, tomo II, pág. 386.

179. García Camba, Andrés, *Memorias del general García Camba*, tomo I, pág. 542.

180. Rebechi, *op. cit.*, pág. 276.

181. Mendizábal,.*op. cit.*, pág. 173.

182. Sánchez Zinny, *op. cit*, pág. 301.

183. Galasso, *Seamos libres...*, *op. cit.*, pág. 371.

184. Mitre, *Historia de San Martín...*, *op. cit.*, tomo III, pág. 30.

185. Salas, *op. cit.*, pág. 88.

186. Mitre, *Historia de San Martín...*, *op. cit.*, págs. 33-34.

187. García Camba, *op. cit.*, tomo II, pág. 20.

188. Ídem.

189. Galasso, *Seamos libres...*, *op. cit.*, pág. 400. Para apreciar todo el desarrollo de la misión, véase el Capítulo 35.

190. Ibíd., pág. 405.

191. Rebechi, *op. cit.*, pág. 288.

192. Dellepiane, *op. cit.*, tomo II, pág. 161.

193. García Camba, *op. cit.*, tomo II, pág. 62.

194. Dellepiane, *op. cit.*, tomo II, pág. 161.

195. García Camba, *op. cit.*, tomo II, pág. 62.

196. Abad de Santillán, Diego, *Historia argentina*, tomo II, pág. 77.

197. Torres Queirel, *op. cit.*, pág. 126.

198. García Camba, *op. cit.*, tomo II, pág. 67.

199. Dellepiane, *op. cit.*, tomo II, pág. 164.

200. García Camba, *op. cit.*, tomo II, pág. 66.

201. Ibíd., pág. 68.

202. Lacasa, Pedro, *Vida militar y política del general Juan Lavalle*, en Anschütz, *op. cit.*, tomo II, pág. 371.

203. Zicolillo, Jorge, *Historias de sangre y fuego*, pág. 97

204. García Camba, *op. cit.*, tomo II, pág. 68.

La independencia paraguaya

205. Best, Félix, *Historia de las guerras argentinas*, pág. 173.

206. Belgrano, Manuel, *Autobiografía*, pág. 41.

207. Mitre, Bartolomé, *Historia de Belgrano y de la Independencia Argentina*, tomo I, pág. 281.

208. Parte de Belgrano a la Junta del 19 de diciembre de 1810, en *Biblioteca de Mayo*, tomo XIV, pág. 12.489.

209. Parte de Belgrano a la Junta del 4 de enero de 1811, en *Biblioteca de Mayo*, tomo XIV, pág.12.494.

210. Ibíd., págs. 12.496.

211. Mitre, *Historia de Belgrano…*, *op. cit.*, tomo I, pág. 287.

212. Ibíd., págs. 288-289.

213. Belgrano, *op. cit.*, pág. 48.

214. Ibíd., pág. 49.

215. Best, *op. cit.*, pág. 175.

216. Mitre, *Historia de Belgrano…*, *op. cit.*, tomo I, pág. 290.

217. Belgrano, *op. cit.*, pág. 50.

218. Mitre, *Historia de Belgrano…*, *op. cit.*, tomo I, pág. 291.

219. Best, *op. cit.*, pág. 175.

220. Parte de Belgrano a la Junta del 11 de marzo de 1811, en *Biblioteca de Mayo*, tomo XIV, pág. 12.528.

221. Ibíd., pág. 12.529.

222. Mitre, *Historia de Belgrano…*, *op. cit.*, tomo I, págs. 299-300.

223. Ibíd., pág. 12.529.

224. Best, *op. cit.*, pág. 176.

225. Ibíd., pág. 12.529.

226. Mitre, *Historia de Belgrano…*, *op. cit.*, tomo I, pág. 302.

227. Memorias de Mila de la Roca, en Figuerero, Juan, *Historia militar de los regimientos argentinos*, págs. 31-32.

228. Mitre, *Historia de Belgrano…*, *op. cit.*, tomo I, pág. 305.

A LAS PUERTAS DE MONTEVIDEO

229. Parte de Miguel Soler a la Junta del 5 de abril de 1811, en *Partes oficiales y documentos relativos a la Guerra de la Independencia Argentina*, tomo I, pág. 67.

230. Ibíd., pág. 68.

231. De María, Isidoro, *Compendio de la historia de la República Oriental del Uruguay*, pág. 126.

232. Carranza, Ángel, *Campañas navales de la República Argentin*, pág. 93.

233. Parte de José Artigas, en *Partes oficiales y documentos relativos a la Guerra de la Independencia Argentina*, tomo I, pág. 78.

234. De María, *op. cit.*, pág. 127.

235. Parte de José Artigas, *op. cit.*, pág. 79.

236. Carranza, *op. cit.*, págs. 93-94.

237. Frías, Bernardo, *Historia del general Martín Miguel de Güemes*, tomo I, pág. 309.

238. Galasso, Norberto, *Artigas y las masas populares en la revolución*, pág. 8.

239. Levene, Ricardo, *Historia argentina*.

240. Schurmann, M. y Coolighan, M., *Historia del Uruguay*, pág. 247.

241. Parte de José de Artigas a la Junta del 30 de mayo de 1811, en *Biblioteca de Mayo*, tomo XIV, pág. 12.649.

242. Best, Félix, *Historia de las guerras argentinas*, pág. 180.

243. Parte de José Artigas a José Rondeau del 19 de mayo de 1811, en *Partes oficiales y documentos relativos a la Guerra de la Independencia Argentina*, tomo I, págs. 85-86.

244. Parte de José Artigas a la Junta…, *op. cit.*, pág. 12.639.

245. Frías, *op. cit.*, pág. 310.

246. Luna, Félix, *Los caudillos*, pág. 42.

247. Schurmann, M. y Coolighan, M., *Historia del Uruguay*, pág. 247.

248. De María, *op. cit.*, pág. 129.

249. Oficio de José Rondeau a la Junta del 4 de junio de 1811, en *Biblioteca de Mayo*, tomo XIV, pág. 12.658.

250. Parte de José Rondeau a la Junta del 18 de julio de 1811, en *Biblioteca de Mayo*, tomo XIV, pág. 12.668.

251. Ibíd., pág. 12.669.

252. Parte de José Rondeau a Manuel de Sarratea del 3 de noviembre de 1812, en *Biblioteca de Mayo*, tomo XIV, pág. 12.712.

253. Oficio de Manuel de Sarratea al Gobierno del 30 de diciembre de 1812, en *Biblioteca de Mayo*, tomo XIV, pág. 12.714.

254. Ídem.

255. Parte de José Rondeau a Manuel de Sarratea del 1º de enero de 1813, en *Partes oficiales y documentos relativos a la Guerra de la Independencia Argentina*, tomo I, pág. 205.

256. Loza, Emilio, *Historia de la nación argentina*, tomo V, pág. 560.

257. Best, *op. cit.*, pág. 182.

258. Ibíd., pág. 183.

259. Ídem.

GUERRA TOTAL: EL ALTO PERÚ

260. Bidondo, Emilio, *La expedición de auxilio a las provincias interiores (1810-1812)*, pág. 280.

261. Biedma Straw, Juan, *Crónica histórica del Nº2 de Infantería de Línea*, pág. 14.

262. Figuerero, Juan, *Historia militar de los regimientos argentinos*, pág. 23.

263. Luqui-Lagleyze, Julio, *Historia y campañas del ejército realista*, pág. 83.

264. Parte de Córdova al general Vicente Nieto, en *Biblioteca de Mayo*, tomo XIV, pág. 12.945.

265. Frías, Bernardo, *Historia del general Martín Miguel de Güemes*, tomo II, pág. 81.

266. Parte de Córdova al general Vicente Nieto, en *Biblioteca de Mayo*, tomo XIV, pág. 12.945.

267. "Suipacha, primer triunfo argentino es obra salteña", conclusiones. www.gendarme.com.ar

268. Bidondo, *La expedición...*, *op. cit.*, anexo 11.

269. Ibíd., pág. 275.

270. Ibíd., pág. 283.

271. Ibíd., pág. 285.

272. Frías, *op. cit.*, tomo II, pág. 83.

273. Bidondo, *La expedición...*, *op. cit.*, pág. 286.

274. Frías, *op. cit.*, tomo II, pág. 85.

275. Best, Félix, *Historia de las guerras argentinas*, pág. 167.

276. Miguel Otero, *Memorias, de Güemes a Rosas*, estudios preliminares del Dr. José Sieco Villalba y Miguel Solá, en *Biblioteca de Mayo*, tomo XIV, pág. 12.967.

277. García Camba, Andrés, *Memorias del general García Camba*, tomo I, pág. 74.

278. Ibíd., pág. 75.

279. Siles Salinas, Jorge, *La Independencia de Bolivia*, pág. 204.

280. Bidondo, *La expedición...*, *op. cit.*, pág. 314.

281. García Camba, *op. cit.*, tomo I, pág. 91.

282. Bidondo, *La expedición...*, *op. cit.*, pág. 305.

283. Frías, *op. cit.*, tomo II, pág. 199.

284. García Camba, *op. cit.*, tomo I, pág. 95.

285. Frías, *op. cit.*, tomo II, pág. 204.

286. Ibíd., pág. 206.

287. García Camba, *op. cit.*, tomo I, pág. 96.

288. Best, *op. cit.*, pág. 169.

289. Memoria del virrey del Perú Abascal, en Bidondo, *La expedición...*, *op. cit.*, pág. 318.

290. Frías, *op. cit.*, tomo II, págs. 208-210.

291. García Camba, *op. cit.*, tomo I, pág. 96.

292. Best, *op. cit.*, pág. 168.

293. Memoria del virrey del Perú Abascal, *op. cit.*, págs. 319-320.

294. Frías, *op. cit.*, tomo II, pág. 212.

295. Piñeiro, Armando, *Historia del general Viamonte y su época*, pág. 93.

296. Frías, *op. cit.*, tomo II, pág. 213.

297. Best, *op. cit.*, pág. 168.

298. Frías, *op. cit.*, tomo II, pág. 215.

299. Memoria del virrey del Perú Abascal, *op. cit.*, pág. 320.

300. Luqui-Lagleyze, *op. cit.*, pág. 97.

301. Frías, *op. cit.*, tomo II, pág. 217.

302. Siles Salinas, *op. cit.*, pág. 214.

303. Bidondo, *La expedición…*, *op. cit.*, pág. 345.

304. Frías, *op. cit.*, tomo II, pág. 352.

305. García Camba, *op. cit.*, tomo I, pág. 104.

306. Frías, *op. cit.*, tomo II, pág. 352.

307. Bidondo, *La expedición…*, *op. cit.*, pág. 346.

308. Siles Salinas, *op. cit.*, pág. 221.

309. García Camba, *op. cit.*, tomo I, pág. 104.

310. Parte de Díaz Vélez al Gobierno del 19 de diciembre de 1811, en *Partes oficiales y documentos relativos a la Guerra de la Independencia Argentina*, tomo I, pág. 167.

311. Ibíd., pág. 168.

312. Mitre, Bartolomé, *Historia de Belgrano y de la Independencia Argentina*, tomo II, pág. 43.

313. Bidondo, *La expedición…*, *op. cit.*, pág. 340.

314. Sosa de Newton, Lily, *Dorrego*, pág. 31.

315. Zicolillo, Jorge, *Historias de sangre y fuego*, pág. 48.

316. Ibíd., pág. 49.

317. Ídem.

318. Best, *op. cit.*, pág. 171.

319. Frías, *op. cit.*, tomo II, pág. 346.

320. Siles Salinas, *op. cit.*, pág. 232.

321. Bidondo, *La expedición…*, *op. cit.*, pág. 350.

322. Oficio de Goyeneche del 24 de mayo de 1812, en *Biblioteca de Mayo*, tomo XIV, pág. 13.076.

323. Mitre, *Historia de Belgrano...*, *op. cit.*, tomo II, pág. 62.

324. Bidondo, *La expedición...*, *op. cit.*, pág. 353.

325. Luqui-Lagleyze, *op. cit.*, pág. 108.

326. Frías, *op. cit.*, tomo II, pág. 417.

327. Luqui-Lagleyze, *op. cit.*, pág. 110.

328. Best, *op. cit.*, pág. 188.

329. Mitre, *Historia de Belgrano...*, *op. cit.*, tomo II, pág. 83.

330. Parte de Manuel Belgrano al Gobierno del 4 de septiembre de 1812, en *Partes oficiales y documentos relativos a la Guerra de la Independencia Argentina*, tomo I, pág. 179.

331. Scenna, Miguel Ángel, *Los militares*, pág. 29.

332. Galasso, Norberto, *Seamos libres y lo demás no importa nada. Biografía de San Martín*, pág. 86.

333. Pérez Pardella, Agustín, *José de San Martín. El Libertador cabalga*, pág. 65.

334. Mitre, *Historia de Belgrano...*, *op. cit.*, tomo II, pág. 88.

335. Ibíd., pág. 90.

336. Best, *op. cit.*, pág. 189.

337. Frías, *op. cit.*, tomo II, pág. 428.

338. Mitre, *Historia de Belgrano...*, *op. cit.*, tomo II, pág. 93.

339. Mendizábal, Francisco de, *Guerra de la América del Sur 1809-1824*, pág. 46.

340. García Camba, *op. cit.*, tomo I, pág. 124.

341. Ídem.

342. Fernández, José Vicente, *La Batalla de Tucumán*, pág. 16.

343. Ibíd., pág. 17.

344. Luqui-Lagleyze, *op. cit.*, pág. 112.

345. Sosa Newton, Lily, *Dorrego*, pág. 41.

346. Mendizábal, *op. cit.*, pág. 46.

347. Best, *op. cit.*, pág. 190.

348. Maffey, Alberto, *Crónica de las grandes batallas del Ejército Argentino*, pág. 100.

349. Frías, *op. cit.*, tomo II, pág. 436.

350. García Camba, *op. cit.*, tomo I, pág. 125.

351. Mitre, *Historia de Belgrano...*, *op. cit.*, tomo II, pág. 97.

352. Best, *op. cit.*, pág. 191.

353. Fernández, *op. cit.*, pág. 19.

354. Ídem.

355. García Camba, *op. cit.*, tomo I, pág. 126.

356. Frías, *op. cit.*, tomo II, pág. 4390.

357. García Camba, *op. cit.*, tomo I, pág. 127.

358. Parte de Manuel Belgrano al Gobierno del 5 de octubre de 1812, en *Partes oficiales y documentos relativos a la Guerra de la Independencia Argentina*, tomo I, págs. 194-195.

359. Bidondo, Emilio, *Coronel Juan Guillermo de Maquiegui*, pág. 37.

360. Parte de Cornelio Zelaya a Díaz Vélez del 10 de octubre de 1812, en *Partes oficiales y documentos relativos a la Guerra de la Independencia Argentina*, tomo I, pág. 196.

361. Luqui-Lagleyze, *op. cit.*, pág. 113.

362. Parte de Cornelio Zelaya..., *op. cit.*, pág. 197.

363. Mendizábal, *op. cit.*, pág. 51.

364. Mitre, *Historia de Belgrano...*, *op. cit.*, tomo II, pág. 138.

365. Frías, *op. cit.*, tomo II, pág. 493.

366. Mendizábal, *op. cit.*, pág. 51.

367. Yabén, Jacinto, *Biografías argentinas y sudamericanas*, tomo II, pág. 291.

368. Best, *op. cit.*, pág. 193.

369. García Camba, *op. cit.*, tomo I, pág. 132.

370. Ídem.

371. Mitre, *Historia de Belgrano...*, *op. cit.*, tomo II, pág. 143.

372. Frías, *op. cit.*, tomo II, pág. 507.

373. Parte de Manuel Belgrano al Gobierno del 27 de febrero de 1813, en *Biblioteca de Mayo*, tomo XV, pág. 13.175.

374. Mendizábal, *op. cit.*, pág. 51.

375. Luqui-Lagleyze, *op. cit.*, pág. 28.

376. García Camba, *op. cit.*, tomo I, pág. 133.

377. Galasso, *Seamos libres...*, *op.cit.*, pág. 94.

378. García Camba, *op.cit.*, tomo I, pág. 152.

379. Luqui-Lagleyze, *op. cit.*, pág. 134.

380. Mitre, *Historia de Belgrano...*, *op.cit.*, tomo II, pág. 171.

381. García Camba, *op. cit.*, tomo I, pág. 152.

382. Best, *op. cit.*, pág. 196.

383. Mitre, *Historia de Belgrano...*, *op.cit.*, tomo II, pág. 170.

384. O'Donnell, Mario, *Juana Azurduy, la teniente coronela*, pág. 49.

385. Mendizábal, *op. cit.*, pág. 62.

386. Frías, *op. cit.*, tomo III, pág. 22.

387. García Camba, *op. cit.*, tomo I, pág. 153.

388. Mendizábal, *op. cit.*, pág. 62.

389. Argüero, Luis, *El combate naval de Martín García*, pág. 60.

390. Mitre, *Historia de Belgrano...*, *op.cit.*, tomo II, pág. 175.

391. García Camba, *op. cit.*, tomo I, pág. 154.

392. Best, *op. cit.*, pág. 197.

393. Álvarez Pereyra, Manuel, *Historia del Regimiento 8 de Infantería de Línea*, pág. 8.

394. Mitre, *Historia de Belgrano...*, *op.cit.*, tomo II, pág. 177.

395. Frías, *op. cit.*, tomo III, pág. 25.

396. García Camba, *op. cit.*, tomo I, págs. 154-155.

397. Frías, *op. cit.*, tomo III, pág. 26.

398. Best, *op. cit.*, pág. 198.

399. Mitre, *Historia de Belgrano...*, *op.cit.*, tomo II, pág. 179.

400. Mendizábal, *op. cit.*, pág. 63.

401. García Camba, *op. cit.*, tomo I, pág. 157.

402. Frías, *op. cit.*, tomo III, pág. 36.

403. García Camba, *op. cit.*, tomo I, pág. 158.

404. Mendizábal, *op. cit.*, pág. 66.

405. Mitre, *Historia de Belgrano...*, *op.cit.*, tomo II, pág. 201.

406. Ibíd., pág. 202.

407. Best, *op. cit.*, pág. 200.

408. Ibíd., pág. 201.

409. Cáceres, Armando, *La primera campaña del general Arenales en el Valle Grande*, pág. 45.

410. Frías, *op. cit.*, tomo III, pág. 58.

411. Cáceres, *op. cit.*, pág. 49.

412. Ibíd., pág. 50.

413. Ibíd., pág. 51.

414. García Camba, *op. cit.*, tomo I, pág. 163.

415. Cáceres, *op. cit.*, pág. 52.

416. O'Donnell, Mario, *Juana Azurduy...*, *op. cit.*, pág. 85.

417. Frías, *op. cit.*, tomo III, pág. 101.

418. Oficio de San Martín al Gobierno, en *Biblioteca de Mayo*, tomo XV, pág. 13.300.

419. Best, *op. cit.*, pág. 209.

420. Frías, *op. cit.*, tomo III, pág. 97.

421. Parte de José Saravia a San Martín s/f., en *Partes oficiales y documentos relativos a la Guerra de la Independencia Argentina*, tomo II, pág. 17.

422. Mitre, *Historia de San Martín y de la emancipación sudamericana*, tomo I, pág. 164.

423. Mitre, *Historia de San Martín...*, *op. cit.*, tomo I, pág. 152.

424. Best, *op. cit.*, pág. 167.

425. Galasso, *Seamos libres...*, *op. cit.*, pág. 119.

426. Mitre, *Historia de San Martín...*, *op. cit.*, tomo I, pág. 165.

427. Parte de Martín de Güemes a José de San Martín s/f., en *Partes oficiales y documentos relativos a la Guerra de la Independencia Argentina*, tomo II, pág. 20.

428. Cáceres, *op. cit.*, pág. 70.

429. Ibíd., pág. 67.

430. Parte de Juan Arenales, en ibíd., pág. 169.

431. De la Vega, César, *Consultor de historia argentina*, pág. 496.

432. Barcia y Trelles, *San Martín de América* (3ª parte), pág. 256, en Galasso, *Seamos libres...*, *op. cit.*, pág. 120.

433. Frías, *op. cit.*, tomo III, pág. 62.

434. Cáceres, *op. cit.*, pág. 79.

435. Ibíd., págs. 80-81.

436. Parte de Juan Arenales, en ibíd., *op. cit.*, pág. 171.

437. Ídem.

438. Cáceres, *op. cit.*, pág. 82.

439. Frías, *op. cit.*, tomo III, pág. 64.

440. Oficio de fray Justo Sarmiento a Diego de la Riva del 25 de mayo de 1814, en *Bibloteca de Mayo*, tomo XV, pág. 13.366.

441. Gandía, Enrique de, *Historia de Santa Cruz de la Sierra*, pág. 166.

442. Parte de Juan Arenales, en Cáceres, *op. cit.*, pág. 90.

443. Novayo, Julio, *Juan Antonio Álvarez de Arenales, general de los pueblos*, pág. 88.

444. Parte de Juan Arenales, en *op. cit.*, pág. 90.

445. Luqui-Lagleyze, *op. cit.*, pág. 156.

446. Ídem.

447. Ibíd., pág. 155.

448. Novayo, *op. cit.*, pág. 89.

449. Frías, *op. cit.*, tomo III, pág. 74.

450. Cáceres, *op. cit.*, pág. 101.

451. Ibíd., pág. 102.

452. Frías, *op. cit.*, tomo III, pág. 76.

453. Cáceres, *op. cit.*, pág. 90.

454. Luqui-Lagleyze, *op. cit.*, pág. 157.

455. Parte de Gregorio Lamadrid a Alejandro Heredia del 11 de noviembre de 1814, en *Biblioteca de Mayo*, tomo XV, pág. 13.355.

456. Luqui-Lagleyze, *op. cit.*, pág. 168.

457. García Camba, *op. cit.*, tomo I, pág. 198.

458. Luqui-Lagleyze, *op. cit.*, pág. 167.

459. Ídem.

460. Mitre, *Historia de Belgrano...*, *op. cit.*, tomo II, pág. 313.

461. Abad de Santillán, Diego, *Historia argentina*, tomo I, pág. 539.

462. Yabén, *Biografías argentinas...*, *op. cit*, tomo V, pág. 206.

463. *Revista de Buenos Aires*, Año 1, Número 5, pág. 145, agosto de 1863.

464. Yabén, *Biografías argentinas...*, *op. cit*, tomo V, pág. 206.

465. Frías, *op. cit.*, tomo III, pág. 265.

466. *Revista de Buenos Aires*, Año 1, Número 5, pág. 145, agosto de 1863.

467. Mitre, *Historia de Belgrano...*, *op. cit.*, tomo II, págs. 313-314.

468. Sánchez Zinny, *Historia del general Mariano Necochea y su época*, págs. 48-49.

469. Rosa, José María, *Historia Argentina*, tomo III, pág. 152.

470. Luqui-Lagleyze, *op. cit.*, pág. 169.

471. Anschütz, Camilo, *Historia del Regimiento de Granaderos a Caballo*, tomo I, págs. 441-442.

472. Parte de Francisco Fernández de la Cruz a José Rondeau del 17 de abril de 1815, en *Partes oficiales y documentos relativos a la Guerra de la Independencia Argentina*, tomo II, pág. 131.

473. Sánchez Zinny, *op. cit.*, pág. 51.

474. Parte de Francisco Fernández de la Cruz a José Rondeau del 17 de abril de 1815, en *Partes oficiales y documentos relativos a la Guerra de la Independencia Argentina*, tomo II, pág. 131.

475. García Camba, *op. cit.*, tomo I, págs. 213 y Mendizábal, *op. cit.*, pág. 84.

476. Mendizábal, *op. cit.*, pág. 88.

477. Parte de Ignacio Warnes, en *Partes oficiales y documentos relativos a la Guerra de la Independencia Argentina*, tomo II, pág. 161.

478. Ibíd., pág. 162.

479. Mitre, *Historia de Belgrano...*, *op. cit.*, tomo III, pág. 121.

480. Bidondo, *Coronel Juan...*, *op. cit.*, pág. 64.

481. Anschütz, *op. cit.*, tomo I, pág. 450.

482. Mitre, *Historia de Belgrano...*, *op. cit.*, tomo II, pág. 316.

483. García Camba, *op. cit.*, tomo I, pág. 230.

484. Ídem.

485. Parte de Martín Rodríguez a José Rondeau del 20 de octubre de 1815, en *Partes oficiales y documentos relativos a la Guerra de la Independencia Argentina*, tomo II, pág. 157.

486. Mendizábal, *op. cit.*, pág. 95.

487. Bidondo, *Coronel Juan...*, *op. cit.*, pág. 64.

488. Parte de Martín Rodríguez..., *op. cit.*, tomo II, pág. 157.

489. Frías, *op. cit.*, tomo III, pág. 354.

490. García Camba, *op. cit.*, tomo I, pág. 258.

491. Ibíd., pág. 259.

492. Frías, *op. cit.*, tomo III, pág. 355.

493. Mitre, *Historia de Belgrano...*, *op. cit.*, tomo II, pág. 318.

494. Best, *op. cit.*, pág. 218.

495. Mendizábal, *op. cit.*, pág. 101.

496. Frías, *op. cit.*, tomo III, pág. 356.

497. Best, *op. cit.*, pág. 218.

498. Frías, *op. cit.*, tomo III, pág. 354.

499. Mitre, *Historia de Belgrano...*, *op. cit.*, tomo II, pág. 320.

500. Best, *op. cit.*, pág. 218.

501. Frías, *op. cit.*, tomo III, pág. 357.

502. García Camba, *op. cit.*, tomo I, pág. 261.

503. Mendizábal, *op. cit.*, pág. 102.

504. Frías, *op. cit.*, tomo III, pág. 393.

505. García Camba, *op. cit*, tomo I, pág. 266.

506. Sosa de Newton, *Lamadrid*, pág. 40.

507. Mitre, *Historia de Belgrano...*, *op. cit.*, tomo III, pág. 126.

508. Ibíd., pág. 128.

509. García Camba, *op. cit.*, tomo I, pág. 266.

510. Ídem.

511. Mitre, *Historia de Belgrano...*, *op. cit.*, tomo III, págs. 129-130.

512. Ibíd., pág. 130.

513. Parte de José Rondeau al Gobierno del 27 de febrero de 1816, en *Partes oficiales y documentos relativos a la Guerra de la Independencia Argentina*, tomo II, pág. 196.

514. Mitre, *Historia de Belgrano...*, *op. cit.*, tomo III, pág. 136.

515. Luqui-Lagleyze, *op. cit.*, pág. 186.

516. Mitre, *Historia de Belgrano...*, *op. cit.*, tomo III, pág. 138.

517. Parte de Manuel Padilla a José Rondeau del 24 de abril de 1816, en *Partes oficiales y documentos relativos a la Guerra de la Independencia Argentina*, tomo II, pág. 200.

518. Oficio de Manuel Belgrano a Martín de Pueyrredón del 26 de julio de 1816, en *Biblioteca de Mayo*, tomo XV, pág. 13.501.

519. O'Donnell, Mario, *El grito sagrado*, pág. 22.

520. Mitre, *Historia de Belgrano...*, *op. cit.*, tomo III, pág. 139.

521. Ídem.

522. Mendizábal, *op. cit.*, pág. 107.

523. Ídem.

524. García Camba, *op. cit.*, tomo I, pág. 278.

525. Ibíd., pág. 279.

526. Mitre, *Historia de Belgrano...*, *op. cit.*, tomo III, pág. 133.

527. Mendizábal, *op. cit.*, pág. 107.

528. Ibíd., tomo III, pág. 126.

529. García Camba, *op. cit.*, tomo I, pág. 290.

530. Oficio de José Salazar a Martín de Güemes del 29 de septiembre de 1816, en *Partes oficiales y documentos relativos a la Guerra de la Independencia Argentina*, tomo II, pág. 214.

531. García Camba, *op. cit.*, tomo I, pág. 295.

532. Mitre, *Historia de Belgrano...*, *op. cit.*, tomo III, pág. 143.

533. O'Donnell, Mario, *Juana Azurduy...*, *op. cit.*, pág. 152.

534. Mitre, *Historia de Belgrano...*, *op. cit.*, tomo III, pág. 143.

535. García Camba, *op. cit.*, tomo I, pág. 296.

536. Frías, *op. cit.*, tomo III, pág. 656.

537. Mitre, *Historia de Belgrano...*, *op. cit.*, tomo III, pág. 71.

538. Frías, *op. cit.*, tomo III, pág. 668.

539. García Camba, *op. cit.*, tomo I, pág. 297.

540. Ídem.

541. Frías, *op. cit.*, tomo III, pág. 674.

542. Ibid., pág. 675.

543. Mitre, *Historia de Belgrano...*, *op. cit.*, tomo III, pág. 73.

544. Parte de Martín Güemes a Manuel Belgrano del 18 de noviembre de 1816, en *Partes oficiales y documentos relativos a la Guerra de la Independencia Argentina*, tomo II, pág. 242.

545. Frías, *op. cit.*, tomo III, pág. 678.

546. De la Vega, *op. cit.*, pág. 496.

547. Yabén, *Biografías argentinas...*, *op. cit.*, tomo V, pág. 1253.

548. Mitre, *Historia de Belgrano...*, *op. cit.*, tomo III, pág. 146.

549. Gandía, *Historia de Santa Cruz...*, *op. cit.*, pág. 168.

550. Mitre, *Historia de Belgrano...*, *op. cit.*, tomo III, pág. 146.

551. Abad de Santillán, *op. cit.*, tomo I, pág. 590.

552. Informe de Mariano Rendón del 16 de noviembre de 1817, en Yabén, *Biografías argentinas...*, *op. cit.*, tomo V, pág. 1253.

553. Mitre, *Historia de Belgrano...*, *op. cit.*, tomo III, pág. 146.

554. Oficio de Manuel Belgrano a Martín de Pueyrredón del 3 de julio de 1817, en *Biblioteca de Mayo*, tomo XV, pág. 13.635.

555. Mitre, *Historia de Belgrano...*, *op. cit.*, tomo III, pág. 146.

556. Mitre, *Historia de Belgrano...*, *op. cit.*, tomo III, pág. 146.

557. García Camba, *op. cit.*, tomo I, pág. 301.

558. Ibíd., pág. 316.

559. Mitre, *Historia de Belgrano...*, *op. cit.*, tomo III, pág. 86.

560. Bidondo, *Coronel Juan ...*, *op. cit.*, pág. 77.

561. Ibíd.

562. Bidondo, *Coronel Juan ...*, *op. cit.*, pág. 86.

563. Mitre, *Historia de Belgrano...*, *op. cit.*, tomo III, pág. 84.

564. Luqui-Lagleyze, *op. cit.*, pág. 204.

565. Mitre, *Historia de Belgrano...*, *op. cit.*, tomo III, pág. 89.

566. Parte de Manuel Arias a Martín de Güemes del 3 de marzo de 1817, en *Partes oficiales y documentos relativos a la Guerra de la Independencia Argentina*, tomo II, pág. 395.

567. Ibíd., pág. 396.

568. Bidondo, *Contribución al estudio de la Guerra de la Independencia en la frontera norte*, tomo I, pág. 252.

569. Mitre, *Historia de Belgrano...*, *op. cit.*, tomo III, pág. 90.

570. Boletín Nº 17 del Ejército del Alto Perú, en *Partes oficiales y documentos relativos a la Guerra de la Independencia Argentina*, tomo II, pág. 622.

571. Mitre, *Historia de Belgrano...*, *op. cit.*, tomo III, pág. 91.

572. Ibíd., pág. 92.

573. Ídem.

574. García Camba, *op. cit.*, tomo I, pág. 328.

575. Mitre, *Historia de Belgrano...*, *op. cit.*, tomo III, pág. 93.

576. Ibíd., pág. 149.

577. Ibíd., pág. 150.

578. García Camba, *op. cit.*, tomo I, pág. 350.

579. Mitre, *Historia de Belgrano...*, *op. cit.*, tomo III, pág. 150.

580. García Camba, *op. cit.*, tomo I, pág. 350.

581. Ibíd., pág. 325.

582. Bidondo, *Coronel Juan…, op. cit.*, pág. 80.

583. García Camba, *op. cit.*, tomo I, pág. 351.

584. Mitre, *Historia de Belgrano…, op. cit.*, tomo III, pág. 152.

585. Parte de José Carrasco a Bernabé Aráoz del 17 de abril de 1817, en *Partes oficiales y documentos relativos a la Guerra de la Independencia Argentina*, tomo II, pág. 418.

586. Sosa de Newton, *Lamadrid*, pág. 50.

587. Mitre, *Historia de Belgrano…, op. cit.*, tomo III, pág. 153.

588. Ibíd., pág. 101.

589. Ibíd., pág. 102.

590. Parte de Miguel de Güemes a Manuel Belgrano del 25 de abril de 1817, en *Partes oficiales y documentos relativos a la Guerra de la Independencia Argentina*, tomo II, pág. 430.

591. Ibíd., pág. 431.

592. Luqui, Lagleyze, *op. cit.*, pág. 210.

593. Ídem.

594. Parte de Miguel de Güemes a Manuel Belgrano del 15 de mayo de 1817, en *Partes oficiales y documentos relativos a la Guerra de la Independencia Argentina*, tomo II, pág. 450.

595. Ibíd., pág. 451.

596. Mitre, *Historia de Belgrano…, op. cit.*, tomo III, pág. 154.

597. García Camba, *op. cit.*, tomo I, pág. 353.

598. Sosa de Newton, *Lamadrid*, pág. 52.

599. Mitre, *Historia de Belgrano…, op. cit.*, tomo III, pág. 156.

600. García Camba, *op. cit.*, tomo I, pág. 353.

601. Mitre, *Historia de Belgrano…, op. cit.*, tomo III, pág. 159.

602. Sosa de Newton, *Lamadrid*, pág. 53.

603. García Camba, *op. cit.*, tomo I, pág. 354.

604. Sosa de Newton, *Lamadrid*, pág. 54.

605. Mitre, *Historia de Belgrano…, op. cit.*, tomo III, pág. 163.

606. Parte de Martín de Güemes a Manuel Belgrano s/f., en *Partes oficiales y documentos relativos a la Guerra de la Independencia Argentina*, tomo II, pág. 482.

607. Mendizábal, *op. cit.*, pág. 137.

608. García Camba, *op. cit.*, tomo I, pág. 381.

609. Luqui-Lagleyze, *op. cit.*, pág. 219.

610. Mendizábal, *op. cit.*, pág. 139.

611. García Camba, *op. cit.*, tomo I, pág. 383.

612. Ídem.

613. Parte de Martín de Güemes a Manuel Belgrano del 26 de febrero de 1818, en *Partes oficiales y documentos relativos a la Guerra de la Independencia Argentina*, tomo II, pág. 523.

614. García Camba, *op. cit.*, tomo I, pág. 386.

615. Galasso, *Seamos libres…*, *op. cit.*, pág. 471.

616. Bidondo, *Coronel Juan…*, *op. cit.*, pág. 89.

617. Ídem.

618. Wright, Ione y Nekhom, Lisa, *Diccionario histórico argentino*, pág. 549.

619. García Camba, *op. cit.*, tomo I, pág. 413.

620. Mendizábal, *op. cit.*, pág. 158.

621. Ibíd., pág. 159.

622. García Camba, *op. cit.*, tomo I, pág. 438.

623. Luqui-Lagleyze, *op. cit.*, pág. 236.

624. Bidondo, *Contribución al estudio…*, *op. cit.*, anexo 18 a.

625. Frías, *op. cit.*, tomo V, pág. 22.

626. Bidondo, *Coronel Juan…*, *op. cit.*, pág. 94.

627. Luqui-Lagleyze, *op. cit.*, pág. 243.

LA GUERRA EN EL AGUA

628. Scenna, Miguel Ángel, *Los militares*, pág. 34.

629. Ibíd., pág. 35.

630. Azopardo, Mercedes, *Lugar del primer combate naval argentino*, págs. 17-21.

631. *Historia marítima argentina*, pág. 154.

632. Caillet-Bois, Teodoro, *Historia naval argentina*, pág. 52.

633. *Historia marítima argentina*, pág. 156.

634. Ídem.

635. Carranza, Ángel, *Campañas navales de la República Argentina*, pág. 73.

636. Caillet-Bois, *op. cit.*, pág. 54.

637. *Historia marítima argentina*, pág. 157.

638. Carranza, *op. cit.*, pág. 74.

639. Diario de Azopardo, en Carranza, *op. cit.*, pág. 78.

640. Wright, Ione y Nekhom, Lisa, *Diccionario histórico argentino*, pág. 59.

641. Best, *op. cit.*, pág. 179.

642. *Historia marítima argentina*, pág. 295.

643. Ibíd., pág. 296.

644. Scenna, *op. cit.*, pág. 36.

645. Caillet-Bois, *op. cit.*, pág. 90.

646. *Historia marítima argentina*, pág. 219.

647. Ibíd., pág. 297.

648. Argüero, Luis, *El combate naval de Martín García*, págs. 46-47.

649. *Historia marítima argentina*, pág. 220.

650. Ibíd., pág. 299.

651. Ídem.

652. Carta de Bernardo Campbell a White del 22 de marzo de 1814, en Carranza, *op. cit.*, pág. 239.

653. Argüero, Luis, *El combate naval de Martín García*, págs. 46-47.

654. *Historia marítima argentina*, pág. 221.

655. Argüero, Luis, *El combate naval de Martín García*, págs. 46-47.

656. Parte de Pedro Oroná a Guillermo Brown del 18 de marzo de 1814, en *Partes oficiales y documentos relativos a la Guerra de la Independencia Argentina*, tomo II, pág. 11.

657. Carranza, *op. cit.*, pág. 230.

658. Quartaruolo, Mario, en *Historia marítima argentina*, Cap. VIII, pág. 235.

659. Caillet-Bois, *op. cit.*, pág. 95.

660. Quartaruolo, *op. cit.*, pág. 236.

661. Carranza, *op. cit.*, pág. 299.

662. Quartaruolo, *op. cit.*, pág. 239.

663. Ibíd., pág. 246.

664. Caillet-Bois, *op. cit.*, pág. 96.

665. Luna, Félix, *Los caudillos*, págs. 47-48.

666. Ibíd., pág. 48.

667. *Historia marítima argentina*, pág. 264.

668. Frías, Bernardo, *Historia del general Martín Miguel de Güemes*, tomo III, pág. 178.

669. Carranza, *op. cit.*, pág. 264.

670. *Historia marítima argentina*, pág. 267.

671. Caillet-Bois, *op. cit.*, pág. 101.

672. *Historia marítima argentina*, pág. 267.

673. Parte de Guillermo Brown a Juan Larrea del 19 de mayo de 1814, en *Partes oficiales y documentos relativos a la Guerra de la Independencia Argentina*, tomo II, pág. 25.

674. Carranza, *op. cit.*, pág. 267.

675. Caillet-Bois, *op. cit.*, pág. 105.

676. *Historia marítima argentina*, pág. 270.

677. *Historia marítima argentina*, pág. 272.

678. Carranza, *op. cit.*, pág. 269.

679. Memorias de Brown, en *Historia marítima argentina*, pág. 273.

680. *Historia marítima argentina*, pág. 352.

681. Bealer, Lewis, *Los corsarios de Buenos Aires*, pág. 17.

682. *Historia marítima argentina*, pág. 367.

683. García Camba, Andrés, *Memorias de general García Camba*, tomo I, pág. 272.

684. *Historia marítima argentina*, pág. 373.

685. Ídem.

686. García Camba, *op. cit.*, tomo I, pág. 274.

687. *Historia marítima argentina*, pág. 375.

688. Cervera Pery, José, *La marina española en la emancipación de Hispanoamérica*, pág. 194.

689. Bealer, *op. cit.*, pág. 233.

LOS HERMANOS SEAN UNIDOS

690. Nellar, Feud, *Juan Gregorio de Las Heras, su vida, su gloria*, pág. 81.

691. Parte de Juan Mackenna al Gobierno de Chile s/f., en *Partes oficiales y documentos relativos a la Guerra de la Independencia Argentina*, tomo II, pág. 6.

692. Parte de Juan Mackenna al Gobierno de Chile del 23 de febrero de 1814, en *Biblioteca de Mayo*, tomo XIV, pág. 12.849.

693. Rebechi, Andrés, *Los leones invencibles de Las Heras*, pág. 87.

694. Parte de Juan Mackenna..., en *Biblioteca de Mayo*, tomo XIV, pág. 12.850.

695. Nellar, *op. cit.*, pág. 85.

696. Mitre, Bartolomé, *Historia de San Martín y de la emancipación sudamericana*, tomo I, pág. 232.

697. Parte de Juan Mackenna a Bernardo O'Higgins del 20 de marzo de 1814, en *Partes oficiales y documentos relativos a la Guerra de la Independencia Argentina*, tomo II, pág. 8.

698. Mitre, *Historia de San Martín...*, *op. cit.*, tomo I, pág. 233.

699. Nellar, *op. cit.*, pág. 92.

700. Barros Arana, Diego, *Historia general de Chile*, tomo X, pág. 373.

701. Rebechi, *op. cit.*, pág. 92.

702. Parte de Juan Mackenna a Bernardo O'Higgins del 20 de marzo de 1814, en *Partes oficiales y documentos relativos a la Guerra de la Independencia Argentina*, tomo II, pág. 9.

703. Sosa de Newton, Lily, *Lavalle*, págs. 27-28.

704. Parte de Andrés Santa Cruz a Tomás Guido s/f., en *Partes oficiales y documentos relativos a la Guerra de la Independencia Argentina*, tomo III, pág. 299.

705. Anschütz, Camilo, *Historia del Regimiento de Granaderos a Caballo*, tomo II, pág. 333.

706. Mitre, *Historia de San Martín...*, *op. cit.*, tomo III, pág. 253.

707. Urien, Carlos, *Caballería argentina, la carga de Junín*, pág. 25.

708. Mitre, *Historia de San Martín...*, *op. cit.*, tomo III, pág. 250.

709. Dellepiane, Carlos, *Historia militar del Perú*, tomo II, pág. 144.

710. Parte de Andrés Santa Cruz a Tomás Guido del 28 de mayo de 1822,

en *Partes oficiales y documentos relativos a la Guerra de la Independencia Argentina*, tomo III, pág. 303.

711. Ibíd., pág. 304.

712. Urien, *op. cit.*, pág. 24.

713. Ibíd., pág. 105.

714. Álvarez Pereyra, Manuel, *Historia del Regimiento 8 de Infantería de Línea*, pág. 20.

715. Parte de Andrés Santa Cruz a Tomás Guido del 28 de mayo de 1822, en *Partes oficiales y documentos relativos a la Guerra de la Independencia Argentina*, tomo III, pág. 305.

716. Torres Queirel, H. M., *Historia del Regimiento de Granaderos a Caballo*, pág. 123.

717. Galasso, Norberto, *Seamos libres y lo demás no importa nada. Biografía de San Martín*, pág. 385.

718. Carta de Guillermo Miller a su hermano Juan, en Urien, *op. cit.*, pág. 67.

719. Torres Queirel, *op. cit.*, págs. 128-131.

720. Urien, *op. cit.*, pág. 39.

721. Carta de Guillermo Miller a su hermano Juan, en Urien, *op. cit.*, pág. 67.

722. Ídem.

723. Frías, Bernardo, *Historia del general Martín Miguel de Güemes*, tomo V, pág. 597.

724. Ornstein, Leopoldo, *Las campañas libertadoras del general San Martín*, pág. 477.

725. Galasso, *op. cit.*, pág. 472.

726. Sosa de Newton, *Lavalle*, pág. 32.

Referencias

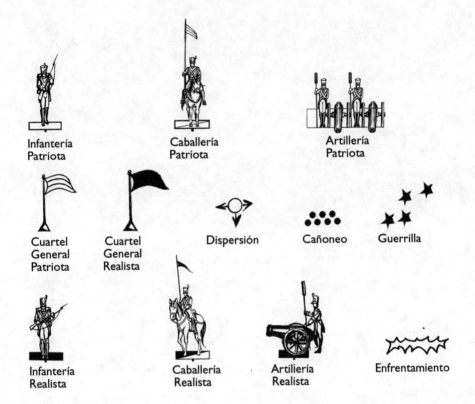

Infantería
Patriota

Caballería
Patriota

Artillería
Patriota

Cuartel
General
Patriota

Cuartel
General
Realista

Dispersión

Cañoneo

Guerrilla

Infantería
Realista

Caballería
Realista

Artiliería
Realista

Enfrentamiento

Bibliografía

Abad de Santillán, Diego, *Historia argentina*, Buenos Aires, Tipográfica Editora Argentina (TEA), V tomos, 1965.

Aldao, Adolfo, *Reseña histórica de los guerreros de la Independencia*, Buenos Aires, 25 de mayo de 1910.

Alonso Piñeiro, Armando, *Historia del general Viamonte y su época*, Buenos Aires, Plus Ultra, 1969.

——, *La Historia Argentina que muchos argentinos no conocen*, Buenos Aires, Depalma, 1984.

Álvarez Pereyra, Manuel, *Historia del Regimiento 8 de Infantería de Línea*, La Plata, s/e,1921.

Annino, Antonio (coord.), *Historia de las elecciones en Iberoamérica, siglo XIX*, Buenos Aires, Fondo de Cultura Económica, 1995.

Anschütz, Camilo, *Historia del Regimiento de Granaderos a Caballo*, Buenos Aires, Círculo Militar, Biblioteca del Oficial, vol. 324, 1945.

Arenales, José, *Memoria histórica sobre las operaciones e incidencias de la División Libertadora a las órdenes del Gen. D. Juan Antonio Álvarez de Arenales, en su segunda campaña a la Sierra del Perú en 1821*, Buenos Aires, Imprenta de la Gaceta Mercantil, 1832.

——, *Segunda campaña a la sierra del Perú en 1821*, Buenos Aires, s/e, 1920.

Argüero, Luis, *El combate naval de Martín García*, Buenos Aires, Departamento de Estudios Navales, Secretaría General Naval, Comando en Jefe de la Armada, 1968.

Azopardo, Mercedes, *Lugar del primer combate naval argentino*, Buenos Aires, Departamento de Estudios Históricos Navales, Armada Argentina, 1966.

Barros Arana, Diego, *Historia general de Chile*, Santiago de Chile, Rafael Jover Editor, 1887.

Batalla de Tucumán, Buenos Aires, Secretaría de Educación de la Nación, 1948.

Bazán, Armando Raúl, *Historia del noroeste argentino*, Buenos Aires, Plus Ultra, 1986.

——, *Las provincias del norte en 1814*, Buenos Aires, Academia Nacional de la Historia, 1987.

Bealer, Lewis, *Los corsarios de Buenos Aires*, Buenos Aires, Facultad de Filosofía y Letras, 1937.

Belgrano, Manuel, *Autobiografía*, Buenos Aires, Emecé, 1945.

Best, Félix, *Historia de las guerras argentinas*, Buenos Aires, Peuser, 1960.

Bidondo, Emilio A., *Alto Perú: insurrección, libertad, independencia. (Campañas militares) 1809-1825*, La Paz, s/e, 1989.

——, *Contribución al estudio de la Guerra de la Independencia en la frontera norte*, Buenos Aires, Círculo Militar, 1968.

——, *Coronel Juan Guillermo de Marquiegui*, España, Servicio Histórico Militar, 1982.

——, "El día grande de Jujuy (27 de abril de 1821)", separata del *Boletín de la Academia Nacional de la Historia*, v. LIV-LV, 1981-1982.

——, *La expedición de auxilio a las provincias interiores (1810-1812)*, Buenos Aires, Círculo Militar, 1987.

——, "Los ejércitos de la revolución: 25 de Mayo de 1810 - 9 de Julio de 1816", separata de *Investigaciones y Ensayos*, Nº 37, Buenos Aires, Academia Nacional de la Historia, 1988.

Biedma Straw, Juan, *Crónica histórica del Nº 2 de Infantería de Línea*, Buenos Aires, Arsenal Principal de Guerra, 1904.

Cáceres, Armando, *La primera campaña del general Arenales en el Valle Grande*, Buenos Aires, Círculo Militar, Biblioteca del Oficial, vol. 306, 1944.

Caillet-Bois, Teodoro, *Historia naval argentina*, Buenos Aires, Emecé, 1944.

Cajal, Alberto, *Guerra de la independencia en el norte del Virreynato del Río de la Plata: Güemes y el norte de epopeya*, Buenos Aires, Plus Ultra, 1969, 2 vols.

Carranza, Ángel, *Campañas navales de la República Argentina*, Buenos Aires, Departamento de Estudios Históricos Navales, Secretaría de Estado de Marina, 1962.

Cervera Pery, José, *La marina española en la emancipación de Hispanoamérica*, Madrid, Mapfre, 1992.

Chiaramonte, José Carlos, *Ciudades, provincias, Estados: orígenes de la Nación Argentina (1800-1846)*, Buenos Aires, Ariel, 1997.

——, "Formas de identidad en el Río de la Plata luego de 1810", en *Boletín del Instituto de Historia Argentina y Americana Dr. Emilio Ravignani*, Nº 1, tercera serie, primer semestre de 1989.

Cignoli, Francisco, *La sanidad y el cuerpo médico de los ejércitos libertadores: guerra de la independencia, 1810-1828*, Rosario, Ed. Rosario, 1951.

Cochrane, Thomas, *Memorias de Lord Cochrane*, Madrid, América, s/f.

Colmenares, Luis Oscar, *La epopeya de la patria: la gesta de Martín Miguel de Güemes y el pueblo salto-jujeño en la independencia argentina*, Salta, Instituto Güemesiano de Salta, 1991.

——, *La gesta güemesiana en la emancipación de América: una de las tres grandes epopeyas que forjaron la independencia de Sud-América hispana*, Salta, Instituto Güemesiano de Salta, 1989.

——, *Martín Güemes: un padre de la patria*, Salta, Jornadas de Estudios sobre Güemes, 1972.

Concejo Municipal de Riobamba, *Batalla de Riobamba*, Quito, Chimborazo, 1924.

De la Vega, César, *Consultor de historia argentina*, Buenos Aires, Depalma, 1994.

Dellepiane, Carlos, *Historia militar del Perú*, Buenos Aires, Círculo Militar, Biblioteca del Oficial, vols. 267-268, 1941.

De Marco, Miguel Ángel, *Corsarios argentinos. Héroes del mar en la Independencia y la guerra con el Brasil*, Buenos Aires, Planeta, 2002.

De María, Isidoro, *Compendio de la historia de la República Oriental del Uruguay*, Montevideo, El Siglo Ilustrado, 1895.

Destéfani, Laurio H., "La Real Armada española y la guerra naval de la emancipación hispanoamericana", en *Revista del Mar*, Buenos Aires, año 26, N° 115.

Espejo, Gerónimo, *El paso de los Andes*, Buenos Aires, Librería de la Facultad, 1916.

——, *Rasgos históricos-biográficos del coronel Juan Pringles*, Buenos Aires, 1898.

Espora, Juan M., *Episodios nacionales*, Buenos Aires, C. Casavalle, 1886.

Fernández, José Vicente, *La Batalla de Tucumán*, Buenos Aires, Escuela Superior de Guerra, 1942.

Ferns, H. S., *Gran Bretaña y Argentina en el siglo XIX*, Buenos Aires, Solar/Hachette, 1968.

Figuerero, Juan, *Historia militar de los regimientos argentinos*, Buenos Aires, Artes Gráficas Modernas, 1945.

Frías, Bernardo, *Historia del general Martín Miguel de Güemes*, Buenos Aires, Depalma, 1972.

Galasso, Norberto, *Artigas y las masas populares en la revolución*, Buenos Aires, Centro Cultural Enrique Santos Discépolo, 1998.

——, *Seamos libres y lo demás no importa nada. Biografía de San Martín*, Buenos Aires, Colihue, 2000.

Gandía, Enrique de, *Contribuciones y revolucionarios de la independencia americana, movimientos precursores*, Buenos Aires, Orientación Cultural, 1960.

——, *Historia de las ideas políticas en la Argentina*, Buenos Aires, Claridad, 1960.

——, *Historia de Santa Cruz de la Sierra*, Buenos Aires, Talleres Gráficos Argentinos, 1935.

García Camba, Andrés, *Memorias del general García Camba para la historia de las armas españolas en el Perú*, Madrid, América, 1916.

García-Gallo, Alfonso, *Aspectos jurídicos en la guerra de la independencia*, Madrid, s/e, 1959.

Goldman, Noemí (dir.), *Revolución, república, confederación (1806-1852)*, Buenos Aires, Sudamericana, 1998.

Goldman, Noemí y Salvatore, Ricardo (comps.), *Caudillismos rioplatenses. Nuevas miradas a un viejo problema*, Buenos Aires, Eudeba, 1998.

González Bernaldo, Pilar, "La Revolución Francesa y la emergencia de nuevas prácticas de la política: la irrupción de la sociabilidad política en el Río de la Plata revolucionario, 1810-1815", en *Boletín del Instituto de Historia Argentina y Americana Dr. Emilio Ravignani*, Nº 3, tercera serie, primer semestre de 1991.

Goyret, José Teófilo, "La guerra de la independencia", en *Nueva historia de la Nación Argentina*, Buenos Aires, Planeta, 2000.

——, "Las campañas libertadoras de San Martín", en *Nueva historia de la Nación Argentina*, Buenos Aires, Planeta, 2000.

Guerra, François-Xavier, *Modernidad e independencias. Ensayos sobre las revoluciones hispánicas*, México, Fondo de Cultura Económica, 1993.

Halperin Donghi, Tulio, *De la revolución de independencia a la confederación rosista*, Buenos Aires, Paidós, 1985.

——, *Guerra y finanzas en los orígenes del Estado argentino (1791-1850)*, Buenos Aires, Editorial de Belgrano, 1982.

——, *Historia contemporánea de América Latina*, Madrid, Alianza, 1985.

——, *Reforma y disolución de los imperios ibéricos, 1750-1850*, Madrid, Alianza, 1985.

——, *Revolución y Guerra. Formación de una élite dirigente en la Argentina criolla*, Buenos Aires, Siglo XXI, 1972.

——, *Tradición política española e ideología revolucionaria de mayo*, Buenos Aires, Centro Editor de América Latina, 1985.

Leoni Houssay, Luis Alberto, "Valorización continental del general Güemes y la guerra gaucha", separata del *Boletín del Instituto Güemesiano de Salta*, Nº 15, Salta, 1990.

Levene, Gustavo Gabriel, *Panorama costumbrista y social desde la conquista hasta nuestros días*, Buenos Aires, Campano, tomo II, 1964.

Levene, Ricardo, *Historia de la Nación Argentina*, Buenos Aires, El Ateneo, 1962, diez tomos.

Liceaga, Jorge A. I., *La asistencia de los heridos en los combates navales de 1814*, Buenos Aires, s/e, 1955.

Luca, Ángel de, "Antecedentes y estudio pericial caligráfico sobre documentos de la Guerra de la Independencia atribuidos a San Martín, Bolívar y Sucre", Buenos Aires, separata de folleto de la Academia Nacional de la Historia, con advertencia de Ricardo Levene, s/f.

Luna, Félix, *Los caudillos*, Buenos Aires, Peña Lillo, 1971.

Luna, Félix (dir.), *Hipólito Bouchard*, colección Grandes protagonistas de la historia argentina, Buenos Aires, Planeta, 2002.

——, *José de San Martín*, colección Grandes protagonistas de la historia argentina, Buenos Aires, Planeta, 1999.

——, *José María Paz*, colección Grandes protagonistas de la historia argentina, Buenos Aires, Planeta, 1999.

——, *Juan Gregorio de Las Heras*, colección Grandes protagonistas de la historia argentina, Buenos Aires, Planeta, 1999.

Luqui-Lagleyze, Julio, *Historia y campañas del ejército realista*, Rosario, Fundación Mater Dei, Instituto Nacional Sanmartiniano, 1997.

Maffey, Alberto, *Crónica de las grandes batallas del Ejército Argentino*, Buenos Aires, Círculo Militar, 2001.

Maligne, Augusto, *Historia militar de la República Argentina*, Buenos Aires, La Nación, 1910.

Martínez Baeza, Sergio, *La batalla de Maypo y el voto de los libertadores O'Higgins y San Martín*, Santiago de Chile, Instituto O'Higginiano, 1987.

Medrano, Samuel W., *El Libertador José de San Martín*, Buenos Aires, Instituto Nacional Sanmartiniano, 1995.

Mendizábal, Francisco de, *Guerra de la América del Sur 1809-1824*, Buenos Aires, Academia Nacional de la Historia, 1997.

Merinos, Luis, *Estudios históricos militares acerca de las campañas de la independencia de Chile en el año 1818*, s/f., Impresiones Universal, 1910.

Migliarini, Miguel Ángel, *Güemes, Salta y la guerra gaucha*, San Nicolás de los Arroyos, Instituto de Numismática e Historia, 1976.

Miller, John, *Memorias del general Miller*, Buenos Aires, Emecé, 1997.

Miller Astrada, Luisa A., "Así pensaron y actuaron salteños y jujeños en la lucha por la independencia (1810-1821)", separata del *Boletín de la Academia Nacional de la Historia*, vol. LXII-LXIII, 1989-1990, 1993.

Mitre, Bartolomé, *Historia de Belgrano y de la Independencia Argentina*, Buenos Aires, Editorial Científica y Literaria Argentina, 1927.

——, *Historia de San Martín y de la emancipación sudamericana*, Buenos Aires, Eudeba, 1968.

Mosquera, Enrique D., *San Martín: organizador militar*, Buenos Aires, Fundación Rizzuto, 1973.

Nellar, Feud, *Juan Gregorio de Las Heras, su vida, su gloria*, Buenos Aires, Círculo Militar, 1965.

Novayo, Julio, *Juan Antonio Álvarez de Arenales, general de los pueblos*, Buenos Aires, Directa, 1983.

Núñez, Ignacio, *Noticias históricas de la República Argentina*, Buenos Aires, Imprenta Argentina, 1857.

O'Donnell, Mario, *El grito sagrado, la historia argentina que no nos contaron*, España, Sudamericana, 1997.

——, *Juana Azurduy, la teniente coronela*, Buenos Aires, Planeta, 1994.

Olazábal, Manuel, *Memorias del coronel Manuel de Olazábal: refutación al os-tracismo de los Carrera*, Episodios de la guerra de la independencia, Buenos Aires, Instituto Sanmartiniano, 1942.

——, *Refutación sobre ciertas apreciaciones a la obra publicada en Chile por el Sr. Mackenna: el ostracismo de los Carrera*, Gualeguaychú, Imprenta del Comercio, 1858.

Oliveira Cézar, Filiberto de, *Las invasiones inglesas y escenas de la independencia argentina*, Buenos Aires, F. Lajouane, 1894.

Olmos Zárate, Julio, *Las seis rutas sanmartinianas*, Buenos Aires, Instituto Nacional Sanmartiniano, 1978.

Ornstein, Leopoldo, *De Chacabuco a Maipú*, Buenos Aires, Círculo Militar, Biblioteca del Oficial, vol. 176, s/f.

——, *Las campañas libertadoras del general San Martín*.

Otero, José Pacífico, *Historia del Libertador don José de San Martín*, Buenos Aires, Círculo Militar, Biblioteca del Oficial, ocho tomos, 1944.

Pacheco Loma, Misael, *Resumen de la historia de Bolivia*, Bolivia, La escolar, 1948.

Pasquali, Patricia S., *Acerca del "Plan Maitland" y su influencia en la estrategia sanmartiniana*, Buenos Aires, s/e, 1999.

——, *Juan Lavalle, un guerrero en tiempos de revolución y dictadura*, Buenos Aires, Planeta, 1996.

Pequeña antología de Maipú, Buenos Aires, Instituto Nacional Sanmartiniano, 1978.

Pérez, Joaquín, "Las dificultades económicas de la alianza argentina-chilena y sus consecuencias; un oscuro episodio a la luz de nuevos documentos sanmartinianos", en *Trabajos y Comunicaciones*, N° 17, Buenos Aires, 1968.

Pérez Pardella, Agustín, *José de San Martín. El Libertador cabalga*, Buenos Aires, Planeta, 1997.

Piccinali, Héctor J., *San Martín y Rosas*, Buenos Aires, Instituto Nacional de Investigaciones Históricas Juan Manuel de Rosas, 1998.

——, *Vida de San Martín en Buenos Aires*, Buenos Aires, s/e, 1984.

Poderti, Alicia, *Martín Miguel de Güemes, fisonomías históricas y ficcionales*, Buenos Aires, Academia Paraguaya de la Historia, 2001.

Privitellio, Luciano de y Romero, Luis Alberto, *Grandes discursos de la historia argentina*, Buenos Aires, Aguilar, 2000.

Rebechi, Andrés, *Los leones invencibles de Las Heras*, Buenos Aires, Biblioteca del Oficial, Círculo Militar, vol. 550-551, 1964.

Rosa, José María, *Historia Argentina*, tomo III, "La independencia (1812-1826)", Buenos Aires, Oriente, 1992.

Ruiz Moreno, Isidoro J. y De Marco, Miguel Ángel, *Historia del Regimiento 1 de Infantería Patricios de Buenos Aires*, Buenos Aires, Edivern, 2000.

Ruiz Moreno, Isidoro J.; Landaburu, Federico G. y Aguirre Saravia, Aníbal, *Historia de los Granaderos a Caballo*, Buenos Aires, Ediciones Argentinas, c. 1995.

Saá, Víctor, *San Luis en la gesta sanmartiniana*, San Luis, Junta de Historia de San Luis, Fondo Editorial Sanluiseño, 1991.

Salas, Carlos A., *El general San Martín y sus operaciones militares*, Buenos Aires, Instituto Nacional Sanmartiniano, 1971.

Sánchez, Luis Alberto, *El pueblo en la revolución americana*, Buenos Aires, Americalee, 1942.

Sánchez Zinny, E. F., *Historia del general Mariano Necochea y su época*, Buenos Aires, Taller de Impresión de Buenos Aires, 1939.

Scenna, Miguel Ángel, *Los militares*, Buenos Aires, Editorial de Belgrano, 1980.

Schurmann, M. y Coolighan, M., *Historia del Uruguay*, Montevideo, Monteverde, 1985.

Siles Salinas, Jorge, *La Independencia de Bolivia*, Madrid, Mapfre, 1992.

Sosa de Newton, Lily, *Dorrego*, Buenos Aires, Plus Ultra, 1967.

——, *Lamadrid*, Buenos Aires, Plus Ultra, 1971.

——, *Lavalle*, Buenos Aires, Plus Ultra, 1967.

Temple, Ella Dunbar, *La acción patriótica del pueblo en la emancipación; guerrillas y montoneras*, Lima, Comisión Nacional del Sesquicentenario de la Independencia del Perú, s/f.

Ternavasio, Marcela, *La revolución de voto. Política y elecciones en Buenos Aires 1810-1852*, Buenos Aires, Siglo XXI, 2002.

Torino, Luis Arturo, "Güemes, protagonista de primera magnitud de la independencia argentina: la invasión realista de 1817, una prueba definitiva", separata del *Boletín del Instituto Güemesiano de Salta*, N° 19, Salta, 1994.

Torres Queirel, H. M., *Historia del Regimiento de Granaderos a Caballo*, Buenos Aires, Círculo Militar, Biblioteca del Suboficial, 1932.

Urien, Carlos, *Caballería argentina, la carga de Junín*, Buenos Aires, Conferencia, 1909.

Villegas Basavilbaso, Benjamín, *La influencia de dominio del mar en las guerras de emancipación argentina*, Buenos Aires, Escuela de Guerra Naval, 1944.

Wright, Ione y Nekhom, Lisa, *Diccionario histórico argentino*, Buenos Aires, Emecé, 1990.

Yabén, Jacinto R., *Biografías argentinas y sudamericanas*, Buenos Aires, Metrópolis, V tomos, 1939.

——, *Efemérides sanmartinianas*, Buenos Aires, Instituto Nacional Sanmartiniano, 1978.

Zicolillo, Jorge, *Historias de sangre y fuego*, Buenos Aires, Sudamericana, 1999.

COLECCIONES

Atlas histórico militar, Colegio Militar de la Nación.
Biblioteca de Mayo.
Historia de la Nación Argentina, Academia Nacional de la Historia.
Historia marítima argentina, Departamento de Estudios Históricos Navales, Armada Argentina, 1987.
Partes oficiales y documentos relativos a la Guerra de la Independencia Argentina, Buenos Aires, Archivo General de la Nación.

Índice de batallas

Este libro se terminó de imprimir
en el mes de marzo de 2006
en Impresiones Sud América SA,
Andrés Ferreyra 3767/69, 1437,
Buenos Aires, República Argentina.